厦门大学会计学系列教材

管理会计

【第三版】

主　编/林　涛

厦门大学出版社 XIAMEN UNIVERSITY PRESS | 国家一级出版社 全国百佳图书出版单位

图书在版编目(CIP)数据

管理会计/林涛主编. —3 版. —厦门:厦门大学出版社,2019.3
(厦门大学会计学系列教材)
ISBN 978-7-5615-7071-5

Ⅰ.①管…　Ⅱ.①林…　Ⅲ.①管理会计—高等学校—教材　Ⅳ.①F234.3

中国版本图书馆 CIP 数据核字(2018)第 199453 号

出版人　郑文礼
责任编辑　陈丽贞

出版发行　厦门大学出版社
社　址　厦门市软件园二期望海路 39 号
邮政编码　361008
总编办　0592-2182177　0592-2181406(传真)
营销中心　0592-2184458　0592-2181365
网　址　http://www.xmupress.com
邮　箱　xmupress@126.com
印　刷　厦门集大印刷厂

开本　787 mm×1 092 mm　1/16
印张　21.25
字数　491 千字
印数　1～3 000 册
版次　2019 年 3 月第 3 版
印次　2019 年 3 月第 1 次印刷
定价　46.00 元

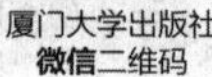

厦门大学出版社
微信二维码

厦门大学出版社
微博二维码

第三版前言

自2010年7月本书第二版出版以来，管理会计在研究和实践两个方面都发生了许多重要的变化。其中，2014年10月，我国财政部颁布了《关于全面推进管理会计体系建设的指导意见》，从会计强国战略的高度强调了全面推进管理会计体系建设的重要性和紧迫性；同年11月，全球两个最大的职业会计师组织——英国皇家特许会计师公会(The Chartered Institute of Management Accountants，简称CIMA)和美国注册会计师协会(American Institute of Certified Public Accountants，简称AICPA)联手发布了《全球管理会计原则》，在新时代背景下对管理会计的定义、原则和框架进行了重新梳理和界定。就其共同点而言，两份文件的目的都是试图建立管理会计的共同框架，推动管理会计应用的一致性并帮助全球化组织建立各自的管理会计系统，更好地服务于相关利益人。在这一背景下，尤其是在上述两份文件的指导下，我们对本书进行了相应的修订，以期更好地适应管理会计本科教学及企业实践发展的需要。

相较于第二版，本次修订从章节结构上看，除了将目标成本、Kaizen成本、约束理论和生命周期成本等现代成本管理概念的内容从之前的第四章中独立出来单独成章外，其他章节结构没有太大的变化。在内容上，本版重点对第一至第五章，也即总论及成本管理部分的内容进行了调整和扩充，重写了部分章节。这些调整的主要目的一是更好地服务于本科"管理会计"课程课堂教学的需求，二是试图将相关的管理会计概念还原为活生生的企业实践，强调"战略—管理会计"间的逻辑关联，以期更好地适应社会经济环境的变化和发展的需求。

本书的重新修订在一定程度上是对自己过往认知的否定和提升，这既不容易，也不总令人愉快。所幸在修订过程中得到了我的学生林茂坤、刘淑娟、唐敏杰等人的帮助，他们对修订的部分提出了诸多的宝贵意见和建议。更要感谢厦门大学出版社的陈丽贞女士，感谢她的耐心和帮助！

最后，尽管我们非常重视本书的修订工作，但限于水平，终归还是会存在许多不足和遗漏，衷心期待广大读者的批评和建议。

林　涛

2019年1月于鹭岛

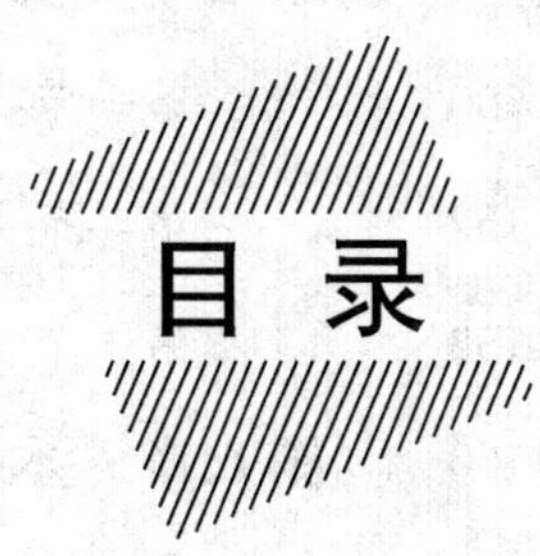

目录

目 录

第一章　管理会计总论

本章学习目标

1.掌握管理会计的定义,理解不同定义之间的差异
2.理解管理会计与财务会计、成本会计学科上的联系
3.结合管理会计学科的发展阶段,理解管理会计研究和实践工作重心的变化及发展趋势
4.理解执行性管理会计和决策性管理会计的差异
5.掌握新企业观的概念及其对管理会计工作的影响
6.了解管理会计在企业组织结构中的地位和作用
7.了解管理会计师的能力要求和职业道德的基本内涵

一、管理会计的定义

(一)管理会计的定义

随着企业实践的不断深化以及理论研究的不断深入,对管理会计的认识也有一个逐步发展的过程。过去几十年间,诸多国际会计组织、政府管理部门和学者们分别在不同发展阶段、从不同角度对管理会计进行了定义。选取其中影响较为广泛的几个定义列示如下:

1966 年,美国会计学会(American Accounting Association,简称 AAA)在其所发布的《基本会计理论说明书》(Statement of Basic Accounting Theory)中这样定义管理会计:所谓管理会计,

指的是运用适当的技术和概念，对经济主体的实际经济数据和预计经营经济数据进行处理，以帮助管理人员制定合理的经济目标，并为实现目标进行合理决策。[①]

1986 年，全美会计师协会(National Association of Accounting，简称 NAA)下属管理会计实务委员会(Management Accounting Practices Committee，简称 MAP Committee)认为："管理会计是向管理当局提供用于企业内部计划、评价、控制以及确保合理使用企业资源、履行经济管理责任过程所需财务信息的确认、计量、归集、分析、编报、解释和传递的过程。管理会计还包括编制供股东、债权人、行政机构及税务当局等非管理集团使用的财务报告。"[②]该定义明确界定了管理会计涉及的活动范围，并指出各种不同的活动之间存在着相互联系，以及为了有效实现组织目标，管理会计师需要对这些活动进行分类、协调并执行。

1997 年，美国管理会计师协会(The Institute of Management Accountants，简称 IMA)又重新定义了管理会计。该组织认为，管理会计的目的是提供价值增值，是为企业规划设计、计量和管理财务和非财务信息系统的持续改进过程，并通过该过程指导管理行动、激励行为，支持和创造达到实现组织战略、战术和经营目标所必需的文化价值。IMA 的这一重新定义极大地丰富和拓展了管理会计的内涵，如：它认为管理会计应服务于提供价值增值，而非传统的利润最大化，改进了管理会计的目标体系；管理会计应服务于组织战略，这就把现代管理会计引入一个更加广阔的新领域——战略管理会计；提出了"持续改进"的概念，要求企业通过持续改进、不断创新增强自身的核心竞争力；将现代管理会计上升到文化价值高度，要求从哲学和文化高度上重新认识和定位管理会计，等等。

2014 年 11 月，全球最大的管理会计师组织——英国皇家特许管理会计师公会(The Chartered Institute of Management Accountants，简称 CIMA)与全球最大的执业会计师组织——美国注册会计师协会(The American Institute of CPAs，简称 AICPA)联手发布了《全球管理会计原则》(Global Management Accounting Principle)，其中定义管理会计为"为组织的价值创造和价值保持而收集、分析、传递和使用与决策相关的财务和非财务信息"[③]，重点强调了决策、信息和价值创造与保值这三个概念。也就是说管理会计就是要以高质量的决策为中心，将最相关的信息及信息分析放在显著的位置，并服务于价值的创造和保值目的(沈艺峰、郭晓梅、林涛，2015)。这两个组织在定义时着重强调了信息(包括财务信息和非财务信息)的提供和价值创造的重要性，而这也正是当今企业管理的核心问题。换句话说，这也指明了管理会计的发展方向和未来的趋势。

同年，中国财政部在其下发的《财政部关于全面推进管理会计体系建设的指导意见》中定义管理会计为"会计的重要分支，主要服务于单位(包括企业和行政事业单位)内部管理需要，是通过利用相关信息，有机融合财务与业务活动，在单位规划、决策、控

① 文硕、王效平、黄世忠译：《基本会计理论》，中国商业出版社，1991 年，第 43 页。

② 参见《管理会计公告 No.1 A：管理会计的定义》，转引自毛付根、王光远(1997)。

③ CIMA，Global Management Accounting Principle：Effective Management Accounting：Improving Decisions and Building Successful Organizations，2014.

制和评价等方面发挥重要作用的管理活动”。该定义强调了管理会计在建立现代财政制度，推进国家治理体系、治理能力，建立、完善现代企业制度，加强企业治理结构建设，激发管理活力，增强企业价值创造力等方面的作用，较好地切合了我国管理会计的实际发展水平。

在学界方面，哈佛商学院的罗伯特·卡普兰教授(1998)的观点颇具代表性。他认为：“管理会计系统为协助管理者规划和控制企业的各种活动提供信息。管理会计工作包括收集、分类、处理、分析和报告信息。管理会计不同于为投资者、债权人、供应商、税务和政府机关等企业外部利益集团提供服务的财务会计，而是以企业内部经营决策为信息服务主体。因此，管理会计的范围将超越传统的源于已发生交易(包括订货量、产量、价格、资源需求量等)的成本收入计量，而将计量建立在实务或非财务计量基础上。”(安东尼·S.卡普兰等，1998)而其目的也不再仅仅局限于报告，而是从全新的高度上更好地服务于企业的价值创造。

上述几个定义的出发点虽各有不同，但基本上都阐明了这样的观点：管理会计与财务会计同源而分流；管理会计借助一定的技术、方法和理念为企业管理者提供具有相关性的财务信息和非财务信息、历史信息和未来信息，本质上是企业内部的一个信息系统；管理会计面向企业管理人员，服务于企业内部经营决策，以组织目标为导向，发挥着支持战略的制定与执行、经营与控制的作用，属于决策支持系统的范畴。正如我国管理会计学界泰斗余绪缨教授(2009)所认为的：“管理会计是将现代化管理与会计融为一体，为企业的领导者和决策者提供管理信息的会计，它是企业管理信息系统的一个子系统，是决策支持系统的主要组成部分。”(余绪缨、汪一凡，2009)这不但很好地厘清了管理会计与财务会计、管理会计与企业管理的关系，而且指明了理论研究与企业实践的联系。故本书以该定义为基础，即以满足企业内部经营决策的信息需求为核心，构建本书的框架体系。

(二)管理会计的目标、原则与框架①

没有一门学科能够在没有一个统一的目标功能的情况下还能经历很长的时间综合地发展起来。② 管理会计学科的发展可以追溯到其选择了一个单一的目标功能，并围绕这个功能开始发展出一系列理论和工具模型的时候。但对管理会计目标的认识也会随着时间的推移而有所发展和深化，而以之为基础发展出来的管理会计体系也就会有所差异。

CIMA 和 AICPA 联合发布的《全球管理会计原则》(以下简称《原则》)提出了管理会计应以企业的基业长青为目标，并辅以四大原则。所谓基业长青，也就是要求实现企业的可持续发展；或者说，企业实施管理会计的目的就是要通过识别、创造和抓住有利机会，进行有效的成本管理和风险管理，帮助企业实现发展的可持续性，实现为董事会、管理层等相关利益者服务的目标。该目标构成管理会计框架的顶层逻辑。而四大原则则阐明了管

① 本部分内容较多地参考了 CIMA，Global Management Accounting Principle：Effective Management Accounting：Improving Decisions and Building Successful Organizations，2014；沈艺峰、郭晓梅和林涛(2015)。

② 阿尔瓦斯·达摩达兰著，郑振龙等译：《应用公司理财》，机械工业出版社，2000 年，第 3 页。

理会计所希望实现的四大结果，也即对管理决策施加影响力，为决策提供有用的相关信息，分析企业战略与商业模式对价值创造的影响，以及履行受托责任。具体来说，这四大原则分别是：

1.通过沟通提供有影响力的建议

该原则的目的在于促进企业更好地进行战略决策，并要求决策得到确实有效的执行。它重点强调了沟通在战略制定和执行过程中的作用，也就是：(1)将战略的制定与执行看成是一个上上下下的对话过程，是包括全体员工在内的全方位对话过程；(2)强调沟通因人而异、因事而异，沟通必须是全面、综合和平衡的，而且应该是透明的；(3)提出沟通必须达成结果，要能够有助于提高管理的决策能力，要有助于创造和保护相关利益者的价值。

该原则的提出将管理会计提高到了战略决策与战略执行的高度，不是仅仅将管理会计看成是对公司的未来作出规划，相反，它非常强调战略规划必须要在组织的各部门、各层次和各阶段都得到具体的贯彻。这既体现了战略制定的迫切要求，又着重体现了管理会计的可实践性。

2.提供相关的信息

该原则的意义在于强调了管理会计师作为信息提供者的重要性。管理会计提供的信息具有时间相关性、边界相关性和数据相关性等特点。也就是说这类信息既包括过去和现在的相关信息，也包括和未来相关的信息；既包括财务方面的信息，也包括非财务的信息。这些信息应该是可靠的、可以掌握的，应该能够起到预测的作用。

信息的相关性是该原则强调的重点，其目的在于试图解决约翰逊教授与卡普兰教授在1987年提出的管理会计的相关性问题，也就是"对广泛运用的非财务指标的要求实际上是对回到以运营为基础的评估指标上的要求，这才是管理会计系统原有的状态"①。

3.分析对价值的影响

该原则的目的在于建立起管理会计和企业商业模式之间的联系。它强调管理会计应当与宏观经济分析和模型定量分析相结合，并对战略进行量化分析。通过不同的场景选择，循价值创造的路径进行分析，评估机会，权衡风险、成本和机会对价值创造所产生的影响。自20世纪80年代后期以来，"管理的首要职责是增加价值，这一理念已经在美国受到普遍认可……在英国、欧洲大陆、澳大利亚和日本，股东价值迅速引起了各公司经理人员的注意，此后几十年，股东价值逐渐转变为评价企业绩效的一个全球化标准"②。该原则再次突出了价值对管理会计的重要意义。

4.履行受托责任，建立相互信任

该原则的目的在于保护利益相关者的长期利益，维护公司的各种商业与公共关系，切实履行受托责任，保证企业的可持续发展。它同时还对管理会计职业人员的职业操守和道德规范提出了要求。

以上四大原则实际上体现了新的历史发展阶段中战略、非财务信息、价值和受托责任

① 对此的相关内容可参见本章后续内容。

② Rappaprt A., *Creating Shareholder Value: the New Standard for Business Performance*, Free Press, Collier Macmillan, 1986.

四方面要素对管理会计的需求，也阐明了管理会计在实践运用上的基本价值观和相应的质量要求，本质上类同于财务会计的概念框架。

明确了目标和原则，也就明确了管理会计的概念框架，如图 1-1 所示。

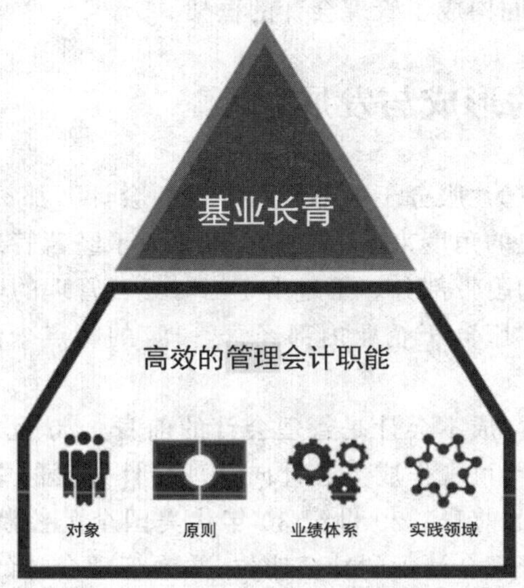

图 1-1　管理会计的概念框架①

基业长期目标构成管理会计体系的逻辑起点，也即要求一切管理会计决策都应有助于企业可持续发展目标的实现。董事会和管理层通过业绩管理循环（战略、计划、执行与回顾）参与和监督企业实现可持续发展。其中，业绩管理循环是企业管理和应用其商业模式的方式，代表了企业的战略设计和实施方案。为了实现目标，就必然要求管理会计和企业的业绩管理循环相联系。在目标指引下，管理会计以对象、原则、业绩和实践作为概念框架的四大支撑。

1. 对象：《原则》明确其适用对象是管理会计师。他们身处企业的各个部门和各个不同层次，充分了解商业环境，通过应用会计和财务技能，制定计划和监督计划的执行，对企业决策发挥影响作用，从而对企业业绩起到重要的影响作用。

2. 原则，即前述四大原则。

3. 业绩：《原则》认为管理会计与财务会计的一项主要差异是前者将业绩目标看成是实现商业模式的结果，而业绩目标又是企业战略所明确的，因此，管理会计必须通过业绩管理体系将战略与商业模式联系起来。

4. 实践：《原则》高度强调了其对管理会计实践的指导作用，它详细列出了管理会计起作用的 14 个核心实践领域，并明确了不同核心实践的定义及其对组织的价值以及管理会计师应发挥的作用。②

---

① CIMA，Global Management Accounting Principle：Effective Management Accounting：Improving Decisions and Building Successful Organizations，2014.

② 有关管理会计起作用的主要核心实践领域的内容可参见本章附录。

四者之间的关系如下：管理会计原则是将对象、业绩和实践串起来的一条线，指明组织的目标与实践的关系；而对象、业绩和实践是原则的具体应用。换言之，原则是可以用来检测对象、业绩和实践成功与否的标准。就层次而言，原则是基础，对象、业绩和实践是原则的具体体现，它们共同构成了管理会计的框架。

二、管理会计学科的形成与发展

如果将管理会计定位为“服务于内部经营管理的会计”，那么诞生之初的会计本质上就是管理会计。从发展史的角度来看，会计是“以服务于经营管理为目的而产生的”①，其早期阶段只是生产职能的附带部分。不过由于当时经营管理的职能尚未与企业基本生产职能完全分开，导致会计“服务于企业内部经营管理”的特点未能引起人们的重视（胡玉明，2008）。

从学科发展的角度看，成本会计是管理会计的前身。20 世纪初，为配合泰罗制的实施而形成的标准成本会计，可视作成本会计向管理会计过渡的中间环节②。1919 年英国成本会计师协会（CIMA 的前身）、20 世纪 30 年代美国全美控制协会等管理会计专业组织的成立进一步确定了管理会计师的社会地位，并为管理会计的理论研究和实践提供了组织保障。

在百年的历史中，管理会计的发展大致可以划分为如下几个重要的阶段③：

（一）以追求效率为目的的发展阶段（20 世纪 50 年代之前）

管理会计最初的发展和 20 世纪初兴起的科学管理运动之间有着密切的联系。F.W.泰罗为提高劳动力和原材料的使用效率，在对制造工艺流程进行时间分析、动作分析的基础上制定了相关的标准，要求将劳动力和原材料的消耗控制在最低的限度内。泰罗推行科学管理的初衷并不在于控制财务成本，却间接促进了企业制造成本系统的改进。泰罗之后的 P.郎曼、H.艾默森、G.C.哈里森等人逐步展开对成本标准的研究，并利用标准进行成本控制。在工程师、会计师和管理学家的共同努力下，标准成本系统逐步成熟，到 20 世纪 20 年代，该体系已经十分普及并有了很大的发展。

1921 年，美国国会颁布了《预算与会计法》，从制度层面上推进了预算控制在企业中的应用。1920 年，麦金西（J.O.Mckinsey）在美国芝加哥大学率先开设“管理会计”讲座并于 1922 年出版了美国第一部系统论述预算控制的著作《预算控制论（*Budgetary Con-*

① 费文星：《西方管理会计的产生和发展》，辽宁人民出版社，1990 年.

② 在会计的发展过程中经常出现理论与实践的不同步，实践超前于理论发展的情况时有发生，就管理会计而言，该现象尤为突出。管理会计实践的起源至少可以追溯到 19 世纪早期，这个时期欧美的纺织厂、铁路、兵工厂等跨地域经营企业和多生产步骤企业出于衡量内部经营过程的效率和实施激励的目的，开始针对复杂的内部管理目的而提供特定信息。也是基于该认识，以卡普兰教授为代表的部分管理会计学家认为管理会计的历史要早得多，他们甚至认为“实际上到 1925 年，所有（重要的）管理会计实践已经得到了发展”。具体内容可参见约翰逊和卡普兰著：《管理会计的兴衰》，1987 年版。

③ 对此问题，学术界存在不同看法，具体可参见胡玉明（2008）。

trol)》;同年,H.W.奎因斯坦出版了《管理会计:财务管理入门(*Managerial Accounting: an Introduction to Financial Management*)》,第一次提出"管理会计"这个名称。此后,麦金西、比利斯等人关于管理会计方面的论著也陆续出版,这一系列著作的出版标志着管理会计理论已初步形成。

这个阶段的管理会计以标准成本、预算控制和差异分析为主要内容,侧重于通过预算管理和标准成本会计系统进行成本确定和财务控制,以追求效率(efficiency)为目的,强调把事情做对(doing thing right)。其基本特点是在企业的方针、政策等重大问题已经确定的前提下,通过标准的制定、预算的控制和差异的分析,实现严密的事前计算和事后分析的结合,促进企业提高原材料、劳动力资源的使用效率,主要解决企业内部执行过程中的问题,但还没有触及企业全局性的问题以及企业与环境的关系等问题。总的来看,这个阶段的管理会计还只是处于局部性、执行性的初级阶段,因此可称之为执行性管理会计。

(二)以追求效益为目的的发展阶段(20世纪50年代—1985年)

执行性管理会计只能算是管理会计的雏形,还不是现代意义上的管理会计。[①] 现代管理会计体系的完整成形是从20世纪50年代开始的。

第二次世界大战之后,西方国家的社会经济发展出现了一些新的特点:(1)科学技术迅速发展,并广泛应用于生产领域,极大地促进了社会生产力的发展;(2)跨国公司大量涌现,企业规模进一步扩大,企业内部管理过程日益复杂;(3)市场条件发生了很大的变化,由卖方市场向买方市场转变。在新的竞争环境下,企业成败的关键首先取决于企业制定的方针、决策是否正确,目标是否与环境相适应,"管理的重心在经营,经营的重心在决策"开始成为企业普遍接受的管理信条。如果决策错了,企业个别环节的效率再高也无济于事,仍会在竞争中被淘汰。在这种大背景下,早先的执行性管理会计系统由于忽略了企业全局性问题、企业与环境的关系问题,已经不能适应社会新趋势的要求。

同一时期,现代管理科学逐步取代泰罗的科学管理学说,并成为管理会计的新的理论基础。20世纪60年代之后,管理会计广泛吸收了行为科学管理、数量管理和系统理论等方面的研究成果,成为多学科相互交叉、相互渗透的结合体,改变了传统会计只提供历史信息的旧模式,而把研究的重心放在利用信息预测前景、参与决策、规划未来、控制和评价企业经济活动等方面。[②]

1965年之前,由于管理者越来越多地依靠信息来进行管理,因此管理会计在这个时期的工作重心就在于通过信息提供和决策分析为管理的预算计划和内部控制提供支持。该阶段管理会计方法上最重要的突破体现在对贴现技术的引入上,也就是把收益贴现方法看作是优于传统的回收期法和投资收益率法(ROI)的资本预算方法。美国会计学会在1958年的一份研究报告中指出,管理会计的基本方法包括标准成本计算、预算管理、盈亏临界点分析、差量分析、变动预算、边际分析等,这些技术和方法构成了管理会计的基础方法体系(胡玉明,2008)。

---

① 余绪缨:《管理会计》,辽宁人民出版社,1996年,第15页。

② 李天民:《论管理会计的前景》,《会计研究》,1988年第5期。

1965年之后，随着计算机技术和信息科学的发展，回归分析、线性和非线性编程、概率论和决策论等定量分析方法被广泛应用到成本会计当中。同样在这个时期，信息经济学和委托代理理论成为管理会计最为严密的分析性理论基础。至此，“执行会计”和“决策会计”的理论方法体系逐步完善，管理会计进入一个全新的历史阶段——决策性管理会计阶段。所谓的决策性管理会计以追求效益(efficiency)最大化为目的，强调在做对的事(doing right thing)的同时兼顾把事情做对(doing thing right)，管理会计的深度和广度得到极大的拓展。

到了20世纪80年代，以“决策与计划会计”和“执行会计”为主体、以“决策会计”为核心的管理会计体系已基本发展完善。

(三)以价值管理为核心的新发展阶段(1985年以后)

20世纪70年代末到80年代，管理会计的学科发展进入反思期[①]，学者们普遍注意到管理会计的理论研究与工作实践出现了严重的脱节。1987年，哈佛商学院的罗伯特·卡普兰(Robert S.Kaplan)教授与托马斯·约翰逊(H. Thomas Johnson)教授合著了《相关性的消失：管理会计的兴衰》一书，他们认为传统的管理会计体系所赖以存在的社会和经济环境已经发生了根本性的变化，管理会计的方法和技术已经不能适应这种变化，管理会计信息“既不能为产品成本定价服务，也不能协助控制运营成本；它们无法为成本管理提供有用的信息……不准确的产品成本和贫乏的过程控制”(H.Thomas Johnson，Robert S.Kaplan，1987)，已经失去了决策的相关性。他们主张管理会计学者必须走出办公室，到实践中去寻找新的理论和方法并致力于管理会计信息相关性的研究。作业成本计算与作业成本管理、平衡计分卡等就是卡普兰教授等一批管理会计学者沿着这一思路所取得的重要研究成果。

就管理会计发展的外部环境而言，1985年以来出现了市场全球化、竞争外部化、技术和生产方法创新化，产品生命周期缩短，整体社会从工业经济向知识经济转变；而在企业内部则出现了缩小规模、去层级化、业务外包和建立团队等转变。这些转变对管理会计所赖以存在的社会、经济基础产生了极其深刻的影响，并最终促使管理会计进入一个全新的发展阶段。具体来说，导致管理会计发生新变化的关键因素主要包括[②]：

1.富裕社会引起社会需求发生重大变化，导致传统的以追求规模经济为目的的大规模生产逐步为更灵活的小批量多批次的“顾客化生产”所取代。[③]

2.新企业观的形成。为了适应生产组织的重大变革，传统的企业观和管理思想发生了转变。新的企业观认为，现代企业是一个为最终满足顾客需求而设计的一系列作业的集合体。每一个作业成为其他作业的顾客，各种作业之间互为顾客，彼此连成一个整体，形成顾客链(customer chain)，最终为外部顾客服务。换一种角度看来，企业本身也就是

---

① 毛付根：《管理会计》，江西人民出版社，1995年。

② 该部分的内容亦可参见本书第四章的详细论述。

③ 具体可参见本书第四章第一节的相关内容。

一个由此及彼、由内到外的作业链(activity chain)。[①] 这种新的企业观要求管理会计突破传统的以产品为核心的管理体系,深入到作业层面,将管理会计和营销、管理、工程、财务及企业的其他职能有机结合起来,实现管理视角的职能交叉(D.R.Hansen, M.M.Mowen, 1997)。图 1-2[②] 呈现了管理会计与企业作业链的关系:

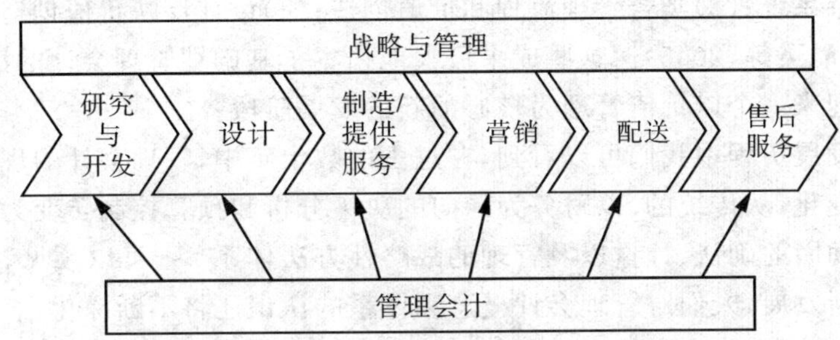

图 1-2　作业链与管理会计

3.技术革新引致企业管理基础和制造环境的变革。新技术的应用极大地加快了社会生产力的发展速度,适时生产系统(just in time production system,JIT)、全面质量管理(total quality control, TQC)、弹性制造系统(flexible manufacturing system,FMS)及电脑一体化制造系统(computer integrated manufacturing system,FIMS)、人工智能等新技术、新方法、新体系、新思维得到广泛的应用,使企业的生产经营进入高度电脑化、自动化、一体化的全新发展阶段。这一方面大大提高了管理会计收集和处理数据的能力,另一方面也对管理会计信息的及时性和相关性、精确度提出了更高的要求。

4.企业战略的重要性大幅度提高。由于企业外部和内部环境日益复杂多变,信息纷繁杂乱,技术变革日新月异,企业面临的竞争越来越激烈,不确定性因素增加。要保持可持续增长,就要求企业必须站在战略高度上统筹规划,在更长的时间维度上培育企业的核心竞争力。企业经营目标就必然要从追求短期性的会计报表利润最大化,向追求长期性的股东财富最大化目标转变。这样才能正确制定企业竞争战略和决策,才能有效消除企业的种种短期化行为和局部行为,才能在激烈的全球化竞争中实现基业长青的目标。企业经营目标的转变对管理会计提出了更高的信息要求。

5.知识经济、信息社会的快速发展,改变了人们对传统生产要素的认知。除了资本、土地、劳动力之外,知识和人力资本的重要性日益凸显。与此同时,利益相关者观念的出现,也要求企业的经营不能再简单以股东财富最大化为目标,而要转变到为企业的利益相关者可持续性地创造价值、保持价值上来。

为了适应这些变化,企业管理会计工作的重点由过去的计划、控制及减少浪费扩展到对股东价值、客户价值、组织创新以及业绩创造动因的确认、计量和管理,并更多地强调战略性的企业价值创造(潘飞等,2005)。学者们陆续提出并完善了诸如作业成本系统、平衡

---

① 余绪缨:《以 ABM 为核心的新管理会计体系的基本框架》,《当代财经》,1994 年第 4 期。

② C.T.Horngren, G.Foster, and S.M.Datar, *Cost Accounting—A Managerial Emphasis* 8th edition, Prentice Hall, 1994.

记分卡、经济增加值评价指标、战略管理会计等一系列新的管理会计的技术和方法，尽管这些新的技术和传统方法迥然不同，但企业却在不断运用一个被称作“价值管理(VBM)”的综合框架，将它们整合在一起。这些整合着眼于：(1)界定和实施能为股东创造最大价值的各项战略；(2)实施聚焦于横跨企业业务单元、产品和客户群的价值创造活动和潜在价值动因的信息系统；(3)契合管理流程和价值创造；(4)设计反映价值创造的业绩计量和员工激励计划(潘飞等，2005)。这些成果极大地拓宽了基础性管理会计的深度和广度，管理会计也因此迎来一个以价值管理为核心的新的发展阶段。

从百年的发展历程中我们可以看到，在过去的数十年中，管理会计的理论和实务都发生了革命性的变化，从传统的、以财务为导向的决策分析和预算控制转变为强调股东价值创造的多元化动因的确认、计量以及管理的战略性方法体系。[①] 可以预见，随着时间的推移和实践的不断发展，人们对管理会计概念和体系的认识还将不断深化。

三、财务会计和管理会计的关系

理解财务会计和管理会计的关系问题将有助于我们进一步理解管理会计概念及管理会计的形成与发展的演进过程。

(一)财务会计系统和管理会计系统的比较

企业在经营过程中形成了诸多的利益相关集团，它们的利益取向不同，对信息的需求也不一样。会计作为企业最重要的信息系统，为满足多方利益集团不同的信息需求，逐渐形成了两个相互独立又相互联系的子系统：财务会计系统和管理会计系统。

与管理会计系统不同，财务会计系统主要为企业的外部利益相关集团提供财务信息，侧重于对经济活动事项的事后反映，发挥会计的社会职能。企业的外部利益集团远离企业的经营实体，财务会计的基本产出——定期财务报告是他们了解企业财务状况和经营成果的重要途径。企业对外财务报告主要包括：资产负债表、损益表和现金流量表。其中，资产负债表反映企业特定时点的财务状况，即资产、负债和所有者权益的状况；损益表反映企业特定时期内的经营业绩；现金流量表反映企业现金流动的来龙去脉。外部利益集团基于决策目的，必然要求财务会计站在“客观公正”的立场，以确保财务会计信息的真实可靠。为了做到这一点，就要求财务会计的日常核算及报表编制须遵循一定的规范和程序，即公认会计准则(Generally Accepted Accounting Principles，简称 GAAP)，要求在公认会计准则的指引下客观、合理地对企业已发生的经济事项进行确认、货币计量和综合反映。

---

① International Federation of Accountants，International Management Accounting Practice Statement：Management Accounting Concepts. International Federation of Accountants，New York，1998；Institute of Management Accountants.Counting More，Counting Less.Transformations in the Management Accounting Profession. IMA Publications，Montvale，NJ，1999。转引自潘飞、童卫华、文华东、程明(2005)。

管理会计和财务会计同源而分流，但管理会计侧重于为内部使用者提供管理信息，发挥会计的管理职能。管理会计在执行内部管理职能时，一方面要求尽可能地利用财务会计系统提供的资料，另一方面又要根据不同的管理决策目的，结合其他财务或非财务、内部或外部资料，进行数据、信息的分类收集、组合，满足多样化的管理决策需求。

表1-1对管理会计和财务会计的主要差异做了简要的归纳：

表1-1 财务会计与管理会计的主要区别

	财务会计	管理会计
信息的主要使用者	企业外部利益集团：包括股东、债权人、税务机关等	企业内部利益集团：决策管理层、员工
信息用途	向组织外部机构汇报过去的经营业绩，为股东和债权人提供订立合同的基础，协调利益相关人利益	服务于企业决策和控制；向员工和经理传达所做的内部决策，对经营业绩进行反馈和控制
主要目的	利润核算和分配	如何通过提高效率和效益为企业创造价值
信息的时间维度	历史信息	历史、现在和未来信息，强调信息的未来导向
信息的空间维度	以企业整体（会计主体）信息为主	整体信息、分部信息、外部信息，具有较强的随意性
信息的性质	财务信息	有关经营过程、技术、供应商、顾客、竞争者等方面的财务、实物、市场信息
信息的计量方式	货币性计量	货币性计量与非货币性计量相结合
信息系统输出	规范性的财务报告	多样化报告
信息处理规范	GAAP及相关法律	无外部规定，由管理人员根据战略与经营的需求来确定必要的信息与系统
信息质量特征	客观、公正、精确，具有连续性和可验证性	及时、相关、有效，有较强的主观判断

为了满足多样化的信息需求，管理会计在实际应用中往往需要从运筹学、工程学、行为科学等诸多相关学科中吸取方法和养分，并借此最终发展成为一门综合性的交叉学科。但在实践过程当中，企业往往并没有在财务会计体系之外另建一套单独的管理会计信息披露体系，而是以财务会计提供的信息为基础，结合其他渠道获取的财务、非财务信息，通过恰当的分析方法、模型，为经营管理决策提供有针对性的决策支持信息，服务于企业经营目标。

（二）财务会计、成本会计与管理会计的关系[①]

成本会计既是管理会计的前身，又是财务会计与管理会计的中介，同时还是现代管理会计的重要组成部分。成本会计源于工业革命对产品成本信息的需求，最初，对产品成本数据的计算是在账外进行的，经过较长时间的实践，逐渐从账外计算转入账内计算，将成

① 胡玉明（2002）。

本的形成、积累与结转纳入复式簿记的框架，成本会计因此正式诞生（余绪缨，2009）。原始意义上的成本会计侧重于成本的归集、分配和产品成本的事后计算，其主要目的是为企业定期的财务报告提供相关的成本资料。也就是说，通过成本计算，将企业的资源消耗在期间销售成本、期末存货成本和期末在产品之间进行合理分配，并将它们分别列入企业损益表和资产负债表的相关科目。在这个阶段，成本会计主要服务于财务会计的存货计价和收益确定。

随着企业生产经营的发展，成本会计逐步从单纯的成本计算向成本计算与成本管理相结合发展，并逐步深入企业的生产经营过程，成为企业降低成本、控制成本的管理工具，这具体表现在标准成本系统之中。标准成本系统是成本会计向管理会计过渡的分界点，成本性态分析则是管理会计的起点。因此，从管理会计的发展史来看，成本会计是管理会计的前身。

而在现代企业经营过程中，成本信息的地位和作用变得越来越重要。存货计价和收益确定、经营控制、管理决策都需要成本信息的支持，单一的成本信息难以同时满足这三种目的，这就要求实现“不同目的，不同成本”。财务会计以成本计算的结果作为存货计价和收益确定的基础；管理会计以成本信息为工具，应用多维的成本概念进行经营管理决策。从这个意义上说，成本会计又是联结财务会计和管理价值的中间介质。

管理会计以优化企业价值链为目的，着眼于价值的最大化，而成本会计则着眼于成本的最小化，为管理的控制功能提供相关信息，二者相辅相成，不可偏废，二者共同组成统一的现代管理会计系统，为提高企业经营的效率和效益服务。

(三)管理会计学科

决定一门学科研究内容的基本要素在于其所担负的社会、经济职能及其研究对象的特殊性。就管理会计而言，它以优化资源配置、实现可持续发展为目标，以现金流动(cash flow)为对象，并根据现金流动时间和数量上的差异，将企业生产经营中的资金、成本、盈利几个方面总括起来进行统一评价，为企业改善生产经营、提高经济效益、创造价值提供重要的、综合性的信息。①

如前述，管理会计的内容既包括基础性管理会计的内容，也包括管理会计在新经济环境下新发展出来的一系列理论和方法体系，这两个部分的内容是在不同发展阶段从不同角度对管理会计所作的诠释，其间并没有孰高孰低之分，它们的相互结合构成了完整的现代管理会计的学科框架，并共同发挥作用，为企业经营提供多样化的财务和非财务决策支持信息。总括来说，管理会计的研究内容及企业管理会计信息体系主要包括如下几个方面：

1.成本管理会计信息

从最初的分步、分批法发展到目前的以作业成本系统为代表的现代成本管理方法，成本管理会计已经超出了最初单纯的成本计算的狭隘领域，演变成为一种有效的管理工具。通过对企业作业流程的分析，成本管理会计可以(1)消除由于错误的成本分配造成的信息

① 余绪缨：《管理会计》，辽宁人民出版社，1996 年，第 220 页。

扭曲与决策失误;(2)分析作业的成本和效益,消除不增加价值的作业;(3)发现问题,并提供解决问题的线索等。

2.决策与计划会计信息

决策是现代企业管理的核心,如何正确决策直接关系到企业的盛衰成败。决策与计划会计就是要从战略高度出发,对企业的经济活动进行规划、分析、评价和决策,以达到最佳的经济效益。其内容一般包括变动成本计算、本—量—利分析、经营决策和投资决策等。

3.执行会计信息

企业制定的决策还需要按部门、期间进行分解,并以预算的形式落实下来。在预算的执行过程中,还要通过差异分析和业绩评价,对企业生产经营进行事前、事中、事后的控制。执行会计、决策与计划会计之间的关系大体如图 1-3 所示:

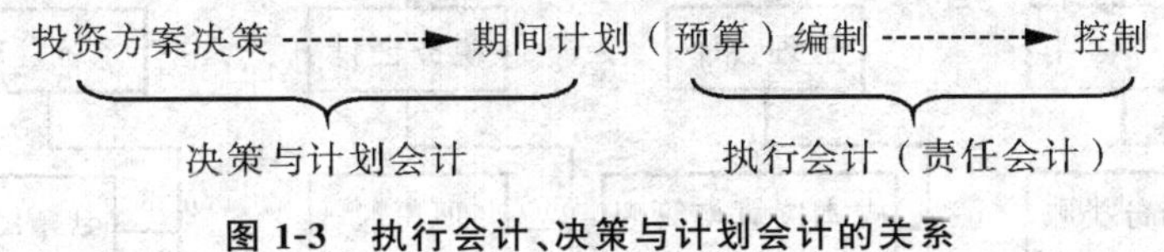

图 1-3 执行会计、决策与计划会计的关系

四、企业组织中的管理会计

(一)企业组织结构中的管理会计

图 1-4 是一个典型的企业组织结构图。图中可见,会计属于企业的参谋职位,会计虽不直接参与企业的经营活动,但是通过提供决策相关信息的方式为企业的直线职位提供参谋和支持服务。财务会计和管理会计是企业会计工作的两个重点,相互关联但各有侧重。通常而言,管理会计在企业管理过程中担负的责任包括:

(1)成本核算与管理。提供管理当局需要的产品、服务、作业等成本对象的多样化的成本信息,并帮助他们发现问题的征兆以寻找出有效的解决办法。

(2)预算控制和业绩计量。预算控制与业绩计量是管理会计履行计划与控制职能的核心。管理会计通过预算,将企业未来一定期间的战略规划以数字的形式落实到部门、责任人,并据以进行事前、事种和事后的控制;业绩计量则为企业进行评价与激励提供了依据。

(3)决策支持。“管理的重心在经营,经营的重心在决策”,没有决策,企业就无从实现经营的目标,管理会计对备选方案所做出的详细的分析和评价是管理当局正确决策的重要的信息支持。

(二)管理会计师的职业化发展

在以美国、英国为代表的发达国家中,随着管理会计职能在企业经营管理中重要性的不断加强,管理会计已经日渐成为一种专门化的职业。美国管理会计师协会(Institute of

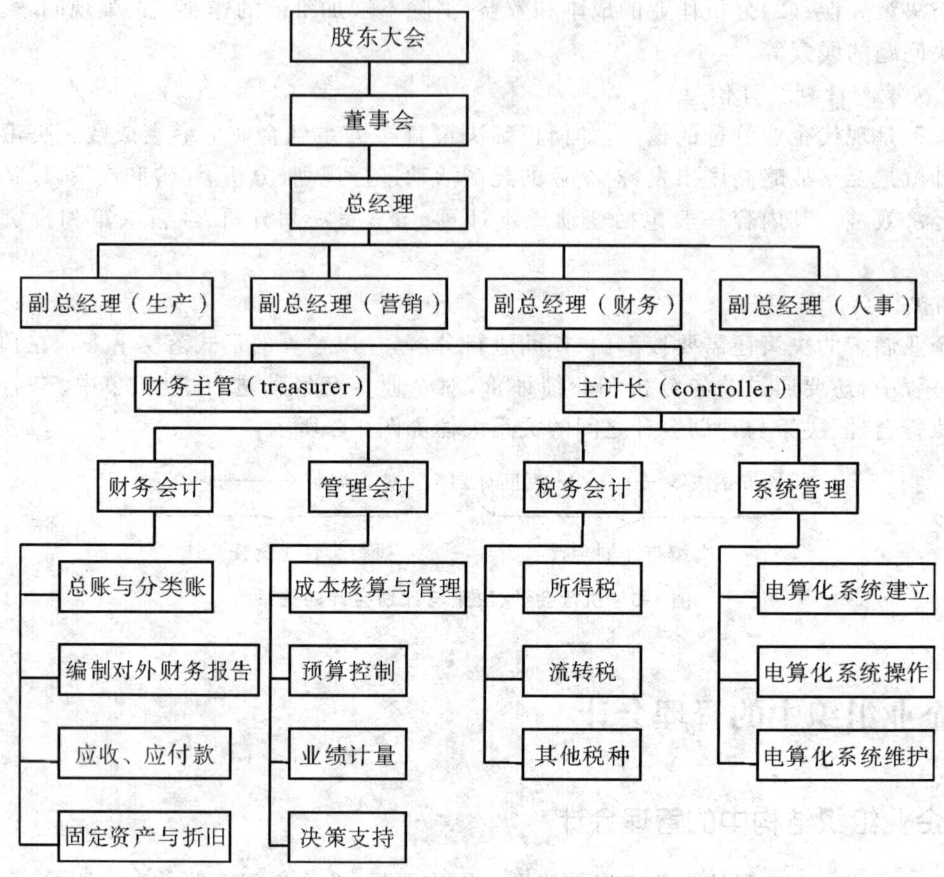

图 1-4 企业组织结构图

Management Accountants，简称 IMA）认为管理会计师是一种平等参与管理决策、设计规划与绩效管理系统，并利用其在财务报告与控制方面的专业技能帮助管理者制定及实施组织战略的职业。①

西方管理会计的职业化发展重点体现在成立管理会计的专业机构、组织管理会计师的资格考试等方面。

1.管理会计的专业组织

目前国际范围内最重要的管理会计师专业机构是英国的特许管理会计协会和美国的管理会计师协会。

英国在 1919 年 3 月 8 日成立了成本会计师协会并于 1972 年更名为成本和管理会计师协会，专业从事成本与管理会计的研究与实践。随着认识的深入，该协会于 1986 年再度更名为目前的特许管理会计师公会（CIMA）。CIMA 总部设在英国伦敦，在澳大利亚、新西兰、爱尔兰、斯里兰卡、南非、赞比亚、印度、马来西亚、新加坡以及中国香港和内地等国家和地区设有分支机构或联络处。CIMA 是英国皇家特许机构的一名正式成员，因此

① 美国管理会计师协会编，刘霄仑等译：《管理会计词典》，经济科学出版社，2017 年，第 276 页。

有时也称为皇家特许管理会计师协会。CIMA 除负责组织资格考试[①]外，还十分重视管理会计的研究与实践活动，经常有计划地召集管理会计学者和工作者举办研讨会探讨管理会计的一些理论问题和实际问题。协会同时负责出版《财务管理(*Financial Management*)》月刊，发布《管理会计正式术语》并积极参与国际交流。CIMA 目前拥有来自遍布全球 170 个国家和地区的 17 万名会员和学员，其会员包括正式会员和非正式会员两类。其中，加入非正式会员除了需要通过资格考试外，还需要三年的专业工作经验；成为正式会员则还要符合诸如具备财务经理等高层次的专业工作经验等条件。在英国，取得特许管理会计师证书后就会拥有较高的社会地位并为社会所尊重。

管理会计师协会[②]是现阶段美国国内最重要的管理会计专业组织，其前身为 1919 年成立的全国会计师协会。IMA 总部设在新泽西州，在全球设有 265 个分会，拥有 6.5 万名会员，目前已经发展成为全球范围内一个领先的管理会计师组织。IMA 还是 COSO 委员会(The Committee of Sponsoring Organization of the Treadway Commission)的创始成员以及国际会计师联合会(International Federation of Accountants，简称 IFAC)的主要成员，在管理会计、企业内部规划与控制、风险管理等领域的研究和实践方面均走在全球最前沿，对美国财务会计准则委员会(Financial Accounting Standards Board，简称 FASB)和美国证券交易委员会(The U.S. Securities and Exchange Commission，简称 SEC)等组织起着非常重要的影响作用。IMA 在 1972 年 12 月开始负责举办管理会计资格证书考试[③]，并出版《管理会计》月刊和《管理会计研究》季刊，发布《管理会计公告》。近年来，由于注意到会计领域内出现的一系列创新，IMA 认为单一地专注于管理会计可能会限制协会的发展，因此逐步将工作重心向财务与决策管理领域靠拢，并于 1996 年开办了注册财务师认证考试。2014 年 5 月 7 日，IMA 在上海设立了办事处。

2.管理会计师的能力要求和职业道德规范

由于环境、技术的变化日益加快，管理会计师工作中所面临的不确定性因素增加，工作的战略高度和时间维度与往昔相比不可同日而语，这就要求管理会计师不但要注重会计、技术等“硬”技能，还必须培养战略、沟通、领导力等“软”技能(沈艺峰、郭晓梅、林涛，2015)。作为企业内部的信息提供者，管理会计师需要与生产管理人员、销售人员、金融专家、人事经理等各阶层管理人员发生联系，为了有效地完成职责，管理会计师不但需要具备会计知识，还需要掌握经营管理中其他学科的知识，更要善于沟通并具备影响他人的领导能力。能力建设和人才队伍建设已经成为管理会计事业发展的当务之急。

1986 年，美国全国会计师协会下属的管理会计实务委员会颁布第 ID 号管理会计公告:《管理会计师共同知识体系》，对管理会计师的知识体系要求做出了明确的分类和规定，主要内容如表 1-2 所示：

---

① 考试科目包括管理会计、财务会计、成本会计、财务管理、管理学、公司发展战略及市场学、法律、税收、经济学、定量分析技术与信息处理技术等，考试时间长达 48 小时。

② 有关 IMA 的具体内容可参见 IMA 官方网站：www.imanet.org。

③ 考试科目包括经济学、财务管理和管理学、财务会计及报告、管理报告分析与行为问题、决策分析与信息系统等，考试时间共计 16 小时。

表 1-2 管理会计师共同知识体系

1.信息和决策过程知识
(1)管理决策过程,包括重复性决策程序、非规划性决策程序、战略决策程序;
(2)内部报告,包括信息的搜集、组织、表达和传递;
(3)财务计划的编制和业绩评价,包括预测和预算的编制、分析和评价。
2.会计原则和职能知识
(1)组织结构与管理,包括会计职能的结构和管理、内部控制、内部审计;
(2)会计概念和原则,包括会计的本质和目标、会计实务。
3.企业经营活动知识
(1)企业的主要经营活动,包括财务和投资、项目研究和开发、生产和经营、销售和人力资源;
(2)经营环境,包括法律环境、经济环境、道德和社会环境;
(3)税务,包括税收政策、税收的结构和种类、税收计划;
(4)外部报告,包括报告准则,满足信息使用者需要;
(5)信息系统,包括系统分析和设计、数据库管理、软件应用、技术基础知识、系统分析。

肇始于2008年的全球金融危机爆发之后,很多学者将危机的根源归结为社会道德的风险。社会普遍质疑会计职业道德,对其能否履行好受托责任提出了疑问。这也要求包括管理会计师在内的会计从业人员要更好地遵守法律、法规,在全面性和客观性的基础上建立起其职业能力、责任心、保密性和行业规范,重塑社会信心。IMA于1982年颁布的第IC号管理会计公告:《管理会计师职业道德行为准则》仍是目前国际范围内较为完整的关于管理会计师职业道德的规定,其内容具体如表1-3所示:

表 1-3 管理会计师职业道德行为准则

1.专业技能(competence)
(1)不断提升自身知识和技能,保持一定水平的专业技能。
(2)依据相关的法律、法规和技术规范履行专业职责。
(3)基于相关的和可靠的信息分析,编制完整、清晰的报告与建议书。
2.保密(confidentiality)
(1)除法律规定外,未经批准,不得泄露工作过程中所获取的机密信息。
(2)告知下属应重视工作中所获取信息的机密性,并且监督其行为以保证保守机密。
(3)禁止利用或变相利用在工作中所获取的机密信息为个人或通过第三方谋取不道德或非法利益。
3.诚实正直(integrity)
(1)避免实际或明显的利益冲突,并对任何可能的潜在冲突的各方提出忠告。
(2)不得从事道德上有损于履行职责的活动。
(3)拒绝接受影响或可能影响其正确行动的任何馈赠、好处或招待。
(4)不得主动或被动地破坏企业合法的、符合道德的目标的实现。
(5)及时了解有碍于业务活动开展或工作绩效的限制与约束条件,并进行沟通。
(6)就有利和不利的信息以及职业的判断及意见进行沟通。
(7)不得从事或支持各种有损于职业的活动。
4.客观性(objectivity)
(1)公正而客观地交流信息。
(2)充分披露相关信息,以帮助使用者正确理解报告、评论和建议。
5.道德冲突的解决(resolution of ethical conflict)
(1)遇到道德冲突问题时,应与直接主管讨论,除非其牵连在其中;如果直接主管可能有所牵连,则应提交给更高一级的主管。如果提交的问题未能达成满意的解决方案,则再提交给更高一级的主管。

续表

(2)如果直接主管是首席执行官或同级别人物，应由审计委员会、执行委员会、董事会、受托人委员会或所有者等集体行使复核权。但如果上司并未牵扯在冲突中，应让直接主管知道与更高级别领导的联系。除法律规定情况外，不宜向未聘用或雇佣的机构或个人沟通此类问题。

(3)与客观公正的顾问(如IMA道德咨询服务机构等)秘密讨论，弄清楚有关的道德问题，可以更好地理解可能的行动方案。

(4)向律师咨询道德冲突的法律义务和权利。

(5)如果在组织内所有级别复核之后仍未解决道德冲突，那么对于重大事项而言，当事方就只有辞职并提交一份详细的备忘录给组织的一位适当的代表。之后，依据道德冲突的性质，也可告知其他方。

除该公告外，国际会计师联合会于1990年7月发布了《职业会计人员的道德指南》，对各类会计从业人员都有普遍的适用性。

附：管理会计的核心实践领域

CIMA和AICPA联合发布的《全球管理会计原则》中列表说明了管理会计发挥作用的14个核心实践领域，摘录如附表1-1：

附表1-1　管理会计发挥效用的核心实践领域①

实践领域	定义	对组织的价值	管理会计师的贡献
成本改造与管理	减少浪费，维持并增加价值。包括在组织内部持续不断地辨识、减少浪费，释放资源以进行创新并增加利益相关者利益。	以物有所值的方式提供产品或服务，提升客户满意度。 通过精益文化建设，投资创新性产品和服务，提升组织竞争力，增加相关利益者利益。	在组织范围内理解组织的成本动因； 帮助提升价值链效率； 确定企业的相关分部的成本目标。
对外报告	阐述组织在财务和非财务业绩、商业模式、风险和战略等方面的全面、综合的观点，以此为基础，有效评估未来的预期业绩。	帮助企业面向更广泛的利益相关者，并解释组织的战略、商业模式和业绩。	鼓励全面综合的思维，并将报告看作是一项价值创造活动； 结合战略目标向董事会提交日常报告； 确保报告符合法规和治理要求。
财务战略	识别各种可以实现组织净现值最大化的战略。在各种竞争机会之间分配稀缺资本、资源。执行和监督所选择的战略以实现既定目标。	实现股东及其他利益相关者价值最优化。 平衡股东及其他利益相关者期望，满足企业资本需求。 对投资机会进行通盘考虑，坚决执行，适当监督。	寻求高效率的资金来源； 投资评估； 设计并执行股利政策； 营运资本管理； 优化资本结构。

① CIMA，Global Management Accounting Principle：Effective Management Accounting：Improving Decisions and Building Successful Organizations，2014。从附表1-1中可见，其所界定的管理会计的实践领域突破了传统管理会计的范畴，深入到企业经营管理的诸多方面。但作为一本入门性质的教科书，本书在框架设计和内容安排上仍按照学界的传统认识进行，附表1-1中列示的领域中有相当部分的内容并未涉及。对于未涉及部分，有兴趣的读者可参阅本系列教材的《高级管理会计》及其他相关文献。

续表

实践领域	定义	对组织的价值	管理会计师的贡献
内部控制	涉及组织在价值创造和保值中的风险管理政策、制度、程序步骤的书面框架,并对该框架进行高效和富有成果的执行和运作,以及对框架执行情况进行报告和监督。	为有形资产和无形资产的安全提供合理保证,确保财务和非财务资源的会计记录准确; 降低错误和欺诈风险及可能的财务损失,增加组织对财务托管责任的信任度; 有助于提高报告的可靠性,而这也将有助于企业实施有效决策以及更好地进行财务管理。	管理、监督、报告系统的框架、流程和步骤,以此提供对资源安全的信心。
投资评价	根据是否符合战略、选择的优先顺序、可承受以及可接受的收益与不可接受的风险的对比等因素,评估是否接受或不接受一个特定的投资项目。	安排投资顺序,为那些可以为利益相关者创造价值的项目筹集资金,规避那些会减损价值的项目。	评价特定投资项目对组织可计量价值的计量和分析; 理解评估中所有需要考虑的风险因素; 为决策者提供明确的选择或放弃的意见。
管理与预算控制	将业绩与组织各个层级的预定目标相对照,进而积极控制业绩。该系统可以包括项目、人员、作业流程、销售量和收入、资源数据、经营成本和费用、资产、负债和现金流量等财务指标,也可以是其他非财务指标。	帮助组织根据目标评价业绩并采取改进措施。提供责任和控制的分权方法,从而使计划的具体执行者能够积极主动地管理业绩。	根据计划目标,监督和报告财务和经营业绩。
定价、折扣和产品决策	决定生产什么或提供什么服务,决定产品和服务的销售价格和折扣安排。	提高产品与服务的营利性,帮助企业确定产品与服务在目标市场中的定位。	分析目标市场,确定目标价格、边际成本及目标成本,以符合市场规律的方式优化产品、客户和渠道; 理解确定价格所需要考虑的相关现金流; 了解商业模式及相应的产品或服务及目标市场定位; 将复杂的数字转化为可理解的建议,帮助企业在特定的产品与服务之间分配资源。
项目管理	对一个项目各个方面进行综合,以便随时随地需要时可以适时获得恰当的知识和资源。最为重要的是,要确保能够以及时、经济可行和质量可控的方式生产出所预期的结果。	对项目实施控制,以增加项目的盈利机会,并减少风险发生的可能性。	为项目计划、预算和开支提供财务监督; 确保项目获得充足的资源,满足组织战略目标的需求; 沟通项目进程,以便利益相关者接受。

续表

实践领域	定义	对组织的价值	管理会计师的贡献
守法与合规	履行会计、法定报告、税收和其他合规方面的法律法规责任。目的在于避免受处罚及其他强制性措施，提升组织作为优秀社会公民的声誉。	减少被强制执行带来的直接和间接成本，保持企业价值，减少损失。	监管法律法规的执行，理解现在及未来的发展及其对组织的潜在影响； 计算和评估守法和违法成本； 确保组织程序符合法律条文及立法精神。
资源管理	在组织决策环境中考虑资源的可利用性。它可以帮助组织高效率和富有成果地进行产品和过程的转型或持续改进，包括资源、制度和人员与组织的战略目标和优先顺序的匹配。	帮助组织有效地对产品与流程进行转型或持续改进。	适当考虑可获得资源的优先顺序； 提供突出需求、回报和选择的资源地图； 理解不同资源分配方案的机会成本和比较优势。
风险管理	识别、评估不确定性及做出反应的过程。这种不确定性源自组织用于支持其实施战略目标的各类活动。	认识和管理这些风险，可以帮助组织在执行战略的过程中增加成功的概率，减少失败的可能，进而消减不确定性，满足利益相关者的要求。	确认风险，并结合相应的风险大小、组织规模及环境提出适合的应对措施的建议； 在组织中嵌入风险管理的思维，并将之贯穿于企业的计划与业绩过程； 帮助非财务人员评估各种风险发生的可能性、影响及合适的应对措施。
战略性税收管理	明确税收在财务分析和决策中的作用，同时积极处理组织的税收问题，符合法律的要求。	组织知晓并理解组织经营所属司法管辖权领域里的相关税收法律法规及其影响。	提出转移定价建议； 分析收购与兼并过程中的税务影响； 计算资本预算中的税收影响； 符合组织伦理。
司库与现金管理	处理各类财务问题，用于经营的外部和内部资金，包括货币和利率风险管理、银行信贷安排、各项融资和现金管理。	组织要确保充足的现金以满足负债和投资需求； 对企业的货币头寸进行风险管理。	满足司库人员对资产负债表和现金流量表的信息需求； 提供精确的现金预测； 管理财务风险。
内部审计	就组织的风险管理、治理和内部控制流程的有效运转提供独立保证。有时也称为对控制的管理评审。	确保主要的财务和非财务风险，包括声誉、环境和社会风险得到充分的控制，保护并保证组织的长期价值； 内部审计师利用其程序帮助外部审计师； 这是一个评估和提升风险管理、控制和治理流程效率的系统性方法。	通过对内部审计和控制职能的成本效益分析，促进保证的有效性； 激励对会计和内部控制系统的持续评价和验证。

思考题:

1.如何定义管理会计？结合企业管理理论的发展和企业实践的深入,如何理解不同定义之间的差异?

2.你认为管理会计在企业组织结构中处于什么样的地位？它对企业的经营和管理发挥什么样的作用?

3.管理会计、财务会计、成本会计之间有什么样的关系?

4.你如何理解管理会计的实践与学科发展之间的关系?

5.执行性管理会计和决策性管理会计有何区别?

6.什么是新的企业观？它对管理会计的发展有何影响?

7.如何理解管理会计师的能力要求和职业道德对中国发展管理会计事业的重要性?

第二章 基本成本概念

本章学习目标

1.理解成本是一个多维的概念体系,并解释为什么说成本的内涵取决于决策的目的

2.掌握制造业的成本流转过程,描述产品成本的形成过程

3.理解制造业企业的产品成本构成,明确生产成本和非生产成本概念的差异

4.掌握成本可追溯性概念,理解成本可追溯性与成本分配的关系

5.说明决策中为什么要考虑机会成本,以及机会成本与传统会计成本之间的关系

6.解释差别成本、平均成本和边际成本的差异,以及这组概念在企业决策中的应用

7.说明为什么在决策中不需要考虑沉没成本

8.理解相关成本与非相关成本的差异,及其对企业决策的影响

9.以上市公司财务报表为基础,说明期间费用与产品生产成本在对外财务信息披露上的差异

1855年,新英格兰 Lyman 纺织厂的会计师在复式簿记的基础上首创成本会计制度,为企业决策提供了诸如产品成本、厂房布置变化影响和原棉收发控制等相关成本管理信息。此后,因应企业经营环境的变化、服务对象的转变、管理思想的演进,企业成本计算方法和成本管理模式得到了持续不断的发展。就成本计算方法和成本管理模式的演进路径而言,其发展大致经历了这样几个

主要阶段：

(1)19 世纪 80 年代随着英国产业革命的完成，机器生产代替了手工劳动，工厂制代替了手工工场。为满足机器大生产的需要，企业会计师开始在会计账簿之外用运用分批法或分步法等方法确定存货成本及销售成本，成本管理进入了早期发展阶段。

(2)1903 年，美国工程师弗雷德里克·泰罗(Frederick Winslow Taylor)在伯利恒钢铁公司(Bethlehem Steel Company)进行了“搬运生铁块试验”和“铁锹试验”等一系列研究，并在此基础上正式出版了《车间管理》一书，从而确定了生产的操作规程和动作规范，改变了工厂的生产组织和工资制度，为标准成本法奠定了理论基础。同期，介绍标准成本法的文章出现了：美国会计师 J. Whtmore 于 1906 年第一次详述了标准成本制度；G. Charter Harrison 在 1911 年设计和建立了第一个标准成本系统；1918 年，Harrison 公布了第一套用于成本差异分析的公式；到 1920 年代，用来记录和分析标准成本差异的复杂系统已经形成。至此，标准成本法基本完善。

(3)二战之后，西方国家的社会经济进入了由新科学技术推动的高速发展时期。随着管理的现代化，运筹学、决策论、系统工程和计算机等一系列科学技术、管理方法在企业管理中得到广泛应用，会计体系形成财务会计和管理会计的分野，成本会计藉此进入新的发展阶段。这一时期成本会计相应增加了预测和决策的内容，成本管理也由事中控制成本、事后计算和分析成本过渡到如何预测、决策和规划成本，形成了新型的、以管理为主旨的发展阶段(余绪缨，2001)。

(4)进入 20 世纪 80 年代以来，科学技术进步、产品生命周期缩短、全球性竞争加剧、后温饱社会条件下需求方式发生转变等因素极大改变了企业的生存和竞争环境，改变了产品成本结构与市场竞争模式。传统的成本会计由于未能提供相对精确的成本信息，从而未能捕捉到企业经营模式的变化，未能有效服务于企业战略决策而面临严峻的挑战。作业成本计算(ABC)/作业管理(ABM)、全面质量管理、成本企划、JIT 等新型成本管理方法相继被开发出来并在实务界得到推广。1980 年，英国学者 Kennteh Simmonds 首先提出战略成本管理的概念，成本管理也由此进入一个立足于全局、从系统的角度寻求企业经营成本的降低并保障企业核心竞争力的培育和提升、以促使企业持续发展为目的的新阶段。

在基础成本概念介绍及作业成本性态分析的基础上，本章及后续章节开始就传统成本计算方法和管理系统(分步法和分批法)、作业成本管理系统、战略成本管理等做逐一介绍[①]，以期对目前在企业界广泛运用的几种主要的成本计算方法和成本管理系统有一个较为全面的了解和把握。

---

① 标准成本系统在实务中更多是作为企业加强计划和控制的手段，因此本书有关标准成本系统的相关内容在本书的下半部分中再做详细介绍。

第一节　基础成本概念

管理会计中有句名言："不同目的，不同成本(different costs for different purpose)。"它的意思是说决策的效率取决于决策信息的相关性，不同的决策目的决定了不同的成本计算方法。换一种角度来说，也就是成本是基于特定的目的而形成的，成本概念不是一个单一的概念，而是一个广义的、多维的概念体系(胡玉明，1997)。

对不同成本概念的理解是学习管理会计的重要开端，下面，我们将重点学习部分常用的成本概念和成本分类方法。

一、成本

(一)成本

Hansen 和 Mowen(1997)认为成本是为取得可为组织带来当期或未来利益的某种产品或服务而付出的现金或现金等价物。从本质上看，成本是企业为实现一定的目的而交付的资源的价值牺牲；或者说，成本是为达到特定的目的而消耗的资源价值的货币计量。

成本因盈利目的而发生。在企业的利润表中，成本是收入的扣除项，收入扣除为取得收入而付出的成本后有剩余才构成企业的期间利润。因此，成本低于收入是企业经营有利的基本要求，相同条件下成本越低，意味着经济效益越高。

迈克·波特认为，实现成本领先是企业获取竞争优势的三条途径之一。首先，经营总成本低的企业可以获得高于产业平均水平的利润率，获得更多的经济资源；其次，当别的企业因剧烈的竞争而丧失利润时，这类企业仍可依靠其相对成本优势获得利润，实现竞争中的自我保护；再次，成本领先企业还可能凭借其成本优势设计和实施战略，例如凭借规模经济等方式建立进入壁垒，甚至将竞争对手挤出市场，实现低成本地位向高收益的转化(迈克·波特，1980)。

(二)成本对象

确定企业期间的成本总额之后，为了计量各项成本，还需要将成本总额分配给各个实体，即成本对象。所谓成本对象(cost object)，是指任何需要对其独立进行成本计量的产品、服务、客户、合同、项目、过程或其他工作单元。[①] 例如，我们要了解快餐店生产一个汉堡需要花多少钱，那么成本对象就是生产的每一个汉堡；想知道采购部门的运作成本，那么成本对象就是采购部；想确定将一批汉堡送到零售店所需要的耗费，那么成本对象就是送货作业；要分析为单个客户提供服务的成本，那么成本对象就是客户；等等。

随着近年来作业成本计算及作业管理的兴起，作业成为越来越重要的成本对象。所

① 参见美国管理会计师协会(IMA)编写的《管理会计词典》"成本对象"词条。

谓作业，是指组织内部工作的基本单元或组织内行动的集合。对作业的分析将有助于深化管理层的计划、控制和决策活动。企业中有关作业的例子包括：原材料和产成品的转移、产品的检验、发票的开立、设备的调整、记账凭证的编制等等。以作业为媒介计算出来的产品成本将更符合实际，也可以为企业决策提供更为全面、更为细致的有用信息。有关作业分析和作业成本计算的内容参见本书第四章。

明确了企业期间成本总额和成本对象之后，根据一定的标准和方法将成本总额分配到各个成本对象，确定各成本对象分摊的成本额，这就是成本计算的过程。由于成本的分配过程涉及很多的人为假设和主观判断，因此，成本分配的准确性是一个相对的概念，重点在于强调成本分配方法的合理性和逻辑性。不同成本计算方法采用的前提假设和涉及的主观判断的程度不同，因此计算的结果也有所差异。

(三)制造业企业成本的流转和分配

社会分工的结果之一是形成了企业的业务流程，而企业业务的流转过程实际上也构成了成本的流转过程，这一点在制造业企业中表现得尤为突出。

制造业企业的成本流转主要涉及成本的归集和分配。料、工、费，即直接材料、直接人工和间接制造费用是制造业企业生产中的三项主要生产成本。图 2-1 列示了制造业企业的成本流转过程：

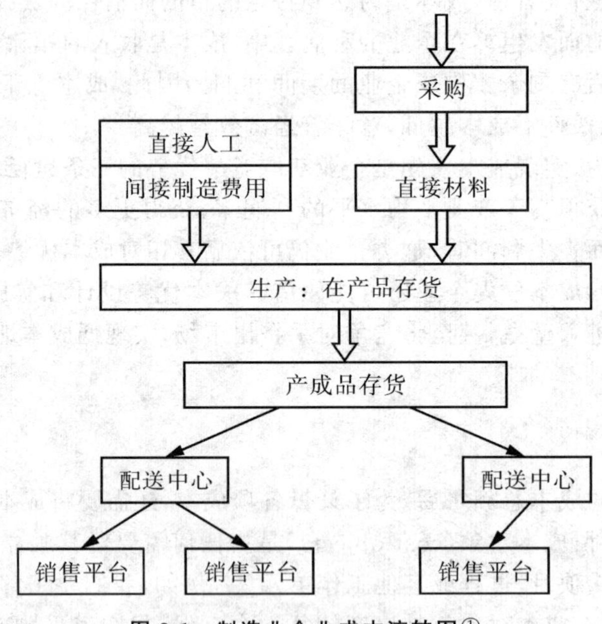

图 2-1　制造业企业成本流转图①

成本的流转过程实际上是按成本对象进行成本归集、成本分配以及实现成本补偿的过程。在制造业企业当中，随着原物料的耗用，直接材料的采购成本随着原物料实体的转

① 本图参考王纹、孙健(2005)。

移，逐步转移到在产品存货中。与此同时，直接人工和间接制造费用也在生产过程中逐步消耗，对应的直接人工成本和间接制造费用成本逐步累积到在产品存货中。产品完工后，产品生产过程中归集的在产品成本按一定标准分配并储存在产成品存货中，直到产成品实现销售的期间，累积在产成品中的成本随着产品的销售结转入当期销售成本。本书第三和第四章中将会集中讨论产品成本的流转程序以及成本的核算问题。

为了满足经营决策的需要，制造业企业需定期编制产品制造成本明细表和销售商品成本明细表，以总结特定会计期间成本流转的状况。表 2-1 列示了达明玻璃厂 20×8 年 10 月的制造成本明细表：

表 2-1　达明玻璃厂制造成本明细表

20×8 年 10 月　　　　单位：万元

项目		
直接材料：		
原材料库存，10 月 1 日	5 000	
加：本期原材料采购	3 000	
可供使用的原材料	8 000	
减：原材料库存，10 月 31 日	3 500	
本期耗用原材料		4 500
直接人工		800
间接制造费用：		
间接材料	100	
间接人工	65	
厂房折旧	400	
设备折旧	2 000	
保险费	35	
间接制造费用总额		2 600
制造成本总额		7 900
加：在产品存货，10 月 1 日		500
小计		8 400
减：在产品存货，10 月 31 日		500
制造产品成本合计		7 900

表 2-2 则列示了达明玻璃厂 20×8 年 10 月的销售商品成本明细表：

表 2-2　达明玻璃厂销售商品成本明细表

20×8 年 10 月　　　　单位：万元

项目	
产成品库存，10 月 1 日	2 500
加：本期生产产成品成本	7 900*
可供销售商品成本	10 400
减：产成品库存，10 月 31 日	3 000
本期销售商品成本	7 400

* 数据源于制造成本明细表。

二、成本的基本分类

“不同目的，不同成本”，说明基于不同标准的不同成本分类和成本概念可以更好地适应不同决策目标的需要。以下介绍几种常用的成本分类：

(一)按经济用途分类

按经济用途的不同，可以将成本划分为生产成本和非生产成本两大基本类型。

1.生产成本

所谓生产成本，指的是生产单位为生产产品或提供服务而发生的各项成本。在制造业企业中，生产成本也称制造成本，指通过生产制造而将材料转变为产成品的过程中所发生的成本。通常而言，产品的生产成本包括直接材料、直接人工、制造费用三大项。

直接材料，是指可以直接追溯到所生产产品或所提供劳务的材料消耗。在制造业企业中，确认一项材料消耗是否属于直接材料有两个基本的界定标准：(1)该材料成本最终构成产成品的实体；(2)可以简便地追溯转移到相关产品上。例如，造纸厂耗用的纸浆，面包店消耗的面粉都属于直接材料。直接材料是企业生产过程的劳动对象，通过加工，直接材料的物质形态发生变化形成半成品或产成品，它们的使用价值随之转化成另一种使用价值。

直接人工，是指可以直接追溯到所生产产品或所提供劳务的人工费用，包括一线生产工人的工资和福利费等。直接材料和直接人工共同构成产品生产的主要成本。

制造费用，是指生产过程中发生的除直接材料和直接人工之外所发生的所有成本开支。制造费用包含的内容项目繁杂，通常可以进一步细分为间接材料、间接人工和其他制造费用。所谓间接材料，是指在制造过程中耗用的，又不便直接归入某一特定产品的材料消耗，如设备维护耗用的润滑剂等。所谓间接人工，是指为制造过程服务，但又不直接进行产品加工的人工消耗，如辅助生产部门的人工费用。所谓其他制造费用，是指那些属于制造费用，又不能归入间接材料和间接人工的费用，如生产设备的折旧费和维修费、财产保险费、生产用的电力动力费等。随着生产自动化和资本密集化趋势的发展，制造费用在产品制造成本总额中所占的比重不断上升，准确、合理分配制造费用遂成为成本计算的核心问题之一。

2.非生产成本

非生产成本，是指与产品生产或劳务提供没有直接关系，但与企业营销和经营管理有关的成本费用项目，主要包括销售费用和管理费用，有时也合并称为期间费用。

销售费用是指企业在销售产品、半成品和提供劳务过程中发生的费用，主要包括由企业负担的包装运输费、广告费、销售佣金、保险费、委托代销手续费、展览费、销售人员的工资和差旅费等等。设有独立销售机构(如门市部、经销部)的制造业企业，其独立销售机构所发生的一切费用均列入销售费用；未设立独立销售机构且销售费用很小的工业企业，有时也将销售费用并入管理费用核算。

管理费用是指制造费用和营销费用之外的其他费用开支，是企业行政管理部门为组织和管理生产经营活动而发生的各项费用,主要包括管理人员工资、办公费、有关固定资产折旧、保险费、财产税、工会经费、职工教育经费、业务招待费、无形资产摊销、开办费摊销、坏账损失、董事会费及其他管理费用。

图 2-2 直观列示了上述成本概念之间的差异和联系及其在会计报表中的勾稽关系:

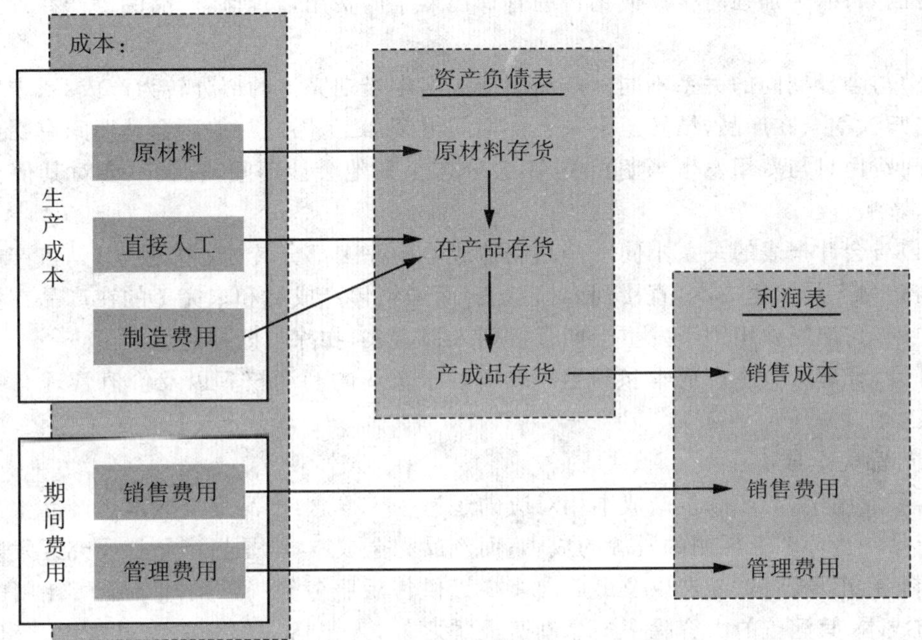

图 2-2 按经济用途分类的成本及其流转过程

如前所述,制造业企业产品的生产成本主要包括直接材料、直接人工和制造费用等三个主要项目。企业在产品生产制造的过程中需要逐步消耗直接材料、直接人工和制造费用。在财务会计核算过程中,通常设置“在产品”账户归集尚处于制造过程中、未完成全部生产环节的在产品已消耗资源的成本(包括直接材料成本、直接人工成本和制造费用)。设置“产成品”账户记录由“在产品”账户转入的已生产完工的产品成本。已销售产品的成本则由“产成品”账户转入“产品销售成本”账户。在每个会计期末,产品销售成本与该期间所发生的其他费用一起结转到“收益汇总”账户。在对外报告中,产品制造成本是确定损益表中的产品销售成本与资产负债表中的存货(产成品与在产品)成本的基础,因此,传统的成本会计十分关注产品制造成本的计算。成本的归集和结转的具体方法有很多,具体可参见本书第三章和第四章的内容。

3.生产成本和非生产成本的差异

对比产品生产成本与非生产成本(期间费用),其差异主要包括以下几点:

(1)内涵不同。产品生产成本是对象化归集到特定产品的成本,它随产品的实物流动而流动。其中,待售产品的制造成本表现为资产负债表上的存货成本,已销售产品的成本则表现为损益表上的产品销售成本并根据配比原则抵减当期的营业收入。

期间费用包括产品销售费用、行政管理费用和财务费用等项目,它们与产品的生产没有直接的联系，因此也就不能追踪至具体产品，不随产品的实物流动而流动。期间费用原则上应全部列为当期费用，与当期收入相配比。

(2)与产品生产的关系不同。产品生产成本是明确地与生产产品相关的直接费用和间接费用，将直接计入或分配后计入所生产的产品的成本中；期间费用是为产品的生产提供正常的条件，为加强对生产或销售的管理而发生的费用，与具体产品的生产并没有直接的关系。

(3)与会计期间的关系不同。产品制造成本中当期完工的部分转为产成品，未完工部分则先归入期末在产品，结转至下一会计期间继续加工，因此与前后会计期间有明显的联系；期间费用只与费用发生当期相关，不会分摊至其他会计期间，也就不会对其他会计期间产生影响。

(4)与会计报表的关系不同。产品制造成本中完工部分转为产成品，已销售产成品的成本结转为产品销售成本，直接列入损益表，而未销售产成品和未完工的在产品在资产负债表中列示；期间费用则于发生当期直接列入损益表，扣除当期损益。

可见，合理区分生产成本和非生产成本对于企业的利润核算以及价值管理有着重要的意义。

4.产品完全成本

实际应用中，与产品生产成本相对应的还有一个概念：产品完全成本。产品生产成本专指产品制造环节上耗用的资源的成本；而产品完全成本，则是指产品从研究开发阶段到设计、制造、市场营销、配送以及最后向客户提供售后服务等一系列环节中所耗用的全部资源的成本，其涵盖的内容除了产品制造成本之外，还包括一部分的销售费用、管理费用等期间费用项目。这也是基于不同管理目的，对成本进行的不同分类。

(二)按成本的可追溯性分类

所谓成本的可追溯性，指采用某一经济可行方法并循因果关系可以将成本分配至各成本对象的可能性。成本可追溯性的强弱是影响成本分配准确程度的主要因素。企业发生的所有成本均与成本对象有着直接或间接的关系，成本的可追溯性越强，成本计算的准确性就越高；可追溯性越弱，成本分配过程中涉及的主观判断因素就越多，准确性也越差。

按可追溯性的差异，成本可以区分为直接成本和间接成本。

1.直接成本

直接成本是指那些仅用于单个成本对象的资源的成本，或者是可以容易地并准确地归属(追溯)到某特定成本对象的成本。所谓“容易地”，是指成本分配可以以一种经济可行的方式进行；所谓“准确地”，是指成本的分配存在并遵循一定的因果关系。我们通常将企业生产经营过程中所消耗的原材料、备品配件、外购半成品、生产工人的计件工资等项目划归直接成本。

2.间接成本

间接成本是指那些不能容易或准确地归属(追溯)到特定成本对象的成本，主要是那部分被用于多个成本对象的资源的成本。由于间接成本与成本对象之间缺乏明确的可追溯关系或者进行追溯不经济，因此需要按一定的简便原则或假定将间接成本分摊到各成本对象上。如果设定的分摊原则或基准不科学的话，会直接影响成本计算的准确性。

应当明确的是，所谓的“直接”和“间接”是相对的，有时一项成本可能同时是直接成本又是间接成本，这取决于考察成本的角度和方法。例如，以分公司为成本对象时，分公司经理的工资是直接成本；但以该分公司的部门为成本对象时，该费用就属于间接成本了。又如，以产品数量为分摊基础，机器调整费用就属于间接费用；而以实际调整次数或调整时间为分摊基础，机器调整费用就又属于直接费用了。

为了提高成本计算的准确度并为企业经营管理提供更多更有用的信息，需要提高成本的可追溯性。为此，企业经常采用直接追溯法和动因追溯法。所谓直接追溯法，是指通过实地观测等方法，将存在特定或实物联系的成本直接确认分配到某一成本对象的过程。动因追溯法是指通过因果分析确定造成成本消耗的动因，以之为基础，将发生的成本分配到各成本对象的过程。有关动因追溯的内容我们将在本书第四章详细介绍。

(三)按成本的性态分类

所谓成本性态，是指成本发生额与作业量之间的依存性。以成本性态为基础，可将成本划分为固定成本、变动成本和半变动成本。

1.固定成本

所谓固定成本，是指在相关范围内，总的发生额不随作业量变化而变化的成本项目。常见的固定成本包括按直线法计提的固定资产折旧费用。在产能范围内，不管期间生产的产品是 1 件还是 1 000 件，企业所计提的折旧费用总额是固定的，因此属于固定成本。但从单位产品成本来看，则产量越多，单位产品分摊的成本越低。

2.变动成本

所谓变动成本，是指在相关范围内，发生额随作业量呈正比例变动的成本项目。常见的变动成本有产品生产过程中消耗的直接材料和按计件工资计算的直接人工费用。每生产一件产品，消耗一定额的直接材料和直接人工，产量越高，消耗额越大，消耗总额与产量呈正比例关系。而从单件产品来看，每件产品分摊的变动成本则是固定的。

3.半变动成本

所谓半变动成本，也称混合成本，是指发生额随作业量变动而变动，但不呈现正比例变动的成本项目。

以成本性态为基础将成本划分为不同种类，有助于考察成本发生额与作业量之间规律性的联系，可以为企业经营决策提供许多有用的信息。更详细的论述可参见本书第六章。

(四)按成本的可控性分类

按可控性的差异来划分，成本可以分为可控成本和不可控成本。从一个部门或单位的角度来看，所谓可控成本，是指那些发生与否、发生多少受该部门或单位所控制或受其工作好坏所影响的成本；与之相反的则属于不可控成本。明确成本的可控性，对明确责任具有重要意义。

同样地，所谓“可控”或“不可控”也是一组相对的概念，成本的可控性与特定的空间和时间相联系。实务中经常出现这样的情况:某个单位的不可控成本是另一个单位的可控成本,某个时期的不可控成本是另一个时期的可控成本。例如,购买会计账簿的开支不属于研发部门的可控范围,但属于财务部门的可控成本;总公司决定更换集团内各成员公司的会计软件,相关成本对下属公司而言是不可控成本,但从总公司的角度看却属于可控成本。成本可控性往往与级别相关联,基层的不可控成本往往可以由高层领导控制。另外,一些成本项目从较短的时间周期来看是不可控的成本,从较长的时间周期来看又成为可控的了。例如,现有设备的折旧费用,在设备原值和折旧方法既定的条件下,对使用部门而言,在设备继续使用的期间内是不可控的,但是在是否需要购置新设备的决策环节,与新设备有关的费用则根据新的政策来决定,这样,新设备的折旧费用就又属于可控成本了。

第二节　经营决策中特定的成本概念

成本的概念随着讨论角度的不同而不同,在企业决策过程中,管理者经常会在一项决策中选取一种成本概念,而在另一项决策中选用另一种成本概念。除了上一节所讨论的基础成本概念之外,由于决策目的的不同,还经常会用到如下一些不同的成本概念。

一、机会成本与假计成本

(一)机会成本

由于资源存在稀缺性,一定的资源被用于此就不能被用于彼,或者说将有限的资源投入某一用途是以放弃其他可能的用途上所能获得的利益为代价的。机会成本就是计量这种代价的。所谓机会成本(opportunity costs),也称择机成本,是指因为执行一种方案而放弃其他方案所损失的潜在收益。如:企业空置的厂房可以用以扩大再生产,也可以出租,出租可得的租金就是选择扩大再生产这一决策的机会成本。

机会成本不但应用于投资计划的决策,也应用于日常的成本核算。

[例 2-1]　某企业目前生产一种产品:甲产品,生产成本 800 万元,销售收入 1 000 万元,毛利 200 万元。现有三个备选方:(A)生产甲产品并直接销售;(B)将甲产品深加工为乙产品;(C)将甲产品深加工为丙产品,有关的新增成本及可实现的销售收入数据如表 2-3 所示:

表 2-3

方案	新增成本(万元)	总成本(万元)	可实现的销售收入(万元)	毛利(万元)
A	—	800	1 000	200
B	100	900	1 050	150
C	200	1 000	1 300	300

如果采取方案B,虽然表面上可以实现150万元的毛利,但其经济成本是总的生产成本900万元加上因放弃方案A而失去的利益(即机会成本)200万元,实际经济利益是-50万元,这样方案B就是不可行的;如果采取方案C,则可以实现新增经济利益100万元,因此方案C是最佳方案。

机会成本是一个亦虚亦实的概念,它存在于我们的生活当中。萨缪尔森在其《经济学》中曾引用热狗公司的案例说明机会成本:约翰在大学毕业后放弃在华尔街工作的机会,开创了一家热狗公司,每周工作60小时,不领取工资,年末结算时公司获得了22 000美元的可观利润。但是如果约翰当时选择进入华尔街,那么他的年薪将达到45 000美元。这说明约翰在开办热狗公司的时候就产生了机会成本,表明约翰因为从事了热狗事业而失去了其他获利更大的机会。对此,经济学家的理解是,虽然约翰表面上实现了22 000美元的盈利,但实际上是不划算的,亏损额是45 000—22 000=23 000美元。

虽然机会成本没有实际发生,也不在会计分录中反映,但无论在生活中或商业经营过程中,机会成本几乎是无处不在的,任何忽视或低估机会成本的行为都可能导致不当的决策。

(二)假计成本

假计成本(imputed cost),又称应负成本,是机会成本的一种表现形式。假计成本并未实际支付,因此也不在企业的利润表上列示,但在决策中却需要估计其发生额。例如,企业自有资金的利息在不实际计算、支付的情况下就是假计成本。决策中忽略假计成本,同样会影响对经营成果的正确判断。

二、差别成本、平均成本与边际成本

(一)差别成本

差别成本(different cost)是指不同选择下的成本差异,该概念有广义和狭义之分。广义的差别成本,是指不同备选方案之间的成本差额。例如,你和几个朋友计划到北京租车旅游10天,询问车行,车行现有两种车型可供选择:瑞风商务车,日租金800元;金杯商务车,日租金600元。则10天的租车费用差别成本计算如下:

瑞风商务车10天租赁费	8 000元
金杯商务车10天租赁费	6 000元
差别成本	2 000元

就企业而言,不同的备选方案在产品构成、制造方法、产销水平、固定资产使用情况等方面都可能存在差异,决策时须将一个方案涉及的成本与其他方案的成本进行比较,方案间的成本差异就是所谓的广义差别成本。该成本概念具有比较和预测的性质,主要应用于经营计划的编制。

狭义差别成本,专指由于生产能力利用程度的不同而引起的成本差额,具体表现为因产量增加或减少而引起的变动性费用的差额,因此也称作增量成本。但在实际应用中,通常会将狭义差别成本概念扩大一些,把一部分受生产设备能力影响的固定性费用也包括进去。例如,当业务量的变动超出了固定成本的相关范围时,差别成本也包含部分固定成本的差异。狭义的差别成本接近于边际成本概念。

(二)平均成本、边际成本

平均成本(average cost),是指每单位产品平均的生产成本。由于生产过程的效率差异,平均成本一般随产量的变动而变动。

边际成本(marginal cost)理论上是指作业量无限小变动时,成本的变化量。但由于实际作业量的变动不可能是无限小的,因此,边际成本的经济含义就是指增加或减少一个单位产品所引起的成本变化量,也就是业务量变动一个单位时的差别成本。和变动成本一样,边际成本一般随产量范围的变动而变动。

决策中,常用到两条有关边际成本的规律:

(1)当产品的平均成本等于边际成本时,平均成本最低。即当实际产量低于理想产量时,增加产量的边际成本小于总的平均成本;反之,亦反之。

(2)产品的边际收入等于边际成本时,企业的利润最大化。

[例 2-2] 设某企业的产品生产总成本函数为:

$$TC(Q)=20\ 000+12Q+0.02Q^2$$

其中:Q=产量

$TC(Q)$=生产的总成本

$AC(Q)$=单位产品平均成本

根据微积分原理,可知边际成本等于总成本函数的一阶导数,即:

$$TC'(Q)=12+0.04Q$$

$$AC(Q)=\frac{20\ 000+12Q+0.02Q^2}{Q}=\frac{20\ 000}{Q}+12+0.02Q$$

假设产品的单位售价为每件 24 元,则企业的总收入 $TR(Q)$的函数为:

$$TR(Q)=24Q$$

边际收入 $TR'(Q)$等于总收入函数的一阶导数,即:

$$TR'(Q)=24$$

根据上述两条规律可以知,当平均成本等于边际成本时,平均成本最低,即:

$$TC'(Q)=AC(Q)$$

$$\Rightarrow 12+0.04Q=\frac{20\ 000}{Q}+12+0.02Q$$

$$\Rightarrow Q=1\ 000$$

就是说当产量为 1 000 件时,平均成本最小,为 52 元/件。而当边际收入等于边际成

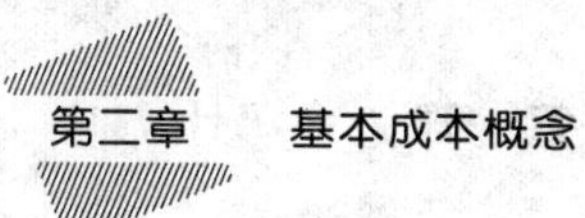

本时，企业总收益最大，即：

$$TR'(Q)=TC'(Q)$$
$$\Rightarrow 24=12+0.04Q$$
$$Q=300$$

就是说，当产销量为300件时，企业实现总利润最大化。

差别成本、边际成本以及变动成本之间既有区别又有联系。当处在固定成本的相关范围内，差别成本就等于变动成本；而如果考察业务量变动一个单位时的成本变动时，这三个成本概念取得一致。但在更多情况下，这三个成本概念存在一定的差别，需要具体分析。

三、可避免成本与不可避免成本

(一)可避免成本

可避免成本(avoidable cost 或 escapable cost)，是指成本的发生与否或发生额的大小受到经营决策影响的成本。也就是说，如果企业采用了某一特定方案，与之联系的某项支出就必然发生；但如果不采用该方案，则该项支出也就不会发生，这些成本就属于可避免成本。例如，新建办公楼将有助于提升企业形象，但也可以认为这并非是必要的；而即使决定了要新建，建什么样的、多大的办公楼仍可以视情况而定；又如，半成品可以直接出售也可以深加工后出售，后一种情况中的深加工费用就属于可避免成本。也就是说，可避免成本的发生与否取决于经营者的决策。

(二)不可避免成本

不可避免成本(unavoidable cost)，是与可避免成本相对应的成本概念，具体指那些在企业经营中必然要发生的、与特定的决策方案没有直接联系的成本。也就是说，其发生与否、发生额的多少不受某一特定的决策行动的影响。例如，只要一装电话，就必须交纳月租费，其金额固定并不受打不打电话、打多少电话的影响，从这个意义上说月租费就属于不可避免成本。

四、可延缓成本与不可延缓成本

(一)可延缓成本

企业内部某些活动可以推迟一段时间再进行而不会对企业的整体经营活动产生太大的影响，如职工的在职培训等。与这些项目相关的成本就属于可延缓成本(postponable cost)。

与可避免成本不同，可延缓成本虽然目前可以不支付，但将来仍必须支出，属于不可避免成本范畴。

(二)不可延缓成本

不可延缓成本(unpostponable cost),是与可延缓成本相对应的成本概念,指那些必须马上支付、不可以推迟到以后再支付的成本,或者虽可以推迟支付,但推迟会对企业的正常运转产生重大不利影响的成本,如生产人员的工资、应交的税金等。

新产品的研发对维持企业核心竞争力有着十分重要的意义。但由于现行会计制度要求将研发费用计入当期损益,部分企业的管理层为实现既定的盈利目标,选择在可实现盈利水平超出预期的年份加大研发投入,而在可实现盈利水平低于预期水平时减少研发投入。这种做法实际上是将研发费用视为可延缓成本,但其后果很可能对企业的长期可持续发展产生不良的影响。

五、沉没成本、重置成本与付现成本

(一)沉没成本

沉没成本(sunk cost),也称旁置成本,原指已发生的不能回收的成本,现特指那些过去已经发生、现在无法更改,因而不应纳入增减当前利润水平的成本(出去任何所得税的影响)①。沉没成本与特定的经营决策无关,不可能通过现在或将来的任何决策改变,因而在决策时可以旁置不理。例如,设备一经购置而不管使用与否,企业在该设备上的投资就属于沉落成本了。

迈克·波特的五力分析模型中决定现有竞争对手间竞争激烈程度的因素之一——退出壁垒,在很大程度上就与沉没成本概念相关。专用性资产规模越大,企业退出竞争的可能性越小。例如,电讯企业的主要资产机站和电缆,都属于专用性资产,清算价值不高且难以转作他用。因此除非被收购,电讯企业即使竞争再激烈也不可能退出市场,原因就是沉没成本太大。

我们在多数情况下会将沉没成本理解为与差别成本相对应的非相关成本,不应该对未来决策产生影响。但现实生活中,人们却常犯这样的错误。例如,某城市规划建设一水电站,项目开工一段时间后发现建设所在地的水量常年不足,但是分管领导坚持说:“我们不能放弃这个项目,我们已经投了1亿元!”。人们总是倾向于为自己过去的决策辩护,管理会计师理解这种行为倾向是很重要的,这可以帮助他们为企业决策提供有用的信息支持。

(二)重置成本

重置成本(replacement cost),是指以同等生产能力的资产代替已有资产的显性成本。从一般意义上讲,该术语是指在特别区域或市场区域内,以现行价格来替换一项资产

---

① IMA:《管理会计词典》,2016年版,“沉没成本”词条。

或是一组资产的成本。[①] 存货的重置成本就是以当前的市场价格重新购入同样的原材料、产成品所需支付的费用;固定资产的重置成本是指现在重新建造或购置安装具有同样产能的固定资产所需要的全部支出,再扣除累计折旧后的金额。考虑到通货膨胀因素的影响,在产品定价决策中通常以重置成本为基础。

(三)付现成本

付现成本(out-of-pocket costs),也称现金支付成本,是指需要立即支付现款或需要在短期内支付现金的成本。该成本概念对于那些现金紧缺、支付能力受到限制的企业有特别重要的意义。在经营过程中,这类企业往往会倾向于选择付现成本最小的方案取代总成本最小的方案。

六、相关成本与非相关成本

成本的相关性是针对特定决策而言的。相关成本(relevant cost)是指决策时应考虑的未来成本。非相关成本(irrelatevant cost)则是指决策时不必考虑的那部分成本。

在实务中,可以依如下方法大致区分相关成本与非相关成本:

(1)沉没成本,属于非相关成本;

(2)各方案均相同的未来成本属于非相关成本;

(3)除(1)(2)外的属于相关成本。

企业决策时只需要针对相关成本进行分析,通过分析两个方案的相关成本的差额即相关成本净额,就可以判断哪一个方案在财务上更有利,而可以忽略非相关成本的影响。

第三节　财务报表中的成本概念

为了满足对外信息披露的要求,财务报表中的成本数据必须满足会计准则和税收法规的相关要求,财务会计的成本概念和管理会计师所运用的成本概念之间有着很大的差别。按现行的会计准则,生产成本和期间费用是分开报告的。销售费用和管理费用作为期间费用,在利润表中作为收入的抵减项直接扣除而不进入资产负债表;产品的生产成本一部分作为已销售产品的成本在利润表中反映,未实现销售的产品的成本则列示在资产负债表的存货科目中。

一、利润表中的成本概念

以下选取三家上市公司2016年度的数据列示三类行业企业的利润表,通过比较,可以更清楚地看到期间费用和生产成本的差异,以及不同行业的特点。

---

① IMA:《管理会计词典》,2016年版,“重置成本”词条。

(一)制造业企业

青岛啤酒公司的前身是国营青岛啤酒厂,1903 年由英、德两国商人合资开办,是中国大陆地区最早的啤酒生产企业之一。该公司是 2008 年北京奥运会官方赞助商,并跻身世界品牌 500 强。公司于 1993 年先后于香港联交所和上海证券交易所上市,是中国首家同时在两地上市的企业。表 2-4 是青岛啤酒股份有限公司(600600.SH)2016 年合并利润表的简表。

表 2-4 青岛啤酒合并利润表

2016 年度　　单位:人民币万元

项目	金额
营业收入	2 610 634
减:营业成本	1 526 528
销售税金及附加	223 136
销售费用	602 944
管理费用	134 054
财务费用(净额)	−25 740
资产减值损失	784
加:投资收益	15 097
营业利润	164 025
加:营业外收入	72 149
减:营业外支出	23 830
利润总额	212 344
减:所得税	101 774
税后利润	110 570
其中:归属母公司股东的净利润	104 349
少数股东权益	6 221

说明:表中数据根据《青岛啤酒股份有限公司 2016 年年度报告》整理而得。

为生产啤酒而发生的料、工、费构成为青岛啤酒公司的产品成本。在实现销售前,为实现产品生产而发生的直接材料、直接人工和间接费用都作为存货成本。产品销售后,已销售产品的成本转变为产品销售成本,作为销售收入的抵减项反映在利润表中。就 2016 年而言,青岛啤酒实现了 261.06 亿元的营业收入(上年 276.35 亿元),其中啤酒销售收入,也即主营业务收入为 258.18 亿元(上年 272.08 亿元),对应 150.78 亿元的主营业务成本(上年 169.23 亿元);包括包装物销售、运输服务等在内的其他业务收入合计 2.88 亿元(上年 4.26 亿元),对应 1.87 亿元的其他业务成本(上年 2.68 亿元)。

按产品分类的成本分析如表 2-5 所示。

表 2-5 青岛啤酒 2016 年成本分析表

单位:人民币千元

分产品情况						
分产品	成本构成项目	本期金额	本期占总成本比例(%)	上年同期金额	上年同期占总成本比例(%)	本期金额较上年同期变动比例(%)
啤酒销售	直接材料	9 859 939	64.59	10 220 047	59.45	−3.52
	直接人工	888 058	5.82	788 924	4.59	12.57
	制造费用	2 804 458	18.37	2 565 493	14.92	9.31
	外购产成品	1 525 389	9.99	3 349 368	19.48	−54.46
其他非主营业务		187 436	1.23	268 270	1.56	−30.13
		15 265 280	100.00	17 192 102	100.00	−11.21

说明:数据源自《青岛啤酒股份有限公司 2016 年度年度报告摘要》。

表 2-4 中的销售税金及附加包含青岛啤酒在 2016 年度内缴纳的消费税、城市维护建设税、教育费附加、土地使用税、房产税及印花税。要注意的是,根据我国的规定,因产品产销而发生的增值税并不反映在其中。

总额高达 60.29 亿元的销售费用中,职工薪酬、促销及相关费用、装卸及运输费用、广告及宣传费用分别占了 18.28 亿元、17.50 亿元、12.02 亿元和 7.42 亿元;总计 13.41 亿元的管理费用中,职工薪酬、折旧及摊销费用、行政费用分别占了 6.57 亿元、2.01 亿元和1.03 亿元。除折旧与摊销费用外,这些费用多是在发生的当期进入利润表,列作当期开支。

(二)零售业企业

新华都购物广场股份有限公司是一家于福建省厦门市注册,专注从事大卖场、综合超市及百货连锁经营的商贸企业。该公司 2008 年于深圳证券交易所挂牌,股票代码 002264.SZ,简称新华都。2017 年 4 月 20 日,公司披露了 2016 年年报。表 2-6 为公司 2016 年利润表简表:

表 2-6 新华都利润表简表

2016 年度 单位:人民币万元

项目	金额
营业收入	670 955
减:营业成本	525 989
营业税金及附加	2 307
销售费用	114 930
管理费用	24 826
财务费用	2 165
资产减值损失	19 680
加:投资收益	20 817

续表

营业利润	1 875
加:营业外收入	3 359
减:营业外支出	1 316
利润总额	3 918
减:所得税费用	−977
净利润	4 895
其中:归属母公司所有者的净利润	5 438
少数股东权益	−543

说明:表中数据根据《永辉超市股份有限公司 2016 年年度报告》整理而得。

可见,2016 年新华都实现了约 67.10 亿元的营业收入,其中零售业主营收入62.73亿元,占营业总收入的 93.5%;其他业务收入 4.36 亿元,占 6.5%。对新华都而言,零售业务成本主体是所销售商品的外购成本,也即:外购待销售商品的实际成本在销售前综合反映在资产负债表的"存货"科目;实现对外销售后,已销售产品的成本转变为营业成本,作为营业收入的抵减项反映在利润表中。

表 2-7 为新华都 2016 年产品的营业收入、营业成本构成表。

表 2-7　新华都 2016 年营业收入、营业成本构成表

单位:人民币万元

	营业收入	营业成本	毛利率	毛利率比上年同期增减
生鲜类	159 125	140 382	11.78%	3.57%
食品类	194 485	155 846	19.87%	4.09%
日用类	116 493	97 572	16.24%	−2.69%
百货类	157 212	130 838	16.78%	−0.23%
合　计	627 315	524 638	16.37%	1.43%

当年发生的与卖场相关的其他重要成本,如员工工资(40 603 万元)、社会保险(4 678 万元)、卖场租金(31 358 万元)、卖场水电物业费(15 761 万元),与折旧费(5 843 万元)、广告宣传费(4 380 万元)等作为期间费用一并纳入"销售费用"核算。这也导致新华都在过往几年的销售费用率(销售费用/营业收入)持续维持在 16%～18%左右,这一点与制造业企业有很大的不同。

总计 24 826 万元的管理费用核算的内容包括管理人员的人工费用、折旧摊销费、差旅费等管理性开支。资产减值损失反映的是基于稳健性原则,根据财务会计准则要求及公司经营特点确定计提的坏账损失、存货跌价损失、可供出售金融资产跌价损失等内容。

(三)服务业企业

中国国航是中国三大航空公司之一,主要从事国际、国内定期和不定期航空客、货、邮和行李运输业务。公司在上海证券交易所和香港联交所两地上市,2017 年 3 月 31 日,公司披露了上一年度的年度报告,表 2-8 为其 2016 年的利润表简表。

表 2-8　中国国航利润表

2016 年度　　　　单位:人民币万元

项目	金额
营业收入	11 396 399
减:营业成本	8 720 271
税金及附加	29 397
销售费用	559 495
管理费用	403 155
财务费用	749 377
资产减值损失	25 384
加:投资收益等	8 757
营业利润	918 077
加:营业外收入	115 478
减:营业外支出	11 617
利润总额	1 021 938
减:所得税费用	245 584
净利润	776 354
其中:归属母公司股东的净利润	681 402
少数股东损益	94 952

说明:表中数据根据《中国国际航空股份有限公司 2016 年年度报告》整理而得。

年报显示,中国国航在 2016 年机队总规模达到 623 架,实现运送旅客 9 660.59 万人次,运输货邮 176.91 万吨,实现了 1 139.64 亿元的营业收入,其中客运收入 1 016.39 亿元,货邮收入 83.05 亿元,共发生 872.03 亿元的营业成本。其构成如表 2-9 所示:

表 2-9　中国国航 2016 年营业成本分析表

单位:人民币万元

成本构成项目	2016 年		2015 年		金额变动比例(%)
	金额	占比(%)	金额	占比(%)	
航空油料成本	2 198 193	25.21	2 404 261	28.73	−8.57
起降及停机费用	1 277 422	14.65	1 164 317	13.91	9.71
折旧	1 291 748	14.81	1 241 024	14.83	4.09
飞机保养、维修和大修成本	465 496	5.34	401 567	4.80	15.93
员工薪酬成本	1 536 000	17.61	1 357 599	16.22	13.14
航空餐饮费用	327 073	3.75	303 172	3.62	7.88
其他	1 431 124	16.41	1 315 035	15.71	8.83
其他业务成本	193 215	2.22	182 535	2.18	5.85
合计	8 720 271	100.00	8 369 490	100.00	4.19

通过进一步查阅财务报表附注，我们可以看到中国国航 2016 年的销售费用和管理费用中，除了代理业务手续费和电脑订座费外，主要是相关人员的人工费用。而由于行业特点，航空业的负债率一般比较高，因此公司历年的财务费用，也就是与融资活动相关的费用也比较高。

二、资产负债表中的存货成本

由于不同行业所具有的不同特点，其在资产负债表中“存货”账户中反映的经济内容也有所不同。

(一)制造业企业

表 2-10 列示了青岛啤酒 2016 年 12 月 31 日资产负债表流动资产部分的内容。

表 2-10 青岛海尔资产负债表(流动资产部分)

2016 年 12 月 31 日　　单位:人民币万元

项目	金额
流动资产	
货币资金	857 269
应收票据	2 640
应收账款	12 465
预付账款	5 181
应收利息	7 155
其他应收款	23 384
存货	241 244
其他流动资产	111 618
流动资产合计	1 260 956

说明:表中数据根据《青岛啤酒股份有限公司 2007 年年度报告》整理而得。

存货是青岛啤酒的一项重要的流动资产，占 2007 年年末流动资产总额的 19.1%。制造业企业从事的主要业务是在对外购原材料进行加工的基础上生产出市场需要的产品，因此企业的存货主要包括原材料、在产品和产成品等几大类。原材料存货包括企业所持有的待生产加工的大麦、啤酒花等存货。在产品存货是指在报告日正处于酿造等加工过程中的那一部分存货。产成品是指所有完成生产加工过程、按规定标准检验合格、待销售的存货类别。资产负债表反映的存货价值在一定程度上受成本核算方法差异的影响。

青岛啤酒 2016 年度报告的附注 7 中，详细列示了 2016 年年末持有的存货分类，摘录如表 2-11 所示：

表 2-11　青岛啤酒 2016 年 12 月 31 日存货分类表

2016 年 12 月 31 日

	账面余额	存货跌价准备	账面价值
原材料	526 264 352	(1 629 861)	524 634 491
包装物	751 529 177	(4 100 245)	747 428 932
低值易耗品	47 281 048	—	47 281 048
委托加工物资	11 485 076	—	11 485 076
在产品	402 043 549	—	402 043 549
产成品	679 569 684	—	679 569 684
	2 418 172 886	(5 730 106)	2 412 442 780

青岛啤酒在主要会计政策和会计估计中做了如下几项说明：

(1)分类：存货包括原材料、包装物、在产品和产成品等，按成本与可变现净值孰低计量。

(2)发出存货的计价方法：存货发出时的成本按加权平均法核算，库存商品和在产品成本包括原材料、直接人工以及在正常生产能力下按系统的方法分配的制造费用。

(3)存货可变现净值的确定依据及存货跌价准备的计提方法：存货跌价准备按存货成本高于其可变现净值的差额计提。可变现净值按日常活动中存货的估计售价减去至完工时估计将要发生的成本、估计的销售费用以及相关税费后的金额确定。

(4)本集团的存货盘存制度采用永续盘存制。

(5)低值易耗品和包装物的摊销方法：低值易耗品和包装物分别采用一次转销法和分期摊销法进行摊销。

在报表附注中，还对青岛啤酒 2016 年存货的增加、减少、跌价准备的计提等做了分项说明。

(二)零售业企业

表 2-12 列示了新华都 2016 年 12 月 31 日资产负债表流动资产部分。

表 2-12　新华都购物广场股份有限公司资产负债表(流动资产部分)

2016 年 12 月 31 日　　单位：人民币万元

项目	金额
流动资产	
货币资金	27 802
应收票据	658
应收账款	18 578
预付款项	9 859
其他应收款	26 715
存货	84 882
其他流动资产	37 979
流动资产合计	206 473

说明：表中数据根据《新华都购物广场股份有限公司 2016 年年度报告》整理而得。

新华都 2016 年年末资产负债表的存货项目反映了所有企业向生产厂家采购、尚未销售给顾客的产品，其成本构成与制造业企业有明显的差异。值得注意的是，表内“存货”项目的金额为扣减了存货跌价损失后的净额。

(三)服务业企业

表 2-13 为中国国航 2016 年 12 月 31 日资产负债表的流动资产部分。

表 2-13　中国国际航空股份有限公司资产负债表(部分)

单位：人民币万元

项目	金额
流动资产	
货币资金	732 236
应收票据、应收账款	328 693
其他应收款	192 346
预付款项	113 683
存货	168 063
其他流动资产	397 217
流动资产合计	1 932 238

尽管中国国航资产负债表中显示有总值 168 063 万元的存货，但和制造业企业、商业企业不同，这部分存货基本属于航空消耗件而非企业的可销售产品。中国国航为客户提供空中运输服务，服务在产出的同时就被消耗掉了。大多数服务业企业提供的产品(服务)不具有可储存性。具体来说，尽管 2016 年中国国航投入的可用客公里数为2 332.18亿，但实际实现的客运总周转量为1 881.58亿，客座利用率仅有 80.68%；投入 127.37 亿可用货运吨公里，实际实现货运总周转量 69.95 吨公里，货邮载运率只有 54.92%。但那些空余出来的运载能力并不能像制造业企业或服务业企业一样转化为未来可供销售的产品。因此，我们也经常把服务业企业的营业成本称为经营费用，经营费用属于期间费用，在发生的当期消耗、抵减当期的营业收入。

从以上分析中，我们可以清楚地看到不同行业企业的成本费用项目、存货项目的经济内涵具有很大的差异。

专业词汇：

1.成本(cost)

2.成本对象(cost objects)

3.作业(activity)

4.生产成本(production costs)

5.直接材料(direct materials)

6.直接人工(direct labor)

7.主要成本(prime cost)

8.制造费用(overhead)

9.分摊(allocation)

10.非生产成本(nonproduction costs)

11.可追溯性(traceability)

12.直接追溯法(direct tracing)

13.动因追溯法(driver tracing)

14.直接成本(direct cost)

15.间接成本(indirect cost)

16.成本性态(cost behavior)

17.固定成本(fixed cost)

18.变动成本(variable cost)

19.半变动成本(semi-variable cost)

20.可控成本(controllable cost)

21.机会成本(opportunity cost)

22.差别成本(differential cost)

23.平均成本(average cost)

24.边际成本(marginal cost)

25.可避免成本(avoidable cost 或 escapable cost)

26.不可避免成本(unavoidable cost)

27.可延缓成本(postponable cost)

28.不可延缓成本(unpostponable cost)

29.沉没成本(sunk cost)

30.重置成本(replacement cost)

31.付现成本(out of pocket cost)

32.相关成本(relevant cost)

33.非相关成本(irrelevant cost)

思考题:

1.如何理解“不同目的,不同成本”这一说法?

2.如何理解制造业企业的成本流转过程?

3.如何理解生产成本和非生产成本的差异?其在财务会计核算和披露上有何不同?

4.按可追溯性区分成本对提高成本数据的准确性有何意义?

5.按成本的可控性进行分类,对提高企业经营管理水平有何意义?

6.什么是机会成本?决策过程中为什么要考虑机会成本?

7.差别成本、平均成本和边际成本有何异同?

8.什么是可避免成本和不可避免成本?什么是可延缓成本和不可延缓成本?这两组成本概念有何异同?

9.举例说明什么是沉没成本。为什么说沉没成本属于决策的非相关成本?

10.定价过程中,为什么要考虑重置成本?

11.制造业企业、流通业企业和服务行业企业利润表中的“营业成本”、资产负债表中的“存货”账户所反映的经济内涵有何差异?

第三章 传统成本管理系统

本章学习目标

1.理解分批法和分步法的区别,并阐明两种成本计算方法的适用性

2.描述分批法的成本流转过程,说明其核算的基本特点和原理

3.描述分步法的成本流转过程,说明其核算的基本特点和原理

4.掌握分步法下制造费用的分配方法

5.掌握分步法下二阶段成本分配法的特点

6.说明逐步结转分步法和平行结转分步法的基本差异

7.阐述约当产量的经济含义,并说明其在分步法中的应用

8.说明生产要素的不同投入方式对确定约当产量的影响

9.解释分步法下,加权平均成本法和先进先出法对成本流转的假设,并说明其适用性

在本章及下两章,我们将着重讨论成本管理系统:传统成本管理系统和以作业成本管理系统为代表的现代成本管理体系。其中,本章将介绍两种典型的传统产品制造成本计算方法——分批法与分步法,而后者根据不同的产品结构与生产工艺流程又可以进一步区分为逐步结转分步法与平行结转分步法。

第一节 分批成本计算法

在计算产品成本之前,会计师需要先确定成本计算制度,也就是要定义什么是成本对象,定义将成本分配到产品的方法。从一定意义上说,产品成本计算的过程就是成本归集和成本分配的过程,首先是成本归集,之后是成本分配,二者是紧密联系、交错进行的。其中,所谓成本归集(cost assignment),就是将生产过程中所发生的成本费用,按不同的成本分类,归总到不同成本池(cost pool)的过程;而所谓成本分配(cost allocation),就是将成本分配给成本对象的过程。成本归集和成本分配的关系如图 3-1 所示:

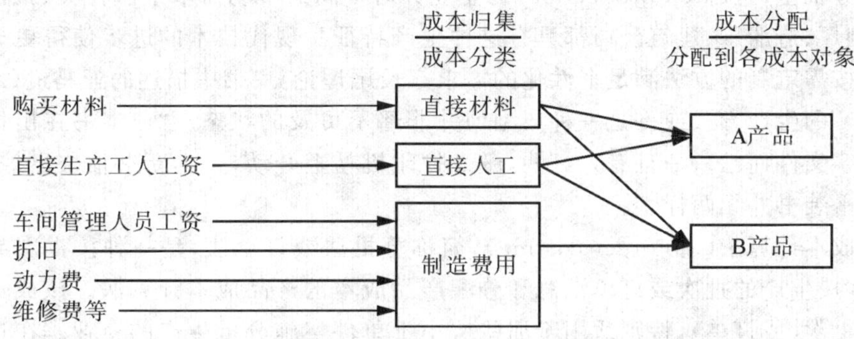

图 3-1 成本归集与成本分配①

成本归集和成本分配是成本核算的核心。常用的成本分配方法包括追溯法和假定法。所谓追溯法,就是通过成本与成本对象之间的直接关系或因果关系将成本分配给不同成本对象的方法。成本追溯法又包括直接追溯法和动因追溯法,其中,直接材料和直接人工的分配通常采用直接追溯法,也就是可以通过实物观察将这部分成本追溯到不同成本对象;动因追溯法是利用成本与成本对象之间的因果联系向成本对象分配成本。动因追溯法的分配结果不如直接追溯法那么准确,但只要因果关系确定得当,该方法也可以大幅度提高成本核算的精度。

当成本与成本对象之间不存在明显的因果联系时,或者采用追溯法在经济上不可行时,企业可以采用假定法替代。例如在劳动力密集型企业中,可以假定所有的制造费用均与直接人工工资或直接人工小时相关,然后以之为基础来分配间接成本。图 3-2 说明了不同成本项目采用的不同的成本分配方法。

根据成本归集和成本分配方法的不同,可以有多种不同的成本核算和成本管理方法。分批法和分步法已有超过百年的历史,但至今仍为众多企业所采用,是目前中外企业最常采用的两种成本计算方法。

① 余绪缨(2005)。

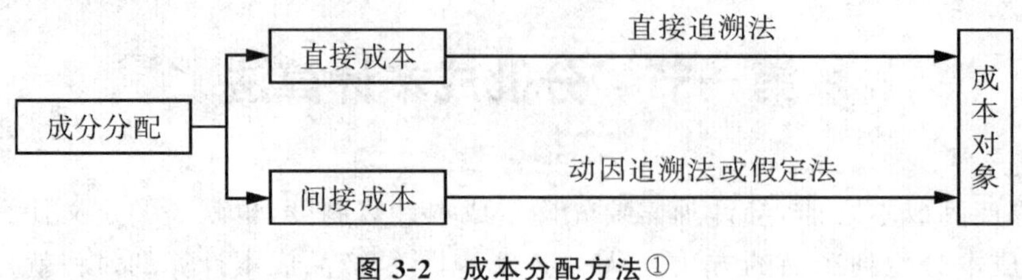

图 3-2 成本分配方法①

一、分批生产和分批成本计算法

实施分批生产(batch production)的企业针对不同的市场需求生产种类、批次繁多的产品,印刷厂、造船厂、建筑公司都具有这种生产特征。现代技术的进步使得更多的企业可以采用按需定制的方法满足个性化的需求,《长尾理论》一书中描述的亚马逊(Amazon)"即需即印"的生产方式或许是一种典型但并非遥不可及的状态。"一本书在出售之前一直只是数字文件而已。一旦有人订购,激光打印机马上开动,一本新书很快出炉,看起来与一般的平装书并无两样。"②

分批成本计算法(job order costing),简称分批法或订单法,是一种按批次或订单组织生产,并按生产的批次或订单汇总和分配产品成本的产品成本计算法。该成本计算法的依据是批次(或订单),特别适用于那些按小批单件实施分批生产的企业。在这些企业中,每份订单的成本是不一样的,因此有单独核算的要求。

经过上百年的应用,会计师总结出分批成本计算法具备以下一些基本特点。

(一)以产品生产批次为成本计算对象

分批成本计算以产品批次为成本计算对象,按批次计算每批产品的制造成本。在实施分批法的企业中,生产基本是根据企业接收到的订单组织生产的:计划部门按照批次或订单签发工作号,采购部门按工作号采购、储备材料,生产管理部门按工作号安排生产流程,生产部门按工作号组织生产,会计部门同样按工作号编制分批成本计算单,汇总记录特定批次产品生产过程中发生的直接材料、直接人工和制造费用成本,进而核算每批产品及单件产品的生产成本(余绪缨,2005)。由于每批或每张订单生产过程中耗用的材料、人工及加工工艺通常存在着这样那样的差异,因此,各批或各订单产品的生产成本可以较为容易地区分开来。

为了便利生产,产品批次的界定可以具有较大的灵活性,并不强求与客户的订单完全一致,而可以结合企业的生产经营情况具体分析。一种常见的情况是,一份订单同时涵盖了几种不同的产品,那么通常就需要按照产品品种划分为几个批次分别组织生产,并按批次计算成本。在一些情况下,一份只有一种产品的订单也可能需要划分为若干个批次进

① 余绪缨(2005)。

② 克里斯·安德森:《长尾理论》中译本,中信出版社,2006年,第81页。

行生产。例如,一份较大数量的订单,可能因客户的交货条件不同而分成若干批次组织生产,这种情况下对应生产批次分别计算产品成本通常会更为恰当。此外,当企业投产的某种产品规模庞大、工序复杂、价值高且生产周期长时,也可按产品构造分成若干部分,分批生产并计算成本,最后再对各批次的成本进行汇总。此外,在实际工作中也存在将几份订单合并为一个生产批次的情形。例如,企业同时收到几位客户要求相同或类似产品的订单,且每份订单数量较少,那么就可能将几份订单中的相同产品归为一批组织生产,分批计算成本,依次确定该同类产品的单位成本及各订单的总成本。

当分批法应用于服务性行业时,成本计算对象的批次可以是一项工作或是一次服务,如会计师事务所针对特订单位的审计或咨询服务,旅行社组织的某次出境旅游,贸易企业进行的某次进出口贸易,等。

(二)以生产周期为成本计算期

通常情况下,实施分批生产的企业只在某批次产品全部完工后才计算该批次产品的成本,因此,分批法的成本计算期即为该批产品的生产周期,即从原材料投入至产品完工结束,而并不拘泥于会计报告期的限制。如,会计报告每个月报告一次,而某批次的生产周期超过一个月,就不编制产品成本计算单,而应将已发生的费用列示为在产品成本,并集中反映于“在产品”存货账户。

(三)不分配在产品成本,成本确定相对简便

分批法按产品批次归集产品成本,若一批产品在会计报告期全部完工,则归集于该批产品的全部成本就构成产成品的制造成本,并从“在产品”账户转入“产成品”账户。若该批产品在会计报告期尚未完工,那么所归集的生产成本即为期末在产品成本。可见在分批成本计算法下,由于成本计算期与产品生产周期一致,期末产成品与在产品成本的确定相对简便:一批产品完工时,成本归集为产成品;未完工时,则归集为在产品成本。

(四)以分批成本计算单作为成本计算的关键资料

分批成本计算单(job cost sheet)记录和汇总了某一特定批次产品生产过程中发生的直接材料成本、直接人工成本与制造费用,它既是计算特定批次产品总成本与单位成本的依据,又可作为在产品账户的明细账,是运用分批法核算的关键资料。

针对上述特点,分批成本计算法主要适合于按订单或批次进行多步骤复杂生产的企业,如单件或小批生产的船舶、机械、精密仪器、专用设备、特种铸件、专业修理等行业,产品更新周期短的高档时装业,以及部分服务行业等。

二、分批法下的成本流转

本书前面的章节中介绍了产品成本的概念,这些概念同时适用于分批成本计算法和分步成本计算法。我们知道在制造业企业中,产品成本主要由直接材料、直接人工和制造费用等三个部分组成,下面我们具体说明料、工、费项目的流转过程。

(一)分批法下的成本流转

分批成本计算单是分批法核算体系中的基础性支持文件,它伴随产品生产或加工的各个流程详细记录了生产或加工一批产品所发生的所有成本项目和管理层需要的其他详细数据;待所有的生产或加工流程完成后,记录在分批成本计算单上的成本总额就是该批产品的总成本,而单位成本就是总成本除以批产量的数值。

表 3-1 是某企业设计的分批成本计算单:

表 3-1　分批成本计算单

产品批号:　　　　产品型号:　　　　投产日期:
投产数量:　　　　订货单位:　　　　完工日期:

<table>
<tr><th rowspan="2">日期</th><th rowspan="2">摘要</th><th colspan="3">部门 A</th><th colspan="3">部门 B</th><th rowspan="2">总计</th></tr>
<tr><th>数量</th><th>单价(元)</th><th>金额(元)</th><th>数量</th><th>单价(元)</th><th>金额(元)</th></tr>
<tr><td></td><td>(原材料领用、人工投入与制造费用发生情况)</td><td></td><td></td><td></td><td></td><td></td><td></td><td></td></tr>
<tr><td></td><td colspan="7">完工数量:
产品单位成本:</td><td></td></tr>
</table>

如表 3-1 所示,分批成本计算单中标明了产品批号、产品价格型号、投产批量、投产日期以及完工日期,若按客户订单生产,还需注明订货方名称。分批成本计算单记录了为生产该批产品所投入的原材料、人工以及所发生的制造费用。表单上的数据是根据各种原始单据,如生产订单、领料单、工时单、制造费用分配表等依次记录的;当该批产品完工时,应进一步计算总成本与产品单位成本。

月末或年末,根据分批成本计算单可编制分批产品制造成本汇总表,如表 3-2 所示。

表 3-2　产品制造成本汇总表

生产批号:　　　　日期:　　　　单位:元

成本项目	期初产品制造成本	本期发生产品制造成本	产品制造成本合计	完工产品成本(完工数量)
直接材料 直接人工 制造费用				
合　计				

采用分批法计算产品成本时,生产过程中发生的直接材料成本、直接人工成本和制造费用须按生产批次归集。当成本发生时,按发生的金额记入分类账的“在产品”存货账户,该账户按分批成本计算单设置明细账,以归集特定批次产品的制造成本,反映该批产品制造成本的详细情况,同时作为该批产品制造完工时计算总成本与产品单位成本的依据。在登记作为“在产品”账户明细账的分批成本计算单时,应同时登记“在产品”总分类账,二

者的记录应保持一致。

与产品制造成本相关的会计分录编制情况参考如下：

1.原材料购入时

借:原材料

　贷:应付账款(或银行存款、现金)

2.原材料领用时(材料耗用情况跟踪至各产品批次,登记总分类账的同时登记分批成本计算单)

借:在产品——批号A产品

　　　　——批号B产品

　　　　　……

　贷:原材料

3.发生直接人工成本时(直接人工发生情况追踪至各产品批次,登记总分类账的同时登记分批成本计算单)

借:在产品——批号A产品

　　　　——批号B产品

　　　　　……

　贷:应付工资

4.发生各项制造费用时(包含场地租金、设备折旧、公用事业费、财产税、保险费等项目)

借:制造费用

　贷:各相关账户

5.在各产品批次间分配制造费用

借:在产品——批号A产品

　　　　——批号B产品

　　　　　……

　贷:制造费用

6.产品完工入库时

借:产成品

　贷:在产品

7.完工产品销售时,结转产品销售成本

借:产品销售成本

　贷:产成品

8.处理制造费用分配差异,常见的有两种方法

(1)将差额转入产品销售成本

借:产品销售成本

　贷:制造费用

(2)将差额在在产品、产成品与产品销售成本之间按比例分配

借:在产品

　产成品

　产品销售成本

　贷:制造费用

图 3-3 以图形的形式具体地表现了上述的成本流转过程：

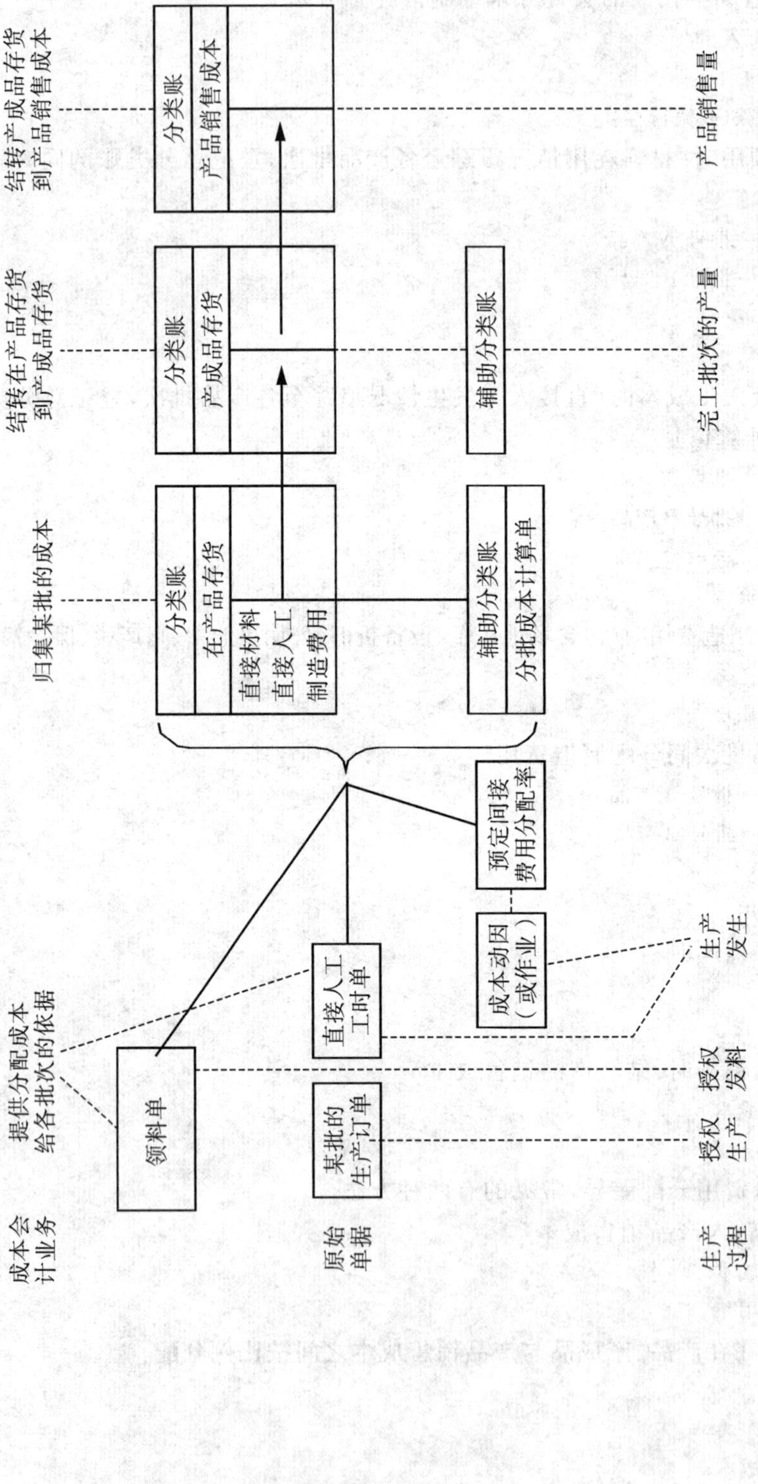

成本会计业务
提供分配成本给各批次的依据
归集某批的成本
结转在产品存货到产成品存货
结转产成品存货到产品销售成本
领料单
分类账
在产品存货
直接材料
直接人工
制造费用
分类账
产成品存货
分类账
产品销售成本
原始单据
某批的生产订单
直接人工工时单
成本动因（或作业）
预定间接费用分配率
辅助分类账
分批成本计算单
辅助分类账
生产过程
授权生产
授权发料
生产发生
完工批次的产量
产品销售量

图3-3 分批成本计算法的业务流程

(二)分批成本计算法例解

以下设计简例具体说明分批法的应用：

[例 3-1]章小强大学毕业后在家人的支持下投资 15 万元，于 2018 年 1 月初开设了华强家具厂并出任总经理。开业初期，章小强租用了北村工业区的一间通用厂房，每月租金 2 000 元；又分别支付现金 6 万元和 4 万元采购了生产必需的设备和原辅材料，从市场上雇用了几名熟练工人。很幸运地，开业后的几天，章小强就接到了三份订单：一份是 10 套组合床的订单，两份是各为 10 套餐桌椅的订单。餐桌椅的订单要求 10 套在月底之前发货，10 套在下月初发货；组合床的生产需要延续到下一个月。产品按照制造成本加成 50%定价。

华强家具厂由此开始着手产品的生产。由于两份餐桌椅的订单客户要求基本一致、发货时间相近，章小强决定将两份订单合并生产。

1.原材料会计处理

根据生产需要，生产工人填制领料单(material requisition form)，从仓库领用原材料，进入在产品生产环节，所有与产品生产有关的成本流转综合反映在“在产品”账户上。假设当月为生产餐桌椅和组合床领用的原材料分别为 10 000 元和 15 000 元，则根据领料单做如下会计分录：

借：在产品——餐桌椅　　10 000
　　在产品——组合床　　15 000
　贷：原材料　　25 000

华强家具厂生产家具需要木作和油漆两个环节，分别由木作车间和油漆车间完成。为简便起见，本案例假设两个车间同时分别领料。表 3-3 为领料单的样单：

表 3-3　领料单样单

No.000012

领料单

日　期：＿＿＿＿＿＿＿＿
批次号：＿＿＿＿＿＿＿＿　部　门：＿＿＿＿＿＿＿＿
审批人：＿＿＿＿＿＿＿＿　发出人：＿＿＿＿＿＿＿＿
领料人：＿＿＿＿＿＿＿＿　检查人：＿＿＿＿＿＿＿＿

项目号	材料号	品名	数量	需求数	发出数	单位成本	总成本

与产品生产相关的原材料投入生产后，该批次产品就进入生产环节了，相关的成本归集也就开始了。章小强分别就餐桌椅和组合床两批产品开设了分批成本计算单，在生产各环节中逐次填列。华强家具厂的分批成本计算单样单如表 3-4 所示：

表 3-4 分批成本计算单样单

No.0000 1

分批成本计算单

顾客姓名及地址：________ 批次说明：________

合同价款：________

签 约 日 期：

订单起始日期：________

计划完成日期：________

实际完成日期：________

运 输 指 令：________

木 作

直接材料			直接人工			制造费用		
日期	摘要	金额	日期	摘要	金额	日期	摘要	金额

油 漆

直接材料			直接人工			制造费用		
日期	摘要	金额	日期	摘要	金额	日期	摘要	金额

订单总成本

	木作	油漆	合计
直接材料			
直接人工			
制造费用			
合 计			

2.直接人工会计处理

由于当月华强家具厂同时生产两份订单，因此不但需要确认直接人工工资总额，而且需要把它们分配到每张订单上。章小强对当月订单工时卡进行汇总得知，本月总耗用工时 600 小时，其中生产餐桌椅 400 小时，组合床 200 小时。目前工厂采用计时工资制，小时工资率10元/小时。则可记录如下：

借：在产品——餐桌椅　　4 000

　　在产品——组合床　　2 000

　贷：应付工资　　6 000

在多数企业中生产涉及的用工成本并不一致，不同工种、不同等级的工人小时工资率有一定的差异，遇到这样的情况就需要根据工时表分别核算、分配。表3-5是生产工时表(employee time sheet)的样表：

表3-5　生产工时表样表

No.00001

工时表

截止时间：

部　　门：

职工姓名：

职工编号：

工作类型		批次编号	开始时间	结束时间	总工时	小时工资率
代码	名称					

职工签名：　　　　主管签名：

3.制造费用会计处理

生产过程中发生的制造费用并不能直接追溯到特定的产品对象，为此需要选用一定的标准确定分配率进行分配。月底，章小强对当月发生的制造费用进行了汇总，汇总结果如表3-6所示：

表3-6　制造费用汇总表

单位：元

项目	金额
厂房租金	2 000
设备折旧	1 000
水电、动力费	400
间接人工费(检验等)	800
制造费用合计	4 200

为此，公司记录如下：

借:制造费用　　4 200

　贷:应付租金　　2 000

　　累计折旧　　1 000

　　应付账款　　400

　　应付工资　　800

"制造费用"账户的借方余额反映了期间发生的制造费用总额,但还需要将这部分费用在不同产品之间分配。为简便起见,会计师选用直接人工工时作为分配基础,根据如下公式确定制造费用分配率及各类产品分摊的制造费用额:

$$\text{制造费用分配率}=\frac{\text{期初结存制造费用余额}+\text{本期发生制造费用}}{\text{期初在产品分配基础总数}+\text{本期分配基础总数}}=\frac{0+4\ 200}{0+600}=7$$

$$\text{订单分配的制造费用}=\text{该订单累计发生的分配基础数}\times\text{制造费用分配率}$$

通过计算,可知华强家具厂2018年1月份制造费用分配率为7元/直接人工小时,餐桌椅订单和组合床订单分别分摊制造费用2 800元和1 400元,并做会计分录如下:

借:在产品——餐桌椅　　2 800

　在产品——组合床　　1 400

　贷:制造费用　　4 200

多数劳动力密集型企业会选择与直接人工相关的指标作为制造费用分配的基础,如直接人工工资额或直接人工小时;而机器密集型的企业则多选择与设备使用相关的指标作为制造费用分摊基础,如机器小时。应该说,这种分摊方法具有一定的合理性,对于制造费用占产品制造总成本比重不大的企业而言,可以起到简化核算工作的优点。但是随着资本密集度的提高、生产环境和生产模式的变化,该分配模式就显得太过粗糙了,这也是新的成本计算方法——作业成本计算提出的直接动因。有关作业成本计算法的介绍参见本书下一章的内容。

4.产成品会计处理

到了月底,华强家具厂承接的20套餐桌椅的订单已加工完毕,完工订单的成本必须从"在产品"账户中转入"产成品"账户,做如下会计分录:

借:产成品——餐桌椅　　16 800

　贷:在产品——餐桌椅　　16 800

为了保证成本核算的准确,会计师同时编制了一张制造成本报表,如表3-7;一张产品成本明细表,如表3-8;针对已完工产品编制产品成本计算表,如表3-9:

表3-7　华强家具厂产品制造成本表

2018年1月　　单位:元

项目	金额
直接材料:	
期初原材料库存	0
原材料采购	40 000
可供使用原材料总额	40 000
期末原材料库存	15 000

续表

耗用原材料合计		25 000
直接人工		6 000
制造费用：		
厂房租金	2 000	
设备折旧	1 000	
水电、动力费	400	
间接人工费(检验等)	800	
本期发生制造费用		4 200
本期发生制造成本		35 200
加:期初在产品		0
制造成本合计		35 200
减:期末在产品		18 400
本期完工产品制造成本		16 800

表 3-7 中,期末在产品为 18 400 元,为月末尚未完工的组合床订单分配的制造成本,包括:直接材料 15 000 元,直接人工 2 000 元和制造费用 1 400 元。我们也可以通过表 3-8 来验证这些数字。

表 3-8 产品成本明细表

2018 年 1 月　　单位:元

成本项目	订单:餐桌椅(20 套)	订单:组合床(5 件)
直接材料	10 000	15 000
直接人工	4 000	2 000
制造费用	2 800	1 400
合　计	16 800	18 400
完工产品成本转出	16 800	0

之后,在表 3-8 的基础上可以编制完工产品成本计算单,如表 3-9:

表 3-9 产品成本计算表

2018 年 1 月　　单位:元

成本项目	订单:餐桌椅(20 套)	
	总成本	单位成本
直接材料	10 000	500
直接人工	4 000	200
制造费用	2 800	140
合　计	16 800	840

5.产品销售成本会计处理

当企业生产的产品实现销售时，产成品的成本就结转为产品销售成本。华强家具厂在成立的当月就实现了 10 套餐桌椅的销售，每套售价 1 260 元(前已述及销售价格为制造成本加成 50%)，则同时做如下两个会计分录：

借：应收账款　　12 600
　贷：产品销售收入　　12 600
借：产品销售成本　　8 400
　贷：产成品　　8 400

除上述会计分录外，企业通常还会编制一份产品销售成本表，汇总反映企业已销售产品的成本情况。表 3-10 是华强家具厂编制的 1 月份产品销售成本表：

表 3-10　华强家具厂产品销售成本表

2018 年 1 月　　单位：元

项目	金额
期初产成品库存	0
产品制造成本	16 800
可供销售产品成本	16 800
期末产成品库存	8 400
本月产品销售成本	8 400

图 3-4 完整地概括了华强家具厂 2018 年 1 月份的制造成本流转。该图总括性描述了华强家具厂 2018 年 1 月份的成本流转过程。该图也适用于采用分批成本计算法的多数企业。

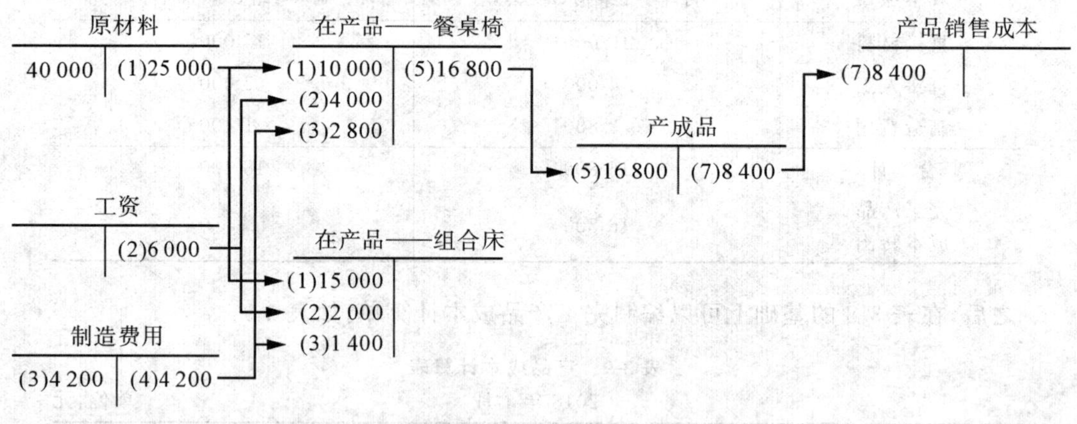

图 3-4　制造成本流转过程

6.非制造成本的会计处理及期间报表

前面述及现行会计制度下，对制造成本和非制造成本的核算采取的是不同方法。企业期间发生的销售费用、管理费用等不构成产品成本的组成部分，直接作为期间费用扣减当期会计收益。

为了完整反映华强家具厂的生产经营情况，我们假设该厂 2018 年 1 月份还发生了这样几笔交易：按销售收入 5% 支付销售佣金，总计 630 元；支付管理人员（章小强）薪金 1 200元；计提办公设备折旧 200 元。汇总为如下会计分录：

借：销售费用　　630
　　管理费用　　1 400
　贷：应付款　　630
　　　应付工资　　1 200
　　　累计折旧　　200

最后，根据以上交易事项编制华强家具厂 2018 年 1 月份的损益表和资产负债表如表 3-11 和表 3-12 所示：

表 3-11　华强家具厂利润表

2018 年 1 月份　　单位：元

项目	金额
产品销售收入	12 600
减：产品销售成本	8 400
销售毛利	4 200
减：销售费用	630
管理费用	1 400
税前收益	2 170

表 3-12　华强家具厂资产负债表

2018 年 1 月 31 日　　单位：元

资　产	金额	负债及所有者权益	金额
现金	50 000	应付工资	8 000
应收账款	12 600	应付租金	2 000
材料：		应付款	1 030
原材料	15 000	负债合计	11 030
在产品	18 400	所有者权益：	
产成品	8 400	实收资本	150 000
固定资产原值	60 000	未分配利润	2 170
减：累计折旧	1 200	所有者权益合计	152 170
固定资产净值	58 800		
资产合计	163 200	负债及所有者权益合计	163 200

三、制造费用的分配

(一)制造费用分配率的确定

在产品成本的计算过程中，由于直接材料与直接人工属于直接成本，可追溯性强，成本的分配过程相对简单。而归集于制造费用账户中的各类间接生产成本，如间接材料、间接人工、生产管理费用与设备折旧等，与多个成本计算对象或受益对象同时相关，缺乏明确的可追溯性，因此，制造费用在各批次产品之间的分配工作相对复杂。

制造费用的分配可采用预定制造费用分配率或实际制造费用分配率两种主要方式。其中，预定制造费用分配率是指在生产过程开始之前，根据制造费用预算总额与预定的制造费用分配基础确定的分配率，即：

$$\text{预定制造费用分配率}=\frac{\text{制造费用预算总额}}{\text{预计的分配基础总量}}$$

实际制造费用分配率则是根据实际发生的制造费用和分配基础计算得出的分配率。即：

$$\text{实际制造费用分配率}=\frac{\text{制造费用实际发生额}}{\text{实际分配基础总量}}$$

根据实际制造费用分配率计算的产品信息相对可靠，但是分配率须待到会计期末方能确定，成本信息的及时性会有所欠缺。及时、准确的产品成本信息有助于准确的成本控制与价格决策，而滞后的信息则可能延误决策，造成不必要的损失。因此，多数企业普遍采用预定制造费用分配率分配制造费用。

(二)制造费用分配基础的选择

制造费用包含各种间接成本项目，这些间接成本项目与产品生产过程的联系千差万别，如果采用单一的分配基础确定预定间接费用分配率，就必然要求企业各产品间存在一些共同的项目。如，当企业所有的产品都需要直接人工的参与，而仅有少数几类产品需用机器加工的情况下，直接人工小时或直接人工成本是可供选择的分配基础；而如果选择以机器小时为分配基础，未耗用机器加工的产品将没有分配制造费用，这显然歪曲了产品制造成本的结构。因此，分配基础的选择应注意与制造费用之间的因果关系，以保证分配的合理与客观性。企业常用的制造费用分配基础有直接人工小时、直接人工成本、处理的材料数量及加工的产品数量等。

直接人工是传统成本计算中最常用的制造费用分配基础，但该分配基础随着生产过程中机器和计算机一体化系统的广泛应用而受到严峻挑战。自动化程度提高产生了两个明显的后果：(1)制造费用占产品制造成本总额的比重不断上升；(2)直接人工作为一项生产要素的重要性下降。由此，间接制造成本需要寻求更理想的分配方式，作业成本计算法对此进行了重要的改进。

(三)制造费用分配差异的处理

以预定制造费用分配率为基础分配的制造费用与制造费用实际发生额通常不一致，二者之间的差异为：少分配制造费用，即按预定分配率分配的制造费用少于实际发生的制造费用；或者多分配制造费用，即按预定分配率分配的制造费用多于实际发生的制造费用。无论哪一种情况，均会产生制造费用分配差异。

企业需要采用一定的方法对制造费用分配差异加以调整。常见的方法有两种：(1)按比例计入期末在产品、产成品与当期产品销售成本账户的余额；(2)直接调整当期产品销售成本，即当期发生的制造费用差异全部反映在当期损益表中，多分配的制造费用抵减当期产品的销售成本，少分配的制造费用则增加当期产品的销售成本。

按第(1)种方法对各相关账户余额进行调整，提高了成本计算的准确性，但工作量较大，因此，只有当制造费用分配的差异较大时才予以采用；差异额较小的情形下，企业一般会采用第(2)种方法。

(四)制造费用分配例解

［**例 3-2**］　假设某公司采用预定制造费用分配率分配制造费用，20×1 年全年机器加工部门与装配部门的制造费用预算情况如表 3-13 所示：

表 3-13　制造费用预算表

单位：元

项　　目	制造部门	装配部门
物料用品	5 600	1 600
间接人工	50 400	24 400
水电费	15 000	6 000
维修费	8 000	4 000
场地租金	13 000	7 800
设备折旧费	9 800	8 600
保险费及财产税	7 500	3 600
合　　计	109 300	56 000

其中，机器加工部门的制造费用以机器加工小时为分配基础，该部门全年预计机器加工总时数为 46 300 工时；装配部门的制造费用以直接人工成本为分配基础，该部门全年预计直接人工成本总额为 146 000 元。

根据上述资料，计算制造费用分配率如表 3-14 所示：

表 3-14　预定制造费用分配率计算表

项目	制造部门	装配部门
制造费用预算总额	109 000 元	56 000 元
预算机器加工总时数	46 200 小时	
预算直接人工成本		146 000 元
预定制造费用分配率	$\frac{109\ 000}{46\ 200}\approx 2.36$ 元/小时	$\frac{56\ 000}{146\ 000}\approx 38.36\%$

该公司于 20×1 年末汇总得知机器加工部门全年实际机器加工总工时 47 500 小时，制造费用实际发生额为 115 000 元；装配部门全年实际发生直接人工成本 150 000 元，制造费用实际发生额为 62 000 元，则制造费用按预定分配率进行分配及其与实际发生额之间的差异情况如表 3-15 所示：

表 3-15 制造费用分配及差异

单位:元

部门	制造费用预定分配额	制造费用实际分配额	制造费用分配差异
制造部门	2.36×47 500＝112 100	115 000	2 900
装配部门	38.36%×150 000＝57 540	62 000	4 460
合计	169 640	177 000	7 360

以下分别采用签署两种方法处理该制造费用差异：

1.调整在产品、产成品与产品销售成本的余额,差额按比例分配至这三个账户

假定 20×0 年年末企业在产品存货余额为 82 000 元,产成品存货余额为 34 000 元,当期产品销售成本为 524 000 元,则制造费用差异的分配情况如表 3-16 所示：

表 3-16 制造费用差异分配

单位:元

项目	调整前余额	少分配差异按比例分配	调整后余额
在产品存货	82 000	$\frac{7\ 360\times82\ 000}{640\ 000}=943$	82 943
产成品存货	34 000	$\frac{7\ 360\times34\ 000}{640\ 000}=391$	34 391
产品销售成本	524 000	$\frac{7\ 360\times524\ 000}{640\ 000}=6\ 026$	530 026
合计	640 000	7 360	647 360

同时作会计分录如下：

借:在产品　943

　产成品　391

　产品销售成本　6 026

　贷:制造费用　7 360

2.直接调整当期产品销售成本

以制造费用差异调整当期产品销售成本,亦即将该差异额全部计入损益表,少分配的制造费用增加产品销售成本,多分配的制造费用则抵减产品销售成本,直接影响当期损益。该方法下作会计分录如下：

借:产品销售成本　7 360

　贷:制造费用　7 360

四、分批法在服务业企业中的应用

多数服务性企业与非营利组织也采用分批法核算服务产品的成本(如律师事务所提供诉讼或咨询的服务成本,医院提供医疗服务成本等),这种情况下,产品制造成本的计算转化为服务成本的计算。归集于特定批次如项目、合同、案例或任务的成本,为律师事务所、医院及政府等组织的管理者提供了重要信息。

在服务业中,为某一项目直接发生的成本,如提供服务的过程中耗用的原料、部件、人

员工资等，应直接归集至相应的服务项目中；为多项服务共同发生的费用，如场地租金、水电费、照明费、保险费等，应结合服务性质与费用构成等具体情况，选择适当的分配基础进行分配，可以选择预定的制造费用分配率。

以下以简例说明分批法在服务业企业中的应用。

［例 3-3］　华夏律师事务所对其诉讼、咨询与谈判业务分别按项目计算成本，将具体某类服务项目发生的直接成本直接归属于该项目的成本计算单，对于事务所内共同发生的费用则采用预定分配率分配，并且针对不同费用的性质采用了不同的分配基础。假设该律师事务所 20×1 年第一季度预算的共同费用如表 3-17 所示：

表 3-17　共同费用预算表

单位：元

费用类型	金额
场地租金	10 000
专职人员工资	30 000
设备折旧	4 000
财产保险费	2 000
公用事业费	4 000
办公用品费	6 000
合计	56 000

假定办公用品费的发生与其提供服务的小时数相关性较大，因而选择以服务小时为分配基础，其他共同费用则按直接专业服务人员工资分配。华夏律师事务所第一季度预计发生的直接专业服务人员工资为 200 000 元，预计服务时数为 3 000 小时，则共同费用的分配率计算如下：

$$预定办公用品费用分配率=\frac{6\ 000\ 元}{3\ 000\ 小时}=2\ 元/小时$$

$$预定其他共同费用分配率=\frac{(56\ 000-6\ 000)元}{200\ 000\ 元}=0.25$$

华夏律师事务所于当年 2 月份承接的一项谈判业务已于当年 3 月份结束，服务时数为 300 小时，则该谈判业务的成本计算单记录如表 3-18 所示：

表 3-18　谈判业务成本计算单

单位：元

费用类型	金额	
专业服务人员工资		60 000
直接人工补助		20 000
电话费		1 000
打印及复印费		3 000
交通费		2 000
办公用品费	(2×300)	600
其他共同费用分配	(60 000×25%)	15 000
项目成本合计		101 600

五、对分批成本计算的几点补充说明

上面我们以几个例子简要说明了分批成本计算法在制造业企业和服务业企业中的应用,为简便起见,我们对该方法在不同行业的应用特点及实际应用过程中可能遇到的一些问题给予了简化处理。接下来,我们对此做一些补充说明。

(一)正常成本计算法与实际成本计算法

在前面的案例中我们采用的是实际成本计算法,也就是在会计期末以成本的实际发生额为基础进行产品的成本计算。在实务工作中,还有不少企业会根据历史经验或以长期制造费用预算为基础在会计期初设定分配率,并按预定制造费用分配率分配制造费用的方法进行分批成本计算,我们称这种成本计算方法为正常成本计算法。也就是说,在正常成本计算法下直接材料与直接人工按实际发生额直接记入"在产品"账户,并按预定制造费用分配率分配制造费用。可见,该方法不可避免地会造成实际费用发生额与预计费用发生额之间的差异。需要注意的是,即便采用实际制造费用分配率,分配给各批产品的制造费用额仍是估计数,原因在于制造费用本质上属于间接成本,并不能轻易追溯至特定的产品批次。

正常成本法与实际成本法的区别和特征可用图 3-5 来描述:

(A)

正常成本法下在产品存货		
实际直接材料成本	实际直接人工成本	制造费用分配: 期初预定制造费用分配率 ×分配基础

(B)

实际成本法下在产品存货		
实际直接材料成本	实际直接人工成本	制造费用分配: 期末实际制造费用分配率 ×分配基础

图 3-5　正常成本计算法与实际成本计算法的特征比较

从图 3-5 可以清楚地看到,两种方法的差异就在于制造费用的分配方法的不同。由于正常成本计算法以较长时间的成本分析为基础,因此可以减少特定期间生产特殊情况对期间产品成本的影响,计算出来的产品成本可以较好地反映企业在正常生产情况下的成本耗用。

正常成本计算法下,每个月实际发生的制造费用与分摊的制造费用总额之间总是会存在一定的差额,会计上通过"制造费用差异"账户进行核算。多数情况下,不同月份的制造费用差异总会或多或少地相互抵消，使得年末的差异余额很小，到了年末再将“制造费用差异”账户余额一次性结计入产品销售成本。

(二)二阶段成本分配

在华强家具厂的案例中，我们采用单一账户归集了企业发生的所有制造费用，之后再按统一的分配率将制造费用分配给各批次的产品。该案例所采用的是全厂单一的预定制造费用分配率，该分配率称为全厂制造费用分配率。但是在某些企业的生产过程中，不同车间、不同部门发生的制造费用与企业产品的关系可能不尽相同。对此，企业可选择针对不同部门确定部门制造费用分配率，这种做法可以比采用单一的全厂制造费用分配率提供更为准确的产品成本信息。

对于那些采用部门制造费用分配率的企业，须分两个阶段才能将制造费用分配给各产品批次。即：第一阶段将所有的制造费用分配给生产与装配等各个生产部门，第二阶段再将已分配给各部门的制造费用在部门内平均分配给流经该部门的产品批次。其中，第一阶段又包括两个不同的分配过程：(1)将所有的制造费用分配给部门制造费用中心，即成本分配，也就是将企业发生的制造费用分配给生产部门与服务部门。其中，服务部门指的是那些虽然不直接参与企业产品制造却又是产品生产所必需的部门，如机器修理部门等。(2)所有服务部门的成本被重新分配至生产部门，即服务部门成本分配。在这一过程中，通常按各生产部门从服务部门产品的受益比例分配服务部门的成本。

图 3-6 描绘了二阶段成本分配(林涛，2003)。

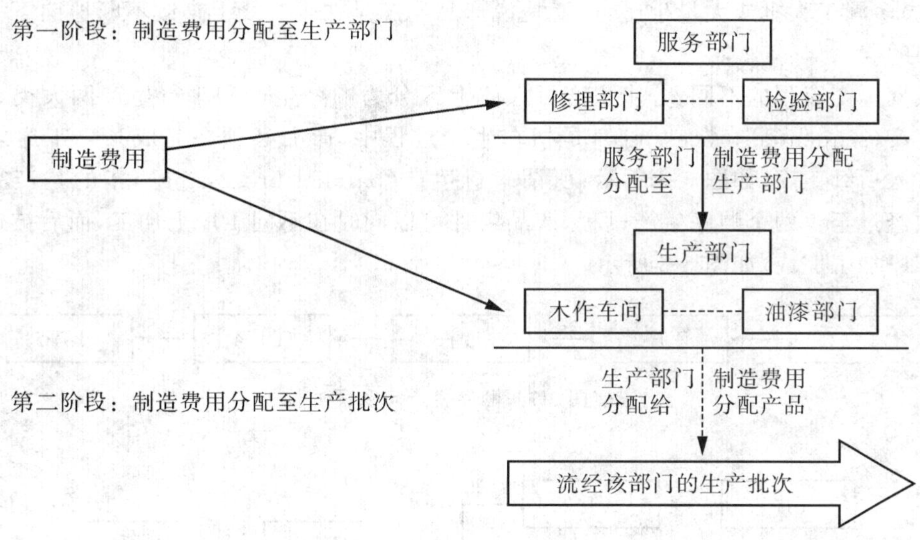

图 3-6　二阶段成本分配

也就是说,在第一阶段,将所有的制造费用分配给生产部门;在第二阶段,再将各生产部门归集的所有制造费用分配给该部门的各生产批次。在此过程中,各部门可自行确定不同的预定制造费用分配率。

第二节　分步成本计算法

一、分步生产与分步成本计算法

实施分步生产的企业,如纺织、造纸、化工、水泥、电力等,从事连续流水式生产,经由一系列相似的步骤大批量生产出相似或同质的产品。这类企业的生产过程由一个或若干个在技术上可以间断的步骤组成,如造纸厂的生产包括制浆和造纸两个连续的基本步骤,每个步骤的生产过程中都包含把原材料转变为产成品的多个子步骤。对比分批生产,分步生产主要具有如下几个方面的特点:

(1)产品生产的加工工序有一定的内在顺序,每个工序生产出来的半成品在形态、性质上有不同,部分半成品甚至可以对外直接销售;

(2)不同产品的生产工序、生产方法基本上相同,一般没有特殊规格的产品或特殊要求的生产方法;

(3)多属于大批或大量生产,也就是说产品生产是在生产线上连续不断地向下一个工序流动的。

根据生产流程的不同,分步生产可大体上区分为顺序生产和平行生产两大类。所谓顺序生产(sequential processing),是指在生产过程中,产品必须在完成某一工序之后才可以进入后续工序,如图 3-7 所示;所谓平行生产(parallel processing),指的是产品的生产必须经过至少两个顺序生产过程,产品组件可以同时在不同工序上加工,而后被送至后面的工序加工完成,如图 3-8 所示。

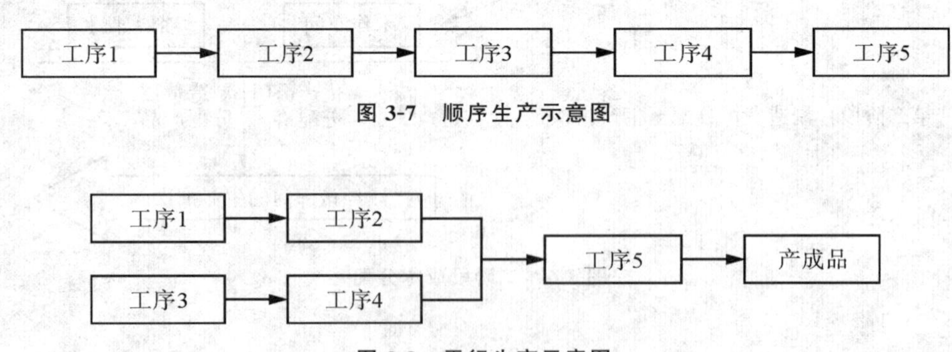

图 3-7　顺序生产示意图

图 3-8　平行生产示意图

无论是顺序生产还是平行生产,都需要考虑在成品在各步骤之间的流转,并要求运用专门的方法处理产品成本在各步骤的逐步形成。同时,由于实施大批量生产,使得产品的批次不易区分，也就不宜采用分批成本计算方法，在这种情况下，应适应分步生产的经营特点，按生产阶段分步骤计算产品成本，即采用分步成本计算法（multistage process costing system），简称分步法。结合具体生产经营模式的不同，分步法还可以进一步区分为逐步结转分步法和平行结转分步法。

分步法的成本流转如图 3-9 所示：

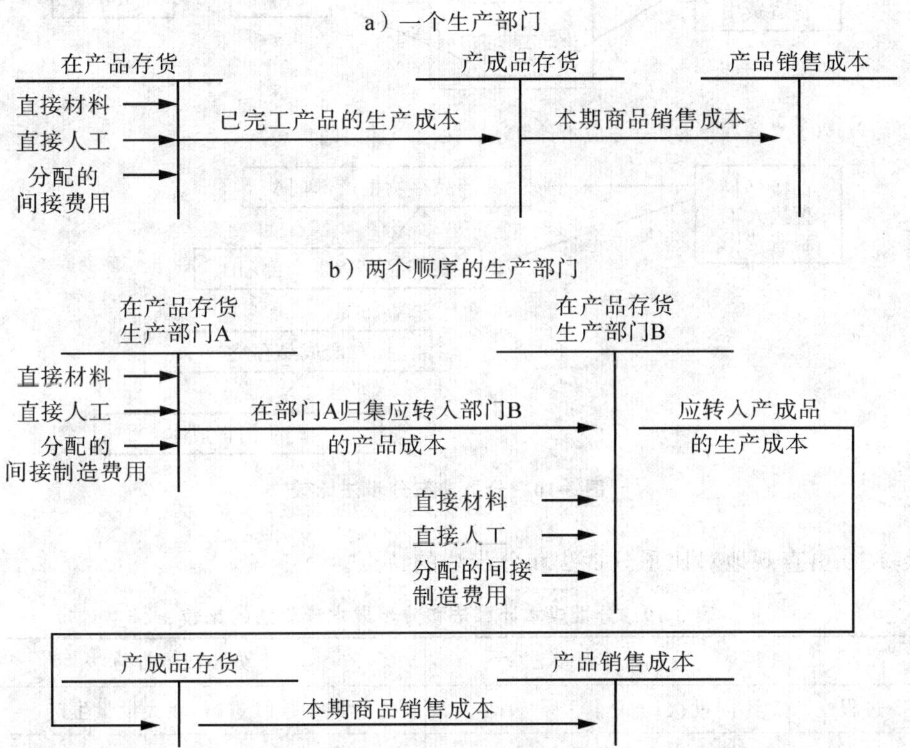

图 3-9　分步成本计算法下的成本流程

从图 3-9 中可见分步成本计算法所采用的会计账户体系与分批成本计算法相同，成本流转也大致相似，只是在分步法下，在产品存货经过多个生产部门（生产步骤）之间流转，需要预先确定每个生产步骤的成本，而后再将每步的成本分配到单件产品。具体的比较如图 3-10 所示：

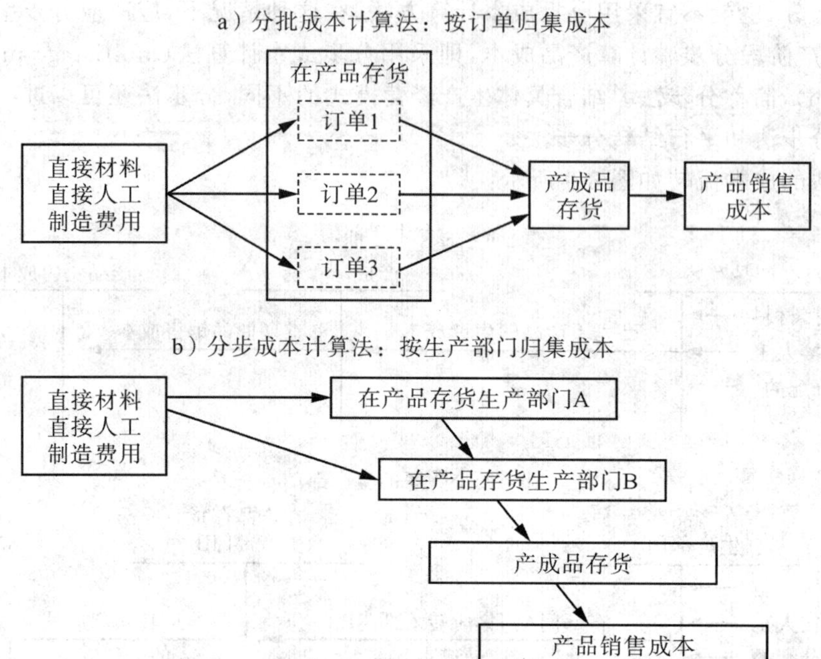

图 3-10　分批法与分步法比较

表 3-19 更直观地对比了分批法和分步法的特点。

表 3-19　分批成本计算法和分步成本计算法的比较

	分批成本计算法	分步成本计算法
生产过程	1.不同批次	1.连续或半连续进行，或大批量生产
生产特点	2.不同批次产品差异大	2.同质产品
成本核算特点	3.按订单归集成本	3.按工序或部门归集成本
成本核算差异	4.产品成本按每份订单分别计算料工费	4.产品成本按一定时期内发生的各个生产工序分阶段计算
	5.以生产周期为成本计算期	5.以会计期间为成本计算期
	6.无须计算在产品成本	6.必须考虑在产品影响

也就是说，分批法和分步法都是按照不同生产部门内的成本要素来归集成本的，但是采用的成本分配方法不同：分批法下，先将归集的成本分配给各批次产品，再将批次成本分配到该批次生产的各单件产品中；分步法则采用平均分配的方法先将总成本直接分摊到本期生产的所有产品中，单位产品成本就像产品一样从一个生产部门流转到下一个生产部门，直至最终计算出总的生产成本（杰西・巴菲尔德等，2006）。

二、逐步结转分步法

如前所述，逐步结转分步法是根据产品生产工艺流程，按照生产顺序分步骤计算各步骤半成品成本并向下一步骤结转，最终计算完工产品制造成本的方法。在某一步骤的半成品有独立经济意义，或虽无独立经济意义（即只能转入下一步骤继续生产或加工）但其成本信息对于企业管理具有重要意义（如需比较前后各期的成本控制水平）的情况下，必须按生产步骤追踪产品成本在各步骤的累积过程，并要求企业采用逐步结转分步法。

（一）逐步结转分步法的基本特点与适用范围

总体上看，逐步结转分步法具有如下基本特点：

1.以各步骤半成品和最终完工产品为成本计算对象

产品的完工需要经过多个生产部门（或加工步骤），在最终步骤结束前的每一个步骤都会形成半成品。逐步结转分步法要求归集各个步骤的半成品成本，并以此作为入库半成品或直接结转下一步骤作为加工对象的成本信息，归集至最后生产步骤的即为完整的产品制造成本。

2.以会计报告期作为产品成本计算期

大批量生产的生产周期难以准确划分，因此通常以会计报告期间作为产品成本计算期，人为保持二者的一致。

3.必须分步骤确定在产品成本，计算半成品成本和最终完工产品成本

在连续式生产中，各步骤均可能存在在产品，因此，必须采用专门的方法将各步骤汇总的生产费用在完工产品、半成品及在产品之间进行合理的分配。

4.必须计量约当产量

在产品大量重复生产的情况下，会计期末通常会有尚未完工、仍处于生产过程中的在产品。为了将归集于各个生产步骤的成本总额在已完工产品与在产品存货之间分配，必须计算在产品的约当产量，也就是按加工程度和投料进度将期末在产品数量折合为相当于完工产品的数量。

基于上述特点，逐步结转分步法适用于半成品可对外销售或虽不对外销售但半成品成本须进行比较考核的企业，如纺织企业、冶金企业等，或者一种半成品同时作为几种产成品原料的企业，如生产纸浆的造纸业等。

（二）逐步结转分步法的成本流程

逐步结转分步法下，企业的产品生产需要经过不同的部门并进行不同步骤的加工，各步骤半成品成本按生产步骤顺序分别归集，并依次结转至下一步骤，成本计算的过程同时也就是半成品成本累积的过程。以某企业为例，其生产需要依次经过铸造、成型、组装三个步骤，每一个步骤的生产都需要投入一定的料工费，完成前道工序后的半成品成本作为后续工序的投入，依次向后累积，直至生产完成。图 3-11 表示了这一成本流转模式过程：

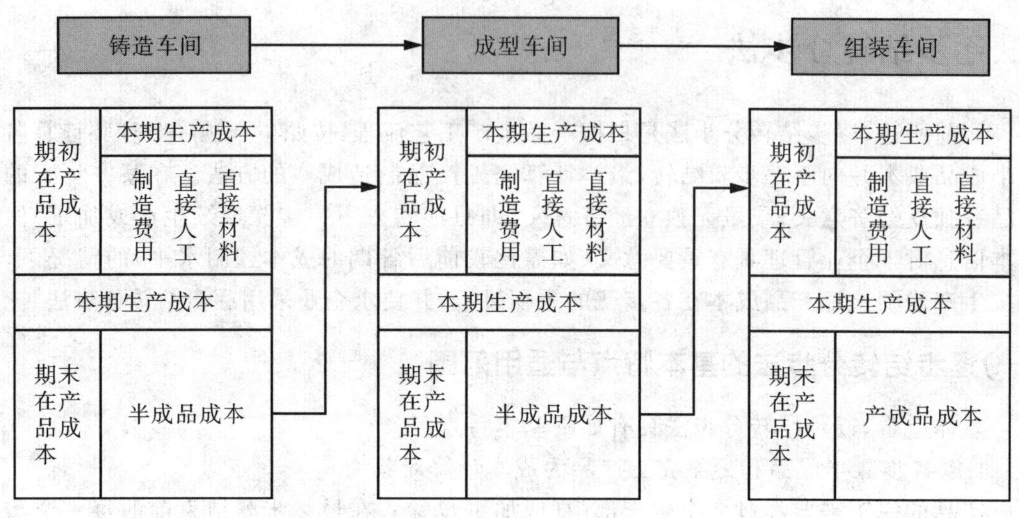

图 3-11　某企业的成本流转

用 T 型账户模式表示如图 3-12 所示：

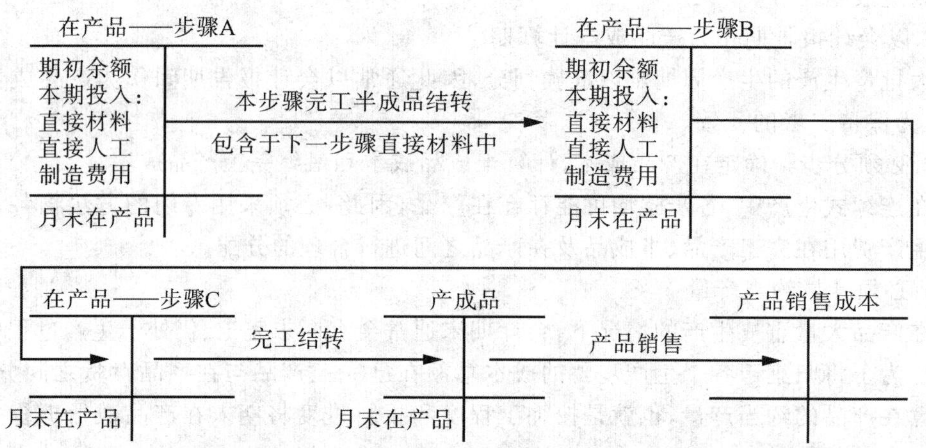

图 3-12　逐步结转法下半成品成本累积流转图

分步法和分批法的成本流转基本类似，差异在于成本流转需要经过不同的步骤和部门。因此，图 3-11、3-12 描述的成本流转过程中有这样几个特点：(1)以部门为基础分别设置在产品账户逐一记录各个生产部门发生的制造成本；(2)各部门的在产品账户直接归集该部门生产过程中实际耗用的直接材料、直接人工以及发生的制造费用；(3)当上一部门的加工工作完成后，完工产品的成本作为下一加工部门的转入成本被转移到下一部门的在产品账户；(4)直至最后一个部门的加工步骤完成后，完工产品的成本被转移到产成品存货账户。

为了解决成本的跨期核算问题，在每个会计核算期期末，还需要计算完工产品成本与在产品存货成本，计算过程大致包括如下三个步骤：(1)计算产品的约当产量；(2)汇总计算产品总制造成本与产品单位成本；(3)计算当期完工产品成本与期末在产品成本。

(三)逐步结转分步法例解

下面以简例说明逐步结转分步法的成本核算过程：

[**例 3-4**]　长林制造集团生产一种主要产品，需要先后顺序经过三个部门：铸件部门、成型部门与组装部门。前一部门的半成品转入后一部门后分别作为原材料，由组装部门完成产品生产的最后步骤，并验收入库。

公司内各部门制造费用发生情况如表 3-20 所示：

表 3-20　长林制造集团各部门制造费用发生情况一览表

20×0 年 6 月　　单位：元

项目	铸件部门	成型部门	组装部门	合计
管理人员工资	20 000	25 000	17 000	62 000
设备折旧费	80 000	120 000	90 000	290 000
水电费	65 000	86 000	68 000	219 000
保险费及财产税	8 000	10 000	8 200	26 200
其他	12 000	16 000	14 000	42 000
合计	185 000	257 000	197 200	639 200

假设该月份铸件部门投产该种产品 2 500 件，当月完工 2 000 件并转入成型部门，月末在产品 500 件。材料于开始时一次投入，在产品完工程度为 50%，则铸件部门完工产品(即半成品)数量与在产品的约当产量分别为：

直接材料：2 000＋500×100%＝2 500(件)

加工成本(直接人工＋制造费用)：2 000＋500×50%＝2 250(件)

该部门制造成本汇总及半成品成本计算情况如表 3-21(A)和表 3-21(B)所示：

表 3-21(A)　铸件部门制造成本汇总表

20×0 年 6 月　　单位：元

成本项目	期初在产品	本期制造成本	半成品成本	期末在产品
直接材料	140 000	250 000	312 000	78 000
直接人工	8 000	100 000	96 000	12 000
制造费用	40 000	185 000	200 000	25 000
合　计	188 000	535 000	608 000	115 000

表 3-21(B)　铸件部门半成品成本计算单

20×0 年 6 月

成本项目	总成本(2 000 件)	单位成本(元/件)
直接材料	312 000	156
直接人工	96 000	48
制造费用	200 000	100
合　计	608 000	304

假设成型部门领用铸件部门半成品 800 件,计转入成本 243 200 元,与其他材料一起列入直接材料项目。本月该部门产出半成品 700 件,在产品 200 件,材料已全部投入,在产品完工程度为 50%。则成型部门的完工产品(即半成品)数量与在产品的约当产量分别为:

直接材料:700+200×100%=900(件)

加工成本:700+200×50%=800(件)

成型部门制造成本汇总及半成品成本计算情况如表 3-22(A)和表 3-22(B)所示:

表 3-22(A) 成型部门制造成本汇总表

20×0 年 6 月

单位:元

成本项目	期初在产品	本期制造成本	半成品成本	期末在产品
直接材料	91 000	404 000	385 000	110 000
(其中:铸件部门半成品)	(80 000)	(243 200)	(282 800)	(40 000)
直接人工	10 000	240 000	219 000	31 000
制造费用	30 000	300 000	289 000	41 000
合 计	131 000	944 000	893 000	182 000

表 3-22(B) 成型部门半成品成本计算单

20×0 年 6 月

成本项目	总成本(700 件)	单位成本(元/件)
直接材料	385 000	550
(其中:铸件部门半成品)	(282 800)	(404)
直接人工	219 000	313
制造费用	289 000	413
合 计	893 000	1 276

假设组装部门领用成型部门半成品 500 件,计转入成本 638 000 元,与其他材料合并列入直接材料项目。本月生产完工产品 400 件,在产品 200 件。材料投入 60%,完工程度为 40%,则约当产量为:

直接材料:400+200×60%=520(件)

加工成本:400+200×40%=480(件)

组装部门制造成本汇总及产品成本计算情况如表 3-23(A)和表 3-23(B)所示:

表 3-23(A) 组装部门制造成本汇总表

20×0 年 6 月

单位:元

成本项目	期初在产品	本期制造成本	半成品成本	期末在产品
直接材料	40 000	832 000	671 000	201 000
(其中:成型部门半成品)	(34 000)	(638 000)	(517 000)	(155 000)
直接人工	4 500	108 000	93 750	18 750
制造费用	9 000	235 000	203 000	41 000
合 计	53 500	1 175 000	967 750	260 750

表 3-23(B)　组装部门成本计算单
20×0 年 6 月

成本项目	总成本(400 件)	单位成本(元/件)
直接材料	671 000	1 677.5
(其中:铸件部门半成品)	(517 000)	(1 292.5)
直接人工	93 750	234.4
制造费用	203 000	507.5
合　计	967 750	2 419.4

(四)在产品存货对分步法成本核算的影响

虽然随着技术的进步及 JIT 等管理工具的应用,产品的生产周期有日益缩短的趋势,但是在造纸、水泥、玻璃制造等行业,由于生产工艺的特点,期末通常还是会存在一定量的在产品存货。在这部分存在期末在产品存货的企业中,会计期间终了,一部分产品完工了,但还有一部产品尚未完工,那么,如何界定期间生产产品数量对最终产品单位成本的核算会产生直接的、较大的影响?具体地说,存在在产品存货的企业应用分步法进行成本核算的过程中会遇到两个问题:第一,如何处置期末在产品存货成本?实务中,通常采用约当产量的概念加以解决;第二,如何处理期初在产品存货成本?目前实务中较常采用的是以加权平均法或先进先出法加以解决。

1.存在期末在产品存货对产品成本计算的影响

在例 3-4 中,我们运用约当产量概念来解决期末在产品对产品成本计算的影响,也就是所谓的约当产量法(equivalent units of output),即运用一定的技术测定或凭经验估计在产品的完工程度(完工率),把期末在产品折算为相当于完工产品的数量(约当产量),而后以本期实际完工产量和在产品的约当产量合计作为期间总产量,进而确定期间制造费用分配率并进一步计算出完工产品成本和期末在产品成本。

可见,约当产量的概念实质上是把在产品数量折算为产成品数量,也就是把在产品折算为一定的产成品数量,其目的是实现产品成本分配基础的统一。运用该方法的关键点和难点在于完工率的确定。在实际生产中,原材料和加工费用(直接人工和制造费用)的耗用情况往往并不同步,如有的产品生产是开工时一次投料,那么在产品的直接材料成本和完工产品的直接材料成本实质上是一样的;但也有的企业需要在生产过程中连续投料,那么在产品的直接材料成本和完工产品就会有差异。而不论原材料的投入方式如何,加工成本(包括直接人工与间接成本)往往是连续不断地发生,贯穿于整个生产过程。因此,当一个会计期间结束时,由于材料投入比例与加工进度不同,在产品可能处于不同的完工阶段,即存在不同的约当产量。为了提高核算的准确度,企业通常把加工费用的完工率和原材料的完工率(也称投料率)分开来考虑,也就是按料、工、费项目分别计算出完工产品和期末在产品的直接材料成本、直接人工成本和制造费用成本,而后再汇总计算出期末在产品的全部成本。

2.存在期初在产品存货对产品成本计算的影响

在运用逐步结转分步法计算产品成本时,对期初在产品存货采用不同的计价方式将直接影响到产品成本计算的结果。实务工作中,常用的期初在产品存货计价有平均成本法和先进先出法两种。下面就这两种计价方法及其对产品制造成本的影响分述如下:

(1)平均成本法

所谓在产品成本计算的平均成本法,即按分步法计算产品制造成本时,对期初在产品在本期生产完工的半成品与产成品和本月投产本月完工的半成品与产成品不加区别,将期初在产品成本与本期生产费用之和除以本期完工的半成品或产成品与期末在产品约当产量之和,计算半成品或产成品单位成本的方法。用公式表示为:

$$单位产品成本=\frac{起初在产品成本+本期投入生产费用(分别成本项目)}{完工产品数量+期末在产品约当产量(分别成本项目)}$$

按平均成本法计算期末在产品成本,期初在产品与本期投产的产量及成本合并计算,只需折算期末在产品的约当产量而不考虑期初在产品的完工程度,较为简便。当期末在产品比重较小,且期初期末在产品比较稳定时,可采用该种方法。

沿用例 3-4,成型部门成本计算情况可汇总如表 3-24 所示:

表 3-24 成型部门成本计算单(平均成本法)

20×0 年 6 月

实物流动(单位:件)		
期初在产品	100	
本月投产	800	
合计		900
本月完工	700	
期末在产品	200	
合计		900
产品制造成本(单位:元)	总成本	单位成本
期初在产品		
直接材料	91 000	
直接人工	10 000	
制造费用	30 000	
本月发生		
直接材料	404 000	550
直接人工	240 000	313
制造费用	300 000	413
待分配成本总计	1 075 000	1 276
制造成本分配		

续表

完工半成品(700×1 276)	893 200
月末在产品	
直接材料(200×100%×550)	110 000
直接人工(200×50%×313)	31 300
制造费用(200×50%×413)	41 300
合计	182 600*
约当产量(件)	
直接材料:700+200×100%=900	
组装成本:700+200×50%=800	
单位成本(元/件)	
直接材料:(91 000+404 000)÷900=550	
直接人工:(10 000+240 000)÷800=313	
制造费用:(30 000+300 000)÷800－413	

*该金额与表 3-22(A)成型部门制造成本汇总表上在产品成本金额 182 000 元差额 600 元,为计算过程中千位数上四舍五入形成的差异。

(2)先进先出法

所谓先进先出法,即假设先投产的产品先完工,具体而言就是期初在产品先于本期投产的产品完工,结转完工产品成本时首先考虑期初在产品存货成本,待期初在产品全部结转完毕后再结转本期投产的产品。采用先进先出法,从成本核算上将期初在产品在本期组装完成的半成品与产成品与本期投产本期完工的半成品与产成品区别开来,由此得到的单位成本仅代表本期的成本水平。该方法用公式表示为:

$$\text{单位产品成本}=\frac{\text{本期投入的生产费用(分别成本项目)}}{\text{本期投产本期完工的产品数量}+\text{期末在产品约当产量(分别成本项目)}}$$

采用先进先出法计算期末在产品成本的计算过程可归纳如表 3-25 所示:

表 3-25　成型部门成本计算单(先进先出法)

20×0 年 6 月

实物流动(单位:件)		
期初在产品	100	
本月投产	800	
合计		900
本月完工	700	
期末在产品	200	
合计		900

续表

产品制造成本(单位:元)	总成本	单位成本
期初在产品		
直接材料	91 000	
直接人工	10 000	
制造费用	30 000	
本月发生		
直接材料	404 000	505
直接人工	240 000	320
制造费用	300 000	400
待分配成本总计	1 075 000	1 225
制造成本分配		
(A)由月初在产品完工的半成品(100 件)		
上期成本	131 000	
本期成本		
直接材料	0	
直接人工(100×50％×320)	16 000	
制造费用(100×50％×400)	20 000	167 000
(B)本月投产完工的半成品(600 件)		
(600×1225)		735 000
(C)期末在产品(200 件)		
直接材料(200×100％×505)	101 000	
直接人工(200×50％×320)	32 000	
制造费用(200×50％×400)	40 000	173 000
合计		1 075 000
约当产量(单位:件)		
直接材料:600＋200×100％＝800		
组装成本:100×50％＋600＋200×50％＝750		
单位成本(单位:元/件)		
直接材料:404 000÷800＝505		
直接人工:240 000÷750＝320		
制造费用:300 000÷750＝400		

三、平行结转分步法

在多步骤大批量复杂生产中，若不考虑各步骤之间在成本计算上的相互牵制，管理上不要求提供各步骤半成品成本的信息，则成本计算可采用平行结转分步法，即各生产步骤分别与完工产品直接联系，只提供各步骤在产品成本和加入最终产品成本的份额。也就是说，各步骤可以平行独立且互不影响地进行成本计算，再平行地将各自的成本份额计入完工产品的制造成本中。

（一）平行结转分步法的基本特点与适用范围

相比于逐步结转分步法，平行结转分步法具有如下特点：

1.以最终完工产品为成本计算对象

在平行结转分步法下，各步骤生产的半成品并不作为成本计算对象，各步骤的成本计算都只是为了计算最终产品的制造成本。

2.以会计报告期为成本计算期

该特点与逐步结转分步法相同，即以会计报告期作为成本计算周期。

3.成本结转与实物流转相分离

在平行结转分步法下，每一步骤完工的半成品转移至下一步骤时，半成品成本并不随之转移；各步骤只汇总本步骤发生的生产费用，而不考虑耗用上一步骤的半成品成本，即各步骤均以最终产品为目标，将本步骤生产费用在在产品成本与应由完工产品负担的份额之间分摊，并将这个份额与其他步骤产生的份额平行计入最终完工产品成本。半成品完工入库或结转下一步骤继续组装，只要尚未最终组装为产成品，该半成品成本仍留在本步骤核算的在产品存货成本中。

从理论上讲，平行结转分步法适用于多步骤大批量生产中不要求提供各步骤半成品成本信息的情形。然而，各步骤半成品成本信息对于企业内部加强成本控制、制定价格等决策往往具有重要意义，这使平行结转分步法的应用受到了限制。通常，具有如下特点的企业可以运用平行结转分步法：半成品无独立经济意义或虽产生半成品但不要求对其成本进行单独计算的企业以及一般不计算零配件成本的装配式复杂生产企业。

（二）平行结转分步法的成本流转

根据实物流转与成本结转相分离的特点，在平行结转分步法中形成了狭义在产品与广义在产品的概念区分。其中，所谓狭义在产品，是指尚未完成某一步骤加工过程的、针对该步骤而言的在产品；所谓广义在产品，则指尚未完成全部生产步骤并形成最终产成品的在产品，具体而言，它包含后面狭义在产品及本步骤已完工但最终步骤未完成的半成品。在计算过程中，以各步骤的本月生产费用加上月初广义在产品成本为基础，并将之在应计入最终完工产品的份额（即广义半成品成本）与留存本步骤的广义在产品成本的份额之间进行分配。

分步骤计算各步骤广义在产品与广义半成品的成本，是平行结转分步法的突出特点。

图 3-13 描绘了平行结转分步法的成本核算过程：

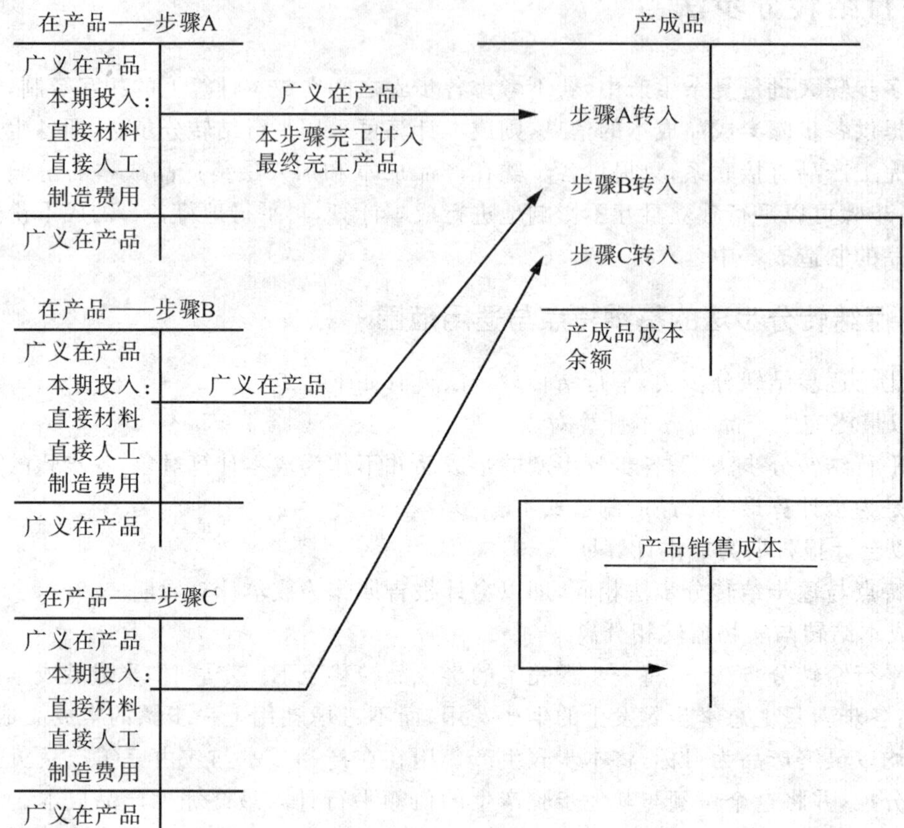

图 3-13　平行结转分步法下广义半成品成本汇总计入最终产品示意图

(三)平行结转分步法例解

以下以简例说明平行结转分步法的核算过程：

[**例 3-5**]　假定长林制造集团生产一种产品，由铸件、成型和组装三个部门共同协作完成，产品制造成本采用平行结转分步法计算。20×0 年 6 月生产完工产品 400 件，实物流动与半成品结转过程如表 3-26 所示：

表 3-26　长林制造集团实物流动与半成品结转

单位：件

摘要	铸件部门	成型部门	组装部门	产成品
1.投入生产	600	600	500	
2.完工结转	600	500	400	400
3.狭义在产品	——	100	100	
4.广义半成品	400	400	400	
5.广义在产品	200	200	100	

集团内各部门制造费用发生情况如表 3-27 所示：

表 3-27　长林制造集团各部门制造费用发生情况一览表

20×0 年 6 月　　单位：元

项目	铸件部门	成型部门	组装部门	合计
管理人员工资	20 000	15 000	12 000	47 000
设备折旧费	40 000	65 000	60 000	165 000
水电费	40 000	60 000	50 800	150 800
保险费及财产税	8 000	10 000	80 000	98 000
其他	12 000	15 000	18 000	45 000
合计	120 000	165 000	220 800	505 800

各部门制造成本汇总及广义半成品成本计算情况如表 3-28 所示：

表 3-28(A)　铸件部门制造成本汇总表

20×0 年 6 月　　单位：元

成本项目	制造成本合计	期末广义在产品*（200 件）	期末广义半成品（400 件）
直接材料	240 000	80 000	160 000
直接人工	90 000	30 000	60 000
制造费用	120 000	40 000	80 000
合计	450 000	150 000	300 000

* 期末广义在产品 200 件本部门已全部完工，约当产量 200 件。

表 3-28(B)　成型部门制造成本汇总表

20×0 年 6 月　　单位：元

成本项目	制造成本合计	期末广义在产品*	期末广义半成品
直接材料	225 000	75 000	150 000
直接人工	110 000	30 000	80 000
制造费用	165 000	45 000	120 000
合计	500 000	150 000	350 000

* 期末广义在产品 200 件中，100 件已完工，未完工的 100 件中，材料已全部投入，组装程度为 50%，则约当产量为：

直接材料：100＋100×100%＝200（件）

加工成本：100＋100×50%＝150（件）

表 3-28(C)　组装部门制造成本汇总表

20×0 年 6 月　　单位：元

成本项目	制造成本合计	期末广义在产品*	期末广义半成品
直接材料	288 000	48 000	240 000
直接人工	216 000	36 000	180 000
制造费用	220 800	36 800	184 000
合计	724 800	120 800	604 000

* 期末广义在产品 100 件即为狭义在产品，投料程度与组装程度均为 80%，则约当产量为 80 件。

将铸件、成型与组装三个部门的广义半成品,即应计入最终完工产品的份额平行计入,得到长林制造集团该产品的成本计算单,如表 3-29 所示:

表 3-29　产品制造成本计算单

20×0 年 6 月　　单位:元

成本项目	产品总制造成本				产品单位成本
	铸件部门	成型部门	组装部门	合计	
直接材料	160 000	150 000	240 000	550 000	1 375
直接人工	60 000	80 000	180 000	320 000	800
制造费用	80 000	120 000	184 000	384 000	960
合计	300 000	350 000	604 000	1 254 000	3 135

四、对分步法的几点补充

(一)正常成本计算法与实际成本计算法

与分批法一样,采用分步法计算产品成本时也可以采用实际成本计算法或正常成本计算法。采用实际成本计算法时,按直接材料、直接人工与制造费用的实际发生额计入在产品成本;采用正常成本计算法时,生产中消耗的直接材料与直接人工按实际金额计入在产品存货,但制造费用按预定分配率分配计入。采用正常成本的情况下,期末所分配的制造费用可能偏高或偏低,差异的处理直接结转产品销售成本,或按比例分配给存货与产品销售成本。

需要指出的是,不论是实际成本还是正常成本,都可以与分步法连用。并且,不论哪种情形,实际成本法与正常成本法下的分步成本计算程序是相同的。

(二)制造费用的分配基础

当制造费用的分配以直接人工小时或直接人工成本为基础时,直接人工与制造费用可合并为一个项目,即加工成本。但如果不采用直接人工而是选择其他指标,如机器小时、加工小时或全部时间等为分配基础,那么,分步计算成本时,应将直接人工与制造费用区别开来,单独记录。

(三)产品制造成本计算的混合模式

分批法与分步法实质代表了产品制造成本计算的两个极端。实际的生产过程可能兼备适用分批法与分步法的环境特征。在某些企业的生产过程中,耗用的直接材料是截然不同的,而生产工艺或加工程序很相似甚至相同。譬如,在食品加工业中,生产一般等级的草莓酱还是高品质的草莓酱,区别仅在于所投入的直接原料——鲜草莓果的质量与成本,而其他的诸如加热、压制及罐装等工序却是相同的。在这种兼具分批法与分步法适用特征的环境下,就比较适宜采用混合成本计算模式。

经营成本计算法是一种较为常见的成本计算的混合模式，它适用于产品的生产加工程序非常相似而直接材料投入不同的情况。在应用经营成本计算法时，直接材料按订单或批次归集，按分批法分配至在产品。加工成本即直接人工与制造费用按加工部门归集，再按分批法分配至具体产品中。图 3-14 描述了这一特征：

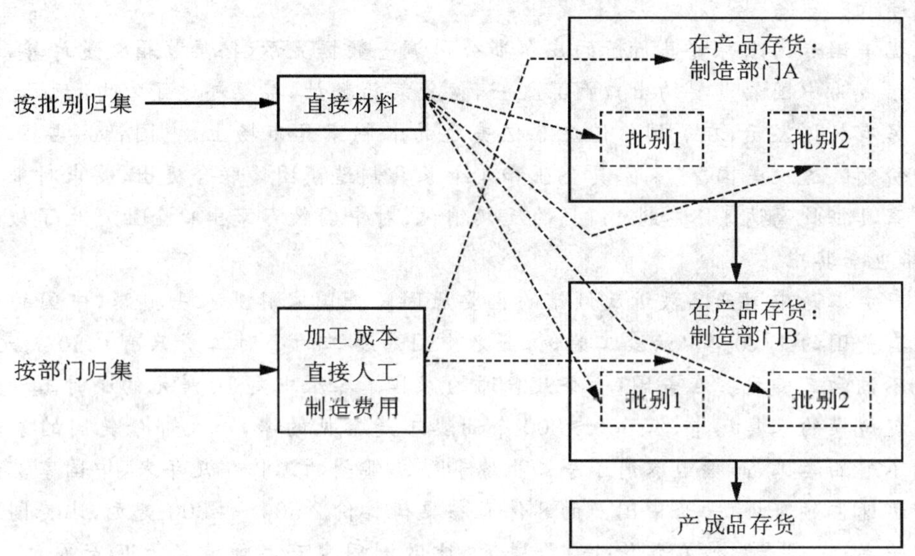

图 3-14　经营成本计算法主要特征

图 3-14 表明产品制造过程依次经过 A 与 B 两个部门，直接材料可以明确地追踪至每批产品，加工成本则按部门归集、分配并按预定分配率分配。预定制造费用分配率的计算公式如下：

$$预定制造费用分配率=\frac{加工成本预算总额}{预算分配基础总量}$$

思考题：

1.产品制造成本与期间费用间存在什么主要的差异？

2.分批法有何特点？什么类型的企业适用分批法？

3.制造费用的分配有几种方法？有什么差异？

4.正常成本计算法和实际成本计算法有何不同？

5.为什么有的企业要采用二阶段成本分配法？

6.分步法有何特点？什么类型的企业适用分步法？

7.分步法与分批法的主要差异是什么？

8.平行结转分步法和平行结转分步法有何异同？适用性如何？

案例讨论1:大华家具厂[1]

“难道便宜也有错?”自从大华家具厂厂长洪斯泽得知自己的企业被列入反倾销调查后,头脑里就没抛开过这个疑问。这不,他连招呼都没打就直接将了来访的省家具行业协会陈理事长一军。

根据美国专门跟踪贸易行情的皮尔斯公司调查数据显示,按集装箱数量计算,近年来家具已经成为中国最重要的出口商品之一,按集装箱数计,甚至超过了家电、玩具、鞋类的总和。另有数据显示,在美国价值230亿美元的木制家具市场上,中国产品占据了35%的市场份额。这次美国27家家具企业和4个家具制造商团体联合提出,要求对来自中国的卧室家具征收高达158%到441%的反倾销税,对中国数百家出口企业产生了极大的影响,大华也居其中。

生产成本是中国产品被诉反倾销的主要原因。美国家具业人士抱怨,中国的劳动力价格只有美国的1/20。以油漆工为例,一名中国油漆工的小时工资只有0.80美元,高级漆工也不过两三美元。在美国,一个最普通的家具工人至少要10美元的小时工资。在中国有一定规模的家具厂中,有600~800个油漆工是常见的事,而大部分美国的家具厂却因为请不起油漆工,而被迫取消了手工上漆和手工雕刻的工作。几年来,中国家具依靠成本优势迅速占领市场,一套中国产的8件套餐桌椅售价2 500~3 500美元,比美国本地产品便宜一半;中国产皮沙发售价1 000美元,比欧洲同类产品便宜了大几百美元。“价钱公道,质量没得挑”是美国消费者对中国家具的评价,但在赢得市场的同时却大大挤压了美国同行的市场空间。这次的反倾销案就是美国家具厂商发起的一次正面攻击。

“自1995年起,中国已经连续11年成为全球遭受反倾销调查立案最多的国家。到去年为止,共有36个国家和地区发起针对中国的反倾销案件620起,涉及4 000多种商品,影响了近200亿美元的出口贸易。我已经咨询过家电行业协会的朋友,他们刚刚打了一场反倾销诉讼。根据他们提供的经验,完善的成本核算方法、成本会计制度是防范反倾销诉讼和应诉举证的重要工具……”陈理事长拍着洪斯泽的肩膀说道。

如同陈理事长咨询的结果一样,当今的管理者必须知道:如何计算产品和服务的成本;哪些成本应该计入成本,以及为什么计入,如何计入;归集和计算的成本信息如何帮助他们做出计划和决策。

---

① 本案例数据参考张杰:《美国家具商不用油漆工》,《环球时报》2003年12月10日第24版。

案例讨论 2:庄妈妈净菜社[①]

庄红卫意识到自己的净菜社有了大麻烦。虽然店里人来人往依旧一派热闹景象,但是累积亏损超过 100 万元的结论却是她不敢想象的。

1996 年 5 月,下岗女工庄红卫靠着借来的 5 万元钱,租下了位于上海康定路老式里弄一幢石库门房子的底层,经过简单的装修,几天后"庄妈妈净菜社"开张了。一辆黄鱼车、三张铁皮台、几把菜刀、几只大箩筐、一排柜子就是净菜社的全部家当。每天下午三四点,庄红卫骑着黄鱼车按着客户的订单到郊区从农民手里进菜,连夜挑选、冲洗,然后切菜、配菜,第二天上午及时送到客户家里,收取 10%的服务费。净菜社就这样艰难起步了。

令庄红卫没想到的是"庄妈妈净菜社"一成立就受到社会极大的关注。一则因为当时正值下岗大潮,下岗再就业成为全社会关注的热点。低学历、没有一技之长的庄卫红正是那种最不好找工作的下岗女工,因此她的成功经历最具说服力。二则庄红卫无意中成了中国净菜创始人,净菜社的经营模式开创了将家政作为企业经营项目的新模式。"市杰出青年""自强不息再就业先进个人"等各种荣誉和光环接踵而来,各地都邀请她为下岗工人传经布道,有时候一个月 20 多天都在参加演讲、领奖等活动。与此同时,净菜社也获得了政府给予的无息贷款、税收减免等实际优惠。

庄红卫是个知恩图报的人。她觉得一切光荣都源自社会和政府的关心,自己有责任不计条件回报社会。净菜社尽可能多地设置岗位,招工一律招下岗工人,工资 800~1 000元,是外来工的两倍。1997 年下岗大潮时,为了吸纳更多下岗工人,净菜社增设了财务、统计、生产一部、生产二部、生产三部、办公室、运货、仓库、采购等部门,员工从 4 个人迅速扩充到 140 多人。可是净菜社也就那么点事,许多工人上班也没活干。但大家都说:"庄妈妈是好人啊!"每每听到这样的话,庄红卫心底就油然升起一股自豪感。

进入 1998 年之后,超市里专设半成品柜台以及生鲜大卖场的推出印证了她当初对市场的预测:随着人们生活节奏的加快,必然有减少家务劳动时间的需求,净菜业大有发展的空间,但市场竞争加剧了。庄红卫依旧忙碌,然而受到服务半径和业态单一的限制,净菜社的发展步伐逐步减慢。庄红卫曾经想通过降低工资减少经营压力,但是几十名员工围着她大吵大嚷:"你如果降工资,我们就集体辞职!"

2000 年底 115 万元的银行贷款到期,净菜社账上却只剩下 10 来万元。庄红卫才第一次拿出几年来累积的几大摞账单,第一次请朋友帮她算了一次账。忙碌了几天,得出的结论却是庄红卫完全没有听到过也没有想到的:财务管理混乱,不懂合理利用银行贷款,甚至不知道贷款也是要偿还的;根本不懂得如何计算成本,所卖的净菜只计算原料损失,人力、房租等成本都没有考虑,三年来净菜社总毛利是 90 万元,而几年来的工资支付就达 80 万元,成本控制意识薄弱;100 平方米的房子月租金 5 417 元,租约一签就是 4 年,而相同的房租却是 3 000 元;不懂法律常识,随意解除合作造成赔偿;外出演讲、开会等会务费多达 20 万元,都自己承担……初步核算亏损超过 100 万元,这对于刚走出下岗困境的庄

① 案例资料来源:宋云华(2005),本书根据需要进行了重新编写。

红卫不啻为一个天文数字，她很迷惑，搞不明白三年多、一千多个辛苦工作的日夜怎么带来的是这样的结果。

请你从成本管理的角度分析一下“庄妈妈净菜社”为什么陷入这样的困局。

第四章　作业成本计算和作业管理

本章学习目标

1.理解社会需求变化和制造环境变化对企业成本计算产生的影响，解释为什么单一的成本分配基础会造成成本信息的扭曲

2.理解“作业消耗资源，产品消耗作业”的意义，掌握作业成本计算法的基本原理

3.掌握作业、资源、成本动因等基本概念，理解资源动因和作业动因的意义和差异

4.阐述作业成本计算的过程分析观和成本分配观

5.理解作业管理和作业成本管理的关系

6.明确作业链、价值链和顾客链的差别和联系

7.区分增值作业和非增值作业，阐明如何利用作业管理法优化企业价值链

8.分析和管理客户盈利能力

9.阐述作业管理和业务流程重组的关系

10.了解执行作业成本计算和实施作业成本管理的障碍，以及如何克服这些障碍

成本管理的模式要因应企业生产经营和管理实践的发展而变化。在直接人工和直接材料仍旧是最重要的生产要素、生产的技术相对稳定且产品的变动范围仍然有限的情况下，以数量为基础的传统本核算体系就还是有效的（爱德华·布洛克等，2005）。但

自 20 世纪 70 年代以来，企业所处的经营环境发生了剧烈的变化，经济全球化、资本密集化、技术信息化、社会需求后温饱化的出现，使经济权力从生产者向经销商和客户转移（康荣平，2001）。在同一历史阶段，企业的制造环境也发生了巨大的变化，动摇了传统成本管理体系赖以存在的经济基础，产生于 19 世纪后期的传统成本管理系统逐渐显现出巨大的不适应性，以作业成本法为代表的基于新型制造环境的现代成本管理系统应运而生。对比传统成本管理体系，现代成本管理体系在重视程序化的核算方法体系建立的同时，更加重视成本管理与企业战略的联系，它强调成本管理体系必须有助于企业及时、准确地辨认、计量、收集、分析和报告有关企业成功的关键要素的信息，进而促使企业获得并维持其战略竞争优势。

第一节　作业成本计算法

作业成本计算和作业管理是以作业为基础的成本核算、成本管理系统，它们以作业为中心，通过对作业活动的动态反映，促进整体作业水平的不断提高，从而形成有别于传统成本管理体系的新型的成本管理体系——作业成本管理体系。

一、作业成本计算法产生的历史、时代背景

美国波特兰州立大学的 H.托马斯·约翰逊教授和哈佛商学院的罗伯特·S.卡普兰教授认为在科技飞速发展、竞争日益激烈的时代，企业经营环境发生了根本性的变化，传统的管理会计系统提供的有关生产过程控制、成本核算及对管理人员业绩评价的信息远远不能满足企业管理和决策的需求，管理会计信息对决策支持的相关性正在消失，管理会计领域需要一场革命以实现转变。以下具体阐述这些历史和时代因素。

（一）技术变革导致产品成本结构的变化

从 20 世纪 70 年代开始的第三次技术革命席卷了整个世界，在促进了全世界范围内科学技术迅猛发展的同时也极大地改变了企业的制造环境。以美日为代表的西方发达国家的企业为在激烈的全球市场竞争中抢占有利地位，率先将在计算机革命基础上形成的生产高度电脑化、自动化技术广泛应用于生产领域。包括电脑数控机床（computer numerical control machines）、机器人、电脑辅助设计（computer-aided design，CAD）、电脑辅助制造（computer-aided manufacturing，CAM）、柔性制造系统（flexible manufacturing system，FMS）及电脑一体化制造系统（computer integrated manufacturing system，FIMS）、人工智能（AI）等新技术、新工具、新方法的广泛应用，使得企业形成了完全不同于以往的现代生产模式：各种自动化系统将订货、设计、制造、销售等产品生产及服务的所有环节综合为一个整体，由计算机统一进行调控，物流、资金流和信息流也得到有机的结合，企业的生产经营进入高度电脑化、自动化、一体化的全新发展阶段。在 21 世纪成为“世界制造工厂”的中国企业的发展也越发呈现出这一趋势。

日新月异的技术变革在改变了企业生产方式的同时也间接地改变了企业的资产构成,加速了生产过程的资本密集化和技术密集化趋势。以固定设备投资为代表的物质资本和以知识为代表的人力资本的重要性日益凸现。这种变化的直接后果是产品成本构成中直接材料成本与直接人工成本的比重大幅下降,而制造费用所占比重大幅上升,“70年前的间接费用仅为直接人工成本的50%～60%,而今天大多数公司的间接费用为直接人工成本的400%～500%;以往直接人工成本占产品成本的40%～50%,而今天不到10%,甚至仅占产品成本的3%～5%”(王平心、韩新民、靳庆鲁,1999)。传统意义上的主要成本(直接材料+直接人工)概念已经不能反映产品价值的真实内涵,以直接人工为基础的制造费用分配方法在新形势下也已变得过时。如何变革传统成本计算方法,如何更为科学合理地分配比重越来越大的制造费用,为经营决策提供更为可靠、相关的成本信息已经成为改进成本管理体系的当务之急。

(二)社会需求变化导致企业生产模式的变革

技术革命一方面提高了社会生产力,加剧了市场竞争,另一方面也在短时间内创造了巨大的社会财富,并最终将西方发达国家带入富裕社会。在这样的社会形态中,社会人群的可支配收入大大增加,对需求的要求越来越高,消费行为变得更有选择性,人们从过去温饱型需求模式向追求时尚,追求标新立异、张扬个性的多样化、个性化需求模式转变。中国经过近二三十年的发展,社会生产力发展水平得到迅速提高,已经出现产品和生产能力过剩的现象,在部分地区,对生活已由“数量”上的满足转向“质量”上的追求,实质上也已经逐步进入后温饱社会。

富裕社会引起的社会需求的重大变化,必然导致生产组织发生重大变革,传统的以追求“规模经济”(economics of scale)为主要目标的大批量生产逐步为灵活性的“顾客化生产”(customized production)所取代①。当一个社会处于相对贫困的阶段,物资相对匮乏,社会主要矛盾体现为相对有限的生产能力和不断增长的物质需求之间的矛盾。由于社会供给不足,生产组织是以追求规模经济为目标的大批量生产方式,产品具有同质化、大众化的特点。而进入富裕社会阶段,社会大众拥有了更多的财富、更强的购买力,社会供求关系发生了变化,消费者的行为变得更有选择性,更强调产品的个性化、新鲜感,产品的生命周期不断缩短。为了适应这种变化,企业的生产组织必然要做出相应的调整。换句话说,富裕社会的形成破坏了传统成本管理模式赖以生存的常规化和批量化生产的现实基础。

而高新技术在生产领域的应用在适应了后温饱时代社会需求变化的同时,也对企业管理信息系统提出更高的要求。以计算机为基础的柔性制造系统和计算机一体化制造使得企业可以迅速地从生产一种产品转向生产另一种产品,可以实现小批量甚至是单件生产,生产周期大大缩短。与此同时,为了转变成为“顾客驱动型组织(customer-driven organization)”、实现降低成本、提高产品质量、增加灵活性满足顾客个性化需求,企业采取了更多新的生产经营管理系统,如:适时制造系统(JIT)、全面质量管理(TQC)等,这些都

① 参见余绪缨:《论当代管理会计面临新的重大突破》,《对外经贸财会》,1995年第9～12期。

使得传统的成本计算方法和成本管理体系受到了越来越多的质疑。新的以作业为起点和核心的成本核算和管理模式以其内在的科学合理性很好地切合了这一发展趋势，迅速引起理论界和实务界的重视。

(三)作业成本计算法的产生与发展

1 传统成本计算法不能适应新的时代变化

技术革新及社会环境的变化一方面使得传统成本管理体系不能适应新的时代变化，另一方面也为作业成本管理体系的产生奠定了现实基础。

在以分批法和分步法为代表的传统成本计算法下，制造费用归集了除直接材料、直接人工以外的全部其他制造成本；同时在假设制造费用发生额与分配标准之间存在着线性关系的基础上，选择单一的标准(如直接人工或机器小时)进行制造费用的分配，进而确定产品成本。在产品技术含量不高、主要依靠手工生产的时代，这种主观的假设具有一定的合理成分。因为，一方面，在劳动密集型企业的生产中，直接人工成本是产品成本的重要组成部分，而制造费用发生数额相对较小；制造费用的发生与直接人工(或机器小时)间往往具有一定的关联性，以之作为分配标准有一定的合理性。而另一方面，直接人工成本(或机器小时)的数据很容易取得，以之作为分配标准可以大大简化成本核算工作，直接人工成本就逐步成为较理想的制造费用分配标准。但是正如前述，在新的技术条件下，在生产顾客化的新制造环境中，制造费用在产品制造成本中所占的比重日益加大，“在一些高度自动化的企业中，单位产品分摊的制造费用达到直接人工的15至20倍是不足为奇的”(H.托马斯·约翰逊，罗伯特·S.卡普兰，1987)，企业资源的消耗也并非总是和直接人工或产品数量保持正比例关系。这种情况下，再以占成本总额5%～10%的直接人工为基础，分配占成本总额40%以上的制造费用显然是不合适的，其结果必然造成成本数据的严重扭曲，通常会高估产量大、技术含量低的产品的成本，低估产量低、技术含量高的产品的成本，严重歪曲的成本信息甚至会对企业决策产生误导。制造费用的分摊成为准确计算产品成本的重点和难点。换而言之，也就是以数量为基础分配制造费用的传统成本法已经不能适应多品种、不同复杂程度的多样化生产的需要。

此外，传统成本计算体系以产品数量为基础将生产成本划分为固定成本与变动成本两部分，然而，这种过于简化的分类实质上并不能确切解释成本变动的来龙去脉，而在此分类基础上形成的变动成本计算法(有关变动成本计算法的内容可参见本书第七章)由于忽略了产品生产的固定性制造费用，也不能全面反映产品的价值组成，它对新形势下的管理决策支持作用是非常有限的。

可见，传统成本计算法已经不能适应新的制造环境的要求。而基于对变动成本法的适应性及其核心内容——成本性态分析的科学性问题的反思，以及对完全成本法重要性的重构，就构成了对作业成本计算的现实需求。

2.作业成本法的产生与发展

最初关注到传统成本计算方法不能适应新的成本结构变化需求的是美国会计学家E.科勒(E.Kolher)。1938—1941年间，科勒教授先后担任美国田纳西河谷管理局的主计长和内部审计师。管理局主要从事水力发电业务，其产品成本结构显然有别于传统制造

企业：首先，水力发电依靠的是流动的水面，不需要对外购买原材料；其次，所需的人工不多，主要是负责设备的监控和维护，人工成本比重很低；设备的折旧、维护保养等间接费用构成企业的主要成本。显然，在这种情形下，采用传统的以直接人工成本或机器工时标准分配制造费用会严重扭曲水力、电力等部门实际的成本信息，也不利于成本的控制与效率改进。有鉴于此，科勒教授开始系统地研究制造费用的分配问题，并在此基础上形成了作业成本计算方法的雏形。他在1952年编著的《会计师词典》中首次提出作业、作业账户、作业会计等概念。在科勒教授研究的基础上，斯托布思（G.I.Staubus）教授在《作业成本会计与投入产出会计》（*Activity-based Costing and Input-output Accounting*）一书中较为全面地论述了作业、作业成本、作业投入产出系统等概念。但直到20世纪80年代，作业成本计算法才真正引起学界和实务界的重视。这一方面是由于前面所说的社会环境的变化和企业生产组织的变革导致传统成本计算方法提供的成本信息严重扭曲成为普遍现象，实务界产生了对新的成本计算方法的迫切需求；另一方面，也由于计算机技术的成熟和普遍应用才最终有效解决了多元化分配标准所带来的庞大烦琐的计算工作量问题。1988年，美国芝加哥大学的库柏（Robin Cooper）教授和哈佛商学院的卡普兰教授在调查研究的基础上，发展了科勒教授和斯托布思教授的思想，提出了以作业为基础的成本计算方法。此后，在理论界和实务界通力协作下，作业成本计算法得到越来越多的支持和越来越多的应用，逐步发展成为一种适应新时代要求的现代成本计算方法。

二、作业成本计算系统

作业成本计算（activity-based costing，简称ABC）是以作业为媒介，将间接费用和辅助资源更准确分配到成本对象的一种成本计算方法。它通过对生产过程中发生的所有作业活动的动态追踪，计量作业与成本对象的成本，进而评价资源的利用情况，为改善作业业绩提供有用信息。

（一）作业成本计算法基本原理

作业成本计算法的基本思想可以简单表述为“作业消耗资源，产品消耗作业”。其中，“作业消耗资源”阐明了成本的发生过程，也就是说，是因为作业的发生才直接导致了人、财、物的消耗。在这个过程中，牺牲的资源转换成了作业成本；而“产品消耗作业”揭示了成本发生的目的，也就是说，作业的实施是为了形成有价值的产品产出。[①] 由此可见，作业成本计算法是一种典型的两步制成本分配程序（two-stage allocation）：

---

① 迈克尔·波特在《竞争优势》一书中指出：“成本分析的起点是确定企业的价值链，并把营业成本和资产分配到各种价值活动中去。”“企业的成本行为及其相对成本地位产生于企业在行业内竞争过程中所从事的价值活动。因此有意义的成本分析是考察这些活动中的成本，而不是将企业作为一个整体的成本。每种价值活动有着其自身的成本结构，其成本行为可能受到与企业内外的其他活动之间的联系和相互关系的影响。如果企业在所从事的价值活动中取得了低于其他竞争对手的累计成本，成本优势由此产生。”

(1)根据成本动因设置作业成本库,将企业消耗的资源成本分配到各成本库;

(2)按各成本对象消耗的作业量分摊其在各个成本库中的作业成本,进而汇总各成本对象在不同成本库中所摊的作业成本,计算其总成本和单位成本。

这一成本的分配过程以图形表示如图 4-1 所示:

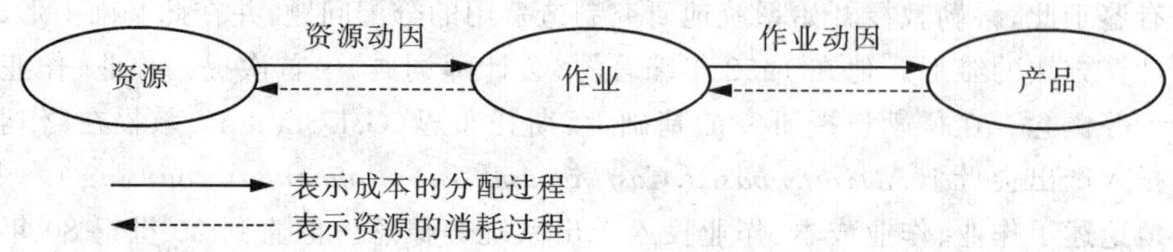

图 4-1　作业成本计算法基本原理

作业成本计算最显著的特点表现为变以往制造费用的单一基础分配为多基础分配。传统成本计算方法假定制造费用通过直接人工(或机器小时)与最终产品直接相关,因此可以以单一的分配标准在间接费用发生额与产量之间建立线性关系;作业成本法则认为并非所有的资源消耗都是直接服务于最终产品的,相当一部分的资源是服务于企业内部不同的辅助作业的,这些作业的发生额与产品数量之间往往并不存在明显的线性关系。由此,作业成本法认为根据成本动因合理设置作业成本库是提高成本信息精度的关键,只有通过计算作业对资源的消耗与产出对作业的消耗,建立起产出与投入之间的因果关系,才能使成本分配具有技术与经济上的依据,也仅此才能提高成本计算的准确度,从而避免传统方法下的成本信息扭曲。具体而言,作业成本计算在制造费用的分摊过程中采取如下有别于传统的做法:

(1)缩小制造费用的分配范围——由全厂统一分配改为由若干个成本库分别进行分配;

(2)增加分配标准——由单一标准分配改为多标准分配,即按引起费用发生的多种成本动因进行分配。

可见,作业成本计算法跳出了传统成本计算方法以“产品”为中心、“就成本论成本”的局限,使成本计算有了更为科学的基础,是成本核算与成本管理的一次革命。

(二)作业成本计算法涉及的几个基本术语

在具体介绍作业成本计算法之前,有必要先定义作业、资源、成本动因等几个专业术语。

1.作业

作业(activity)是组织内部为了实现某一目的而进行的需要消耗资源的工作,它可以是一个行动、活动、工作或其一系列行动、活动、工作的集合。作业是作业成本计算法的核心,根据其层次和范围的不同,可以划分为如下四个层次:

(1)单位作业(unit level activity)。指直接作用于产品,每生产一个单位产品执行一次,且单位产品消耗的资源数量基本相同的作业。典型的单位作业如书本的装订作业,印刷厂每生产一本书都需要一次装订作业。另外,如直接材料、直接人工的运用等发生于产

品生产的每个时间段的，且资源消耗与最终产品直接相关的作业都可以归属单位作业层次。

(2)批作业(batch level activity)。指每生产一批产品执行一次的作业，其资源消耗与产品批次数成比例，而与该批次的产品数量无关。如出版社每出版一本书就需要进行一次排版作业，而无论其发行数量是多是少。典型的批作业还包括批检验作业、采购订单作业、材料处理作业和运输作业等。

(3)产品作业(product level activity)。指为了维持某个产品品种的存在而发生的作业，其资源消耗与产品线数量成正比。产品工艺设计、顾客关系、产品分类等都属于典型的产品作业，它们是企业产品生产或服务提供的过程中所必需的，但又不是每生产一件或一批产品都需要发生。

(4)能量作业(facility level activity)。指为了维持企业整体生产经营能力而执行的作业。这类作业与个别产品之间不存在明显的关联性，因此，其成本的分摊具有较强的主观性。工厂管理、工厂折旧、保险、安保等费用属于典型的能量作业类型。

2.资源

作业成本计算与作业管理中所谓的资源(resource)指的是在作业过程中所消耗或使用的经济要素，如人员工资、原材料就是实施作业的资源。换而言之，资源就是企业为了作业或形成产出而发生的费用支出，是成本的分配对象。

3.成本动因

成本动因(cost driver)，是解释执行作业的原因并导致作业的成本发生变动的因素，是进行作业成本计算的依据。在进行作业成本计算过程中，成本动因是将资源成本分配到作业，且由作业成本分配到其他作业、产品或服务的可计量的因素。

成本动因包括资源动因和作业动因两类。其中，资源动因(resource driver)是对一项作业所消耗资源数量的计量，是用以将作业消耗的资源成本分配给一个特定成本池的成本动因。员工培训小时数就是企业培训费用的资源动因；作业动因(activity driver)是对某一成本对象耗用的作业数量的计量，是用以将成本池中的成本分配到成本对象的成本动因(爱德华·J.布洛克等，2002)。

前面介绍过，作业成本法的基本原理是根据不同的成本动因分别设置成本库，再分别以各产品所耗用的作业量分摊其在成本库中的作业成本。因此，成本动因的选择是作业成本计算的关键环节。

(三)作业成本计算法的具体步骤

作业成本计算方法的具体操作有三个核心步骤：

1.第一步骤：确认作业与作业中心

作业是企业或其他组织为特定目的而消耗资源的活动或事项，作业中心是生产过程的一个组织单位，如装配部门就是一个作业中心。作业分散于不同的作业中心当中，按作业中心披露成本信息，有助于管理当局控制作业，评估业绩。

不同的企业规模、工艺流程或组织形式呈现不同的具体作业形式。作业的确认通常有这样几种方法：一是绘制企业的生产流程图，将企业的经营过程、各个经营环节通过网状的形式表现出来，每一个流程或环节可以分解出几项作业，再合并相关或同类的作业；二是从企业现有的职能部门出发，通过调查分析确定各个部门的作业，再加以汇总；三是召集全体员工开会，由员工或工作组描述其工作情况，再进行汇总。前两种办法可以较快地取得资料，且准确性高，不会对员工的正常工作造成干扰；第三种方法则有助于提高全体员工的参与意识，发挥其积极性，加速作业成本管理的实施。

实务工作中确认作业时应注意两条原则：

(1)以决策目的决定作业划分的详细程度。如果是以减少成本为目的，则对作业的分类应尽量详细些，并重点关注诸如返工与重复作业等无效与低增值作业；如果是以战略决策为目的，如定价或质量成本分析，则作业分类可以相对粗略一些。

(2)重要性原则。即权衡作业分析的成本与收益，将认为不值得单独确认的作业与其他项目合并为一类。

2.第二步骤：归集成本或资源并分配至各个作业中心的成本库

确定作业成本动因后，可按照同质的成本动因将相关成本归集起来。将归集起来的投入物成本或资源分配到每个作业中心的成本库中，每个成本库所代表的是它所在的作业中心所执行的作业。每个成本库可以归集直接材料成本、直接人工成本、与机器设备相关的支出以及管理性费用，如设备调整人员的工资、福利，调整所用的物料、所损耗的工具等。有几个成本动因，便应建立几个成本库。建立不同的成本库并按多个分配标准(成本动因)分配制造费用，这是作业成本计算区别于传统成本计算的核心要点。

这一步骤的成本或资源的归集与分配工作，反映了作业成本计算法的基本前提，即“作业消耗资源”。作业量的多少决定了资源的耗用量，资源耗用量的高低与最终的产出量没有直接联系。资源动因描述了资源消耗量与作业量之间的关系，是本步骤成本分配的基础。譬如，将“装配部门”确认为一个作业中心时，“装配件数”便成了资源动因，许多与装配有关的成本将归集到消耗该项资源的作业中心。

3.第三步骤：将作业成本分配到产品

作业成本计算的另一个重要步骤，是将归集于各个作业中心的成本分配到成本对象，即最终产品或产出或顾客。如，整备作业的成本动因是整备小时或整备次数，整备次数则假定每次整备作业消耗的资源是相同的，而整备小时假定资源的消耗量随产品所需要的整备时数的变动而变动。这一步骤的分配工作反映作业成本计算法的另一个基本前提，即产品消耗作业，产出量的多少决定着作业的耗用量。这种作业消耗量与企业产出量之间的关系即为“作业动因”。

将成本库所归集的作业成本按成本动因分配到作业，再按成本计算对象(产品、服务或顾客)对作业的消耗情况将作业成本分配到产品上，这是作业成本计算的基本原理。在作业成本计算的整个过程中，成本的分配有两种方法：两阶段法与多阶段法。其中，两阶段法较为简单，即先将明晰账中记录的资源成本按“资源动因”分配到不同的作业上，再将归集于这些作业上的成本按“作业动因”分配到最终产品上。如，某企业按员工人数分配福利费、按机器工时分配照明费到某一具体作业，再汇总该作业所归集的福利费、照明费等支出，并按产量、机器工时等动因分配到产品中。按两阶段法进行的作业成本分配过程如图 4-2 所示：

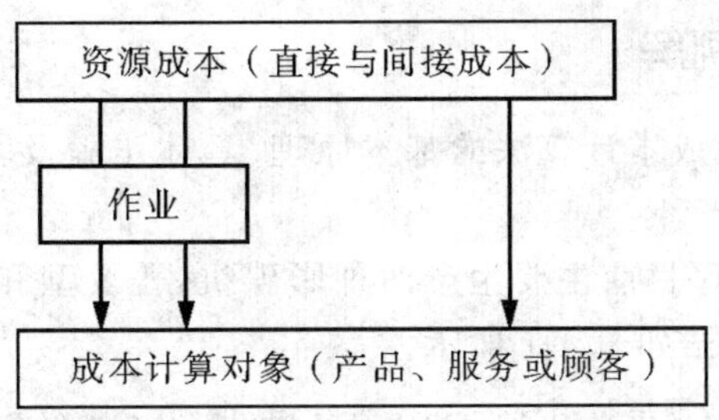

图 4-2　作业成本分配的两阶段法

多阶段法则认为，有些作业并不直接为最终产品所消耗，而是为其他或多个产品所消耗。这种方法更准确地反映成本在组织内部流动的实际情况，强调作业与作业、作业与产品之间的关系。以设备维修为例，可能为产品的加工服务，亦可能为辅助生产服务，而辅助生产又是为产品生产服务的。通过多阶段分配，可以归集辅助生产作业对设备维修作业的消耗情况，再计算产品消耗的设备维修作业和辅助生产作业。图 4-3 表示按多阶段法进行的作业成本分配的过程：

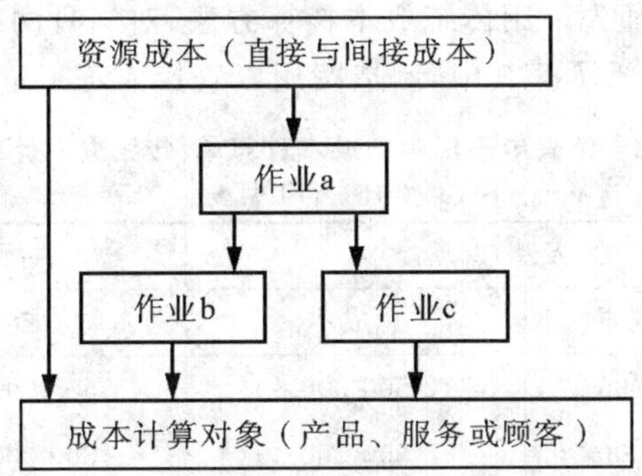

图 4-3　作业成本分配的多阶段法

无论是两阶段法还是多阶段法，我们都可以以图 4-4 的形式更为形象地描述作业成本法计算产品成本的基本过程：

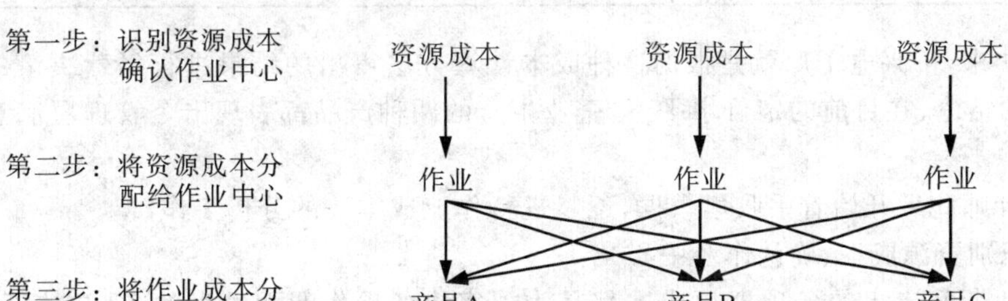

图 4-4　作业成本计算法基本步骤

(四)作业成本计算法例解

为了进一步理解作业成本计算法的基本原理、具体步骤及其与传统成本计算方法的差异,下面举例说明。

［例 4-1］ 侨兴电子厂目前主要生产两种影碟机:普及型和豪华型。该工厂 2018 年 1 月份的部分相关经营数据如表 4-1 所示。

表 4-1 侨兴电子厂 2018 年 1 月份部分相关经营数据

	普及型	豪华型
产销量	50 000 台	10 000 台
出厂价	500 元/台	800 元/台
单位产品直接材料成本	250 元/台	350 元/台
单位产品直接人工成本	50 元/台	75 元/台
期间制造费用	9 900 000 元	

为了方便比对,会计师先采用传统成本核算方法,对当月两种产品的生产成本进行了汇总、分析,结果如表 4-2 所示。其中,制造费用以直接人工工资为分配基础。

表 4-2 侨兴电子厂生产成本计算单(传统成本计算法)

2018 年 1 月

单位:元

项目	普及型(5 万台)		豪华型(1 万台)	
	单位成本	总成本	单位成本	总成本
直接材料	250.0000	12 500 000.00	350.0000	3 500 000.00
直接人工	50.0000	2 500 000.00	80.0000	800 000.00
制造费用	152.3077	7 615 384.61	228.4615	2 284 615.39
合计	452.3077	22 615 384.61	658.4615	6 584 615.39
单件成本(台/元)		452.31		658.46

多年来,侨兴电子厂就是根据这种成本计算方法得出的结果进行经营决策的。根据表 4-2 的结论,在目前的定价水平下,企业生产的两种产品都表现出令管理层满意的盈利水平。

会计师此后开始着手收集数据,逐步进行作业成本法的分析工作。

1.识别资源成本、确认作业中心

企业期间支出的各项资源成本都是为了完成各项作业而发生的,日常核算中,这些数据大多分散体现在成本核算账户的二级科目中。会计师一方面对会计账户进行了重分类整理,另一方面着手展开作业分析,也就是对组织中所做的各项工作进行识别和描述。

在作业分析的过程中,会计师除了从工厂的生产管理文件中收集数据外,还对一线员工和管理人员做了问卷调查和访谈，主要涉及的问题包括："你从事什么工作？""完成该工作需要多少时间？""完成该工作需要消耗多少资源？""哪些数据可以较好地衡量你的工作成果？"等等。经过为期一周的前期工作，会计师整理出表 4-3 和表 4-4：

表 4-3

作业	成本(元)	成本动因	作业层次
机器运行	5 750 000	机器小时	单位作业
设备调整	600 000	调整次数	批作业
产品包装	1 200 000	包装单数	批作业
产品分类	400 000	分类次数	产品作业
采购作业	650 000	采购次数	产品作业
房屋占用	350 000		能量作业
照明与供热	150 000		能量作业
管理人员工资	800 000		能量作业

表 4-4

成本动因	普及型	豪华型	合计
机器运行时间	50 000 小时	30 000 小时	80 000 小时
设备调整次数	50 次	100 次	150 次
产品包装单数	500 张	500 张	1 000 张
产品分类次数	100 次	200 次	300 次
采购次数	20 次	50 次	70 次

2.将资源成本分配给作业

成本动因是企业作业发生的原因。因此，以成本动因为基础分配资源成本可以提高成本分配的可追溯性。实务中可以采用直接追溯的方法，直接计量作业对资源的实际消耗量，提高成本计算的精度。

在分析基础上，会计师制成表 4-5，综合反映计算各作业成本动因的成本率—作业率水平：

表 4-5

成本动因	成本(元)	作业消耗(元)	作业率
机器运行时间	5 750 000	80 000	71.8750
设备调整次数	600 000	150	4 000.0000
产品包装单数	1 200 000	1 000	1 200.0000
产品分类次数	400 000	300	1 333.3333
采购次数	650 000	70	9 285.7143

当然,对于能量作业消耗的资源成本,因其无法直接追溯到某一产品或产品线,因此还是需要采用主观的分配标准。会计师认为以产品生产的主要成本(直接材料+直接人工)为基础分配能量作业成本是比较合适的。

表 4-6　能量作业成本分配表

产品名	主要成本(元)	分配率	分配额(元)
普及型	15 000 000		1 012 987.01
豪华型	4 250 000		287 012.99
合计	19 250 000	0.0675	1 300 000.00

3.将作业成本分配到各产品

作业成本计算的第三个步骤是按各产品消耗的作业数,将不同作业成本库成本分配到各产品中,进而计算出各产品生产的总成本和单位成本。会计师在前面两个步骤工作成果的基础上,很快就做出了侨兴电子厂 2018 年 1 月份的生产成本计算单:

表 4-7　侨兴电子厂生产成本计算单(作业成本计算法)

2018 年 1 月　　单位:元

项目	普及型(5 万台)		豪华型(1 万台)	
	单位成本	总成本	单位成本	总成本
单位作业				
直接材料	250.0000	12 500 000.00	350.0000	3 500 000.00
直接人工	50.0000	2 500 000.00	80.0000	800 000.00
机器运行	71.8750	3,593 750.00	215.6250	2,156 250.00
小计	371.8750	18 593 750.00	645.625	6 456 250.00
批作业				
设备调整	4.0000	200 000.00	40.0000	400 000.00
产品包装	12.0000	600 000.00	60.0000	600 000.00
小计	16.0000	800 000.00	100.0000	1 000 000.00
产品作业				
产品分类	2.6667	133 333.33	26.6667	266 666.67
采购	3.7143	185 714.29	4.6429	464 285.71
小计	6.3810	319 047.62	31.3096	730 952.38
能量作业				
全面管理	20.2597	1 012 987.01	28.7013	287 012.99
合计	424.7312	20 725 784.63	805.8983	8 474 215.37

4.作业成本法计算结果与传统成本计算法的比较

会计师注意到表 4-2 和表 4-7 的结果存在显著的差异,不同成本计算方法下,产品的盈利状况也存在明显的不同。表 4-8 列示了两种成本方法下,普及型影碟机和豪华型影碟机的盈利性差异分析。

表 4-8 产品盈利性差异分析

项目	普及型		豪华型(1 万台)	
	传统成本法	作业成本法	传统成本法	作业成本法
售价	500.00	500.00	800.00	800.00
生产成本				
直接材料	250.00	250.00	350.00	350.00
直接人工	50.00	50.00	80.00	80.00
制造费用	152.31	114.52	228.46	417.42
成本合计	452.31	414.52	658.46	847.42
产品毛利	47.69	85.48	141.54	−47.42

比较结果显示,传统成本计算法与作业成本计算法存在显著差异。除了提供更为详细的成本信息外,作业成本计算法所确定的产品成本也与传统成本计算法大不相同。本例中,传统成本法下,成熟的、大批量生产的产品(普及型影碟机)的成本被高估,而复杂的、小批量生产的产品(豪华型影碟机)的成本被低估了。显然,按直接人工成本为基础的传统成本计算方法导致普及型产品补贴了豪华型产品。产生这种结果的主要原因在于,传统成本计算法采用单一分配标准进行制造费用的分配,忽视了各种产品生产的复杂性与技术含量的不同以及与此相联系的作业量的差异,得到的成本信息失真度较大。而作业成本计算法揭示了关于间接费用分配的更为准确的计量模式。在大量实践案例中,"成熟产品的成本可能会降低 5%到 8%。虽然这样的降低看上去是比较小的,但是高产量的成熟产品通常在竞争市场上销售,而在这些市场上要想达到 3%到 5%的边际增长,都是非常困难的"(罗伯特·S.卡普兰,安东尼·A.阿特金森,1998)。作业成本计算的结果虽然并不会改变企业期间成本的总发生额,但是它改变了成本在不同产品之间的分配比例,企业往往可以根据这些新的、更为精确的成本信息改进决策,如降低大批量生产产品价格,抢占更大的市场份额;提高小批量产品售价,或放弃这部分产品的生产和销售。

三、作业成本计算法运用过程中几个值得注意的问题

(一)作业成本计算法的特点和意义

从前面的介绍和案例分析中可以看到,作业成本计算法的主要特点在于变制造费的单因素分配为多因素分配。具体地说,这种特点表现为:

(1)根据作业链而非市场成本中心,设置成本库;

(2)以成本动因而非数量动因,作为成本分配的基础。

因此,作业成本法可以提供更为准确、丰富的成本信息。但是,作业成本计算法的意义还不在于此。传统成本计算法通过成本计算并进行存货估价,主要目的是为了满足企业对外财务报告的需要;作业成本计算法则是立足于企业管理决策需要,为改进企业经营管理水平提供有用信息。这一点可以通过作业成本的二维观得到说明。

图 4-5 中的垂直部分体现了成本分配的观点。它说明成本对象引起作业需求,作业需求又引发资源需求。这是成本分配的"资源流动",而成本分配的"成本流动"正好相反,它从资源到作业,再从作业到成本对象。这一点是我们前面一再重申的。

图 4-5 的水平部分则体现了过程分析的观点,它说明是什么因素引发作业的发生(成本动因),以及作业完成得如何(业绩)。企业可以利用这些信息改进作业链,减少作业耗费,提高客户价值,实施作业管理(余绪缨,1999)。有关作业管理的内容参见本章第二节。

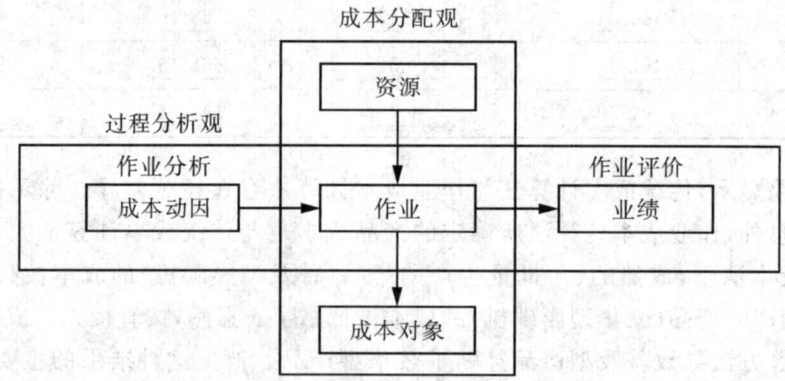

图 4-5　作业成本计算法的二维观①

(二)成本动因的确定

如前述,成本动因是解释发生成本的作业特征事项的计量指标,同时也是计算作业成本的依据,是可用以解释执行作业的原因并揭示作业消耗的作业量。以下列示了部分常见的作业成本库与成本动因:

作业成本库	成本动因
整备	整备次数或整备时数
质量控制	检验次数
材料采购	供应商数量或购货订单
顾客关系	顾客数量或部门分布或顾客订单数量
材料处理	材料移动次数或材料移动距离

① Peter B.B. Turney, The ABC Performance Breakthrough, *Cost Technology*, Hillsboro, 1991。转引自余绪缨(1999)。

1.成本动因的种类

根据不同标准，成本动因可以有多种分类方式。按照作业的类型和资源成本的性质分类，通常将成本动因分为三类：交易性成本动因、延续性成本动因与精确性成本动因，分述如下：

(1)交易性成本动因

交易性成本动因用于计量作业发生的频率，如设备调整次数、订单数目等。当所有的成本对象对作业的要求基本一致时，可以选择交易性成本动因。譬如，安排一次生产，处理一次订货，所需要的时间和精力与次数相关，而与生产了多少产品或定了多少货无关。

(2)延续性成本动因

延续性成本动因反映完成某一作业所需要的时间。如，生产加工单环节产品每次需要的设备调整时间较短，而生产加工环节多的产品所需进行的设备调整时间较长，此时如以设备调整次数作为成本动因，很可能导致作业成本计算结果的不真实。相反，选择设备调整所需时间为成本动因，则更能反映成本发生的因果关系。

(3)精确性成本动因

在另一种情形下，即每单位时间进行设备调整耗费的人力、技术、资源等存在明显差异时，则需要采用精确性成本动因，即直接计算每次执行每项作业所消耗的资源的成本。如，新产品在试生产期间所进行的设备调整在单位时间里可能要求投入更多或特殊的人力与质量测定工具，而当产品进入成熟期或新产品生产技术达到娴熟阶段的时候，单位时间里需要的资源消耗可能降低很多。因此，在这种场合下，选择每次调整的资源成本而非设备调整时间就是更为恰当的成本动因。

2.成本动因的确定原则

确定成本动因时应遵循以下几条原则：

(1)因果联系

作业成本法的核心观念是根据各产品/产品线消耗作业成本动因的多少分配作业成本，即通过观察单位产品/产品线消耗的成本动因数，推算出各产品/产品线消耗的作业量作为成本分配的基础。因此，作业消耗量与成本动因消耗量之间是否存在明确的因果联系是影响作业成本计算结果精确度的关键。

以设备调整作业为例。根据作业成本法的要求，应按照各产品/产品线对设备调整作业的消耗量，将调整成本分配到各产品/产品线。这时，可能的成本动因包括：调整次数和调整时间。如果每次调整所需的时间和费用大体相同，那么调整次数就可以很好地解释调整作业实际消耗量的多少，也就是说，调整次数是调整作业消耗量的因。那么，以调整次数作为成本动因就可以较好地计量各产品/产品线生产的设备调整作业消耗量。相反，如果不同产品/产品线每次调整所需的时间和费用差异明显的话，调整次数将不足以解释调整作业的消耗量，这种情况下，以调整时间（或其他）作为成本动因将更能解释设备调整作业消耗量的多少。

(2)成本—效益分析

作业成本计算通过多标准分配，在提高了成本核算的准确度的同时也增加了核算的工作量和核算工作的成本。确定的作业成本库越多，所需的成本动因也越多，核算的工作量、信息收集成本也越高。因此，进行作业成本计算时，不能无限制地细分作业成本库，要进行成本—效益分析，要根据核算目的合理确定成本动因的数量，选择的成本动因应易于计量，具有经济上的可行性。

(3)行为结果原则

成本动因的选择应有助于企业业绩的提高。成本系统的设计可能对管理当局产生有利或不利的行为后果。如，当确定以联系的供应商数量作为向供应商询问价格所发生成本的成本动因时，管理当局很可能为降低成本而减少询价次数，从而丧失联系到有利(高质量或低成本)的供应商的机会。这对于企业长期生产经营是不利的。相反，选择以材料搬运次数为存货处理作业的成本动因，管理当局为减少搬运次数，可能会采取减少处理成本的行为，从而提高企业的经营业绩。

(三)同质作业成本库

同质作业成本库，是指那些各产品批次或各产品生产线对归集于该成本库的制造费用的各项目所消耗的比例相同或大致相同的作业成本库。对同质作业成本库可用单一的成本动因来分配，如，某企业收货作业与检验作业成本库呈现如下特征：

作业类型	成本总额	各产品耗用比例		
		A	B	C
收　货	100 000	8%	26%	66%
检　验	160 000	8%	26%	66%
收货与检验合计	260 000	8%	26%	66%

可见 A、B、C 三种产品对收货作业和检验作业的消耗比例基本一致，因此，收货作业成本库和检验作业成本库就属于同质作业成本库，因为各产品对收货作业和检验作业的消耗比例相同，二者可以合并。

在确定作业成本库与有关成本动因的时候，应仔细考虑每个潜在作业成本库的同质性。如果对成本分配的准确性没有重大影响，则可以采用该概念合并同质作业成本库，达到简化核算的效果。但如果合并不同质的作业，则很可能扭曲产品成本信息。

(四)对传统成本计算法的辩证认识

作业成本计算法是适应现代制造环境提出的新型的成本计算方法，它一般适用于具有下列特征的企业：(1)间接费用占全部制造成本的比重比较高；(2)管理当局对传统成本计算系统提供的信息的准确程度不满意；(3)生产经营的作业环节较多，经营活动比较复杂；(4)企业的产品品种结构十分复杂；(5)产品生产工艺复杂多变，经常性地发生整备成本；(6)经常调整生产作业，但很少调整会计核算系统；(7)企业生产、管理和会计核算的电脑化、自动化程度高；(8)较好地实施了适时生产系统(JIT)和全面质量管理体系等(孟焰，1997)。在以美国为代表的部分西方发达国家的产业内部，机器大生产已经全面替代手工劳作，高新技术已经获得广泛应用，多样化和顾客化的企业生产已彻底改变了产品结构，传统的单一的制造费用分配标准已经严重扭曲了产品制造成本的真实情况。成本结构的变化提出了改变成本计算方法的现实需求，而生产、管理的高度自动化又为实施作业成本法提供了现实可能的硬件、软件支持，因此作业成本计算法在这些产业内得到了重视和应用。

但是在传统产业内部，尤其是在那些产品种类不多的、劳动力密集型的企业中，除直接材料与直接人工以外的其他生产成本的发生额较小，或者与所选定的分配标准（如人工小时、机器工时等）之间存在着较为显著的线性关系，采用单一的分配标准核算的产品成本尚不会产生显著的偏差，采用传统成本计算方法仍可以较好地实现决策支持的功能。因此，传统成本计算法仍有其现实作用，只是其适用条件受到了较大的限制。

作业成本法自20世纪80年代推广并逐步完善以来，在西方企业间的应用越来越普遍。Krumwiede 以1996年美国管理会计学会成本管理小组调查资料为基础，整理出作业成本法在美国公司应用情况汇总表，如表4-9所示（王平心，2002）：

表 4-9　作业成本法在美国公司的应用

	1990 年	1995 年	1996 年
未考虑 ABC 的公司	70%		21%
正在评价 ABC 的公司	19%		25%
已评价，但拒绝采用 ABC 的公司	—		5%
已经采用 ABC 的公司	11%	41%	49%
已采用 ABC 的公司：			100%
其中：已将 ABC 应用于公司战略决策			54%
已完成作业分析、建立 ABC 模型，待运行			14%
已进行作业分析、收集数据，处于设计阶段			14%
采纳后，又放弃继续实施 ABC			2%
公司批准实施 ABC			16%

可见，作业成本法为越来越多的美国公司所采用。但我们还应该注意到，有5%的公司在评价后拒绝采用，有2%的公司在采用后又放弃继续实施作业成本法。这一方面说明公司趋于理性选择最适合自身需求的成本计算方法，另一方面也说明作业成本法和一切先进的思想、方法一样是有着具体的适用条件的，并非包治百病的灵丹妙药。

另有一批学者们也对作业成本计算法在美国之外的应用进行了研究。Armitage 和 Nicholson(1993)比较了加拿大企业和其他国家企业后发现，实施作业成本法的企业比例为：加拿大为14%(1992)，英国为6%(1990)，美国在1991年为11%，1993年显著增加到36%。Teoh 和 Schoch(1993)的调查表明，澳大利亚作业成本法的使用率为17%，马来西亚为13%。Inners 和 Mitchell(1995)的调查显示被调查的英国公司有20%采用作业成本法。[①] 在行业应用领域方面，最初集中应用作业成本法的主要是制造业，目前已经逐步扩展到商品批发与零售业，金融保险业、医疗卫生等公共事业部门，以及会计师事务所、咨询公司等社会中介行业。在这些企业中，作业成本法主要应用于改进成本核算体系和辅助决策，如确认公司发展机会、产品管理决策和作业流程改进决策等。

第二节 作业管理

在执行作业成本计算的过程中，人们更加深入地认识到，作业不仅是成本计算的媒介，而且可以作为企业管理的基础。以作业作为企业管理的起点和核心，可以大大深化企业管理的层次，其意义“可视为企业管理上一个重大的革命性变革。正如现代生物学深入到‘分子’水平，形成分子生物学是生物学上的一个重大突破一样”[②]。

一、作业管理、作业成本管理[③]

作业成本计算提供了更为精确的成本信息，但要将这些成本信息应用于提高企业的经营效率和效益，则还需要与一定的管理手段相配合。作业管理和作业成本管理都是常见的与作业成本计算密切联系的管理概念。

(一)作业管理

作业管理(activity-based management，简称 ABM)，或称作业基础管理，是一种以作业为核心的全新的企业管理思维。它应用作业成本计算所提供的明细、动态的信息优化企业价值链，进而达到以下管理目标：(1)通过作业为顾客提供更多的价值；(2)从为顾客提供的价值中获取更多的利润。

作业管理以一种全新的企业观为基础。它认为企业是一个为最终满足顾客需要而设计的一系列作业的集合体，或者说是一个作业链、顾客链。这种观点和迈克尔·波特教授提出的价值链观点本质上相同，属于一个事物的不同方面。企业每完成一项作业都要消耗一定的资源，而作业产出又会形成一定的价值，同时再向下一环节的作业转移，直至形成最终产品。每一个作业成为其他作业的顾客，各种作业之间互为顾客，彼此成为一个整体，形成顾客链；而从价值的形成过程看，作业链又表现为价值链。

企业管理深入到作业水平，就是作业管理。其基本思想可概括如下：以顾客链为导向，以作业链—价值链为中心，利用作业成本计算提供的动态信息将作业成本计算和作业成本管理与生产周期、质量、及时性、顾客满意度等非成本因素有机结合在一起，将管理的重心置于作业之上，对作业链上的所有作业进行分析、修正，进而对企业的“作业流程”

① 转引朱云、陈工孟：《作业成本法在香港应用的调查分析》，《会计研究》，2002 年第 6 期。

② 余绪缨：《柔性管理的发展及其文化思想渊源》，《经济学家》，1998 年第 1 期。

③ 参见林涛(2003)。

(activity process)进行根本性的、彻底的改造;它强调协调企业内外部顾客的关系,从企业整体出发,协调各部门、各环节的关系,要求企业物资供应、生产与销售等环节的各项作业连续、同步,消除作业链中一切不能增加价值的作业,减少增值作业的资源消耗,使企业处于持续改善的状态,促进企业整体价值链的优化,增强企业的竞争优势。因此,作业管理与其说是一项管理工作,不如定义为一个不断改进和完善企业"作业链—价值链"的过程。①

(二)作业成本管理

作业成本管理(activity based cost management,简称 ABCM),指的是利用作业成本计算提供的成本信息,加强对企业成本结构、成本性态的认识,通过消除不增加价值的作业等方法促使企业实现经营合理化和效益最大化。作业成本管理仍局限于成本管理的范畴,是作业管理的重要组成部分。

Gary M.Cokins 在其所著《作业成本管理——成本会计制度的创新》一书中以图形(图 4-6)的形式对作业成本计算、作业成本管理和作业管理之间的关系做了形象的诠释。

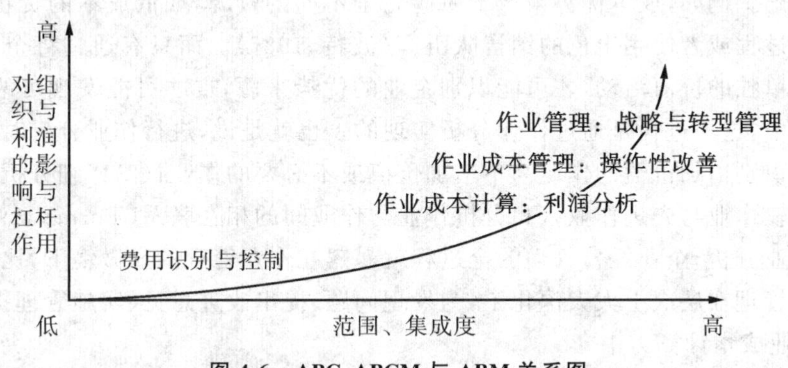

图 4-6 ABC、ABCM 与 ABM 关系图

(三)作业管理、作业成本管理的基本特征②

结合企业的经营过程,作业管理和作业成本管理呈现如下特征:

1.以作业分析为基础

在新的企业观下,企业本身就是一个由此及彼、由内至外的作业链。结合迈克·波特教授对价值链的分析,每一个企业的作业链都是由以独特方式联结在一起的九种基本的作业活动组成的,如图 4-7 所示。

迈克尔·波特教授同时指出,将企业作为一个整体是无法辨别出其竞争优势的。竞争优势来源于企业在设计、生产、营销、配送等基本作业及辅助作业中所进行的许多相互

---

① 参见胡玉明:《作业管理与企业管理思维的创新》,《中国经济问题》,1998 年第 5 期。

② 对作业管理相关内容的论述也可参阅胡玉明著:《高级成本管理会计》的第五章:"作业管理",厦门大学出版社 2002 年版。

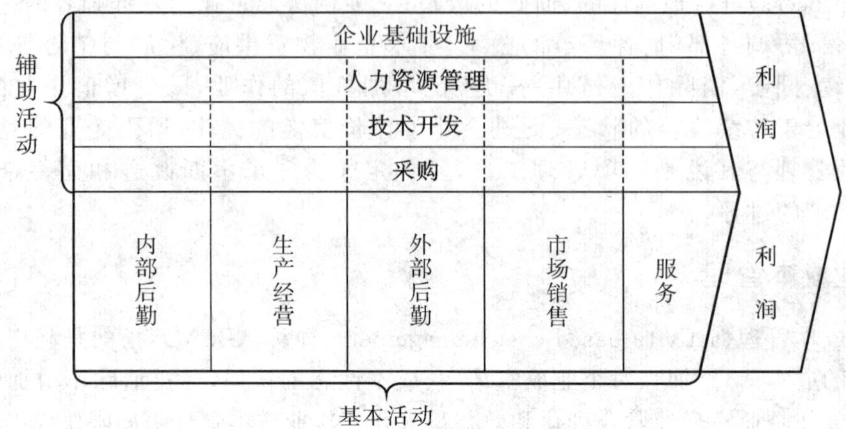

图 4-7 企业基本价值链①

分离的活动。这些活动中的每一项都对企业的相对成本地位有所贡献,并且奠定了差异化优势的基础。例如,成本优势来源于一些完全不同的资源,如低成本的货物配送体系、高效的组装过程或者使用出色的销售队伍等(波特,1985)。而只有通过将企业的基本价值链分解为单独的价值活动,才可能识别企业的优势来源,也才可能发现可改进的空间。在作业管理中,这一过程是通过作业分析实现的。也就是说,进行作业分析时要做这样几件工作:(1)识别增加价值的作业与不增加价值或不必要的作业;(2)仔细分析重要的增值作业;(3)比较作业与先进作业;(4)分析作业与作业间的相互联系(Turney,1991)。

通过作业分析,企业经营管理的全过程就暴露在作业管理的显微镜下,比传统的以产品为中心的管理在层次上大大深化了,为发现问题、提出改进意见、实施管理提供了依据。

2.以作业成本计算为中介

作业成本计算不但提供了更为精确的成本数据,而且提供了十分重要的管理信息。从事后核算的角度来看,成本是企业经营过程的记录,是一个因变量;但是从预测和分析的角度来看,作业成本信息同时是一种信号。这一点是传统成本计算法所没有办法实现的。尽管传统成本计算可以提供部门的成本耗费信息,但却无法准确反映成本发生的来龙去脉;而作业成本计算则追本溯源,为管理提供了尽量翔实可靠的依据。与图 4-5 相似,我们可以通过图 4-8② 再一次理解作业成本计算与作业管理的中介关系。

图 4-8 的纵向部分反映成本分配过程,它从“资源流动”与“成本流动”两个侧面全面提供有关资源、作业与成本对象的信息;横向部分反映对过程的分析。根据成本分配观与成本分析观的数据,管理者可以具体地、定量地分析成本产生的原因并使之合理化;同时通过对作业成本与价值创造的关系(如重要的增值作业、低增值作业或不增加价值的作业)的分析,可以促使管理者将主要的注意力集中于有可能改进或增加价值的地方。换句

① 引自迈克尔·波特(1985)。

② Ronald W. Hilton, *Managerial Accounting*, 3rd edition, McGraw-Hill Companies, 2000, p.262.

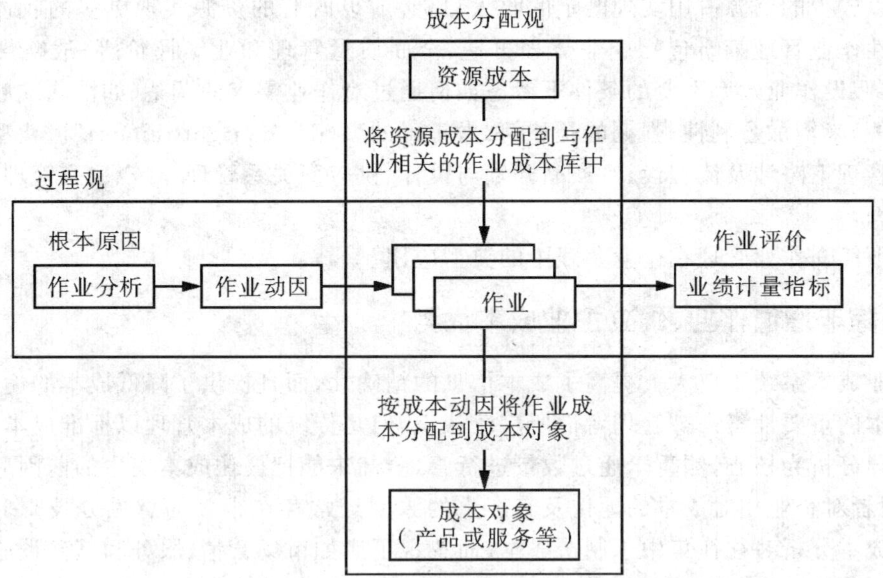

图 4-8　作业成本与作业管理的关系图

话说，作业成本计算是以作业为中介，将发生的资源消耗分配到产品的过程；而将作业成本运用到管理上时，则侧重于从产品出发探究作业发生的必要性以及资源消耗的价值贡献。因此，作业成本计算是作业管理、作业成本管理的基础与中介，并贯穿于作业管理的始终。

3.以作业链—价值链优化为目标

正如迈克尔·波特教授所说的，将企业作为一个整体来看是无法看出问题的，更是无法解决问题。作业管理的目的在于通过作业分析，利用作业成本计算提供的数据，突出重点，将有限的企业资源应用于能增加顾客价值的作业，使企业处于一个不断改善的环境之中，而不是不问轻重缓急地平均使用企业资源。换句话说，成本是一个征兆而非根源，它是企业经营过程的综合反映；作业成本计算是一种工具，而不是解决问题的方法，更不是实施管理的目的。但通过成本信息分析，可以帮助企业发现问题；通过作业成本计算，为作业管理改进企业的作业链、优化企业的价值链提供了方向。

管理当局根据作业成本计算所提供的经营过程的数据及相关结论，可以进行产品盈利性分析、业绩计量与考核、改进新产品设计、质量成本分析、经营过程价值分析、企业再造、目标成本法、购买或自制决策以及以作业为基础的长期投资决策、生命周期成本计算等，并通过作业链—价值链的优化，最终服务于企业的价值最大化。

二、作业管理策略

库珀教授和卡普兰教授将作业管理的应用区分为两大类，经营性作业管理和战略性作业管理(罗宾·库珀，罗伯特·S.卡普兰，1999)。经营性作业管理包括为提高效率、降低成本、提高资产利用率而采取的各项行动，强调如何“正确地做事(do tings right)”，讲求的是以较少的资源占用实现既定的收入目标，或以既有的资源实现更多的收入。典型的经营性作业管理策略包括企业流程再造、全面质量管理和业绩评价等；战略性作业管理，则在假设作业效率不变的条件下考虑如何通过对作业需求的调整（如消除或减少非增值作业等）来增加盈利性，强调的是如何"做正确的事（do the right things）"。典型的战略性作业管理策略涉及流程设计、产品开发与设计、供应商关系管理、客户关系管理、市场细分等方面。

以下简介作业管理在企业实践中的典型应用。

（一）消除非增值作业，确立企业成本优势

作业成本系统不仅大大提高了成本信息的精确性，而且提供了降低成本的途径。

成本的重要性素来被管理者们所广泛认识，但是传统的成本管理以标准成本、预算控制和差异分析为核心，侧重于通过数量进行管理，却未能把握住成本发生的前因后果。而且，管理者对企业相对成本的地位及其产生的原因经常存在很多的意见分歧。多数企业在进行成本分析时往往集中于制造成本，而忽视了诸如市场营销、服务和基础设施等对相对成本地位的影响。更有甚者，各项单个活动的成本都是按生产流程的顺序进行分析的，而无视设计、营销等各项活动与生产之间的联系。最后，企业在评估竞争者成本地位时无从入手、困难重重，无奈只能转而借助原材料和直接人工成本的简单比较来说明问题。缺乏成本分析的系统框架，是造成问题的根本原因（波特，1985）。而作业成本则提供了这样的成本分析系统。

"作业消耗资源，产品消耗作业"，清楚说明了作业是导致成本发生的直接诱因。企业执行的每一项作业都需要消耗一定的资源并产生一定的价值，但并非所有的作业价值都可以得到顾客的承认（如原材料的搬运作业），也并非所有作业产生的顾客价值都高于其所消耗的资源价值。所谓非增值作业（non-value-aided activity）就是指这部分在企业内部所发生的不必要的，或虽然必要，但效率低下、可以实施改进的经营活动。

作业管理要求从作业分析出发，考察企业经营中的成本问题，而不是考察企业整体的成本。图 4-8 中，作业成本法的过程分析清楚地揭示了企业消除或改进非增值作业的方法和步骤。即，首先在作业分析的基础上辨识企业的基本作业链，并分析不同作业的投入产出比；其次，确定非增值作业；再次，辨析作业之间的链接关系、根本原因和动机；最后，进行业绩计量并报告非增值作业。[①]

确认一项作业是否属于非增值作业，主要通过三个标准进行判断：

（1）是否必须？如果一项作业是重复作业，或非必需的活动，那么是不会创造顾客价值的；

（2）是否得到有效执行？

（3）是否是有时增值、有时非增值的？

通过将作业作为新的成本对象，作业成本法提供了企业不同作业的成本信息，为企业辨析增值作业与非增值作业提供了翔实的数据基础。

---

① 罗宾·库珀，罗伯特·S.卡普兰（1999）。

作业管理要求企业通过作业链—价值链分析思考诸如为什么要作业？这些作业是否必要？能否增加顾客价值？能否改进？换句话说，作业管理持续降低成本的步骤包括：(1)减少完成某项作业所消耗的时间及耗费；(2)消除不要的作业；(3)选择成本最低的作业方案；(4)尽可能实现作业共享，为降低作业成本创造有利条件；(5)利用作业成本计算提供的信息编制资源使用计划，重新配置未使用资源。将这些步骤贯穿于企业的整个生产经营过程，使企业处于不断的改进过程中，达到持续降低成本的目的(胡玉明，2002)。

作业管理还有助于企业相对成本优势的确立。如果一个企业可以持续获得比其竞争者低的累计成本，那么该企业就将获得成本优势。波特教授在《竞争优势》一书中指出，企业的成本地位源于其价值作业的成本行为，而成本行为又取决于影响成本十种主要的结构性因素，即成本驱动因素：规模经济或不经济、学习与溢出、生产能力利用模式、价值链的内部联系和与供应商和销售渠道价值链之间的纵向联系、企业内部与其他业务单元的相互关系、纵向整合程度、时机选择、独立于其他驱动因素的自主政策、地理位置、包括政府法规等在内的机构因素。企业的相对成本地位取决于(1)相对于每一项价值活动的成本驱动因素的相对地位；(2)相对于竞争对手的价值链构成。企业可以通过控制成本驱动因素和价值链重构的方式获得相对成本优势。作业成本管理可以帮助企业分析竞争对手的价值链，以确定其相对成本，进而获取相对成本优势。

除了上面所介绍的内容之外，本节介绍的其他作业管理策略也大都有助于企业降低成本和相对成本优势的确立。

(二)业务流程再造

作业管理可以作为企业流程再造的理论基础，为企业实施业务流程再造提供依据。所谓业务流程(business process)，是跨越时间和空间的有序的活动，它有起始点和终点，并有明确的输入和输出；而所谓业务流程再造(business process reengineering, BPR)，就是对企业的业务流程进行根本的再思考和彻底的再设计，从而显著提升成本、质量、服务和速度等经营业绩计量指标。①

下面以福特汽车的案例说明作业管理在流程再造中的应用：

[例 4-2]②　福特汽车是全美三大汽车制造商之一。公司生产汽车所需的部件中有三分之二需要向外采购，工作量大，作业环节多而繁杂。为此，福特汽车在北美的应付款部门有超过 500 名的雇员，具体负责审核并签发供货商账单的应付款业务。考虑到需要在订单、验收报告和发票中审核 14 项内容，业务量庞大，环节多而复杂，设置如此庞大的应付款部门也在情理之中。图 4-9 是福特汽车的应付款流程。

具体的流程包括以下几个步骤：

(1)采购部向供应商发出订单，同时将订单复印件交送应付款部；

(2)供应商发货；

(3)福特汽车的验收部验收，验收合格则提交验收报告报送应付款部；

---

① 张云亭：《顶级财务总监》，上海财经大学出版社 2001 年版，第 153 页。

② 资料和数据源自张君(2006)。

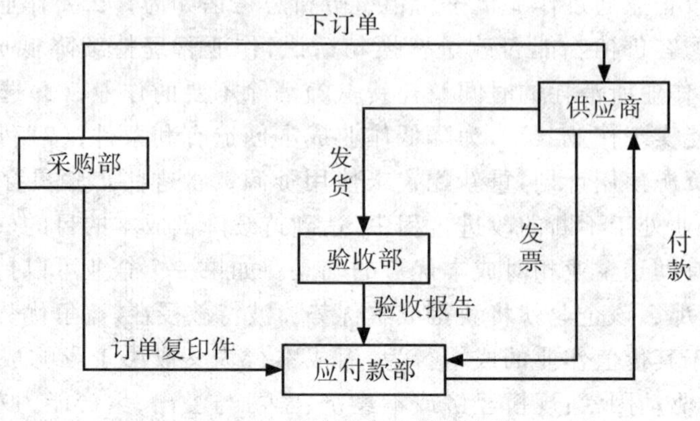

图 4-9 福特汽车应付款流程

(4)供应商将发票送至应付款部;

(5)应付款部对订单、验收报告、发票统一核对后,无差异情况下执行付款,否则追查差异原因。

20 世纪 80 年代之前,福特汽车一直执行的就是上述这套付款流程。指导公司下达导入信息技术减少信息传递、裁员 20%的目标之时,福特汽车相关部门的负责人开始走访同行,吸取经验。虽然和福特具备同等经营规模的多数企业也都维持了一支庞大的应付款管理队伍,但是马自达公司的情况引起了福特汽车的注意。虽然马自达的规模与之相比要小得多,但是它的应付款部门只有 5 个人,这对福特汽车来说几乎是不可想象的。

考察结束后,福特汽车对原先的付款作业流程全面重新审视,发现原先的付款工作围绕着订单、验收报告和发票转。如果沿用原先的作业流程,即使运用计算机技术实现了裁员 20%的目标,但距离行业的先进水平仍有非常大的差距。为此,公司重新设计了流程,变"收到发票,付款"的原则为"收到货物,付款",付款整体流程按图 4-10 的方式重组。

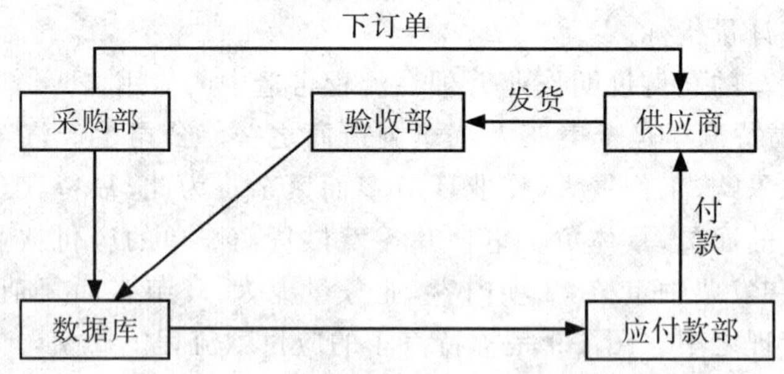

图 4-10 福特汽车新的应付款流程

重组后,福特汽车新的应付款流程为:

(1)采购部发出订单,同时将订单内容输入数据库;

(2)供货商发货;

(3)验收部门查验来货是否与数据库中的内容相吻合,如果吻合就收货,同时通知数据库,计算机自动通知应付款部门付款。

在新流程中，应收款部只需要查核“零件代码”“数量”和“供货商代码”3项内容，而非先前的14项，且由于订单和验收报告的自动吻合，使得付款流程变得顺畅而及时。流程重组后，福特汽车的应付款部门从500人减少为125人，缩编比例达到75%，工作效率却大大提高了。

业务流程源于社会分工。长期的专业化劳动，一方面使劳动者的专业技能不断提高，但同时也使他们丧失了其他方面的技能，弱化了工作的趣味性和成就感；另一方面，随着分工的细化，交易费用也随之增加，分工越细、交易次数越多、频率越高，交易费用就越大，这在一定程度上抵消了分工所产生的效益。业务流程再造正是对职业分工理论的重新思考。

业务流程再造实质上就是通过优化业务流程达到快速反应、快速决策、严格管理、有效控制、降低成本，从而达到全面增强企业竞争优势的目的。所谓根本性（fundamental）的再思考，就是要对“为什么需要这项作业”“为什么要以现在的方式完成这项作业”“为什么是我们而不是别人来完成这项作业”等核心问题进行重新审视。通过仔细的作业分析，企业往往会发现既存的商业假设可能是过时的，甚至是错误的。所谓彻底性（radical）的再设计，就是对事物追根溯源，抛弃现有的陈规陋习，忽视一切规定的结构和过程，寻找全新的工作方法，对企业进行重新构造，而不是简单的改良或调整；显著（dramatic）的提升，是指业务流程再造寻求的不是一般意义上的业绩提升，而是要求实现显著的增长和极大的飞跃。①

回归到新企业观来看，业务流程实质上就是作业链。企业的业务流程再造本身就是企业作业链—价值链的优化过程，从这个意义上看，业务流程再造就是作业管理的一种表现形式。作业管理将作业分成增值作业与不增值作业两类。不增值作业对最终产品价值的形成不做出贡献，消除不增值作业不会影响顾客满意程度。因此，不增值作业的存在是生产经营中的一种浪费。作业管理要求消除不增值的作业，提高增值作业的效率。通过与适时生产系统和全面质量管理的结合，作业管理为企业流程再造的实施提供了一条广阔的思路：作业成本计算的基本原理是在汇总计算最终产品的成本之前，按成本动因将资源成本归集到相互联系的作业上，而作业构成企业经营过程的核心内容，从而作业成本的计算能使企业对经营过程做出正确的分析与适时的评价，并从中发现存在浪费的作业及其发生的时间与地点，由此为适时生产系统与全面质量管理的配套实施创造条件。适时生产系统（JIT）要求各生产环节零存货，消除与存货有关的作业如存储、整理、检验等，在需要时将存货运抵现场，减少储存、搬运、等待的时间，减少存货上的资源浪费。适时生产系统的构建要求各条生产线保持畅通无阻，不能出现质量问题，这就要求同时进行全面质量管理（TQC）。作业管理、适时生产系统与全面质量管理三者同步进行，相辅相成，从而全面改进企业流程、提高企业的经济效益。

（三）产品盈利性分析和产品重新定价

成本是影响产品盈利性的决定性要素，也是产品定价决策过程中考虑的主要因素之一。

---

① 张云亭：《顶级财务总监》，上海财经大学出版社2001年，第153页。

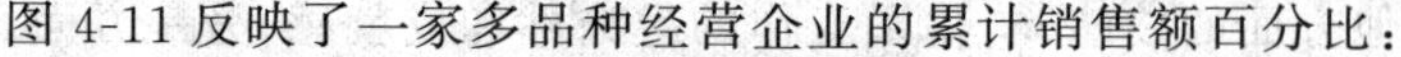

根据前面对作业成本计算法与传统成本计算法的比较分析，我们可以知道在售价确定的情况下，以传统成本计算方法核算为基础确定的产品盈利性分析很可能会出现重大错误，有一部分产品的盈利性被高估了，而另一部分产品的盈利性被低估了。作业成本计算提供的更为精确的成本信息为合理估计产品成本曲线提供了有效的解决方案，就可以提供更为精确的产品营利性信息，也因此对企业制定定价决策有着重要的意义。

图 4-11 反映了一家多品种经营企业的累计销售额百分比：

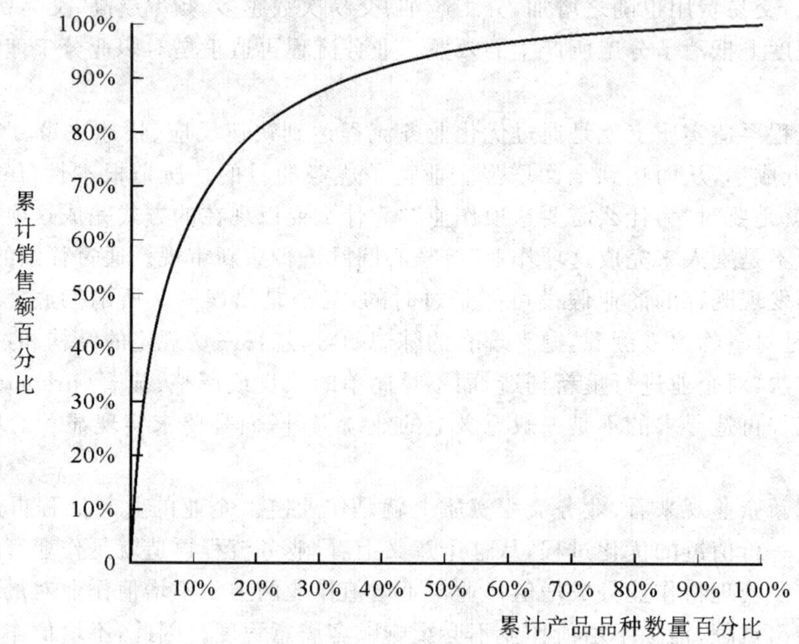

图 4-11　产品品种累计销售额百分比

正常情况下，其经营的每一种产品品种不论其销售额多少，总是有利润的。该图表现出 20—80 规则，也就是 20%的产品品种贡献了 80%的收益额，而其余 80%的产品品种仅只贡献了 20%的收益额。但通过前面的分析我们知道，传统成本核算法实际上高估了大批量生产产品(通常就是形成 80%销售收入的那 20%的产品品种)的成本，低估了小批量生产的产品(通常也就是另外那 80%的产品品种)的成本，错误的成本信息实际上扭曲了产品的盈利性信息，给企业决策带来不必要的困扰。

图 4-12 表示典型企业根据作业成本计算法重新确定的产品盈利性曲线，通常也称“鲸鱼曲线”。图中，盈利性最强的 20%的产品品种实际上累计贡献的利润在 150%～300%之间，中间 60%的产品品种基本保本，虽然最终的收益合计仍旧是 100%，但剩余 20%的产品品种实际上侵蚀了企业 50%～200%的利润。企业可以根据作业成本计算提供的这些信息，采取相应的一系列改进措施，如：产品重新定价、产品削减、重构产品组合等。

有关作业管理对产品定价决策的影响可参见本书第九章第二节的相关内容。

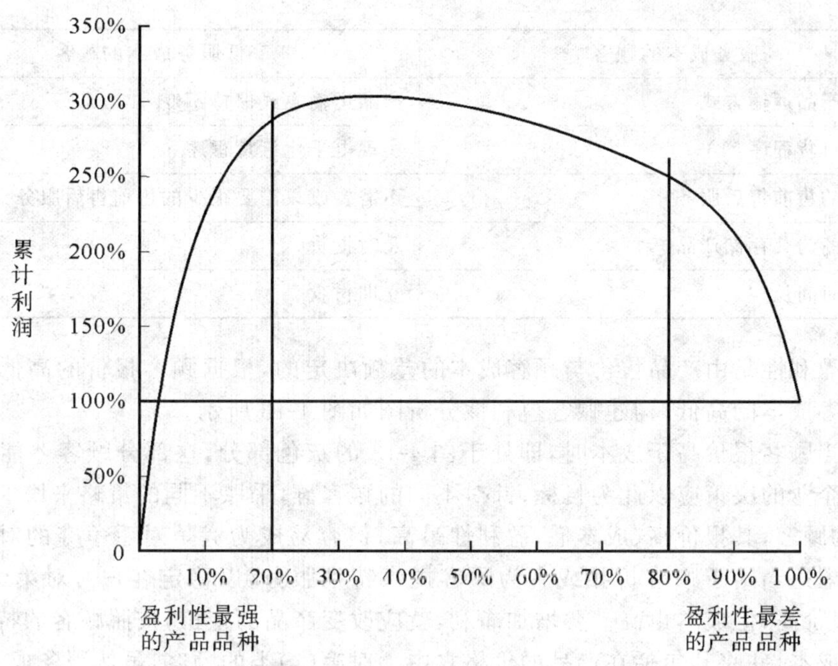

图 4-12 产品品种盈利性曲线

(四)顾客盈利性分析

作业成本管理的另一个应用是进行顾客盈利性分析。不同顾客带来的价值增量并不相同,营销学研究发现,企业 80%的利润源自 20%的顾客。作业管理要求分析顾客盈利性应建立在作业分析的基础上,并综合制造、营销、管理等环节全面分析。

有些作业和相应的成本源于顾客的特殊要求。譬如,个性化的品质要求、特殊的交货方式、更多的售后服务、特殊的付款方式等,都导致企业增加作业环节或导致作业流程的改变,最终结果都会提高顾客成本。相反,标准化的顾客所需要的售前准备、售后服务相对较少,相应产品的成本也较少。在富裕社会里,消费者追求标新立异,必将导致顾客盈利性的差异。因此,应利用作业成本信息,对顾客进行分类,并对不同类型的顾客采用不同的措施。表 4-10 列示了顾客需求与成本之间的关系:

表 4-10 顾客需求与成本

高服务成本的顾客	低服务成本的顾客
购买顾客化的产品	购买标准化产品
订货量小	订货量大
订货期不可预见	订货期可预见
要求到货时间短	要求到货时间长
对产品运输方式有特殊要求	接受标准化的运输方式

续表

高服务成本的顾客	低服务成本的顾客
经常更改产品运输方式	产品运输方式保持不变
手工处理订货程序	实现电子化订货程序
需要较多的售前售后服务	不需要或只需要很少的售前售后服务
要求供应商为其存储产品	及时提货
偿付货款时间长	立即付款

顾客盈利性是由产品售价与顾客成本的差额决定的，根据顾客报价的高低与不同服务对应顾客成本的高低，构建顾客盈利性分析图如图 4-13 所示。

只有当顾客报价高于成本时，即处于图 4-13 的灰色部分，这部分顾客才能为企业带来利润。企业的决策应以此为目标，针对不同的顾客群，采取不同的策略来增加净利。对第(1)类的顾客，其报价高、成本低，盈利性最高，但容易成为竞争对手争夺的对象。这种情形应考虑适当给予顾客折扣或者为顾客提供特别服务，以稳定客户。对第(2)类的顾客，尽管报价高，但成本也高。要增加净利，就应改变产品的定价，按照顾客的特殊要求确定对应的成本，并将其包括在产品的价格之中。对第(3)类的顾客，虽然服务成本低，但报价也低。要增加净利，可在供应环节寻找减少成本的机会，譬如就近选择供应商，减少运输成本，减少物料的储存、处理成本等。对第(4)类的顾客，似乎无利可图，但可从企业内外同时入手，寻求机会，如在内部通过价值分析，寻求减少不增值作业的途径，在外部则与顾客进行沟通，提示特殊的服务要求将导致企业的高成本，并请求顾客配合，减少一些不必要的服务要求，以此分析企业接受该顾客的可行性，即盈利性分析。

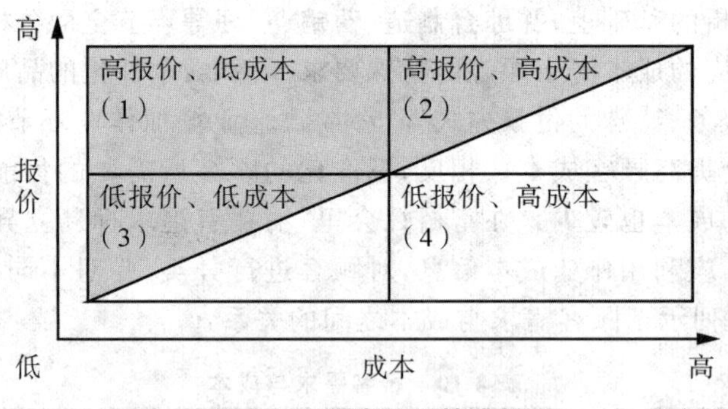

图 4-13　顾客盈利性分析

除上述几种典型的作业管理策略外，作业管理在企业的应用还包括对先进技术的投资、产品削减、JIT 生产系统等，这些内容可散见本书的相关章节。

(五)作业管理与战略管理会计

每一个成功的企业都坚持特定的战略，并围绕既定的企业战略发展出特定的核心能力，巩固为获得竞争优势所必需的关键成功因素。研究表明，实施不同战略的企业中，成本管理系统需要反映和控制的重点也有所不同。西蒙斯(Simons)在1987年的研究报告中以迈尔斯和斯诺的战略分类法为例,对探索者、防御者和分析者三类企业的成本管理系统反映和控制的重点进行了分析和比较:探索者企业由于风险比较大,经营重点在于通过对环境的考察以发现新的机会,经营过程中对预测数据比较敏感,但是成本的控制程度比较低;防御者企业非常重视对成本的控制,强调内部监督和提高生产效率,经营过程中常常根据预算的执行情况来决定报酬的高低(陈亚盛,1999);分析者则兼具探索者和防御者的特性,他们力图实现风险最小化和利润最大化目标,会保持一个稳定的、有限的产品或服务组合,不轻易率先推出新产品或进入新市场。

因此,企业的成本管理工作不能脱离企业战略单独展开,而应与企业的战略关注点紧密联系。具体而言:(1)成本管理的核心应立足于企业长期竞争的成功,而不是仅仅关注短期财务成果与管理信息报告;(2)成本管理要立足于对成功关键因素相关信息的及时、准确的识别、计量、收集分析和报告,为企业战略决策和管理控制提供全方位支持;(3)会计师的工作不应局限于对各种成本计算方法的分析和成本数据的堆砌,而应在战略的指引下把握成本管理的各个环节;(4)会计师应积极适应环境的变化,成为组织内部跨职能管理团队的直接参与者。[①] 换而言之,战略环境下的成本管理不再是一味地做"减法",不是简单地削减成本,而是应该"加法"和"减法"并重,减少那些可以减少、应该减少的成本开支,加大对有助于提升企业核心竞争力、有助于增强企业竞争优势的关键要素的投入。

战略成本管理的目标是寻求并保持企业的竞争优势,考虑"不同战略下如何组织成本管理"的问题。对比传统成本管理,战略成本管理在成本管理的时间、空间和层次上发生了本质的差别。作为一种新兴的成本管理理念,学术界和实务界对战略成本管理的内涵和外延的界定并不统一,具体的框架、模式也都不同。目前,较为广泛接受的战略成本管理模式有两种:(1)罗宾·库珀(Robin Cooper)模式。战略选择决定作业,成功的企业应将资源投入那些能为企业带来最大战略价值的作业中。因此,库珀模式的主要内容是将作业成本计算推向战略应用,也就是从企业、企业各部门、企业外部和竞争对手等方面全面运用作业成本计算,以准确的成本核算资料向不同部门的人员展示一幅更为广阔的公司成本竞争地位图景,使管理者和全体员工将自身的工作与企业战略地位联系起来,在降低成本的同时提高企业竞争力。可以说,库珀模式是一种以作业成本计算为主导的战略成本管理。(2)John K.Shank模式。该模式由美国管理会计教授John K.Shank在1998年提出。他在迈克尔·波特及其他战略管理专家的研究成果基础上构建战略成本管理框架,讨论运用一系列的分析工具为企业成本管理提供战略透视。该模式以战略价值链分析、战略定位分析和战略成本动因分析等为基本内容[②],希望在价值链分析的基础上通过改变成本动因或重新设置价值链来帮助企业获得可持续的竞争优势。

相应地,战略管理会计是以企业战略管理为服务对象的会计,它强调从战略的高度,围绕企业、顾客、竞争对手这个"战略三角",既对本企业的内部信息进行战略审视,也为顾

① 王斌:《战略成本管理》译者序,(2004)。

② 乐艳芬:《战略成本管理与企业竞争优势》,复旦大学出版社,2006年。

客和竞争对手提供具有战略相关性的外向信息，帮助企业管理当局知己知彼，进而据以进行竞争战略的制定和实施，借以最大限度地促进本企业价值链的改进与完善，保持其长期竞争优势，以促进企业长期健康地发展(余绪缨，1999)。战略管理会计的基本框架应该以战略管理的基本原理为指导，以培植企业核心能力为目的，以企业作业链—价值链优化为核心，由作业成本计算和作业管理、企业综合业绩评价制度、企业激励机制与管理报酬制度安排构成(胡玉明，2002)。

三、作业成本法在中国的应用前景与障碍

20 世纪 80 年代，厦门大学的余绪缨教授就在杂志上发文，率先将作业成本法思想引入国内，并引起学术界的普遍关注。此后，实务界也开始探讨在中国企业中引进作业成本法的可能性。王平心(2002)以中原油田勘探局特种车辆制造总厂和咸阳钢管钢绳分厂为对象，进行了案例研究，分析了 ABC 基础成本控制、作业成本形态分析、ABC 基础经营决策理论在中国制造业企业中的应用前景。孟焰(2006)以许继电器为例，分析了企业导入作业成本法的动因，以及作业成本在生产部门中的应用。2005 年，优质管理协会针对作业成本法的一项调查问卷结果显示，有 55%的回复表明，他们的公司正在使用或正在试用 ABC，32%表示将会尝试，11%表示不会使用，2%表示不再使用。[①] 不过尽管已经有部分企业采用了 ABC、ABM 方法，但总的来说应用面仍相当有限。这与我国企业所采用的生产技术和所处的经营环境有着密切的关系。以下结合西方学者对 ABC 和 ABM 适用条件的分析及这些条件在中国的发展情况做简单分析：

1.产品成本结构和产品多样性

作业成本系统首先是一种成本计算方法。传统成本计算方法无法在制造费用的发生额与成本动因之间建立因果联系，计算结果在一定程度上扭曲了产品生产的真实消耗。对于那些成本结构中制造费用比重大的企业而言，传统成本计算方法的不适应性就越发突出，因此就更有采用 ABC 的动机。

企业成本结构和生产的自动化程度有一定的联系。尽管近年来，中国企业的技术化、信息化发展很快，但是相比西方发达国家，仍处在初级阶段，弹性制造系统(FMS)、计算机一体化制造系统(CIMS)等先进设施、先进技术的应用还相当有限，对大部分企业而言：(1)制造费用占企业总成本比重不大，多数企业仍以劳动力密集型为主要特点，直接人工成本和直接材料成本占总成本比重大；(2)传统的大批量、少品种的生产方式仍占主导地位，市场的多样化需求特点不突出。也因此尚未产生对像 ABC、ABM 这样的先进成本计算及管理方式的普遍需求。

2.生产自动化和会计电算化程度

ABC 在细化了成本计算过程的同时，也增加了成本计算的工作量，并且对生产过程数据提出了更高的要求。除传统的财务数据之外，还需要根据成本动因的差异收集很多不同的信息，如果企业生产设备的自动化程度不高，那么数据收集的难度就很大；如果企

① 赵红梅：《作业成本法的应用与实践》，《中国总会计师》，2006 年第 10 期。

业会计电算化程度不高，那么全面推行ABC、ABM的难度就很大；如果再要求配合ABM的需求进行作业分析及提供相关信息就更是不可想象了。

这一点或许是影响ABC、ABM在我国应用的一个重要原因。王平心(2002)所做的一系列典型案例研究结果表明：虽然近年来中国企业的信息化发展比较快，但是还远没有达到MRPII、CIMS、ERP的程度，自动化水平与西方企业相比还有一段距离，在实践中也还没有产生出对改变现行成本制度的强烈要求，"作业成本法几乎未被企业运用，作业管理思想在一些企业局部性管理经验中有所体现。但有意识的、在作业成本管理理论指导下的运用几乎没有"(潘飞等，2005)。另外，作业成本计算法在细化了成本计算过程的同时增加了成本计算的工作量，需要另外收集许多信息，尤其是成本动因信息。而目前中国企业会计基础工作较差，信息收集有一定的难度。对相当多的中国企业来说，尽管管理层已经逐步意识到应用作业成本计算法可以给企业带来效益，但高昂的实施成本(建立健全电算化系统、仪器仪表计量装置等)成为推行这一先进方法的一大障碍。

总体而言，我国多数企业目前尚不具备在日常核算中推广作业成本计算法的条件，传统成本计算法仍有很重要的现实意义。

3.企业管理意识

在实施作业成本法的过程中，行为和组织因素发挥着主要的作用。因为在作业成本系统的设计和执行过程中需要企业各个部门的管理者和员工的集体参与和协作，这就需要企业最高管理层借助其独特的地位和行政权力加以统筹安排，并在必要的时候进行组织协调。同时，系统的开发过程周期长且需要耗费大量的人力、物力和财力，因此要从企业的战略高度、从全局出发，做好与战略、质量管理和系统速度的对接，这也更需要企业领导自始至终的大力协调和沟通。

但是在我国目前阶段，由于作业成本法还处在摸索阶段，多数高层管理者还不具备这种将理论转化为实践工具的能力，甚至有很多人对这种理论还不了解，对企业实施作业成本法的意义和作用还认识不清，对为什么要实施作业成本法还不理解。在企业的制度执行等层面也还存在大量不利于推广作业成本法的障碍。因此，目前阶段作业成本法在我国企业界还仍处在摸索和试点的阶段，尚未能得到大面积的推广应用，也还未能对我国的企业实践发挥应有的积极效用。

虽然面临这样或那样的制约因素，但是随着近年来中国产业转型和制造业升级步伐的加快，这些障碍将会逐步得到消除。此外，我们还更应该重视作业成本法在成本管理上的重大意义，它的出现实质上标志着新型成本管理体系的诞生：作业成本计算并非简单地就成本论成本，而是通过确认作业产生的一系列成本动因，从传统的以"产品"为中心的成本管理模式转移到以"作业"为中心的新型成本管理模式。它不仅能够有效克服传统成本计算方法的许多不足之处，提供较为客观真实的成本信息，对最终产品的成本进行控制，更重要的是将计算重点放在成本发生的前因后果上，以作业为核心，以资源流动为线索，以成本流动为媒介，对所有作业项目进行追踪与动态反映，并对最终产品形成过程中发生的作业成本进行有效控制。作业成本计算可以更好地发挥决策、计划与控制的作用，促使企业不断改进与革新。因此，作业成本计算不仅是一种先进的成本计算方法，更是实现成本前馈控制与反馈控制相结合、成本计算与成本管理相结合的"全面成本管理系统"，是今后中国企业完善成本管理体系的一个重要发展方向。

思考题：

1.当代社会、技术的重大变革对企业经营产生了什么影响？对企业成本计算方法又产生了什么样的影响？

2.什么是作业成本计算法？它和传统成本计算法有什么不同？

3.如何理解“作业消耗资源，产品消耗作业”？

4.实施作业成本计算有何现实意义？

5.确定作业动因时要注意哪些事项？

6.什么是同质作业成本库？为什么可以合并同质作业成本库？

7.在作业成本体系下，如何重新认识成本的性态分析？

8.既然作业成本计算法是先进的成本计算方法，那么传统成本计算法还有存在的必要吗？

9.什么是作业管理？什么是作业成本管理？它们之间的关系如何？

10. 作业管理有什么特点？

11. 如何通过作业管理有效降低成本？

12. 进行产品重新设计有何重要意义？如何结合作业管理进行产品的重新设计？

13. 什么是业务流程再造？

14. 如何利用作业管理进行顾客盈利性分析？

15. 请分析为什么现阶段 ABC、ABM 在中国未能得到普遍的采用。

第五章　目标成本、Kaizen成本、约束理论和生命周期成本

本章学习目标

1.掌握目标成本的概念,解释如何运用目标成本法推进企业战略管理

2.理解价值工程、工程再造的概念

3.了解邯钢经验的内涵,阐述邯钢经验与目标成本法的异同

4.掌握Kaizen成本的概念,理解Kaizen成本和目标成本的关系

5.掌握约束理论,并将其运用于企业战略管理

6.理解销售生命周期和成本生命周期概念

7.阐述为什么企业要考虑生命周期成本

8.描述生命周期成本法如何影响企业战略

对于企业管理而言,成本信息不但为企业生产决策、定价决策提供依据,而且为企业改进产品设计、优化生产经营的流程提供了依据。本章讨论的目标成本、Kaizen成本、约束理论和生命周期成本这四种成本管理的方法,都是企业实践中经常应用的战略成本管理概念,它们之间共同的特点是从产品生命周期的角度看待产品成本。通常所说的产品生命周期有销售生命周期和成本生命周期两种不同的理解。所谓销售生命周期,指的是产品或服务的市场寿命,即一种新产品从开始进入市场到被市场淘汰的整个过程,一般又可以细分为导入期、成长期、成熟期和衰退期四个阶段;而所谓成本生命周期,指的是从成本发生角度而言的生命周期,它始于产品的研发,包括设计、制造、营销、客户服务等依次继起的阶段,具体考察不同阶段中的成本发生。

成本生命周期的不同阶段存在不同的成本关注点，目标成本法、Kaizen 成本法、约束理论和生命周期成本法各有侧重，分别适用于生命周期的不同阶段。目标成本法主要针对产品研发与设计阶段，关注通过产品设计提高产品性能、降低成本的问题；Kaizen 成本法应用于产品生产阶段的持续改进，达到持续降低成本的目标；约束理论强调在产品生命周期中提高速度、降低生产成本；生命周期成本法的目标在于实现产品的成本生命周期全过程成本最低化。总的来看，这四种相互区别又相互联系的成本管理方法，分别适用于产品的不同生命阶段，其关系大致如图 5-1 所示：

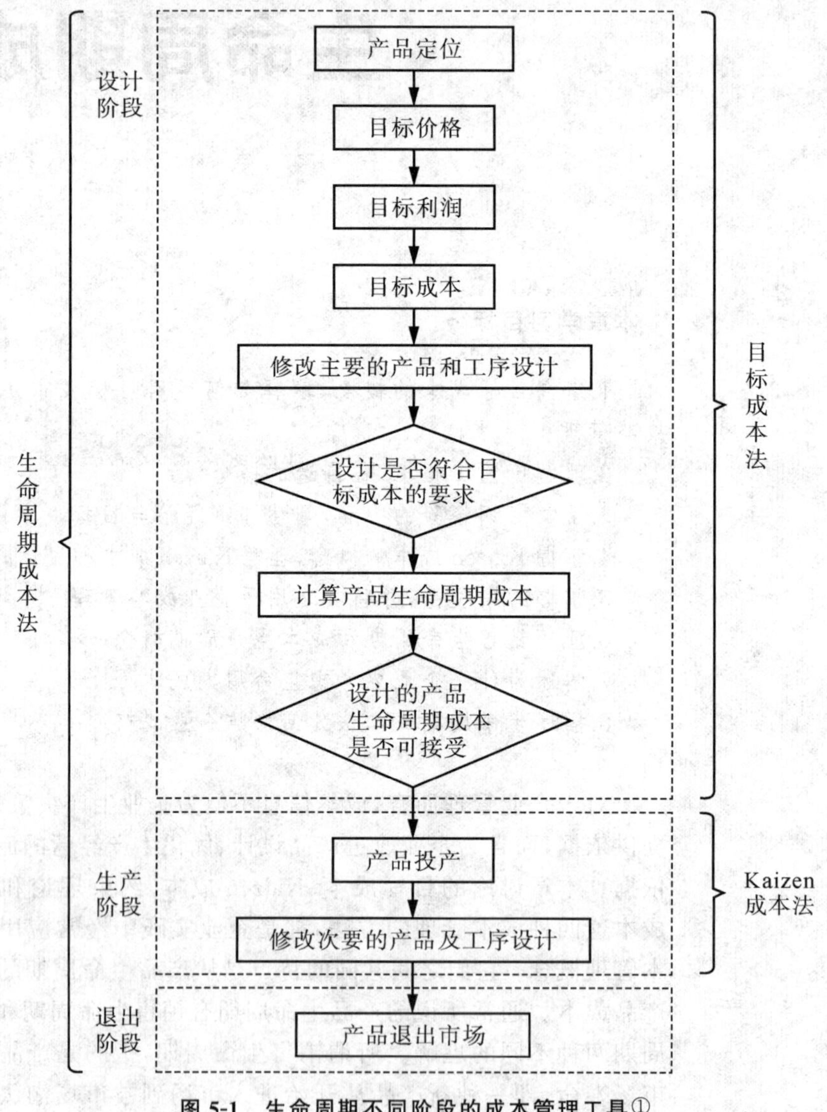

图 5-1　生命周期不同阶段的成本管理工具①

① 引自 R.S.Kaplan，A.A.Atkinson 的《高级管理会计》第 3 版中译本。

第一节　目标成本与 Kaizen 成本

一、目标成本

1991 年《财富》杂志刊载了一篇文章:《锋利的日本秘密武器》,文中写道,"这是一种独一无二的成本管理体系,它有效地引导和促使企业的设计人员以尽可能低的成本设计产品,帮助企业削减成本,并以低成本和相当大的自由空间使得产品能快速地占据市场,击败西方业者的竞争"①,所描述的秘密武器正是目标成本法。

(一)目标成本法的基本原理

目标成本法源于日本,又称"目标成本规划"或"成本企划",是一种以市场为导向,技术与经济相结合,在产品的策划、设计阶段进行利润计划和成本管理的方法。如图 5-1 所示,目标成本法主要应用在产品生命周期的设计阶段,具体指导产品定位、产品及主要工序的设计和改进,追求的是在产品设计阶段就设计好产品的成本,而不是寻求在制造过程中降低成本。

实践结果表明大约有 80%的成本开支在产品设计阶段就已经确定了。目标成本计算就是要在确保产品功能的前提下,从产品的规划、设计等前期环节入手,寻求尽可能降低成本的方法。它强调以市场为导向、以顾客价值为出发点,实现技术与经济的有机结合。

在目标成本法之前,企业传统的做法是以成本为基础确定产品售价,即:

售价＝计划成本＋税金＋利润

目标成本将上述公式转变为:

目标成本＝目标售价－税金－目标利润

表面上看,前后两个公式没有大的区别,但其反映的经济内涵是截然不同的:前者是以生产为中心,是不分析市场需求和市场竞争的事后算账,性质上属于"以成本为引导的产品定价(cost-led pricing)"。成本加成定价法是这种思维的典型表现,其本质上认为企业经营过程中发生的所有成本开支(包括合理的、不合理的)都可以通过价格机制得到补偿,以公式表示为:

售价＝计划成本＋税金＋利润＝计划成本×(1＋成本加成率)

在该模式下,企业不会主动、积极地寻求降低成本的途径,相反,会有意无意地鼓励增

---

① Worthy and Ford S., Japan's Smart Secret Weapon, *Fortune*, Aug 12, 1991. 转引自于增彪(2007)。

加成本开支,因为发生的成本总可以得到补偿,甚至会出现成本越高利润越多的怪异现象。①

而目标成本法是以市场为导向,为满足顾客、社会和股东需求的事前控制,属于"由价格引导的成本计算(price-led costing)",与前者有着本质的差别。公式中,目标价格是顾客价值的货币化表示,税金的多少表现企业对社会的贡献大小,目标利润是股东投资要求的必要报酬率,目标成本是为了实现各方价值而进行的事前控制。它实际上兼顾了顾客、政府与社会、股东等多个利益相关团体的利益,认为只有在满足了顾客价值、政府与社会要求、股东利益之后的剩余才是留给企业的成本空间,不再视成本的发生为理所当然。亨利·福特在1923年出版的《我的生活和我的工作》中描述了福特汽车的做法②,并在无意中形成了目标成本的思想萌芽。

目标成本法的实施包括五个基本步骤:

1.分析市场需求和竞争水平,确定目标售价;

2.确定目标利润水平及相应的税金;

3.利用"目标售价－税金－目标利润"公式,确定目标成本;

4.运用价值工程等工具需求降低成本的途径;

5.运用Kaizen成本法和其他经营控制方法进一步降低成本。

在具体实施过程中,企业通常会成立由设计部门、生产部门、工程部门、采购部门、市场部门和财务部门的人员组成的产品设计小组,进行产品的全程设计(concurrent design)(R.S.Kaplan,A.A.Atkinson,1998)。经过全程设计的产品既要符合技术要求,又要符合经济要求,实现技术与经济的统一。这实际上要求企业在产品设计及工序、工艺设计阶段就树立成本意识,改变传统环境下技术人员单纯追求技术先进性,不考虑经济可行性的状况。任何没有达成目标成本的产品都不允许投入生产,这种压力迫使设计小组寻求各种有助于实现目标成本的技术和方法。

目标成本法是企业管理成本的新工具。它和标准成本计算关注的重点不尽相同,目标成本法更多地实施于价值链的前期阶段,标准成本计算更多地应用于产品的生产制造阶段。价值工程、工程再造等都是企业在实施目标成本过程中常用的方法。

(二)价值工程

价值工程(value engineering,VE),又称价值分析。我国国家标准(GB8223－87)这样定义价值工程:"价值工程是通过各相关领域的协作,对所研究对象的功能与费用进行系统分析,不断创新,旨在提高所研究对象价值的思想方法和管理技术。"也就是说,价值工程是从使用者的需求出发,对产品、工艺、工程、服务或它们的组成部分进行功能分析,

---

① 以美国为例,部分军工产品就曾以成本加成法制定产品价格。

② 亨利·福特在书中这样写道:"我们从不认为成本是固定的,因此,我们首先将价格降到我们相信将带来更多销售的点,然后我们会一直往前并试着确定价格……解决的方法之一是将价格定得很低,迫使每个人都将效率提到最高点。低价格迫使每个人都挖掘利润,用这种倒逼的方法来关注生产和销售……"

致力于实现研究对象的价值创新，要求以最低的寿命周期成本可靠地实现必要功能，达到功能与成本的最佳比。

价值工程的实践意义在于重新定义了产品或服务的价值，即：产品或服务的价值(V)是功能(F)与成本(C)的比值，用公式表示为：

$$V=\frac{F}{C}$$

该公式中有三个核心概念：

(1)功能(function)，指某种产品或作业的效用，通常以顾客愿意为之支付的代价作为计量依据；

(2)成本(cost)，指产品或作业在整个生产过程或整个产品生命周期内的总成本，包括相关的研发成本、分摊的制造成本、税金，以及顾客使用过程中为之支付的各项费用；

(3)价值(value)，指功能与成本的比值。

实施价值工程，首先要通过集体智慧和有组织的活动对产品或服务进行功能分析，达到以最低的总成本，可靠地实现产品或服务的必要功能，提高产品或服务的价值。根据该公式，我们可以找到五种增加产品价值的路径：

(1)提升功能，降低成本；

(2)维持功能，降低成本；

(3)提升功能，维持成本；

(4)功能略有下降，成本大幅度降低；

(5)适度提高成本，大幅度提高功能①。

价值工程并不总是针对产品整体而言的，它同样可以应用于零部件、作业、功能，从作业链上寻求降低成本、改善功能的途径。价值工程诞生于美国的通用电气公司(GE)。二战期间，美国社会上原材料稀缺，GE 急需的石棉板价格昂贵且货源十分不稳定，迫使公司的采购工程师迈尔斯(L.D.Miles)着手研究材料的替代问题②。他从“为什么需要石棉板”这一问题切入，发现 GE 使用石棉板的目的是铺设在喷漆车间的地板上避免引起火灾。经多方探寻，迈尔斯从市场上找到一种可以替代石棉板起到防火作用的、便宜的、货源充足的防火纸，在实现必要功能的同时有效降低了成本。他进而发现企业购买产品、材料的目的并非为了取得材料本身，而只是为了获得材料的“功能”，因此他提出只要功能相同，那么不同产品之间实质上是可以实现互相替代的。经过反复实践，他自 1947 年起逐渐摸索出一套以功能分析为基础、提高使用价值为目的、用最少的成本开支实现最合适的产品功能的系统方法。后来，GE 的副总裁 H.A.温诺使用“价值工程”概念描述这一“在不降低产品功能的前提下降低成本而采用的技术”。20 世纪六七十年代，美国通用电气

---

① 如美国福特公司曾经针对一款汽车对经销商进行调查，结果发现顾客在购买汽车时并不关注汽车地毯的品质，而福特公司为该款汽车配备了昂贵的汽车地毯，这就属于“过分设计”，也就是说这个功能并非顾客关注的，因此他们不会为此付出很高的价格。福特公司针对该调查结果，替代以普通地毯，在不影响顾客价值的情况下有效节约了成本。

② 1947 年迈尔斯发表了《价值分析程序》。

公司在价值工程上投入了 80 万美元，随后的 17 年中，共节约成本 2 亿多美元，产生了极为显著的经济效益。

截至目前，价值工程已经在工程建设、生产发展、组织经营管理等领域得到广泛运用，价值工程也已经发展成为一门完善的管理技术，并在实践中形成了一套科学的实施程序。功能分析是实施程序的第一步，也就是以图表等形式开列产品功能清单，对产品或部件的每一主要功能、特性的效用和成本进行列示。通过这个步骤的工作，企业设计人员往往可以发现一些不必要的功能，或者寻找到执行同样功能的其他部件。在此过程中，设计小组人员通常会思考这样一系列问题：(1)是什么？(2)有什么功能？(3)成本多少？(4)价值多少？(5)有其他方法能实现这个功能吗？(6)新方案的成本是多少？功能如何？(7)新方案能满足要求吗？

企业同时采用分组技术辨别产品不同部件的相似性。因为如果一种部件可以适用于更多的产品，那么通过批量生产或批量采购就可以有效地降低成本。例如，本田汽车 CRV 越野车在诞生的时候就采用思域的轿车型底盘，这在增加坐乘舒适性的同时大幅度降低了制造成本。在实践中人们也发现，增加标准零部件的使用量也是降低产品成本的有效路径。印度塔塔汽车开发的 NANO 型小车是实践价值工程的一个典型案例。

[例 5-1]① 印度的塔塔汽车公司于 2008 年 1 月份推出了一款号称“全世界最便宜的汽车”——NANO。在能源价格高涨的时代，全球的汽车厂商都注意到了轻便、省油的小型车是行业的发展趋势。很多人原先以为像 NANO 这样的廉价汽车本该出现在中国，但这回印度的塔塔集团拔了头筹。

当中国汽车厂还在走仿制道路的时候，塔塔家族的继承人拉坦·塔塔已经将自主创新的精神贯彻到底。从 India、Indigo、Indigo Marina 再到 NANO，塔塔汽车始终坚持自主研发的理念。为了找到节约成本的所有方法，塔塔的工程师在整个设计过程中就充满了压缩成本的意识，他们思考以下问题，诸如：“为什么每个车轮都需要刹车片？安装三块刹车片是不是就够了？”“空调、收音机是不是可以省略？”……

“我们每天想的就是这款车还能节约多少成本？”NANO 的主设计师说。从一开始，NANO 的供应商就加入到车型的研发中。在设计阶段，发动机和气缸头铸造商 Rico 公司就提出了发动机尺寸的建议，这一建议最终使 NANO 得以搭载全球最小的两缸发动机。同时，作为塔塔零部件的主要供应商，德国的 Bosch 公司将 NANO 发动机控制模块的功能元件从 1 000 个削减到 300 个。NANO 的每一个零部件都来自塔塔主导的自主研发，这些颠覆性的设计思想无一不是目标成本导向设计的结晶。

塔塔汽车的首席执行官 Ravi Kant 说：“每天我们都邀请不同的人来检视 NANO，向他们咨询是不是可以再削减一点成本。”所有的努力最终造就了 NANO——一款售价仅为 2 500美元的“国民车”。同时，NANO 的百公里油耗只有 0.62 升，和摩托车的排量相当。

拉坦·塔塔说：“我们生产 NANO 的目的是使普通的印度百姓都拥有现代化的基本代步工具。”通过对产品、部件功能的重新定义，塔塔集团创造了世界汽车的新历史。《商业周刊》称 NANO“决定性地改变了小型轿车的价格标杆”。

---

① 本案例根据张文强的《中国为何造不出小车 NANO》，《看天下》2008 年第 15 期资料重新编写。

自迈尔斯以来，价值工程思想对美国军事工业和民用工业产生了重大的影响。1959年全美价值工程师协会(SAVE)成立。卡特总统在给该协会1979年年会的贺信中说道，“价值工程是工业和政府各部门降低成本、节约能源、改善服务和提高生产率的一种行之有效的分析方法”，对价值工程在美国制造业、国防工业等行业的应用给予了高度评价。1992年价值工程协会世界联盟(WFVS)成立，极大地推动了价值工程在全球范围内的应用。目前，日本、美国、德国等国家对价值工程的研究和实践代表了现阶段的国际先进水平。德国工程师协会统计表明，在产品设计更新过程中应用价值工程，一般可使成本降低20%～25%；在新产品设计阶段应用价值工程，可使成本下降40%左右。1984年中国国家经委将价值工程作为18种现代化管理方法之一向全国推广。

价值工程的推广和应用也在一定程度上影响了管理会计师在企业中的角色定位。传统企业中，管理会计师并不介入产品的开发过程，产品设计师和工程人员又往往倾向于不计成本地增加产品性能，而待到产品投入生产后，成本降低的潜力就相当有限了。在实施目标成本管理的企业中，虽然管理会计师更多地仍旧是扮演服务和支持的角色，但他们通过参与产品设计小组的活动，可以促使企业在产品设计及工序、工艺设计阶段就树立成本意识，并通过作业管理和价值工程的有机结合，运用特有的工具和方法揭示在产品设计中的不必要的或功能成本超过功能价值的性能和作业，与设计师和工程人员共同针对分析结果进行删除或修改，进行产品重新设计，进而有效地降低产品成本。如图5-1所示，目标成本法是一个反复的改进过程，最终符合要求的产品不但要适销对路，要满足企业的能力需求计划和物料需求计划，而且要符合经济有利的要求。

(三)工程再造

工程再造(reengineering)，即重组，是指对已完成设计或已存在的作业流程进行重新的规划、再设计，以实现降低成本的目的。该项工作有助于企业消除不增加价值的作业，提高增值作业的效率。

由此也可以看出，目标成本法和作业成本法之间并不是对立的，作业成本法的实施可以为目标成本法提供数据和支持。

二、邯钢经验[①]

推行于1990年代的邯钢经验，是在改革开放过程中出现的具有中国特色的成本管理模式，在全国，尤其是对国有企业加强成本管理产生了较大的影响。归纳而言，邯钢的经验就是“模拟市场核算，实行成本否决”。尽管在邯钢经验的形成过程中，邯郸钢铁集团公司并未刻意模仿国外的哪一种成本管理制度，但在不经意间，邯钢经验却与目标成本制度和“泰罗制”下的标准成本制度有很多相似之处(于增彪，2007)。

① 本部分内容重点参考孟焰：《管理会计应用于发展的典型案例研究——冶金行业企业应用管理会计的典型案例研究》，经济科学出版社，2002年版。

(一)邯钢经验的背景

中国1949年钢的年产量仅有15.8万吨。新中国成立之后,政府即给予钢铁工业政策扶持,1950—1983年国家在钢铁工业上的投资约占全国基本建设投资的8%,到1983年中国已具备年产4 000多万吨钢的综合生产能力,钢产量跃居世界第四。但在计划经济体制下,钢材价格由国家根据“成本加成”原则制定,企业经营没有危机感,即使个别企业出现亏损也会由财政拨款予以弥补。改革开放之后政策出现了转变,钢铁企业不但面临国内同行的竞争,而且面临国际竞争,尤其是苏联企业的竞争。20世纪80年代末,国家缩减建设规模,引起钢材市场需求量大幅度减少,价格下跌;1990年,国家定价的钢材仅占总产量的44%,钢铁企业效益滑坡,当年全行业税前利润从上一年度的101亿元下降为66.35亿元。

地处河北邯郸市的邯郸钢铁是1958年建设的老厂,下设30个厂、矿、单位,30个处室,拥有炼焦炉6座,年生产能力200万吨;烧结机3台,年生产能力600万吨;炼铁高炉7座,年生产能力400万吨~450万吨顶吹炼钢转炉6座,90吨电炉两座,年生产能力500万吨;轧钢机9套,年生产能力450万吨。主要产品包括薄板、中厚板、圆钢、螺纹钢、角钢、槽钢、线材等系列产品。相比宝钢等新成立的企业,邯钢存在设备老化、产品质量不高的特点,从1958年建厂到1998年,40年间有17年亏损,累计亏损1.72亿元,在20世纪末的行业周期中面临着更大的冲击。企业生产的28个品种产品有26个亏损,企业税前利润从1989年的7 100万元一下子滑落到90年代末的100万元,处于亏损的边缘。可以说,邯钢经验的出现是特殊时代背景、特殊行业和企业背景所促成的。

(二)邯钢成本管理经验的内容

在“利润=价格×销量-成本”的等式中,价格、销量和成本是影响企业利润水平的三个主要变量。对邯钢这类主要生产具有标准化、技术规范特点的产品的企业而言,价格是由市场控制的,单个企业很难决定价格变量,因此加强成本管理是这类企业脱离困境的根本途径。面对这一形势,邯郸钢铁的具体做法有二:一是以成本管理为中心,二是实行有效的激励制度。也就是通过“成本否决”直接把市场传递到企业内部,利用成本和分配两个杠杆直接把市场压力传递到每个员工的具体工作中。

邯郸钢铁集团的具体做法是:

1.改革企业内部价格体系,以市场价格取代国家调拨价。在企业内部建立一个与外部市场接轨的“模拟市场”:以市场价格为基础改革企业内部结算价格,实现内部计划价格向市场价格的接轨;将原先不是独立法人的二级单位视同独立法人,以内部银行为结算中心,独立核算、独立运作,中间半成品的转移、劳务的供应统统作为市场交易处理,进而变企业内部行政关系为市场关系。

2.以市场价格倒推目标成本,转变先前着眼于生产、与市场脱节的成本管理模式。在邯钢内部实行的目标成本法公式为:

$$\text{产品目标成本}=\begin{matrix}\text{市场可接受}\\\text{的产品价格}\end{matrix}-\begin{matrix}\text{该产品应承担}\\\text{的期间费用}\end{matrix}-\text{目标利润}$$

例如邯钢生产的Ø14 mm圆钢，不含税的市场单位售价为2 200元/吨，确定的单位产品应负担期间费用为238元/吨，目标利润为389元/吨。那么该产品的目标成本为：

产品目标成本＝2 200－238－389＝1 573元/吨

假定目前Ø14 mm圆钢的吨实际成本为1 627元，距离1 573元/吨的目标成本尚有54元/吨的差距。为了实现目标成本，企业首先从最后一道工序轧材厂挖潜，之后追溯向上游环节逐步挖潜直至实现目标成本。挖潜的方法主要是通过比对各道工序的各项技术经济指标，看起是否达到本企业历史最优水平、是否达到国内外同行业企业的先进水平，再结合本企业的现时情况制定具体的、合理的挖潜指标。

3.为了明确责任，按照组织层级分解成本指标。具体做法是：总厂根据经营总目标向分厂下达目标成本指标，分厂再将指标按照成本构成要素"纵向到底，横向到边"地细化、分解，一项一项落实到车间、工段、班组甚至是个人。通过成本信息的传递，实现市场价格信息的向内延伸，形成保证目标成本完成的责任网。

4.严格成本考核制度，实行成本否决，并按照目标成本的完成情况实施经济奖惩。通过建立科学合理的指标体系加上严格执行"不迁就、不照顾、不讲客观、不搞下不为例"的制度，严格按照制定的奖惩制度，以责任单位和个人承担的质量、产量、消耗、品种、成本费用、利润、安全等指标作为兑现奖惩的主要依据。而这些指标中只有成本指标有一票否决权，其他指标完成得再好，只要成本指标没完成，所有奖金一概否决，从而在企业内部形成成本挂帅的局面，促使全体员工高度重视成本，实现全员成本管理。

可以看到，在邯钢经验中，确定的目标成本与企业实际成本之间的差距就是全厂应挖掘的潜力。企业把形成的指标分解到班组，再落实到人，形成一个由十几万个具体指标组成的成本控制体系，以保障全厂利润目标的实现。指标体系中的每个指标都与厂内的某个部门或某个个人直接联系，形成一个严密的责任网。

钢铁行业属于典型的资本密集型行业，提高设备利用效率是企业降低成本的重要途径。和西方钢铁企业相比，中国钢铁企业的成本构成有两个特点：(1)原材料和其他外购品费用占成本比重高。美国钢铁企业中，原材料和其他外购品费用占最终产品成本比重为55%，而中国钢铁企业则高达73%；(2)设备折旧比重高。美国钢铁企业折旧费用占成本总额的5.5%，中国钢铁企业则占到7.5%。因此能否节能降耗成为降低成本管理的重点。节能降耗的途径无非革新工艺和抓指标考核。传统的成本管理往往只重视了后者，而将前者归为技术管理范畴，这实际上是对现有技术装备和生产流程的被动接受，是对现有生产过程中合理的和不合理的环节和部分都不加区分地予以承认和接受。邯郸钢铁集团的做法在一定程度上改变了这种情况，它们在抓指标考核的同时革新生产工艺和装备。例如，邯郸钢铁的管理层注意到提高连铸比可以有效地降低成本。从1991年起，他们就抓住连铸比不放，使连铸比从50%提高到100%，1995年3月率先成为全国年产百万吨钢以上的大型钢厂中第一个实现全连铸的企业，并为一次成材创造了条件。仅此一项措施就为企业节约成本2亿元(韩季瀛、杨继良，1998)。

邯钢经验是以成本管理为中心的管理制度和有效激励制度的结合。所谓"模拟市场核算"，一是指在确定目标成本的过程中产品价格和生产中耗用的各种资源均按市场预测价格确定，二是指按市场价格核算目标成本的完成情况。由于目标成本是以市场价格为基础测算的，具有客观性、权威性，减少了扯皮式的讨价还价；所谓“实行成本否决”就是在进行激励的时候，不论其他指标完成情况如何，不论主观原因还是客观原因，只要未完成成本指标就失去领取奖金的资格，甚至要惩罚。由于员工通过考核获得的奖金占到工资的40%，这样就树立了成本权威，成本成为影响、诱导、纠正员工行为的杠杆。

经过几年的努力，邯郸钢铁集团通过成本管理极大地调动了全体员工的积极性和创造性，在降低成本的同时又通过降低价格有效地扩大了市场份额，1990—1999年间，公司钢产量由110万吨增加到352万吨，销售收入由10.2亿元增加到81.2亿元，实现利税由2.1亿元增加到11.2亿元，税后利润由100万元增加到7.8亿元。其中，1994—1996年连续三年实现利税居全国冶金行业第三位，1997—1999年居第二位。公司总资产由22亿元增加到199亿元，净资产由5.8亿元增加到96亿元，效益水平和管理水平都上了一个台阶，走出了一条国有企业通过自我积累实现自我更新的道路。1996年1月国务院发出通知，在全国学习推广邯郸经验，并掀起全国企业学习邯钢的热潮。

(三)邯钢经验与目标成本

如前述，虽然邯钢在提出邯钢经验的过程中并未刻意地模仿某一种成本管理方法，但就其对模拟市场的引入过程看，邯钢经验和目标成本有着诸多的相似之处。有学者(如王寅东，1998)提出，邯钢创造的“模拟市场”和“成本否决”就是目标成本在中国的萌芽形态，其市场导向、成本倒推、全员参与、成本否决的基本模式与目标成本的实施程序基本相同，各个环节的指导思想也和目标成本的观念完全一致。

但细细比较，二者还是存在一定的差别，如：(1)目标成本的主要目的在于帮助企业开发、设计具有市场潜力的新产品，或对已有产品进行重新设计，使之更具市场竞争力。而邯钢经验与产品规划无关，其主要目的是在原有内部核算制度基础上增加成本控制和业绩评价的内容。在这点上，邯钢经验更接近于泰罗制的标准成本制度，主要用来提高生产效率。(2)邯钢经验具有典型的全员参与的特点，设计的成本控制指标体系涉及企业每个部门的每个人，而目标成本则主要依靠产品开发设计小组的参与。(3)邯钢经验尚未总结出一套完整的程序和方法体系，因此其可学习、可借鉴性较差。(4)在设定目标成本的过程中，经常遇到的情况是目标成本低于实际成本，但问题是如何消除这个差额？从邯钢经验来看，是通过挖潜来解决。但潜在何处？如何挖潜？邯钢经验没有提供特定的程序和方法。(5)邯钢经验重视成本价值流动，但是忽视了实物流动本身；重视了生产环节，对设计、开发、营销等环节关注不足，等等(于增彪，2007)。可见，邯钢经验实质上已经具有目标成本法的基本特点，具有一定的中国和时代特色。但我们同样可以看到，邯钢经验距离完善的目标成本管理尚有一定的距离，仍存在进一步深化的空间。

三、Kaizen 成本

管理学界曾将日本制造业的成功因素归结为三个因素：Kaizen 成本法、过程改进中的全员参与和精益生产，Kaizen 居首。所谓 Kaizen，是一个日本词汇，意指小的、连续的、渐进的改进；所谓Kaizen成本，也称改进成本，指通过对合理化建议的实施，达到提高工作效率、保证和提高质量、改善工作环境和降低成本的效果，并激发全体员工的积极性和创造性，推动企业长期、稳定地发展。换而言之，它侧重于强调在产品投产后对现有产品和作业流程的细节活动"持续不断的改进"，通过持续不断地发现问题和解决问题，积量变为质变，达到不断降低成本的目的。

Kaizen活动一般以班组为中心，以个人为主体，可以具体分为面向管理人员的Kaizen活动、面向员工的Kaizen活动和以个人为主体的Kaizen活动。多数的Kaizen活动都带有自觉自愿、非正式的特征。在Kaizen活动中，每当工作上升到一个新的水平时，就会形成新的、更高的工作标准。

丰田汽车[①]是实施Kaizen成本的典型企业，Kaizen方法已经成为丰田成本控制系统的重要组成部分，其中心思想是通过Kaizen活动的实施进而实现董事会制定的目标利润。丰田实施Kaizen的流程如图5-2所示：

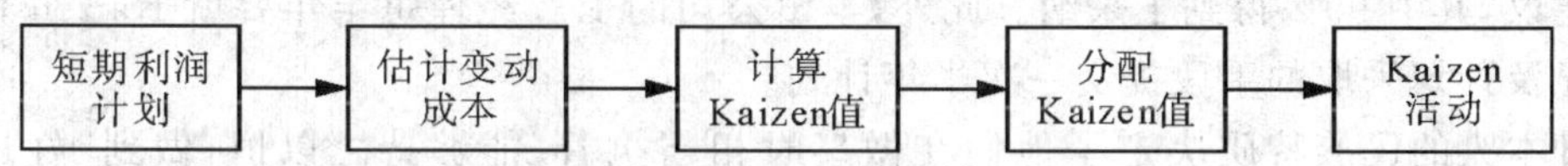

图5-2　丰田的Kaizen流程图

具体执行过程如下：

1.确定短期目标利润。每个会计年末，丰田公司董事会根据长期利润目标制定下一会计年度的短期利润计划和目标。该目标利润一般通过如下公式确定：

目标利润＝预计销售收入×预定销售利润率

其中，预计销售收入由销售委员会基于市场环境预估，预定销售利润率根据对未来3～5年的期望利润率，结合近几年的实际利润率综合估算。

2.估算变动成本。丰田公司认为，就中短期而言，大部分固定成本属于不可控成本，降低空间非常有限；此外，还有一些关乎企业长期竞争优势的成本也归入不可控成本。因此仅能估计下一年度材料、外协件、变动性成本、变动性人工成本、变动性费用等变动成本，同时估计可能的成本变化。

3.计算Kaizen值。计算公式如下：

$$K=P-[S-(F+V)]$$

其中：K＝Kaizen值

P＝短期目标利润

S＝目标销售收入

F＝固定成本

V＝变动成本

---

① 本案例重点参考汪方军、万威武：《丰田的kaizen预算及对成本控制的启示》，《商业研究》2004年第15期。

由于 Kaizen 意味着估算利润低于目标利润，因此 $K>0$。为了实现目标利润，丰田公司的策略是$\frac{K}{2}$通过增加销售收入实现，另外$\frac{K}{2}$通过降低成本实现。也即：

$$P=(S+\frac{K}{2})-[(F+V)-\frac{K}{2}]$$

4.分配 Kaizen 值。由于丰田公司强调通过控制变动成本实现目标，因此生产部门的 Kaizen 值 K_p 近似等于$\frac{K}{2}$，但可以根据实际情况进行调整。公司生产委员会负责收集当前的成本信息并将 K_p 分配到各个过程，各工厂的各个流程分配的 Kaizen 值合计后就得到该工厂的 Kaizen 目标。

5.实施 Kaizen 活动。在 Kaizen 值确定后，各工厂及员工集体行动，在日常工作中寻找各种有助于 Kaizen 目标实现的方法。以 1999 年为例，丰田员工在该年度提出了约 63 万项建议，其中 99%得到了采纳。此外，丰田公司的工厂经理每半年要就 Kaizen 目标执行情况及计划采取的手段提交一次半年计划。

日本人的民族特质决定了他们在做事时相当执着，能够持之以恒，做到“好还要更好”。Kaizen 成本法就是 Kaizen 文化在成本管理上的具体表现。日本管理顾问金井正明在其所著的《现场改善——低成本管理方法》①一书中就认为，持续改进的经营思想是日本模式管理的基础，也是日本企业竞争优势的根源。他将过度生产、库存、返工/次品、动作、加工、等待、运输等都视为浪费。Kaizen 成本法从表面上看好像是小打小闹，但它要求企业的每一位管理者和生产员工在企业经营的每个环节都要杜绝浪费，要以相对较少的费用来持续不断地改进工作。长此以往，集腋成裘，一点一滴的小改进最终带来的是巨大的回报。而且，Kaizen 同时是一种低风险的持续改进，因为在改进的过程中，一旦发现有不妥之处，企业随时可以恢复到原来的工作方式，而不需要付出高昂的成本。

在企业生产经营过程中，Kaizen 成本法和目标成本法虽然适用的具体环节不尽相同，但基本动机都是一样的，都是为了尽可能地降低成本。企业的目标成本一经确定，即成为企业生产和营销的成本控制目标；而在生产和营销环节，企业还可以通过 Kaizen 成本法，促使管理者和一线员工坚持不懈地采取渐进式的改进措施，最终实现或超过目标成本。Kaizen 成本法的革命性意义更在于它指明企业在任何时候都存在降低成本的空间。企业向一线员工持续提供详细的成本资料，通过诸如激励员工、具体规订单位时间(产量)的成本与质量等做法，使他们坚持不懈地采取渐进式的改进措施，一线员工的全体参与和持续改善的努力是企业降低成本的最直接和有效的源泉，而这种全员性、全过程的参与反过来又推动了重视成本控制的企业文化的形成。

大野耐一认为丰田汽车生产方式的成功在一定程度上归功于 Kaizen 成本法。20 世纪中叶，丰田喜一郎在对比了美日汽车工业生产力之后，意识到丰田汽车在生产过程中一定存在着巨大的浪费，而只要杜绝浪费，“生产率就可能提高 10 倍”，就会彻底改变日本汽车在国际市场上的竞争力。因此，他在以客户为导向、以需求为王的前提下，提出以“及时化”和

---

① 金井正明：《现场改善——低成本管理方法》，机械工业出版社，2004 年版。

“自动化”为支柱的“彻底杜绝浪费”的基本思想。① 通过对无效劳动和浪费现象的分析、揭示和逐一消除，丰田汽车在降低成本的同时有效地提高了效率。时至今日，融合了全面质量管理(TQC)、适时生产体制(JIT)等管理思想的 Kaizen 成本管理已经成为丰田的企业哲学。

第二节　约束理论

约束理论(theory of constraint，TOC)是在以色列物理学家、企业管理顾问戈德拉特博士(Goldratt)和科克斯(Cox)1984 年提出的优化生产技术(optimized production technology，OPT)的基础上发展起来的管理思想。该理论认为，对于任何一个多阶段的系统，如果某一阶段的产出取决于前面的某一个或某几个阶段的产出的话，那么整个系统的产出水平实际上取决于产出率最低的那个环节。也就是说，一个链条的强度是由它最薄弱的环节所决定的。在企业的经营过程中，任何一个阻碍了增加有效产出或减少成本费用的环节，就是一个“约束”，或者说是企业经营的一个“瓶颈”或“短板”，该约束条件的存在就制约着企业取得更好的业绩。因此，要提高企业业绩，就应该从该薄弱环节入手，才最有可能取得事半功倍的效果。

企业经营的约束条件是多方面的，既包括来自企业外部的约束，也包括来自企业内部的约束，主要可以分为三大类：资源(resources)、市场(markets)和法规(policies)。例如，1993 年国务院下达保护野生动物、禁止虎骨贸易的通知。河南羚锐制药公司有一种以虎骨为主要原材料的主导产品因此被禁止生产、销售，原材料被封存，产品被退货，造成直接经济损失近 400 万元，超过当时企业总产值的一半。② 对羚锐制药公司而言，国务院下达的保护野生动物的法规就是一个实实在在的约束。如果企业的约束条件在于企业外部(如市场的容量)，那么该约束条件由外部(客户)定义；而如果约束条件在于企业内部，那么企业可以采取一系列的措施来改进薄弱环节。对大部分企业而言，市场、物料和能力是主要的约束条件。在实践中，多数企业会根据市场的约束制定生产规划，并结合能力约束和物料约束进行修订，再据以生成主生产计划(MPS)指导企业的生产经营流程。

与致力于降低成本、消除浪费的其他管理方法不同，约束理论强调通过增加产销量的途径来提升企业业绩。它要求企业思考以下问题，即：改进什么(what to change)？改成什么样(what to change to)？如何改进(how to change)？通过分析来发现约束、消除约束，以瓶颈工序作为能力管理和现场作业管理的重点，有效提高瓶颈工序的利用率，从而实现最大的有效产出进而达到系统改善的目标。

作为一种发展完善的管理方法，约束理论有一套持续改善的程序，称为五大核心步

---

① 所谓“及时化”，是指在装配汽车的流水作业过程中，所需要的零件在需要的时刻，以需要的数量，不多不少地送到生产线。这样，就可以解决“库存”的压力。所谓“自动化”，是指“带自动停车装置的机器”，员工只是在机器发生异常情况、停止运转的时候去处理就可以了，而在生产正常进行的时候，不需要员工的介入。所以，一个人可以管理好几台机器；随着人员的逐渐减少，生产效率得到飞跃式的提高。

② 熊维政：《羚锐的发展与中药现代化》，《光明日报》2003 年 11 月 26 日。

骤。这五大核心步骤是:

(1)找出企业经营中存在的约束条件;

(2)寻找突破这些约束条件的办法;

(3)使企业的活动以实现约束条件的突破为重心;

(4)实施第二步中提出的改进措施,使之不再成为企业的约束;

(5)回到第一步,持续不断地改善。

以下以简例来说明约束理论在企业经营中的应用。

[例 5-2] 新新食品厂是一家专业生产膨化食品的企业,产品通过便利店、超市和其他零售商销售给消费者。由于零售商同时销售各种不同类型的产品,不同产品在货架空间上的竞争十分激烈。为了充分利用有限的货架空间,零售商总是倾向于多摆放那些体积小、单价高、单位毛利率高的商品。不幸的是,新新食品厂的主导产品,如薯片、虾条等,不但体积大而且单价低,因此长久以来一直得不到零售商的重视。

经过对部分超级市场和零售商店为期一周的现场调研,市场销售人员发现,由于新新食品厂做了大量的广告和促销活动,而且世界杯足球赛开幕在即,消费者对这类食品的需求量很高,甚至频频出现断货的现象。如果零售商愿意腾出更多的货架空间来摆放新新食品厂的产品,那么它们的销售量和周转率都会大幅提高,甚至会大大超过那些表面上看来利润率较高的商品。问题是,如何说服这些零售商呢?根据意大利经济学家柏拉图的观点,对一个系统产生重大影响的往往只是少数的几个约束,但每个系统至少有一个约束。对例中的零售商而言,经营过程中的主要约束条件就是货架空间。在货架空间既定的情况下如何提高单位货架空间的盈利能力就是这类企业改善工作的重点。销售人员在现场过程中收集大量数据,并做分析如表 5-1 所示:

表 5-1 销售人员的分析

第一阶段:初步分析		
	对照产品	新新食品厂产品
单位产品净销售收入	10 元	5 元
单位产品采购成本	7 元	4 元
单位产品收益(率)	3 元(30%)	1 元(20%)
单位产品占用货架空间	10 cm^2	20 cm^2
单位制约因素收益率	0.3 元/cm^2	0.05 元/cm^2
第二阶段:将收集到的其他相关数据加入比对分析		
单位产品直接营销费用	1 元	0.2 元
修正后单位产品收益	2 元	0.8 元
产品占用货架空间总和	1 000 cm^2	2 000 cm^2
每周销售量	300 件	2 000 件
修正后的单位制约因素每周收益	$\frac{2\times300}{1\,000}=0.6$ 元	$\frac{0.8\times2\,000}{2\,000}=0.8$ 元

在初步分析过程中,新新食品厂的产品因为单位毛益率较低、占用货架空间较大的缘

故，显示出较差的盈利性；但结合收集到的其他数据进一步分析后显示，因为新新食品厂做了大量配套的广告宣传，产品具有较高的知名度，再加上世界杯在即，商家的营销成本较低，产品的周转速度远高于其他商品，因此修正后的单位货架空间每周收益反而要高于对照商品。通过这样的比对分析，就可以帮助零售商认识到在特定时间内分配给新新食品厂产品的货架空间实际上产生了更多的盈利，也就可以较好地说服他们向新新食品厂提供更多的货架空间。

该案例有以下几个特点：(1)引进了对约束条件的分析，创建了有别于传统的分析框架。(2)从顾客角度出发，结合竞争性产品进行分析，突破了传统管理会计以企业自身为分析主体、以企业内部信息为分析基础的分析模式。分销商是企业的直接客户，对他们而言，产品的吸引力具体表现为经销该商品所能带来的盈利。分析的数据直接来源于顾客，真正反映了产品竞争力的本质——产品受顾客欢迎的程度。(3)虽然是站在分销商角度进行分析，但是分析结果可以为企业改善产品和服务提供有用信息。例如，新新食品厂可以根据对分销商制约因素的分析，重新设计产品包装，力使产品在产品含量不变的情况下减少表面积，这样就可以减少产品对货架平面的占用，提高每单位货架面积的收益水平；或者提高配送的及时性，以此减少分销商的存储费用或缺货可能。

第三节　生命周期成本

一、生命周期成本

(一)生命周期成本概念

如前述，所谓的产品生命周期有销售生命周期和成本生命周期两种不同的界定，本处所指为后者。而对于生命周期成本(life cycle cost，LCC)亦有狭义和广义两种认识。其中，所谓狭义的生命周期成本是指在企业内部及关联方发生的由生产者负担的成本，具体包括产品研发、设计、制造、营销和物流等过程的成本；而广义的生命周期成本，则还包括消费者购入产品后发生的使用成本和废弃处置成本。作为一种成本管理手段，生命周期成本法要求在产品的设计阶段对包括规划、设计、制造、营销、物流、用户使用直到报废在内的全生命周期的所有开支进行估计、匡算和管理。

结合迈克尔·波特的价值链概念，我们可以理解生命周期成本法的管理对象是产品生产—使用—报废全生命周期内发生的全部成本，或者通俗地说，生命周期成本涵盖了生产前、生产中、生产后三个阶段。实践中通常将产品的生命周期成本进一步细分为生产者成本、消费者成本和社会责任成本三部分，具体如图 5-3 所示：

1.生产者成本

生产者成本包括企业在规划、设计、制造和营销环节上发生的所有成本，具体又包括：(1)研究开发成本，指企业在研究开发新产品、新技术、新工艺过程中所发生的产品设计

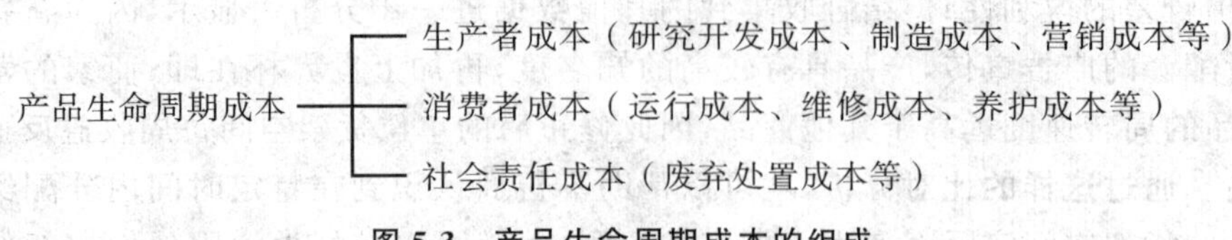

图 5-3　产品生命周期成本的组成

费、工艺规程制定费、材料人工耗用和半成品试验费等；(2)制造成本，指在产品制造过程中发生的料、工、费等成本；(3)营销成本，指为推销产品和提高顾客满意度而发生的成本。在企业对外披露的财务报告中，研究开发成本和营销成本通常作为期间费用处理，并不列入存货成本核算，但是管理过程中仍需将这部分支出单独归集，以便实施管理。

2.消费者成本

随着销售行为的完成，产品由生产者交付给消费者，此后在使用、养护环节上发生的成本转由消费者承担。消费者成本即考察产品进入使用环节后发生的各项成本，具体又包括顾客在使用产品过程中发生的运行成本、维护成本和养护成本等。

将消费者成本纳入企业的成本管理范畴，反映了成本管理对外部市场环境从卖方市场向买方市场转变的主动适应。在以卖方市场为主要特征的传统市场环境下，生产者并不需要考虑消费者成本；但随着市场经济的发展，买方逐渐掌握了交易的主导权。为了争夺客户资源，原先被忽略的消费者成本不得不被纳入生产企业的成本管理视野，如何在生产者成本和消费者成本之间寻求合理的权衡，已经成为企业产品开发和制定竞争战略中不可或缺的考量因素。

3.社会责任成本

社会责任成本主要着眼于产品寿命终了阶段的成本。在某些情况下，企业还需要考虑产品报废时的废弃处置成本，如，德国要求在其境内销售矿泉水的公司须负责回收矿泉水瓶，这实际上把处置产品和部件的成本转移到生产商身上，扩大了成本管理的主体范围和会计核算期间。

可见，生命周期成本法综合考虑了产品生产前、中、后的全周期成本，极大地扩展了成本管理的时间和空间，为企业管理者提供了一个审视成本管理的长期视角，提供了对产品成本、产品盈利性更全面的分析工具。

(二)生命周期成本的意义

20 世纪 60 年代初期，美国国防部开始在国防物资采购中进行有关生命周期成本的研究并尝试制定具体实施办法。国防项目开支金额巨大，且多涉及研制、生产和维修保障三项费用。有统计数据表明，三项费用比大致为 1∶3∶6。① 虽然研发阶段的实际开支只

① 1962 年美国国防部部长报告中称，1961 年美国国防预算至少有 25％花在维修费上。Gutpa Y. P.1983 年文献称一个典型的武器系统中运行和维护成本占总成本的 75％。美国国防部将生命周期成本定义为，政府为了设置和获得系统以及系统寿命所消耗的总费用，其中包括开发、设置、使用、后勤支援和报废等费用。

占全部成本的7%左右,但却决定了绝大部分的制造和使用成本。美国国防部因此认识到项目早期设计在成本管理中的重要意义,于是在1966年6月开始研究生命周期成本,并从1970年开始要求厂商在研制阶段进行有效的设计,签订供货合同时既要求厂商按照特定的规格和标准组织设计和生产,又要求所设计和生产的产品应实现生命周期成本最低化。

20世纪70年代开始,生命周期成本法的理论趋于成熟,应用领域也由军事工业扩展到民用工业,并逐步和价值工程、成本企划等先进管理思想相结合,在全球推广开来。Hans-Jurgen Bruck教授对产品生命周期中产品开发、测试、试生产、批量生产和售后服务五个阶段的成本进行了统计分析,结果如图5-4所示。

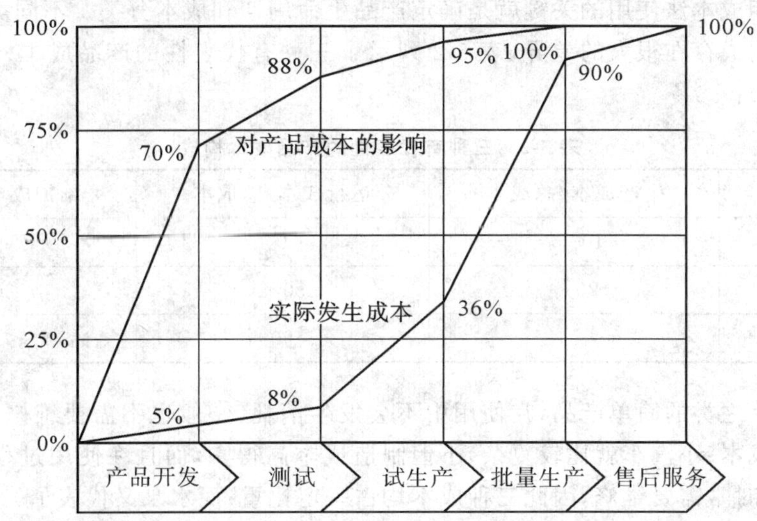

图5-4 产品生命周期各阶段实际发生成本及其对产品成本的影响(郭春明,2008)

可见,虽然产品开发成本仅占产品生命周期总成本的5%左右,但只要产品开发方案一确定,大约70%的产品成本也就随之确定了;其后各个阶段对产品成本的影响力逐步减弱。可见,成本管理的重心应该向前转移,从传统的强调制造环节成本控制转向设计开发阶段的成本规划。

就目前来看,生命周期成本法主要应用在企业定价决策、新产品开发决策、业绩评价等领域。对于前期投入巨大(如好莱坞式的大片投资),或后期处置费用巨大(核动力装置的报废处置)的产品或项目而言,生命周期成本计算意义尤其重大。

总的来说,进行寿命周期成本计算有如下几方面的意义:

(1)有利于实现对产品(项目)利润的合理预期,完善企业投资决策。由于产品(项目)成本的发生是不均匀的,利润主要集中在生产阶段,如果该阶段累积的利润不足以补偿前期投入或后期处置费用,则项目的可行性就应该被质疑。

(2)有利于企业更好地进行成本控制。传统的成本管理将重点放在生产成本和费用的节约上,但是80%~90%的成本开支是在研究设计阶段就已经确定的,生命周期成本计算要求实现产品全生命周期的成本最低化,扩大了成本管理的范畴。

(3)有利于企业树立新的成本管理思维。生命周期成本突破了从生产者角度看成本的狭隘视野，要求企业从社会的角度来看待成本控制问题。基于生产者成本和使用者成本之间的消长关系，很多情况下，在企业多花一点成本可以为使用者、社会带来很大的节约，比如节能冰箱、节水型马桶等就是很好的案例。

二、生命周期成本管理

(一)生命周期成本管理

生命周期成本法使用的关键就是确定产品生命周期和成本分类。不同类型产品的生命周期成本构成存在很大的差异，表 5-2 列示了三种有代表性的产品成本构成(陈晓川、方明伦，2002)：

表 5-2　三种有代表性的产品成本构成

产品	生产成本/总成本	运行成本/总成本	维护成本/总成本
扳手	100%	0	0
小汽车	20%	50%	30%
水泵	<5%	>90%	<5%

诸如扳手之类的简单产品，在使用中不会发生消耗，一般也不需要维修，生产成本就是产品的总成本；小汽车就比较复杂，不但制造成本高得多，而且在使用过程中还需要消耗燃料，并且时常需要维修，因此三种成本均占一定比重；而水泵又代表了另一种典型，水泵产品结构简单，但需要经常维修，运行成本往往占到生命周期成本的 90%以上。因此，虽然多级泵的价格比单级泵要贵不少，但是工作效率要略高 3%，如果使用频度高，那么在长达十余年的使用寿命期间节约的运行成本就可能会超过价差。

图 5-5 表明了产品价值链上下游之间的关系(爱德华・布洛克等，2005)：

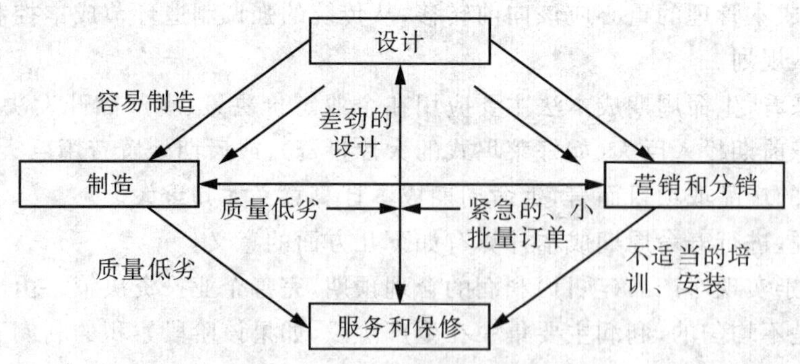

图 5-5　价值链上下游的链接关系

图 5-5 表明上下游的成本关系可以通过改善与供应商和分销商的关系等诸多手段来管理，但最关键的方法是改进产品的设计和研发过程。设计阶段考虑的关键成功因素包

括（爱德华·布洛克等，2005）：

(1)缩短产品上市时间：现代竞争环境下，产品的销售生命周期显著缩短，加快产品开发速度和提高交货速度是取得竞争优势的关键。

(2)减少预期服务成本：通过精细、简便的设计，通过使用可替代元器件，可以大大降低预期的服务成本。

(3)简化制造过程：为了降低生产成本、缩短制造周期，产品的设计须易于生产。

(4)流程规划和设计：设计的制造流程应富于弹性，允许设备的快速切换和产品转换，并利用柔性生产理念、计算机制造一体化、计算机辅助设计和同步工程设计。

(二)生命周期成本法策略

目前生命周期成本法的应用主要集中在生命周期成本估算、产品设计和设备管理等几个主要环节。其中，生命周期成本估算主要是指在产品概念设计、详细设计阶段对产品的生命周期成本进行预估和匡算。

1.生命周期成本法在产品设计中的应用

产品的开发、设计阶段是生命周期成本概念的最佳导入期，可以帮助促使设计者考虑产品的经济性。目前，生命周期成本法在产品开发设计阶段的应用主要有价值工程、按费用设计和面向成本的设计三种工具。

价值工程与设计方法学相结合，要求企业在实现产品必要功能的前提下，在产品设计过程中寻求制造成本与运行成本的平衡：产品功能越完善，其制造成本越高，运行成本越低；产品功能完善程度越差，其制造成本越低，运行成本越高。虽然价值工程是降低成本的利器，但往往只能在产品设计完成之后，甚至是制造出来之后，才可能进行产品设计的功能价值比分析，才能确定在既定成本标准内生产某一产品的最佳方案，因此，价值工程多用于第二轮的产品改进。

按费用设计，是指按照既定的费用标准进行设计，它实际上为产品设计者提供了目标成本，要求在工程系统的设计研制中将成本放到与技术、性能和工程进度同等重要的位置上进行综合考虑。

面向成本的设计最初出现于20世纪90年代初期，是指在满足用户需求的前提下，尽可能地降低成本，通过分析和研究产品生命周期各阶段的成本组成情况，对可能降低产品生命周期成本的因素进行修改和重新设计，以达到降低成本的目的。设计团队以生命周期成本为参数，在并行设计中对产品设计结果不断做出评价。

2.生命周期成本法在设备管理中的应用

随着企业生产设备密集度的提高，企业经营所需的设备不但购置价格高昂，而且维护和使用费用也是一笔不小的开支。生命周期成本法要求以全过程成本最小化为目标，进行设备的购置与使用。西方企业在此领域各有一些经验，例如美国企业率先提出了预防性维修概念，英国企业提出设备综合工程学。日本在20世纪50年代先后引进美国式的预防性维护、生产维护、维护预防、可靠性工程和可维修性过程等管理技术，并结合本国实际情况提出全员维护概念，通过全员参与，使设备实现效能最大化、设备寿命周期成本最经济和综合效益最高（陈晓川、方明伦，2002）。

3.利用生命周期成本法进行产品成本和盈利性分析

即使就狭义的生命周期成本概念而言,生产者的生命周期成本通常也包括:(1)上游成本,如研发费用、设计费用等;(2)生产成本,包括外购成本、直接生产成本、间接生产成本等;(3)下游成本,包括营销和分销成本、服务和维修费用等。对于制药行业、汽车制造业、软件行业、零售业等上游成本和下游成本很高的行业而言,传统上局限于关注生产环节的成本管理模式就可能使企业管理的焦点出现偏差。

以下以一个软件企业的简例进行说明。

[例 5-3] 假设桃李软件公司为企业提供会计电算化软件,其主要产品包括两种:(1)通用软件 TL-1 和(2)个性化定制软件 TL-2。起初,桃李软件公司采用常规的会计核算方法分析其产品盈利性,结果如表 5-3 所示:

表 5-3 采用常规的会计核算方法分析的结果

单位:元

	TL-1	TL-2	合计
销售额	1 500 000	2 500 000	4 000 000
减:销售成本	250 000	300 000	550 000
销售毛利	1 250 000	2 200 000	3 450 000
减:研发费用			1 500 000
售后服务费用			1 200 000
税前利润			750 000

初始的分析显示两种产品都有盈利,其中:TL-1 的毛利率为 83.33%(=1 250 000/1 500 000),TL-2 的毛利率为 88.00%(=2 200 000/2 500 000),TL-2 显示了更高的毛利率。但这种分析是不完全的,因为占公司大部分成本的研发费用和售后服务费用没有纳入产品成本分析过程。由于桃李软件公司采取项目组的工作形式,TL-1 和 TL-2 分别由两个项目组承担,因此研发费用和售后服务费用的分摊相对简单,也可以分别直接追溯到两种产品系列中。

桃李软件运用生命周期成本法对两种产品的成本进行了分析,结果如表 5-4 所示:

表 5-4 采用生命周期成本法分析的结果

单位:元

	TL-1	TL-2	合计
销售额	1 500 000	2 500 000	4 000 000
减:销售成本	250 000	300 000	550 000
销售毛利	1 250 000	2 200 000	3 450 000
减:研发费用	600 000	900 000	1 500 000
售后服务费用	250 000	950 000	1 200 000
税前利润	400 000	350 000	750 000

通过表5-4的分析可以清楚看到，TL-1盈利性远强于TL-2，因为有多得多的研发成本和售后服务费用是TL-2发生的。这样的分析为管理层提供了较为合理的经营决策数据基础，并可以运用这种贯穿于生命周期的成本分析寻找降低成本的机会。

三、生命周期成本法应用案例——捷豹XK[①]

捷豹汽车XK系汽车从开发、设计到回收都考虑了生命周期成本。

自汽车出现以来，钢制结构一直是汽车工业的主流。但是钢铁重量大、易腐蚀的特点促使设计师们一直没有放弃寻找新型替代材料的努力。捷豹XK最具革命性的技术集中体现在其全新的铝质车身上，这一创新极大地节约了使用者的成本和回收成本。采用传统钢制结构生产一辆普通中型汽车需要消耗725公斤的钢和铸铁，另外还需要350公斤的冲压钢板。而铝质车身则可以在大幅度减少车身自重的同时拥有更好的抗腐蚀性能。更关键的是采用铝质车身后可以节约大量的燃油消耗，既有效降低了使用者的使用成本，又顺应了整个社会日益发展的环保节能趋势。

钢铁生产厂商Arcelor-Mittal、Robert Bosch GmbH与咨询公司Arthur D. Little的分析结果显示：仅仅减轻车身重量就能节省约5%的燃油，可以有效地减少百公里油耗。而以现有的省油技术来看，包括可变气门与进气歧管、涡轮增压和汽缸间歇功能等，是绝对无法达到5%的节油效果的。

近年来，欧盟更改了汽车废气中的二氧化碳含量标准(每公里130克)，这些都迫使设计师们更多地思考如何制造出更轻的汽车。捷豹XK系车将铝合金技术与轻量化技术发挥到了极致，不但车身零件总数从5 189个减少到2 761个，而且车身刚性一举提高了48%。对比老款车型，全新XK系车的功率输出虽然仅仅增加60hp，但是全铝质车身使之实现了更好的重量/功率比，既有效减轻了刹车系统的负荷，又提高了发动机效能，再加上悬吊系统的改良，换来了更加灵巧的操控与驾驭感受。

虽然Arcelor-Mittal认为，目前来看，采用高张力钢板来减轻车身重量是比较经济的选择，但是铝合金生产厂商却提出另一种观点："如果想要降低二氧化碳的排放量，并且综合考虑汽车的生命周期和资源回收性(铝的回收比例高于钢铁)，铝显然优于钢！"捷豹XK系车明显验证了这一点。

思考题：

1.目标成本法和传统的成本管理方法有何不同？其创新意义何在？

2.邯钢经验的主体内容是什么？邯钢经验就是采用目标成本法吗？

3.企业实施Kaizen成本法有何意义？

4.理解约束理论，对加强企业成本管理有何意义？

5.生命周期成本法和传统的成本管理方法有何不同？实施生命周期成本法有何意义？

---

① 于丹：《超越梦想关爱人类》，《大众汽车》1999年第8期，转引自陈晓川、方明伦(2002)；《无声的战争——汽车材料选择之铝合金和钢》，http://news.feelcars.com/20070524/c200020300_1.shtml。

第六章 成本性态分析

本章学习目标

1.理解成本性态的概念

2.理解成本动因与成本性态之间的联系

3.描述固定成本、变动成本、半变动成本的成本性态特征

4.分析将固定成本区分为约束性固定成本和酌量性固定成本的管理意义

5.以制造业企业为例,说明技术性变动成本和酌量性变动成本的差异

6.掌握半变动成本的分解方法,阐明不同分解方法的适用性

从本质上看,成本是一种价值牺牲。在现实生活工作中,我们经常会发现随着业务活动量的变化,企业的成本发生额也随之变化,如何更好地理解成本与作业量二者之间的关系,即成本性态问题,对企业经营决策有着重要的意义。本章在对作业成本性态概念进行分析的基础上,对固定成本、变动成本和混合成本的成本特性做了具体的分析和介绍,以期在成本发生额和作业量之间建立线性联系。

第一节 成本性态分析

所谓成本性态(cost behavior),指的是成本发生额与业务活动量之间的依存关系。进行成本的性态分析就是要考察成本发生额与业务活动量之间规律性的联系。以成本性态为标准，我们通常将成本区分为固定成本、变动成本和半变动成本三类。

一、成本动因与成本性态

在作业成本计算和作业管理观出现之前，成本性态分析着重讨论的是成本发生额与产量之间的关系。但是随着作业概念的产生，对企业的分析愈加深入，产生了新的企业观：我们把企业看作是为最终满足顾客需要而设计的一个由此及彼、由内至外的作业链。作业链中每一项作业的完成都需要消耗一定的资源，而完成的作业又可以形成一定的结果或产品，也就是说每一项作业都需要有作业投入而又会形成一定的作业产出。在这种情况下，对成本性态的分析就不再局限于先前狭隘的范畴，而扩大到分析成本发生额与各种作业之间的数量关系。

作业概念给成本性态分析带来的突破体现在成本动因概念的导入。如前述，所谓成本动因指的是导致成本发生的业务活动或事件的特性，它反映作业投入和作业产出间的联系。在大多数的企业中，不同的成本对象对应不同的成本动因。例如，检验的批次是质量检验作业产出的一种可能的计量尺度，也就是说质量检验作业投入资源的多少与检验的批次之间存在一定的数量关系，而成本性态考察的就是检验作业的成本投入如何因检验作业产出的变化而变化。有关成本动因的详细分类及其在成本计算中的运用可回顾本书第四章“作业成本计算和作业管理”的相关介绍。

在现代成本管理体制中，应仔细地进行成本分类并为每一类成本辨认合适的成本动因，成本与成本动因间的相关性越高，对成本性态的理解就越准确。在成本性态分析过程中，传统成本计算法单一地依据成本与产量之间的性态关系，将成本区分为固定成本和变动成本；而作业成本计算法则试图以成本动因来解释成本性态，它根据成本与成本动因的关系，将成本重新分类为短期变动成本、长期变动成本与固定成本三类。其中，短期变动成本在短期内随产品产量的变动而变动，故仍以数量指标如直接人工小时、直接人工成本、机器工时、材料耗用量等为基础来归集；长期变动成本则常随作业的变动而变动，变动的时间通常较长，故以作业基础如检验小时、订购次数、整备次数等作为成本动因来归属。

以下分别就固定成本、变动成本和半变动成本的特点做出分析。

二、固定成本

（一）固定成本的概念

所谓的固定成本，指的是那些在特定的相关范围内成本发生额不受业务活动量水平（成本动因）的变动而变动的成本项目。也就是说，作业的产出量在一定的范围内变动，固定成本的总额仍能保持不变；但是从单位作业投入的角度看，就正好相反，随着作业产出的增加，单位作业分摊的固定成本的份额会相应减少。

［例 6-1］ 银城矿泉水厂每进行一次装箱作业就整装出一箱矿泉水，因此可以以箱

装量来计量该作业的产出(成本动因)。由于该矿泉水厂实现了全自动化生产,因此装箱作业只需要两种投入,就是装箱机和纸箱。为了节约现金支付成本,该企业采用经营租赁方式对外租赁装箱机,每台装箱机每年可装 10 万箱,年租赁费用 20 万元。当装箱数在 0～10 万箱之内变动时,相关成本的影响如表 6-1 所示:

表 6-1

设备租金(元)	产量(箱)	单位成本(元/箱)
200 000	0	N/A
200 000	30 000	6.67
200 000	50 000	4.00
200 000	70 000	2.86
200 000	100 000	2.00

可见,当银城矿泉水厂的年产量在 0～10 万箱之间的范围内变动时,装箱作业的固定成本稳定在 200 000 元的水平上,并不随装箱量的变动而变动。但每箱单位装箱成本随产量增减而变化:年产量为 3 万箱时单位产品分摊的装箱成本为 6.67 元,而当产量上升到 10 万箱时单位装箱成本就减少为 2.00 元。我们可以以图形的形式直观地反映固定成本与产出之间的这种线性关系,如图 6-1、图 6-2 所示:

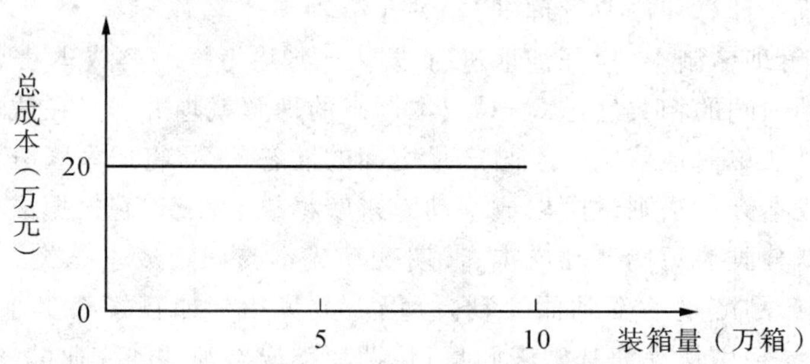

图 6-1 固定成本总额与产量之间的关系

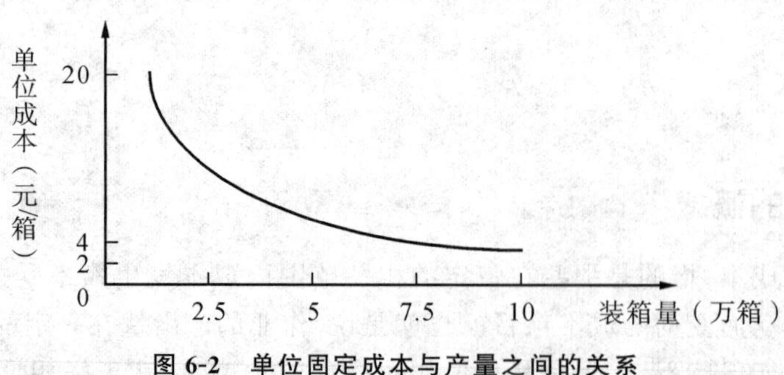

图 6-2 单位固定成本与产量之间的关系

本例中,0～10 万箱的业务量区间就是所谓的“相关范围”,也就是说,当作业量处在

"相关范围"内时，不论具体的作业量是多少，发生的总成本维持一个固定金额，而当业务量超出"相关范围"时，对应的固定成本也就不再是"固定"的了。譬如假设银城矿泉水厂今年实际生产矿泉水超出 10 万箱，达到了 12 万箱，那么，租用一台装箱机就不能满足生产需要了，必须多租用一台设备。图 6-3 显示了固定成本发生额与相关范围的关系：

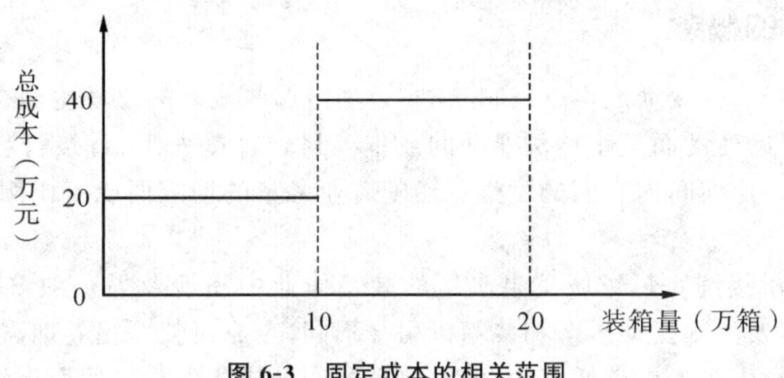

图 6-3 固定成本的相关范围

相关范围的存在，意味着不能以绝对化的观点来看待固定成本与作业量之间的依存关系，所谓的"固定"是有条件的。

(二)固定成本的分类

为了提高决策的可靠性，固定成本还可以根据性质差异进一步区分为约束性固定成本和酌量性固定成本。

1.约束性固定成本

约束性固定成本(committed fixed cost)主要是指那些与形成企业长期作业能力(包括物质的和组织机构的)的支出相联系的固定性成本。机器设备的折旧、维修费用、保险费用以及主要管理人员的薪金等都属于典型的约束性固定成本项目。

以付现购买、分期付款或融资租赁方式取得的固定资产形成企业的生产能力，而这部分生产能力一经形成，不论期间内企业生产能力利用程度如何，与之相关的成本水平将在较长的时间内稳定存在，而且企业的资本密集化程度越高，该成本也越大。例如，中国国航具备年 89 233.7 百万座位公里、6 858.1 百万吨公里的运输能力，那么，不论中国国航的年实际运载率、货邮运载率是多少，与公司拥有的 234 架飞机机群相关的约束性固定成本(如，折旧费用、维修费用、保险费用、租赁费用等)是确定的。也就是说，总的生产成本中包括了已使用的生产能力和闲置的生产能力两个部分的成本，并不会因为有一部分生产能力未得到利用而不予以列支。

2.酌量性固定成本

酌量性固定成本(discretionary fixed cost)指的是那些企业领导层根据经营战略确定的期间预算而形成的固定成本。从短期看，酌量性固定成本的发生额不受企业经营水平的影响，与企业的业务量并无直接联系，这一点上和约束性固定成本很相像。不同点在于，酌量性固定成本有效的预算期相对较短，通常为一年，而且企业领导层可以根据战略的需要或具体情况的变化而调整不同预算期的酌量性固定成本水平。研究开发费用、广告宣传费用都属于典型的酌量性固定成本项目。

三、变动成本

(一)变动成本的概念

与固定成本相反，变动成本(variable cost)是指那些成本的总发生额在相关范围内随着作业产出水平的变动而呈正比例变动的成本项目。直接人工、直接材料都是典型的变动成本项目，在一定期间内它们的发生总额随着业务量的增减而成正比例变动，但单位耗费则维持不变。

［**例 6-2**］ 承接例 6-1，银城矿泉水厂的装箱作业中还涉及另一项重要的资源耗费：纸箱。它的成本发生额变动形态和装箱机租金不同，企业每装一箱卷烟需耗用一只纸箱，有生产才有消耗，生产多少消耗多少，属于典型的变动成本项目。假设当纸箱年采购量少于 10 万只时每只纸箱的采购成本是 8.00 元。那么不同产量水平下的纸箱成本如表 6-2 所示：

表 6-2　不同产量水平下的纸箱成本

纸箱总成本(元)	产量(箱)	单位成本(元/箱)
0	0	8.00
160 000	20 000	8.00
400 000	50 000	8.00
800 000	100 000	8.00

可见当产量增加时，变动成本总额呈正比例增长，但单位变动成本保持不变。我们也可以以图形的形式直观地反映固定成本与产出之间的线性关系，如图 6-4、图 6-5 所示：

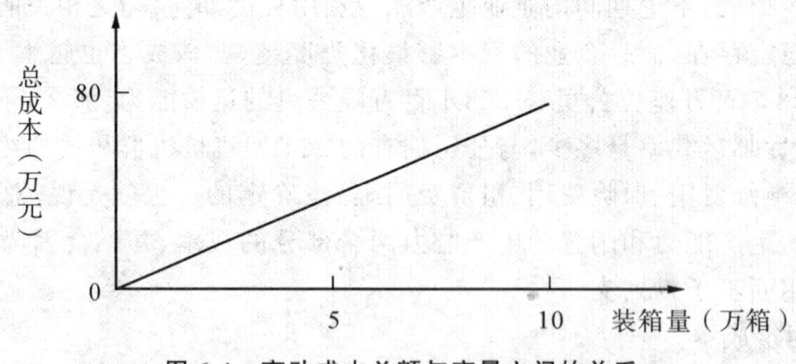

图 6-4　变动成本总额与产量之间的关系

由图 6-4 和图 6-5 可见，变动成本总额与作业量之间呈现显著的相关，其间的线性关系可以以如下线性方程式来表示：

$$VC_q = q \times vc$$

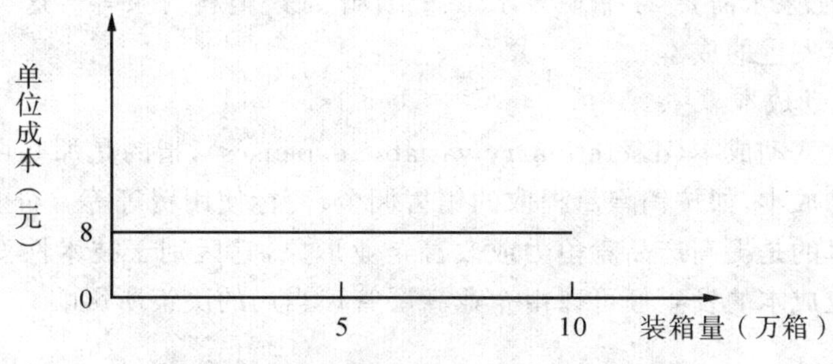

图 6-5　单位变动成本与产量之间的关系

其中：q＝作业量

vc＝单位作业量变动成本，也即变动成本曲线的斜率

VC_q＝在 q 作业量水平下的变动成本总额

例 6-2 中，$vc=8$，我们可以根据上述线性关系式 $VC_q=8q$，很容易地计算出银城矿泉水厂不同产量水平下的装箱用纸箱总成本。

与固定成本一样，变动成本与作业量之间的线性依存关系也是有条件的，即存在一定的适用区间，如图 6-6 中的“相关范围”。也就是说，超出相关范围时，变动成本发生额可能呈非线性变动。

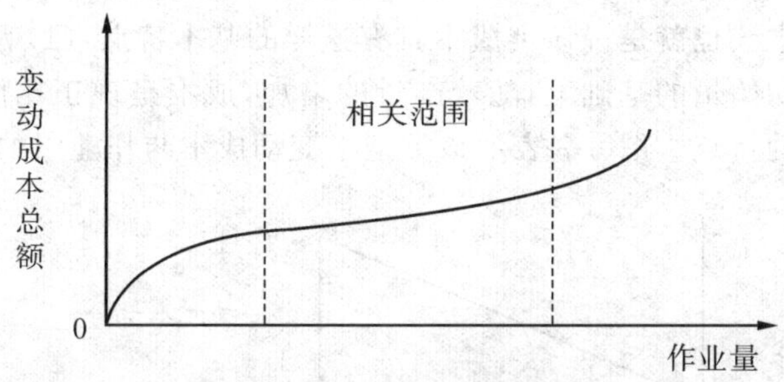

图 6-6　变动成本与作业量在相关范围内的线性关系

在传统管理会计中，我们通常假设一线员工的人工成本属于变动成本，原因是历史上大多数的企业采取的是计时工资、计件工资制，工资高低受工时或产量多少的直接影响。但随着生产环境的改变、用工制度的变化、工会组织建设的加强，越来越多企业中，人工成本呈现越来越强的固定成本特性。因此对人工成本的属性还需要就具体企业具体分析。

(二)变动成本的分类

根据成本的性质不同，变动成本还可以进一步区分为技术性变动成本和酌量性变动成本。

1.技术性变动成本

所谓技术性变动成本(technological variable expenses)，指的是由生产技术或实物决定的利用生产能力所必需的成本，它与作业量之间存在明确的技术或实物关系的变动成本，如生产 1 箱矿泉水需要 24 瓶矿泉水、1 个纸箱、4 条塑料封条等。这类成本是产品生产过程中所必然发生的成本。

2.酌量性变动成本

所谓酌量性变动成本(discretionary variable expenses)，指的是那些可以通过管理决策所改变的变动成本，如按销售量提取的销售佣金、商标使用费等等。企业发生酌量性变动成本的主要目的是提高产品竞争力或改善企业形象，它区别于技术性变动成本的最大特点在于其单位成本的发生额可以由企业高层管理当局的决策所影响。

四、半变动成本

实际工作中经常还会碰到这样一些成本项目：它们既不像固定成本一样在期间内保持在稳定的水平上，也不像变动成本一样随作业量的变动而呈正比例变动，我们称这些成本项目为半变动成本(semi-variable cost)。半变动成本同时包含了固定成本和变动成本二者的特点，是其混合，因此也称混合成本(mixed cost)。

以下介绍几种具有代表性的半变动成本形式。

(一)以一定初始量为基础的半变动成本

以一定初始量为基础的半变动成本是指在一定的初始量基础上随着作业量的变化而成正比例变化的成本。也就是说该类成本具有这样的基本特点：(1)有一个类似于固定成本的初始量；(2)在初始量的基础上，随着产量的增加，成本呈现正比例的增长，这后一部分又具有变动成本的特点。图 6-7 表示该类型半变动成本与作业量的关系：

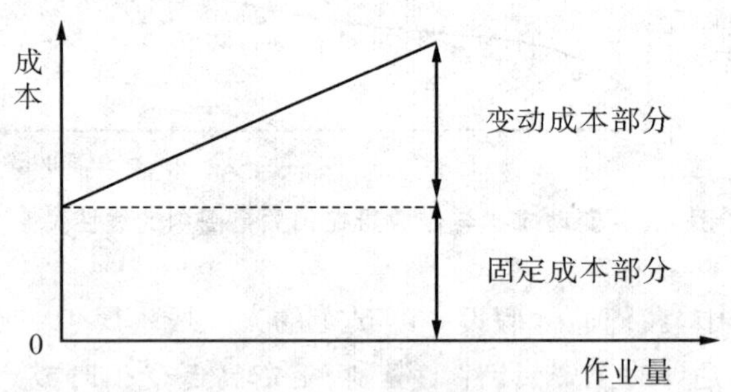

图 6-7　以一定初始量为基础的半变动成本

含固定月租费的电话费、公用事业服务费、机器的维护费用等基本上都属于这一类。其中的固定成本部分，表示为获得服务所必需的最低支出部分；变动成本部分则随着作业量的增加而增加。

(二)阶梯式半变动成本

还有一些半变动成本则是呈现阶梯式的变动，通常称为阶梯式半变动成本，其成本发生额与作业量的关系如图 6-8 所示：

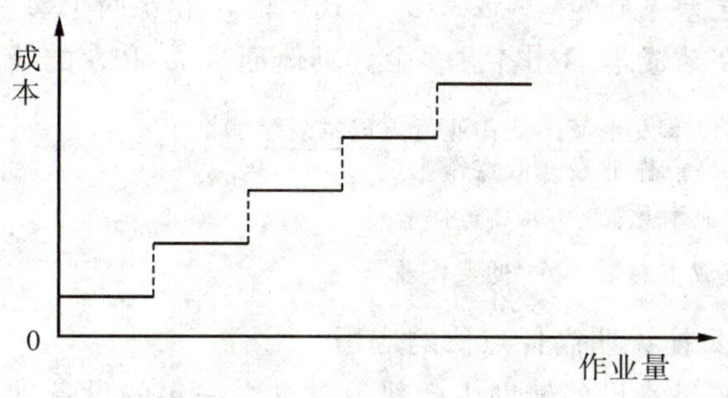

图 6-8　阶梯式半变动成本

从图 6-8 中可见，阶梯式半变动成本的特点是：作业量在一定范围内增长时其发生额不变，当作业量超过一定的限度时，其成本发生额会突然上升，而在作业量增长后的一定限度内又保持不变。对于这样的半变动成本，可视其变动的相关范围的大小归属固定成本或变动成本，即如果从较短的时期来看，相关范围占了这个时期的大部分，则视为固定成本是比较合适的；如果相关范围仅占期间作业量的一小部分，则可以视其为变动成本。

半变动成本的类型繁多，除了上述两种之外，还有很多具体的类型，在此不一一列举。

第二节　半变动成本的分解

半变动成本的成本性态特性不像固定成本或变动成本那么直观，但是大部分类型的半变动成本都可以通过成本分解将半变动成本分解成固定成本和变动成本的混合，并建立如下的成本函数来描述半变动成本发生额与作业量之间的线性关系：

$$y=a+bx$$

其中：y＝一定期间的半变动成本总发生额

a＝半变动成本中的固定成本部分

b＝半变动成本随作业量变动的比例

x＝作业量

bx＝半变动成本中的变动成本部分

显而易见，该方程式将半变动成本的发生额分解为固定成本和变动成本两个部分。从另一个角度看，固定成本和变动成本实质上是半变动成本的特例，因此半变动成本的分解过程也可以视作是确定特定成本的性态特征的过程。

实务中常用的半变动成本分解方法包括高低点法、散布图法和最小二乘法等。

一、高低点法

高低点法(high-low method)是进行半变动成本分解的另一种简易办法。它以历史数据中某一期间相关范围内的最高点作业量与最低点作业量的半变动成本之差，结合最高点、最低点作业量之差来确定 $y=a+bx$ 等式中的 a 和 b 两个参数，进而推算半变动成本中固定成本部分、变动成本部分各占多少。具体而言，a 和 b 的确定公式如下：

$$b=\frac{\text{高作业量点成本发生额}-\text{低作业量点成本发生额}}{\text{高点作业量}-\text{低点作业量}}$$

$$a=\text{高作业量点成本总额}-b\times\text{高点作业量}$$

或，$a=$低作业量点成本总额$-b\times$低点作业量

以下以简例 6-3 具体说明高低点法的应用。

[**例 6-3**]　银城矿泉水厂的辅助生产部门对过去一年的设备维护费用与维护作业小时数据进行了收集和整理，并汇总如表 6-3 所示：

表 6-3　设备维护费用与维护作业时间汇总

月份	维护作业时间(小时)	设备维护费(元)
1	650	48 100
2	750	54 500
3	900	55 050
4	920	54 850
5	915	54 250
6	850	51 860
7	800	50 700
8	780	54 250
9	760	50 050
10	720	49 800
11	700	51 250
12	710	53 780

从表 6-3 中可知，设备维护作业最高作业量点为 4 月份的 920 小时，当月发生设备维护费用 54 850 元；设备维护作业最低作业量点为 1 月份的 650 小时，当月发生设备维护费用 48 010 元。

通过上述公式推算 a 和 b：

$$b=\frac{\text{高低点成本差额}}{\text{高低点作业量差额}}=\frac{54\,850-48\,100}{920-650}=25$$

$$a=\text{高点半变动成本额}-b\times\text{高点作业量}=54\,850-25\times920=31\,850$$

或，$a=$低点半变动成本额$-b\times$低点作业量$=48\,100-25\times650=31\,850$

因此，可以推算出银城矿泉水厂设备维护作业的成本函数为：

$$y=31\,850+25x$$

作为一种成本分解方法，高低点法最大的优点是简便易行。但由于其对半变动成本

的分解只利用了历史资料中的两组数据，如果这两个点的作业量与成本发生额关系不具有代表性，那么得出的结论可能会有较大的偏差。

二、散布图法

另一种常用的半变动成本分解的简易方法是散布图法(scatter diagram method)，即将相关成本的历史数据以散布图的形式画入坐标系中，再根据目测，在各个散布点之间画一条直线，尽可能做到直线上下两边各点与直线的距离既要最小又要相等。画出的直线与纵轴(y 轴)的交点即为 a 值，而后根据 $b=\frac{y-a}{x}$ 求得 b 值，即可以得出半变动成本公式。

［**例 6-4**］ 仍以例 6-3 数据为基础，绘出散布图如图 6-9，并用目测绘制出成本曲线：

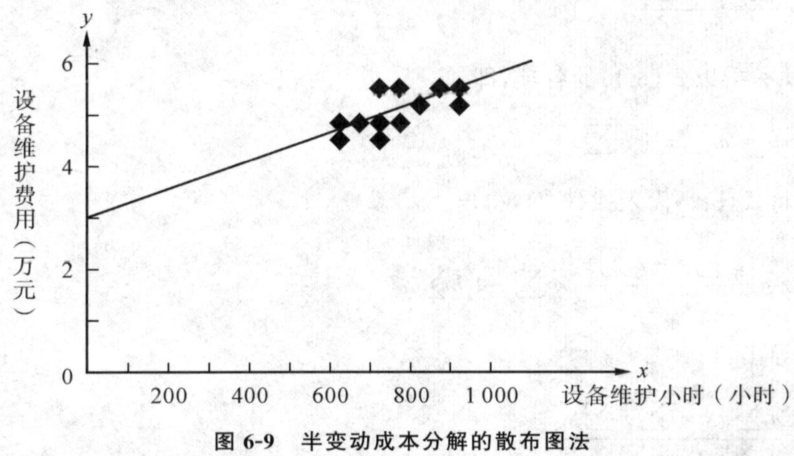

图 6-9 半变动成本分解的散布图法

图形绘制时要注意：(1)成本 y，是因变量，为纵轴。不同期间的成本发生额因该期间的作业量而发生变化；(2)作业量 x，是自变量，是促使成本发生变化的原因，为横轴。从图 6-9 可以得出图中直线的方程位：

$$y=30\,000+25.8x$$

可见，设备维护作业的成本发生额随着设备维护小时数的增减而总体上呈现同向变化。当各散布点贴近且相对均匀地落在该直线的上下端时，说明该直线较好地描述了成本与作业量之间的关系，同时也说明成本性态是基本符合线性假设的；但同时可以注意到并非所有的散布点均准确地落在该直线上，这也说明它们之间的关系并非完全是线性的，散布图法得出的关系式只是一种估计。

散布图法最大的特点是综合所有历史数据，依靠目测方法进行成本分解。其缺陷在于过多依靠分析者本身的主观判断，根据同样的数据，不同分析者往往会得出不同的结论。

三、最小二乘法

最小二乘法(method of least squares),也称为最小平方回归分析法或最小平方方法。它假定变量之间存在线性关系,再利用数学上的最小平方法原理,计算可以代表平均成本水平的直线截距和斜率,以其作为固定成本和单位变动成本。

最小二乘法的推导过程如下:

首先,以合计数形式表示 $y=a+bx$ 的每一项,即:

$$\sum y = na + b\sum x \tag{6.1}$$

这样就可以推导出:

$$a = \frac{\sum y - b\sum x}{n} \tag{6.2}$$

其次,以 x 乘以式(6.1)的各项,即:

$$\sum xy = a\sum x + b\sum x^2 \tag{6.3}$$

接下来将式(6.2)代入式(6.3),得出:

$$\sum xy = \frac{\sum y - b\sum x}{n} \times \sum x + b\sum x^2 \tag{6.4}$$

进而推导出:

$$b = \frac{n\sum xy - \sum x\sum y}{n\sum x^2 - (\sum x)^2} \tag{6.5}$$

最后,以式(6.5)代入式(6.2)得出:

$$a = \frac{\sum x^2\sum y - \sum x\sum xy}{n\sum x^2 - (\sum x)^2} \tag{6.6}$$

[例 6-5] 仍以例 6-3 数据为基础,应用最小二乘法就银城矿泉水厂的设备维修成本进行成本分解:

表 6-4 应用最小二乘法对设备维修成本进行成本分解

月份	作业时间(小时) x_i	作业费用(元) y_i	x_iy_i	x_i^2
1	650	48 100	31 265 000	422 500
2	750	54 500	40 875 000	562 500
3	900	55 050	49 545 000	810 000
4	920	54 850	50 462 000	846 400

续表

月份	作业时间(小时) x_i	作业费用(元) y_i	x_iy_i	x_i^2
5	915	54 250	49 638 750	837,225
6	850	51 860	44 081 000	722 500
7	800	50 700	40 560 000	640 000
8	780	54 250	42 315 000	608 400
9	760	50 050	38 038 000	577 600
10	720	49 800	35 856 000	518 400
11	700	51 250	35 875 000	490 000
12	710	53 780	38 183 800	504 100
合计	9 455	628 440	496 694 550	7 539 625

将表 6-4 有关数据代入式(6.5)和式(6.6)：

$$b=\frac{12\times 496\ 694\ 550-9455\times 628\ 440}{12\times 7\ 539\ 625-9\ 455^2}=17.093$$

$$a=\frac{7\ 539\ 625\times 628\ 440-9\ 455\times 496\ 694\ 550}{12\times 7\ 539\ 625-9\ 455^2}=38\ 902.121$$

根据以上推算，可以得出银城矿泉水厂设备维修作业量与作业成本函数关系式为：

$$y=38\ 902.121+17.093x$$

最小二乘法利用“回归直线的误差平方和最小”原理，考虑了所有已知数据的综合影响，因此得出的结论相比前两种方法更符合客观性和科学性，同时也最近似地描述半变动成本发生额与作业量之间的线性关系。应用该方法最大的问题在于计算过程很烦琐，当分析数据足够多时，手工计算就显得很不切合实际了。所幸的是，现在可以运用诸如 Lotus、Excel 等电子表格以计算机运算替代手工计算。

散布图法、高低点法和回归直线法都属于常见的半变动成本分解方法，三种方法各有特点。其中，散布图法较多地依赖了人的主观判断，分解的结果往往因人而异；高低点法在众多的数据中仅选择了最高和最低两点，这两个点是否具有代表性，能否真实反映企业正常经营状态下的成本水平，就成为影响成本分解准确性的关键；而回归分析法虽然在计算上较为复杂，但它充分考虑了所有已有数据的综合影响，又利用了“回归直线的误差平方和最小”的原理，所以得出的结果往往最能代表各期成本的平均水平。

但是，我们还应充分认识到，高低点法、散布图法和回归直线法都是建立在“未来是历史的延续”这一假设的基础上，它们都是以相关成本与作业量的历史数据为分析对象，通过对历史数量关系的分析来推断未来一定期间半变动成本中固定成本与变动成本的平均值。结论对未来决策的指导作用在很大程度上取决于企业经营的稳定性，如果未来经营发生了较大的变化，那么就必须充分考虑已经变化或即将发生变化的影响因素给未来成本可能带来的影响，否则分析结果的预测作用就相对有限了。因此在估算时应注意：(1)

应充分考虑到会计政策对数据的影响。(2)选择恰当的分析期间,既要避免期限过长所带来的不稳定的影响,又要使选择的期间可以获得较为充分的、精确的数据。(3)选择恰当的成本动因。不同的成本动因对分析的结果有不同的影响,合适的成本动因与成本发生额之间应该存在某种密切的联系。

此外,我们在进行成本分解时,基于简便目的,有"成本发生额与成本动因之间完全线性关系"的假设,并以线性关系式 $y=a+bx$ 来反映成本性态。但是,应该充分认识到,这一假设具有一定的主观性,有相当部分的成本发生额与成本动因之间并非完全的线性关系。在实务中之所以设定"完全线性"假设,一方面是基于经济性考虑,另一方面也由于未来经营必然具有不确定,再准确的关系式也只不过是对未来经营情况的估计。

四、其他分解方法

很多情况下,尤其是在历史数据不充分或经营条件发生较大变化的情况下,上述三种成本分解方法的应用就具有较大的局限性。在这些情况下,一般可以采用工程研究法、账户分类法、合同认定法等方法予以补充或代替。

(一)工程研究法

工程研究法(engineering approach),又称技术测定法,是企业常用的一种半变动成本分解方法。其具体做法是由工程技术人员通过特定的技术方法测定正常生产流程中的投入产出之间的规律性联系,并逐项确定影响成本高低的各个成本动因及其对成本发生额的影响,最后再在分析的基础上直接估算出半变动成本中的固定成本与变动成本构成。

工程研究法既可以应用于历史数据不足的情况,也可用以对前述各种历史成本分析方法分析结论进行检验。不过,由于该方法主要依赖对投入产出关系的分析,因此一般只适用于生产过程中的直接消耗部分,对于诸如间接成本之类无法直接确定投入产出关系或难以进行单独观察的联合过程,该方法的使用就会受到很大的局限。

(二)账户分类法

所谓账户分析法(account analysis),是根据各明细成本账户的内容,结合其与作业量之间的依存关系,判断其比较接近于哪一类成本,就将之归属于哪一类成本的方法。例如,管理人员工资在大部分情况下不受产量变动影响,就可以按固定成本处理;而企业的维修材料费虽不完全受到产量水平的影响,但是关系较大,因此可以大体看作是变动成本。

账户分类法具有简便易行的特点,但是主要依靠分析人员的主观判断,因此较容易产生误差。

(三)合同认定法

所谓合同认定法是根据企业与供应商签订的各种合同、契约以及企业内部既定的各种管理和核算制度中所明确的计费方式,分别确认费用的性态属性。该方法特别适用于有明确计算方法的各种初始量变动成本,如水电费、电话费、煤气费等各项公用事业费,其合约规定的基数即为固定成本,而按耗用量计价部分则属于变动成本。该方法也是在缺乏历史成本数据下可应用的一种方法。

思考题:

1.什么是成本动因和成本性态?根据成本性态差异,成本可以区分为哪几类?

2.约束性固定成本和酌量性固定成本有什么不同?区分约束性固定成本和酌量性固定成本有什么管理意义?

3.什么是半变动成本分解的高低点法?如何用高低点法进行半变动成本的分解?

4.什么是半变动成本分解的散布图法?如何用散布图点法进行半变动成本的分解?

5.什么是半变动成本分解的最小二乘法?如何用最小二乘法进行半变动成本的分解?

6.高低点法、散布图法和最小二乘法有什么异同?孰优孰劣?

第七章 变动成本计算

本章学习目标

1.掌握变动成本计算原理，阐述它和完全成本法的区别
2.理解变动成本计算在管理决策上的意义
3.掌握产销不平衡对变动成本计算的影响
4.掌握变动成本计算与完全成本计算的结合
5.理解以变动成本法编制分部报告的意义

第一节 变动成本计算法的原理

通过第六章的介绍，我们知道以成本性态为标准，成本大致可以区分为固定成本和变动成本两大类。结合这种成本分类方法，企业可以进行变动成本计算(variable costing)，并为企业经营决策提供有用的成本信息。

一、变动成本计算法的原理

传统财务报告中，存货估价和产品销售成本的确定是以完全成本概念为基础的，其具体的成本构成项目包括：直接材料、直接人工、变动性制造费用和分摊的固定性制造费用。完全成本概念虽然完整地反映了产品生产过程的全部消耗，但由于确定的企业期间利润受生产量和销售量的影响，不能在成本—业务量—利润[①]间建立明确、直接的联系。有鉴于此，美籍英国会计学家哈里斯(J.M.Harris)在刊载于1936年1月15日《全国会计师联合会公报》的文章中率先提出采用变动成本计算法，20世纪50年代起变动成本计算法得到迅速发展。

相比完全成本法，变动成本计算法的主要特征在于：

(1)将所有的成本区分为直接成本和间接成本；

(2)只以直接生产成本为基础计量期末存货的价值，直接销售费用属于已销售产品的成本；

(3)将包括固定成本和期间费用在内的全部间接成本均视作期间费用处理。

可见，变动成本法区别于完全成本法最重要的区别在于对间接成本的不同处理方式上。具体而言，也即在产品生产的过程中，企业不但要直接消耗一定量的料、工、费，而且生产设备也会在使用中发生磨损，所有的这些消耗都需要通过产品的销售才能得到补偿。对此，完全成本计算法认为：产品的成本不但要包括产品生产过程中发生的直接消耗(直接材料、直接人工和变动性制造费用)，而且应该包括按一定标准分摊的固定性制造费用。由于计算的产品成本吸收了一定比例的固定性制造费用，因此完全成本又称为吸收成本。

而与完全成本计算法不同，变动成本计算法计量的存货价值只包括为生产这些产品而发生的变动成本，而不考虑固定性制造费用的分摊问题。这么做的理由在于，固定性制造费用的发生是与企业维持一定的生产能力联系在一起的，而企业的生产能力一经形成，与之有关的费用就已经确定，不论其实际利用水平如何，这些费用并不随业务量的增减而变动，因此把这部分费用视作期间费用具有经济上的合理性。

变动成本法和完全成本法的主要差异就在于对固定性费用采取了不同的处理方式，也由于这种差异，导致二者在存货计价、利润确定等方面产生了一系列的不同。

二、变动成本计算法的简例

下面以简例说明变动成本法的计算过程。

[例7-1]　假设某企业只生产一种产品，期初无存货，本期生产的有关成本数据如表7-1所示：

表7-1　某企业本期生产的成本数据

单位：元

成本数据	
生产耗用的原材料	1 800 000
生产耗用的直接人工	720 000
发生的变动性间接费用	360 000

---

① 有关成本—业务量—利润关系的具体说明见本书第八章。

续表

发生的固定性间接费用	1 080 000
合计	3 960 000
产量(件)	120 000

根据完全成本计算法和变动成本计算法，分别计算单位产品成本如表 7-2 所示：

表 7-2　采用完全成本计算法和变动成本计算法计算的单位产品成本

单位：元

	完全成本计算	变动成本计算
直接材料	15	15
直接人工	6	6
变动性制造费用	3	3
固定性制造费用	9	—
单位产品成本	33	24

从表 6-2 中，可以清楚地看出变动成本计算法和完全成本计算法的差异就在于对固定性制造费用这一特殊成本项目的不同处理方法上：完全成本计算法下每单位产品吸收了 9 元的固定性制造费用，利润表的产品销售成本项目和资产负债表中的产成品库存均按每件 33 元计价；变动成本计算法下的产品成本则不包含固定性制造费用，仅以变动性费用 24 元计算单位产品成本，发生的固定性制造费用 1 080 000 元全部作为期间费用直接进入当期利润表，不再结转下期。

变动成本计算法的优点在于明确区分了产品成本和期间成本，可以明确提供各种产品的盈利信息，进而揭示产品的销售量、成本与利润之间的直接联系，提供的成本信息也更容易被管理层所接受。此外，变动成本计算法还可以较好地与标准成本、弹性预算和责任会计等相结合，在企业计划、控制和日常开支的管理中发挥积极的作用。

第二节　变动成本计算法与完全成本计算法的比较

由于变动成本计算法和完全成本计算法在成本概念及计算原理上存在差异，这种差异将直接影响到分期损益的确定。以下结合案例分析，对此问题做专门的介绍。

一、产量稳定，销售量不等

我们先结合案例分析企业不同期间产量稳定、销售量不等的情况。

［例 7-2］　假设某企业生产一种产品，20×1 年开始投产，20×1—20×4 年的产销情况如表 7-3 所示。同时假设该企业采用先进先出法进行存货计价。

表 7-3　某企业 20×1—20×4 年产销情况

	20×1	20×2	20×3	20×4
1.销售量(台)	100 000	120 000	140 000	120 000
单价(元/台)	60	60	60	60
销售收入(元)	6 000 000	7 200 000	8 400 000	7 200 000
2.制造成本数据				
直接材料(元)	1 800 000	1 800 000	1 800 000	1 800 000
直接人工(元)	720 000	720 000	720 000	720 000
变动性制造费用(元)	360 000	360 000	360 000	360 000
固定性制造费用(元)	1 080 000	1 080 000	1 080 000	1 080 000
合计	3 960 000	3 960 000	3 960 000	3 960 000
产量(件)	120 000	120 000	120 000	120 000
3.销售及管理费用				
变动部分(元)	600 000	720 000	840 000	720 000
固定部分(元)	900 000	900 000	900 000	900 000
4.期末库存(台)	20 000	20 000	—	—

表 7-4 列示了根据完全成本计算法和变动成本计算法确定的 20×1—20×4 年各年净利润及期末存货成本资料：

表 7-4　20×1—20×4 年各年净利润及期末存货成本

单位：元

	20×1	20×2	20×3	20×4
一、完全成本计算法				
销售收入	6 000 000	7 200 000	8 400 000	7 200 000
减：销售成本				
期初存货	—	660 000	660 000	—
本期生产产品成本	3 960 000	3 960 000	3 960 000	3 960 000
可供销售产品成本	3 960 000	4 620 000	4 620 000	3 960 000
期末存货	660 000	660 000	—	—
销售成本	3 300 000	3 960 000	4 620 000	3 960 000
销售毛利	2 700 000	3 240 000	3 780 000	3 240 000
减：销售与管理费用				
变动部分	600 000	720 000	840 000	720 000
固定部分	900 000	900 000	900 000	900 000
销售与管理费用合计	1 500 000	1 620 000	1 740 000	1 620 000
税前利润	1 200 000	1 620 000	2 040 000	1 620 000
二、变动成本计算法				

续表

	20×1	20×2	20×3	20×4
销售收入	6 000 000	7 200 000	8 400 000	7 200 000
减:变动性成本				
变动性制造成本				
期初存货	—	480 000	480 000	—
当期生产成本	2 880 000	2 880 000	2 880 000	2 880 000
可供销售产品成本	2 880 000	3 360 000	3 360 000	2 880 000
期末存货	480 000	480 000	—	—
销售成本	2 400 000	2 880 000	3 360 000	2 880 000
销售与管理费用	600 000	720 000	840 000	720 000
变动性成本合计	3 000 000	3 600 000	4 200 000	3 600 000
贡献毛益	3 000 000	3 600 000	4 200 000	3 600 000
减:固定性成本				
固定性制造费用	1 080 000	1 080 000	1 080 000	1 080 000
固定性销售与管理费	900 000	900 000	900 000	900 000
固定性成本合计	1 980 000	1 980 000	1 980 000	1 980 000
税前利润	1 020 000	1 620 000	2 220 000	1 620 000

分析表 7-4 可知,20×1 年,产大于销,完全成本计算法确定的税前利润比变动成本计算法多了 180 000 元;20×3 年,销大于产,变动成本计算法确定的税前利润要大于 180 000元;20×2 年和 20×4 年,产销平衡,两种方法确定的期间税前利润也一样,而且期初是否有存货并不影响结论。

两种成本计算方法确定的四年的总利润是相等的,但由于产销差异的影响,两种方法确定的不同年度利润额并不一致。分析其原因在于:第一年产大于销,完全成本计算法确认的期末库存 20 000 台产品的成本中包含了所分摊的 180 000 元固定性制造成本;变动成本计算法则将这部分费用作为期间费用处理,因此形成 180 000 元的利润差额。这种影响除了直接影响了第一年的利润确定外,还递延影响到第三年的利润确定。

二、销售量稳定,产量不等

下面结合案例说明不同期间销售量稳定但产量不等的情况。

[例 7-3] 假设某企业生产一种产品,20×1 年开始投产,20×1—20×4 年的产销情况如表 7-5 所示。同时假设该企业采用先进先出法进行存货计价。

表 7-5 某企业 20×1—20×4 年产销情况

	20×1	20×2	20×3	20×4
1.销售量(台)	120 000	120 000	120 000	120 000
单价(元/台)	60	60	60	60
销售收入(元)	7 200 000	7 200 000	7 200 000	7 200 000
2.制造成本数据				
直接材料(元)	2 100 000	1 800 000	1 500 000	1 800 000
直接人工(元)	840 000	720 000	600 000	720 000
变动性制造费用(元)	420 000	360 000	300 000	360 000
固定性制造费用(元)	1 080 000	1 080 000	1 080 000	1 080 000
合计	4 440 000	3 960 000	3 480 000	3 960 000
产量(件)	140 000	120 000	100 000	120 000
3.销售及管理费用				
变动部分(元)	720 000	720 000	720 000	720 000
固定部分(元)	900 000	900 000	900 000	900 000
4.期末库存(台)	20 000	20 000	—	—

采用变动成本计算法和完全成本计算法确定的分期损益如表 7-6 所示：

表 7-6 20×1—20×4 年分期损益

单位:元

	20×1	20×2	20×3	20×4
一、完全成本计算法				
销售收入	7 200 000	7 200 000	7 200 000	7 200 000
减:销售成本				
期初存货	—	634 285	660 000	—
本期生产产品成本	4 440 000	3 960 000	3 480 000	3 960 000
可供销售产品成本	4 440 000	4 594 285	4 140 000	3 960 000
期末存货	634 285	660 000	—	—
销售成本	3 805 715	3 934 285	4 140 000	3 960 000
销售毛利	3 394 285	3 265 715	3 060 000	3 240 000
减:销售与管理费用				
变动部分	720 000	720 000	720 000	720 000
固定部分	900 000	900 000	900 000	900 000
销售与管理费用合计	1 620 000	1 620 000	1 620 000	1 620 000
税前利润	1 774 285	1 645 715	1 440 000	1 620 000
二、变动成本计算法				
销售收入	7 200 000	7 200 000	7 200 000	7 200 000
减:变动性成本				
变动性制造成本				
期初存货	—	480 000	480 000	—
当期生产成本	3 360 000	2 880 000	2 400 000	2 880 000
可供销售产品成本	3 360 000	3 360 000	2 880 000	2 880 000
期末存货	480 000	480 000	—	—
销售成本	2 880 000	2 880 000	2 880 000	2 880 000
销售与管理费用	720 000	720 000	720 000	720 000

续表

	20×1	20×2	20×3	20×4
变动性成本合计	3 600 000	3 600 000	3 600 000	3 600 000
贡献毛益	3 600 000	3 600 000	3 600 000	3 600 000
减:固定性成本				
固定性制造费用	1 080 000	1 080 000	1 080 000	1 080 000
固定性销售与管理费用	900 000	900 000	900 000	900 000
固定性成本合计	1 980 000	1 980 000	1 980 000	1 980 000
税前利润	1 620 000	1 620 000	1 620 000	1 620 000

分析表7-6可知,两种成本计算方法确定的四年的利润总额均为6 480 000元,但确定的年度利润并不一致。由于销售量相等,变动成本计算法确定的各年利润和期末库存成本是一样的,不受产量变动的影响,各年利润保持同一水平;而完全成本计算法确认的销售成本、期末库存和期间利润则随产量变动而变动。

从表7-6中可见,完全成本计算法下,虽然各年的销售量、销售收入都是一样的,但各年实现的利润并不一致:20×1年产量较大,单位产品分摊的固定性制造费用较低,相应地,期间利润也就较高;20×4年的情况正好相反,单位产品分摊的固定性制造费用较高,期间利润较低;20×2年和20×4年虽然都实现了当年的产销平衡,但受期初存货计价差异的影响而导致期间利润也不一致。完全成本计算法下,在产品售价、成本不变的情况下,利润的多少与销售量的增减之间不能保持相应的比例关系,这一点不容易为其他部门的管理人员所理解。

此外,采用完全成本计算法确定分期利润可能对经营决策产生误导:由于生产越多,单位产品分摊的固定性制造费用越低,企业就有可能采取通过增加产成品的期末库存来抬高期间利润的做法(如本例中20×1年的情况),这无形中会鼓励企业不顾市场需求而多生产。在买方市场条件下,企业盲目生产的结果必然造成产品的大量积压,造成社会资源的更大浪费,因此变动成本计算法比较适合买方市场;但反过来,如果是在卖方市场下,企业生产的产品都可以顺利地实现销售,那么,完全成本计算法就比较有利于促进企业多生产、多销售,实现利益最大化。

三、完全成本计算法与变动成本计算法的相互补充与结合①

虽然变动成本计算法在成本—业务量—利润之间建立了直接的联系,能更有效地

① 如本书第四章所说,在新的技术经济条件下,企业的生产组织发生了根本性变化,产品构成发生了重大的变化:制造费用大幅度增加,直接人工成本大幅度下降。这种情况下,变动成本计算法忽略制造费用的做法将无法反映产品生产耗费的实际情况;而且随着JIT等新技术方法的应用,企业实现无库存生产,收入与利润脱节的情况基本消除,变动成本计算法产生的动因业已不复存在。可见在新的技术经济条件下,变动成本计算法将再度让位于完全成本计算法。具体可参考余绪缨教授在1994年12月于广州举行的"中国海峡两岸管理会计研讨会"全体会议上所作的《论当代管理会计面临新的重大突破》的专题报告的相关内容。

服务于企业决策，但在公认会计准则指引下的对外报告仍要求以完全成本为基础，这表明在现阶段变动成本计算尚不能完全取代完全成本计算，这也就引发出二者如何协调的问题。

由于对外报告通常是每半年或一年定期提供的，时间间隔比较长，这就为两种成本计算方法的结合使用提供了可能。一种比较理想的做法是，日常的核算以变动成本计算为基础，需要提供对外报告时再调整到完全成本计算基准上来。具体的做法是日常核算时，"在产品""产成品"账户均按照变动成本反映，同时增设"存货中的固定性制造费用"账户，单独反映发生的固定性制造费用；期末将当期已售产成品应分摊的固定成本部分列入当期损益；而应归属在产品、期末库存产成品的部分仍留在该账户，并记增存货的账面值。这样，变动成本法计算的期间利润，加上期初"存货中的固定性制造费用"余额，减去期末该账户余额，就等于完全成本计算法下的期间损益。这种做法可以避免同时处理两套账务的麻烦，又可以有效地满足内、外部的信息需求。

结合上例中 20×1 年的资料，有关的业务及账务核算过程以"T"形账户反映，如图 7-1 所示：

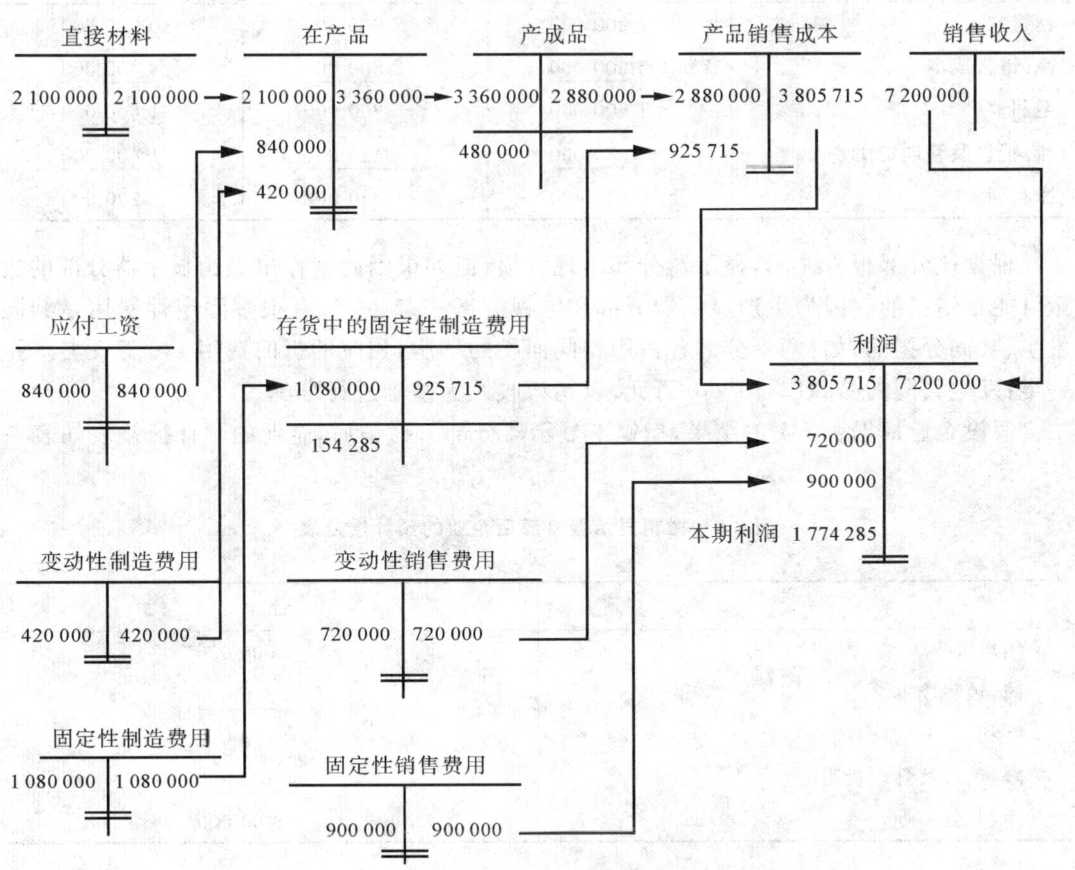

图 7-1　完全成本计算法与变动成本计算法的结合

第三节　变动成本计算法与分部报告[①]

所谓分部，是企业内部按地区、产品或职能划分的具有独立的收入和成本的部门，是企业内的利润中心。分部报告，就是对企业分部的作业、成本和利润贡献所作的报告。以变动成本计算法为基础编制的分部报告比以完全成本计算法为基础编制的分部报告更有利于正确决策及对分部的绩效评价。以下简例说明：

［**例 7-4**］　某企业根据产品线划分为电视和电脑显示器两个分部，20×1 年分别实现销售收入 700 万元和 300 万元。以完全成本计算法为基础编制的分部损益表如表 7-7 所示：

表 7-7　某企业 20×1 年分部损益表

单位：元

	电视分部	显示器分部	合计
销售收入	7 000 000	3 000 000	10 000 000
减：销售成本	5 600 000	2 800 000	8 400 000
毛利	1 400 000	200 000	1 600 000
减：销售及管理费用	980 000	420 000	1 400 000
净利润	420 000	－220 000	200 000

根据该分部报告显示，显示器分部出现亏损，但如果因此就作出撤销显示器分部的决策可能是错误的。因为生产显示器分部和电视分部一起生产，有很多固定性费用是共同发生、共同分担的，如：两个分部各占用相同面积的厂房，相应的折旧费用 140 万元各承担一半；发生共同的品牌广告费 40 万元，以销售收入为基础进行分配。

假设企业根据表 7-7 的结果，撤销了显示器分部。撤销后，企业的预计损益表如表 7-8 所示：

表 7-8　撤销显示器分部后企业的预计损益表

单位：元

	合计
销售收入	7 000 000
减：销售成本	6 300 000
毛利	700 000
减：销售及管理费用	1 100 000
净利润	－400 000

可见，撤销是个错误的决策。原因就在于显示器分部撤销后，该分部原先承担的费用

① 本节内容涉及责任会计，具体可参见本书第十一章。

并没有随之消失。

而以变动成本计算法为基础编制的分部报告可以有效地避免这种情况的发生，如表7-9所示：

表 7-9　以变动成本计算法为基础编制的分部报告

	电视分部	显示器分部	合计
销售收入	7 000 000	3 000 000	10 000 000
减：变动性制造费用	2 800 000	1 200 000	4 000 000
变动性销售及管理费用	350 000	150 000	500 000
贡献毛益	3 850 000	1 650 000	5 500 000
减：直接固定性制造费用	2 100 000	900 000	3 000 000
直接销售及管理费用	350 000	150 000	500 000
分部毛益	1 400 000	600 000	2 000 000
减：共同费用			
共同固定性制造费用			1 400 000
共同销售及管理费用			400 000
			200 000

表7-9的分部报告显示，电视分部和显示器分部都提供了较为显著的贡献毛益[①]（电视分部为385万元，显示器分部为165万元），两种产品的收入均超过其变动成本；分部毛益，也就是分部的贡献毛益扣除与分部经营直接相关的固定成本后的余额，表明分部提供的、可用以补偿企业共同费用的金额。结果表明，显示器分部的分部毛益为60万元，表明该分部贡献了60万元以补偿公司的共同固定费用，撤销后企业利润就减少了60万元。因此除非找到分部毛益更高的项目，或是为撤销后闲置的厂房找到合适的有利的用途，否则正确的决策是继续两个分部的经营，撤销只能使企业遭受更大的损失。

可见以变动成本计算法为基础编制分部报告可以更准确地反映分部的实际贡献，提供的信息更具决策相关性。

思考题：

1.变动成本计算法与完全成本计算法有何差异？为什么说变动成本计算法提供的信息更便有助于企业经营决策？

2.产销量不平衡时，变动成本计算法和完全成本计算法确定的利润为什么会出现差异？

3.为了同时兼顾对外报告和内部管理需求，变动成本计算法和完全成本计算法应如何结合？

4. 以完全成本计算法为基础编制的分部报告存在什么问题？为什么说以变动成本计算法为基础编制的分部报告更能符合企业内部管理的需要？

---

① 贡献毛益指的是收入与变动成本的差额，具体可见下一章的介绍。

第八章 本—量—利分析

本章学习目标

1.掌握本—量—利分析的概念及基本模型

2.掌握盈亏临界点概念及其确定方法

3.理解安全边际概念及其在管理上的意义

4.说明影响盈亏临界点的因素及各因素是如何发挥影响作用的

5.掌握盈亏临界点因素的敏感性分析，并说明敏感性分析的决策意义

6.理解本—量—利分析与作业成本计算法的结合

第一节　本—量—利分析的基本模型

所谓本—量—利分析(cost volume profit analysis，简称 CVP 分析)，即通过分析考察企业一定期间内成本、业务量(销售收入)和利润之间的依存关系，进而从结构上把握销售收入的增减变化给企业的经营利润带来的影响。在企业财务会计的利润表中，我们很难直观地分析收入与利润之间的关系，而本—量—利分析则以两种形式清楚地表现了这种关系：

(1)以直接成本—销售收入—边际利润的关系式表现短期经营活动的利润结构；

(2)以期间成本—贡献毛益—净利润的关系式综合考虑包括企业长期经营能力成本(即固定成本)影响在内的企业综合利润结构。

可见，无论是短期战术安排或长期战略规划，CVP分析都可以提供有用的信息，帮助企业发现问题和解决问题。

一、本—量—利分析的基本模型

下面以简例说明本—量—利分析的基本模型。

[例8-1] 假设某企业产销一种产品，下一年度计划销售50 000件，单件产品售价40元。该企业的费用预算如表8-1所示：

表8-1 某企业费用预算表

项目	单位	金额	合计
制造成本			
原材料	(10元/件)	500 000	
直接人工	(6元/件)	300 000	
变动性制造费用	(2元/件)	100 000	
固定性制造费用		600 000	
合计			1 500 000
销售费用			
变动部分	(1元/件)	50 000	
固定部分		50 000	100 000
管理费用			
变动部分	(1元/件)	50 000	
固定部分		100 000	150 000
费用合计			1 750 000

成本性态分析是CVP分析的起点，在表8-1中，我们根据成本性态标准将该企业发生的各项费用划分为固定成本和变动成本。通常，我们把销售收入净额减去变动成本总额后的余额称为贡献毛益(contribution margin)或边际贡献。本例中，该企业的贡献毛益总额计算如下：

销售收入(50 000×40)		2 000 000
减：变动成本		
变动性制造成本(500 000+300 000+100 000)	900 000	
变动性销售费用	50 000	
变动性管理费用	50 000	1 000 000
贡献毛益总额		1 000 000

通过计算可以确定企业期间总的贡献毛益为1 000 000元。

单位贡献毛益，也就是每一个单位产品实现的贡献毛益，即以单件产品为基础确定的贡献毛益，为20元，这既可以通过贡献毛益总额与销售量的比值计算而得(=1 000 000÷50 000)；也可以根据单位产品售价40元与单位产品的变动成本总额20元(=10+6+2

+1+1)的差额确定。

除绝对数表现形式外,还可以以相对数的形式表示贡献毛益,即以贡献毛益率表示,其计算公式为:

$$贡献毛益率=\frac{单位贡献毛益}{单位产品售价}\times 100\%$$

或
$$贡献毛益率=\frac{总的贡献毛益}{销售收入总额}\times 100\%$$

在本例中,贡献毛益率等于 $50\%(=\frac{20}{40}\times 100\%$,或$=\frac{1\ 000\ 000}{2\ 000\ 000}\times 100\%)$。贡献毛益率越高表明产品创造利润的能力越强。

二、盈亏临界点分析

(一)盈亏临界点、盈亏临界点分析

盈亏临界点(break even point),是指企业的收入与费用相抵,处于不盈不亏的保本状态时的产量,因此也有如保本点、零利润点、盈亏平衡点、损益分歧点、收益转折点等多种叫法。只有当企业实现的收入高于盈亏临界点销售收入时,也就是只有当企业的产销量高于盈亏临界点销售量时,企业才有利润;否则,就会发生亏损。

盈亏临界点分析(break even analysis)是本—量—利分析的拓展,其目的在于通过本—量—利的分析和盈亏临界点的确定,进一步掌握企业的利润结构和经营业绩。盈亏临界点分析必须以变动成本计算为基础,并以贡献毛益为中介指标。

根据变动成本计算法,我们知道企业的利润可以通过下式确定:

$$P=V\times SP-V\times VC-FC=V\times(SP-VC)-FC$$

其中:P=期间利润;

V=产销量;

SP=单位产品售价;

VC=单位产品变动成本;

$(SP-VC)$=单位贡献毛益;

$V\times(SP-VC)$=总的贡献毛益;

FC=期间固定成本。

从上式中可见,企业的贡献毛益并不直接构成经营利润,它首先要用来补偿特定期间发生的固定成本,若补偿后还有剩余才构成为企业的经营利润;补偿不足,就会发生亏损。

根据前面对盈亏临界点所下定义可以推知:在盈亏临界点,企业的贡献毛益刚好等于固定成本,企业处于不盈不亏的状态,以公式表示如下:

$$BE\times(SP-VC)-FC=0$$

或
$$BE=\frac{FC}{SP-VC}$$

其中：BE＝盈亏临界点的业务量。

实务中，盈亏临界点业务量可以按实物单位或按金额计算等两种方式表示。

1.按实物单位计算

按实物单位计算的盈亏临界点可以依如下公式计算：

$$\text{盈亏临界点销售量(实物单位)}=\frac{\text{固定成本}}{\text{单位产品贡献毛益}}=\frac{FC}{SP-VC}$$

［**例 8-2**］　沿用例 8-1 数据，可知企业的期间固定成本为 750 000（＝600 000＋50 000＋100 000），单位产品贡献毛益为 20 元/件，即：

$$\text{盈亏临界点销售量(实物单位)}=\frac{750\ 000}{20}=37\ 500\text{(件)}$$

也就是说，当企业产销量为 37 500 件时，企业处于盈亏平衡状态，即不盈不亏。

2.按金额综合计算

按金额计算的盈亏临界点可以依如下公式计算：

$$\text{盈亏临界点销售量(销售金额)}=\frac{\text{固定成本}}{\text{贡献毛益率}}=\frac{FC}{(SP-VC)/P}$$

［**例 8-3**］　沿用例 8-1 数据，可知：

$$\text{盈亏临界点销售量(销售金额)}=\frac{750\ 000}{50\%}=1\ 500\ 000\text{(元)}$$

也就是说，当企业销售收入为 1 500 000 元时，企业处于盈亏平衡状态。其对应的产销量正好就是 37 500 件（$=\frac{1\ 500\ 000}{40}$）。

(二)盈亏临界点作业率

盈亏临界点作业率是盈亏临界点的业务量与企业正常业务量的比值，说明的是企业要实现盈利所必须达到的最低作业水平，计算公式如下：

$$\text{盈亏临界点作业率}=\frac{\text{盈亏临界点作业量}}{\text{正常开工作业量}}\times 100\%$$

［**例 8-4**］　假设例 8-1 中，企业在正常情况下可以实现的产销量就是 50 000 件，那么该企业盈亏临界点作业率为：

$$\text{盈亏临界点作业率}=\frac{37\ 500}{50\ 000}\times 100\%=75\%$$

或

$$\text{盈亏临界点作业率}=\frac{1\ 500\ 000}{2\ 000\ 000}\times 100\%=75\%$$

也就是说在产销平衡的状态下，该企业只有在开工作业率高于 75%时才有盈利，如果低于 75%就会出现亏损。

(三)安全边际与安全边际率

安全边际（safety margin），也称安全界限，是另一个与盈亏临界点相关的管理概念，指的是盈亏临界点销售量与预计业务量之间的差额。其经济含义是指在现有的作业量水平上再降低多少,企业就将从盈利状态转入亏损状态。如果企业的产销量下降了,但只要下降幅度不超出安全边际的范围,企业就仍有利润;安全边际越大,表明企业经营越安全,实现盈利的把握性越大。

安全边际的计算公式如下:

安全边际作业量=预计作业量-盈亏临界点作业量

同盈亏临界点一样,安全边际作业量也可以通过实物单位和金额两种方式表示,如例8-4中:

安全边际作业量(实物单位)=50 000-37 500=12 500(件)

安全边际作业量(销售金额)=2 000 000-1 500 000=500 000(元)

安全边际率(safety marginal production rate)是安全边际的相对数表现形式,具体指安全边际与预计销售量的比值。计算公式如下:

$$\begin{aligned}\text{安全边际率}&=\frac{\text{安全边际作业量}}{\text{正常开工作业量}}\times 100\%\\&=1-\text{盈亏临界点作业率}\end{aligned}$$

同样地,安全边际率越大,出现亏损的可能性越小,企业越安全。

[例8-5] 在例8-4中,安全边际率等于:

$$\begin{aligned}\text{安全边际率}&=\frac{500\ 000}{2\ 000\ 000}\times 100\%=25\%,\\\text{或}&=1-75\%=25\%\end{aligned}$$

由于盈亏临界点之内的销售收入提供的边际贡献要用于补偿企业的固定性费用,因此,只有安全边际销售收入的贡献毛益才构成企业的利润。相关的公式推导如下:

$$\begin{aligned}\text{销售利润率}&=\frac{\text{销售利润}}{\text{销售收入}}\\&=\frac{\left(\begin{matrix}\text{实际}\\\text{作业量}\end{matrix}-\begin{matrix}\text{盈亏临界点}\\\text{作业量}\end{matrix}\right)\times\left(\begin{matrix}\text{单位产品}\\\text{售价}\end{matrix}-\begin{matrix}\text{单位产品}\\\text{变动成本}\end{matrix}\right)}{\text{实际作业量}\times\text{单位产品售价}}\\&=\frac{\text{实际作业量}-\text{盈亏临界点作业量}}{\text{实际作业量}}\times\frac{\text{单位产品售价}-\text{单位产品变动成本}}{\text{单位产品售价}}\\&=\text{安全边际率}\times\text{贡献毛益率}\end{aligned}$$

[例8-6] 根据前面的计算可知例8-4中,企业的安全边际率为25%,贡献毛益率为50%,因此,该企业的销售利润率等于:

销售利润率=安全边际率×贡献毛益率=25%×50%=12.5%

(四)目标利润模型

实现目标利润模型是盈亏临界点分析的扩展,它的目的是揭示企业为实现目标利润所需要完成的业务量水平。根据目标利润是否考虑税收影响,该模型又可以分为实现税前目标利润模型和实现税后目标利润模型。

1.实现税前目标利润模型

在前面,我们介绍过在变动成本法下企业利润可以通过如下公式确定:

$$P=V\times(SP-VC)-FC$$

假设以 P' 表示税前的目标利润,V' 表示为实现税前目标利润所需要完成的业务量,则可以改写上式为:

$$P'=V'\times(SP-VC)-FC$$

$$\Rightarrow V'=\frac{FC+P'}{SP-VC}$$

[例 8-7]　假设例 8-1 中,企业要求实现的税前目标利润为 1 000 000 元。那么,为实现既定的目标利润,企业应完成的业务量为:

$$V'=\frac{750\ 000+1\ 000\ 000}{40-20}=87\ 500(\text{件})$$

2.实现税后目标利润模型

对股东而言,税金乃是一项实实在在的支出,因此更多的企业选择以税后目标利润为基础确定企业经营的目标。为此需要进一步考察所得税对目标利润的影响。

假设以 P'' 表示税后目标利润,T 表示企业的所得税税率,V'' 表示为实现税后目标利润所需要完成的业务量,则企业利润公式可以改写为:

$$P''=[V''\times(SP-VC)-FC]\times(1-T)$$

$$\Rightarrow V''=\frac{FC+P''/(1-T)}{SP-VC}$$

[例 8-8]　假设例 8-1 中的企业要求实现的税后目标利润为 1 000 000 元,所得税税率为 20%。那么,为实现既定的目标利润,企业应完成的业务量为:

$$V''=\frac{750\ 000+1\ 000\ 000/(1-20\%)}{40-20}=100\ 000(\text{件})$$

也即,只有当企业的产销量达到 100 000 件的情况下,才可以实现税后利润 1 000 000 的目标。

(五)盈亏临界图

盈亏临界图(break even chart)是直观地表现成本—业务量—利润之间关系的坐标图,图 8-1 是盈亏临界图的示例。

1.盈亏临界图的绘制步骤

盈亏临界图的绘制步骤如下:

(1)绘制一直角坐标系,横轴表示业务量,纵轴表示总成本和销售收入。

(2)确定固定成本线。根据企业的期间固定成本总额,以纵轴为起点绘制一平行于横轴的直线——固定成本线。

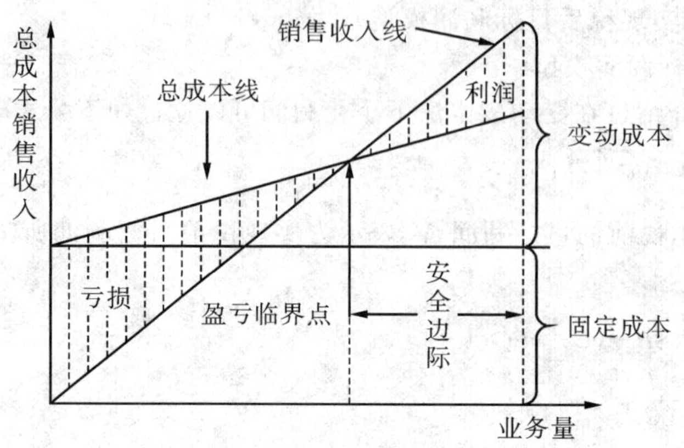

图 8-1　盈亏临界图

(3)确定销售收入线。根据销售收入＝单位售价×业务量(业务量≥0)的函数关系式绘制销售收入线。

(4)确定总成本线。根据总成本＝单位变动成本×业务量＋固定成本(业务量≥0)的函数关系式绘制总成本线。

(5)销售收入线与总成本线的交点即为盈亏临界点。

2.盈亏临界图的应用

盈亏临界图从动态上集中反映了业务量、成本和利润之间的联系,从中可以进一步推演如下一些规律:

(1)在盈亏临界点不变的情况下,业务量越大,实现的利润越多或亏损越少;业务量越少,实现的利润越少或亏损越多。

(2)在业务量一定的情况下,盈亏临界点越高,企业实现的利润越少;盈亏临界点越低,实现的利润越多。

(3)在销售收入确定的情况下,盈亏临界点的高低取决于固定成本的高低和单位变动成本的大小。固定成本越高或单位产品的变动成本越高,盈亏临界点就越高;固定成本越低,或单位产品的变动成本越低,盈亏临界点就越低。

(4)在总成本确定的情况下,盈亏临界点的高低受单位产品售价的影响。售价越高,盈亏临界点越高,实现的利润越多;售价越低,盈亏临界点越低,实现的利润越少。

(六)多品种盈亏临界点分析

在前面的介绍中,我们都假设企业只产销一种产品,而现实经济生活中的多数企业往往并非单纯从事一种产品的产销。对于这些多产品企业,可以以如下几种方式进行盈亏临界点分析。

1.联合单位模式

［**例 8-9**］　假设某企业生产两种产品:产品 A 和产品 B,有关资料如表 8-2 所示:

表 8-2　产品 A 和产品 B 有关资料

产品	月产销量（件）	单位售价（元/件）	单位变动成本（元/件）	单位贡献毛益（元/件）
A	200	500	280	220
B	300	800	480	320

同时假设，该企业每个月的固定成本为 84 000 元。每个月产品 A 和产品 B 的比例是 2∶3，因此我们可以以 2 件产品 A 和 3 件产品 B 构成 1 件联合产品，每件联产品的价格为 3 400 元（＝500×2＋800×3），贡献毛益为 1 400 元（＝220×2＋320×3）。每个月产销的联合产品量为 100 件，总贡献毛益为 140 000 元。

根据单一产品的盈亏临界点计算公式：

$$盈亏临界点销售量(实物单位)=\frac{FC}{SP-VC}=\frac{84\ 000}{1\ 400}=60(件)$$

计算结果说明，当实现产销 60 件联产品时，也就是产销 120 件产品 A 和 180 件产品 B 时，企业实现盈亏平衡。以此为基础，可以进一步确定盈亏临界点销售收入为 204 000 元（＝3 400×60，或＝500×120＋800×180）。

2.加权平均贡献毛益率模式

加权平均贡献毛益率模式是另一种常见的计算多产品盈亏临界点的方法。所谓加权平均贡献毛益率，是各种产品以各自销售额占总销售额的比重为权数确定的企业总的贡献毛益率，其计算公式为：

$$企业总贡献毛益率=\sum_{i=1}^{n}\begin{pmatrix}第\,i\,种产品的 & \times & 第\,i\,种产品占\\ 贡献毛益率 & & 销售总额权重\end{pmatrix}$$

以下结合简例说明。

[例 8-10]　沿用例 8-9 数据，可以计算相关数据如表 8-3 所示：

表 8-3　产品 A 和产品 B 相关数据

产品	销售额（元）	权重（%）	贡献毛益率（%）	贡献毛益率×权重（%）
A	100 000	29.41	44	12.94
B	240 000	70.59	40	28.24
合计	340 000			41.18

根据单一产品的盈亏临界点计算公式：

$$盈亏临界点销售量(销售金额)=\frac{固定成本}{贡献毛益率}=\frac{84\ 000}{41.18\%}=204\ 000(元)$$

两种方法计算得出的结论是一致的。

3.盈亏临界图法

除上面介绍的两种方法外，还可以采用盈亏临界图的方法确定多产品的盈亏临界点。

［例 8-11］ 沿用例 8-10 数据。

利用盈亏临界图进行盈亏临界点分析时，既可以以联合单位为基础采用前面所介绍的基本式盈亏临界图（如图 8-2）的方式，也可以采用量利式盈亏临界图（如图 8-3）的方式，分别介绍如下：

（1）基本式盈亏临界图分析

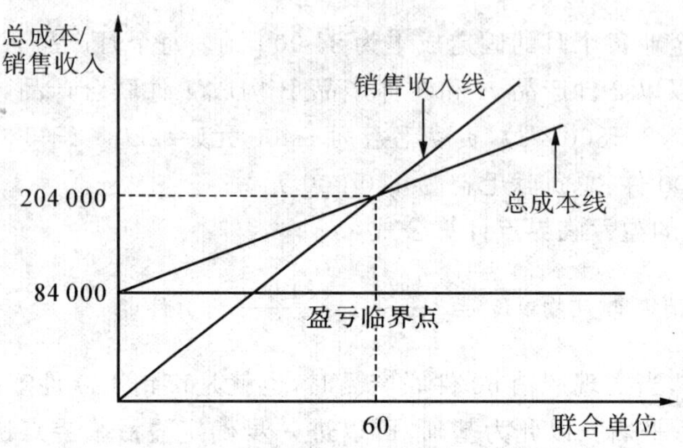

图 8-2　多产品的基本式盈亏临界图

根据假设资料可知：

固定成本线：y＝固定成本＝84 000

销售收入线：y＝联合单位售价×业务量＝3 400x

总成本线：y ＝联合单位变动成本×业务量＋固定成本

＝(280×2＋480×3)×业务量＋固定成本

＝2 000x＋84 000

根据销售收入线和总成本线的交点，可以确认盈亏临界点的销售收入为 204 000 元。

（2）量利式盈亏临界图分析

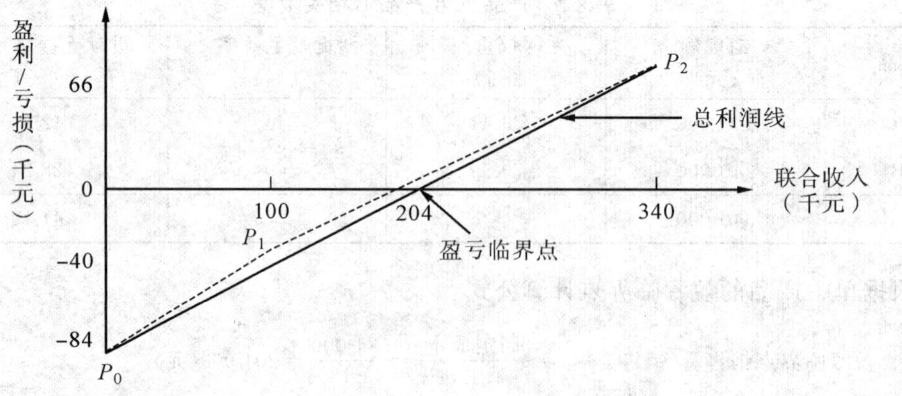

图 8-3　多产品的量利式盈亏临界图

绘制量利式盈亏临界图的步骤如下：

首先，绘制一直角坐标系，横轴表示联合收入，纵轴表示盈亏数。

其次，在纵轴上确定固定成本点 P_0，也就是企业销售量为 0 时企业的亏损额。

再次，依据各产品的贡献毛益和销售收入依次绘制头尾相接的线段。本例中可先绘制产品 A，产品 A 实现销售收入 100 000 元，总贡献毛益 44 000 元，即如果企业仅产销产品 A，则仍有 40 000 元亏损，以此确认点 P_1(100 000，−40 000)；连接 P_0 和 P_1 绘制产品 A 的利润线；因为企业又生产产品 B，累计销售收入 340 000 元，贡献毛益总额 150 000 元，实现利润 66 000 元，以此确认点 P_2(340 000，66 000)；连接 P_1 和 P_2 绘制产品 B 的利润线。

最后，连接 P_0 和 P_2 绘制企业的总利润线，该线与横轴的交点(204 000，0)确定的联合收入 204 000 元就是盈亏临界点的销售收入。

第二节　因素变动分析

一、影响盈亏临界点分析的因素

实务应用过程中，盈亏临界点分析是建立在一系列严格的假设基础上的，这些假设主要包括：

(1)费用可以明确地按成本性态区分为变动性成本和固定性成本；

(2)收入和成本符合直线性结构，即收入和费用随业务量的变化呈直线性变动；

(3)产品品种构成比例不变；

(4)期间产销平衡，期初、期末存货水平不变，即不考虑期初、期末库存的影响。

盈亏临界点分析主要用于短期损益的分析。但一方面由于企业经营面临不确定性，即使是短期分析也不能确保各个变量预测的准确性，另一方面影响盈亏临界点的各个变量之间往往存在着相互影响、互相作用的关系，任一个变量的变动通常都会引起盈亏临界点的变化。

以下以一个简例为基础进行盈亏临界点的因素变动分析。

[例 8-12]　假设 MFK 公司生产一种产品——甲产品，单位变动成本 40 元，年固定成本 4 000 000 元，产品单位售价 80 元。因此，可以确定企业盈亏临界点销售量是100 000件，对应 8 000 000 元的销售收入。

(一)销售价格变动的影响

根据变动成本计算法确定的利润公式可以知道：在其他条件不变的情况下，产品单位售价越高，单位产品的贡献毛益就越大，补偿期间固定成本所需的业务量也会相应少一些，盈亏平衡点也就低一些；售价越低，单位产品的贡献毛益就越小，就要求实现更多的产品销售才能补偿期间的固定成本，相应地企业的盈亏平衡点就越高。

假设 MFK 公司决定将甲产品的单位售价从 80 元降低到 65 元。如果其他条件不变，那么，新的盈亏临界点为：

$$盈亏临界点销售量(实物单位)=\frac{4\ 000\ 000}{65-40}=160\ 000(件)$$

或 $$盈亏临界点销售量(销售金额)=\frac{4\ 000\ 000}{(65-40)/65}=10\ 400\ 000(元)$$

变化后的盈亏临界图如图 8-4 所示：

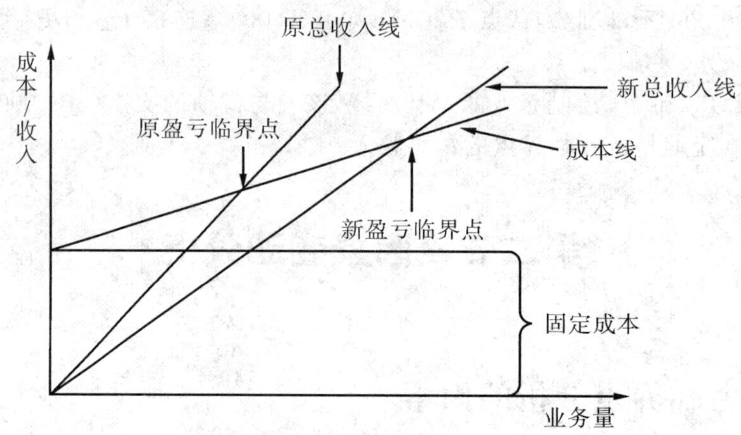

图 8-4　销售价格变化对盈亏临界点的影响

可见，在其他条件不变的前提下，成本曲线不变，销售价格下降导致收入曲线的斜率变小了，因此，盈亏临界点会相应升高，反之亦然。

对于价格弹性系数大的商品，价格变动与销售量之间往往存在相互影响的紧密联系。沃尔玛创始人山姆 · 沃尔顿在谈到折扣销售时说道："……比方说我以 80 美分的价格买进一件东西，我发现如果我将它的售价定为 1 美元，卖出的数量会是定价为 1.2 美元的三倍之多，总的利润会多很多……这正是折扣销售的精髓所在。"虽然价格下调了，盈亏平衡点会因此上升，但是如果因此带来产品销售量加倍上升，那么对企业总体来说还是会很有利的。

(二)单位产品变动成本变动的影响

在其他条件不变的情况下，产品单位变动成本越高，单位产品的贡献毛益就越小，补偿期间固定成本所需的业务量也相应要多一些，相应地，盈亏平衡点也就高一些；单位产品变动成本越低，单位产品的贡献毛益就越大，较少的产品销售就能补偿期间的固定成本，相应地，企业的盈亏平衡点就低一些。

假设由于变更生产工艺，MFK 公司生产一件甲产品的变动成本由 40 元减少到 30 元，其他条件不变。新的盈亏临界点为：

$$盈亏临界点销售量(实物单位)=\frac{4\ 000\ 000}{80-30}=80\ 000(件)$$

或 $$盈亏临界点销售量(销售金额)=\frac{4\ 000\ 000}{(80-30)/80}=6\ 400\ 000(元)$$

变化后的盈亏临界图如图 8-5 所示：

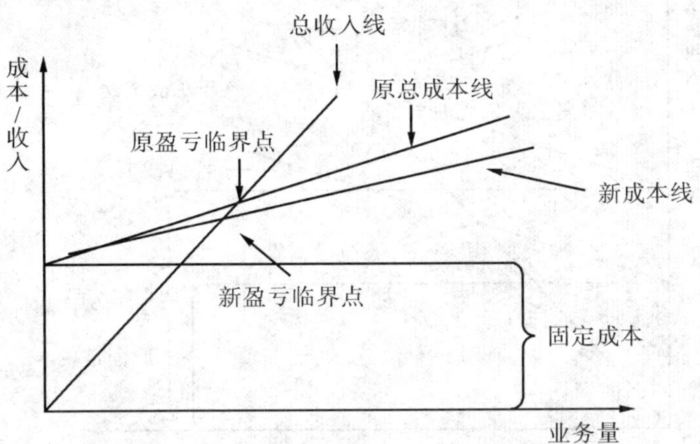

图 8-5　单位变动成本变化对盈亏临界点的影响

可见，在其他条件不变的前提下，总收入线不变，单位变动成本下降因而新的总成本线的斜率也减小了，因此，盈亏临界点相应降低，反之亦然。

(三)固定成本变动的影响

在其他条件不变的情况下，期间的固定成本越高，就要求多一些的业务量才可能补偿期间固定成本，盈亏平衡点也就高一些；期间的固定成本越低，越少的产品销售就能补偿期间的固定成本，相应地企业的盈亏平衡点就越低。

假设 MFK 公司更换了生产设备，期间的固定成本由原先的 4 000 000 元增加到 6 000 000元，那么，新的盈亏临界点为：

$$\text{盈亏临界点销售量(实物单位)}=\frac{6\ 000\ 000}{80-40}=150\ 000\text{(件)}$$

或

$$\text{盈亏临界点销售量(销售金额)}=\frac{6\ 000\ 000}{(80-40)/80}=12\ 000\ 000\text{(元)}$$

变化后的盈亏临界图如图 8-6 所示：

可见，在其他条件不变的前提下，期间固定成本增加，总成本线平行上移了，因此，盈亏临界点也相应提高了，反之亦然。

(四)多因素同时变动的影响

通常，影响企业盈亏临界点的因素并不是单独变动的，一个因素的变动往往会引起其他因素的变动，即可能出现互相影响、互动的现象。在这种情况下，就需要在新的水平上进行盈亏临界点分析。

如例中 MFK 公司计划通过降价的方式抢占市场份额，新的方案计划将甲产品的售价由 80 元/件降到 65 元/件。同时为扩大产能，公司已经预订了自动化程度较高的设备，该措施预计将使公司的期间固定费用由 4 000 000 元增加到 6 000 000 元，而生产每件甲

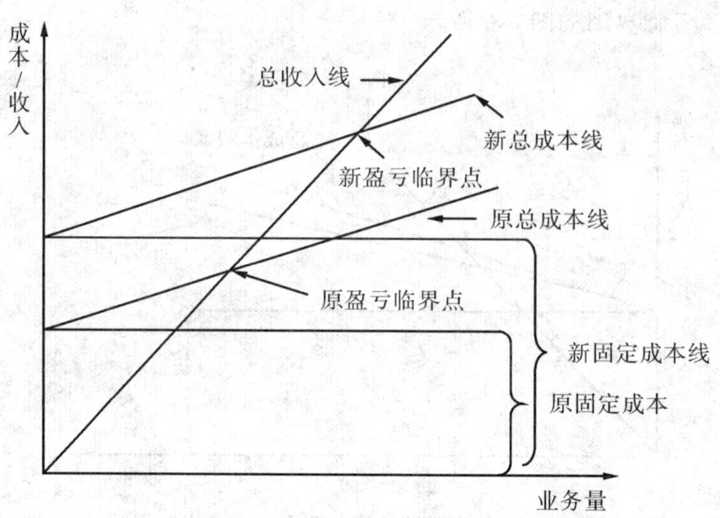

图 8-6　期间固定成本变动对盈亏临界点的影响

产品的变动成本则由 40 元/件下降到 30 元/件。

MFK 公司预计的新的盈亏临界点为：

$$盈亏临界点销售量(实物单位)=\frac{6\ 000\ 000}{65-30}=171\ 429(件)$$

或

$$盈亏临界点销售量(销售金额)=\frac{6\ 000\ 000}{(65-30)/65}=11\ 142\ 857(元)$$

(五)企业产品结构变动的影响

当企业同时生产多种产品时，由于各种产品的贡献毛益率存在差异，因此，产品组合变动也会对企业的盈亏临界点产生影响。

假设 MFK 公司除生产原计划的 200 000 件甲产品外还有部分剩余的生产能力，可以用来将 50 000 件甲产品作进一步的深加工成新的产品：乙产品。在深加工过程中，每单位产品需发生新增的变动成本 20 元，乙产品单件售价 150 元。

可以确定甲产品和乙产品的贡献毛益率分别为 50%和 60%，具体分析如表 8-4 所示：

表 8-4

产品	销售收入(元)	贡献毛益	
		金额(元)	贡献毛益率(%)
甲产品	12 000 000	6 000 000	50
乙产品	7 500 000	4 500 000	60
合计	19 500 000	10 500 000	53.85

根据表 8-4，可以确定新的盈亏临界点为：

$$盈亏临界点销售量(销售金额)=\frac{4\ 000\ 000}{53.85\%}=7\ 428\ 040(元)$$

可见，一旦产品组合发生调整，不同贡献毛益率的产品在总销售收入中的比重发生变动，企业的综合贡献毛益率也因此改变，其结果必然会引起盈亏临界点的变动。

(六)产销不平衡的影响

为了能够较为直接地显示本—量—利间的直接关系，盈亏临界点分析通常是与变动成本计算相配合的，但如果企业采取以完全成本计算法为基础确定期间损益状况的话，那么企业产销不平衡会对分析产生一定的影响。其原因在于：以变动成本计算法为基础编制损益表，期间发生的固定成本作为期间费用全额于当期列支，期末产成品库存只按变动成本价值入账。因此，无论产销平衡与否，影响盈亏临界点的几个变量都是确定的，因此产销是否平衡对盈亏临界点的计算没有影响；但如果以完全成本计算法为基础编制损益表，那情况就不同了。完全成本计算法要求期间发生的固定成本要在当期生产的产品间进行分摊，如果产销不能平衡，那么，当期销售收入只需要补偿由当期已实现销售的产成品所分摊的那部分固定成本，其余部分则反映在期末的产成品库存价值当中。

因此，完全成本计算法下的盈亏临界点的计算公式可以调整如下：

$$盈亏临界点销售量(销售金额)=\frac{当期销售产品所分摊的固定成本}{当期销售产品实现的贡献毛益率}$$

假设 MFK 公司期初无库存，本期计生产 A 产品 200 000 件，实现销售 150 000 件，完全成本计算法下的损益表如表 8-5：

表 8-5　MFK 公司完全成本计算法下的损益表

单位：元

项目		
销售收入		12 000 000
销售成本		
期初存货		
加：本期生产成本		
变动成本	8 000 000	
固定成本	4 000 000	
可供销售产品成本	12 000 000	
减：期末存货	3 000 000	9 000 000
销售利润		3 000 000

本期销售成本中包括 6 000 000 元(＝40×150 000)的变动成本和 3 000 000 元($=4\ 000\ 000\times\frac{150\ 000}{200\ 000}$)的固定成本。据此，确定的盈亏临界点为：

$$盈亏临界点销售量(销售金额)=\frac{3\ 000\ 000}{(80-40)/80}=6\ 000\ 000(元)$$

二、敏感性分析

敏感性分析(Sensitivity Analysis)是一种风险分析的方法，主要用以考察变量发生变化时，结论会发生什么样的变化。

敏感性分析有两种主要的方法：

1.依次测试各个变量，然后确定各个变量发生多大的变化将使结论发生质变(如盈变亏或可行变不可行)。在本—量—利分析中，就是要分析模型中的一个或几个变量在多大的范围内变动时，企业仍可以保持盈利而不至亏损；或者说，当一个或几个变量的变动超出了许可的范围时，如何通过调整其他变量以确保企业经营目标的实现，即要确定使目标发生质变的各个变量变动的界限。

2.进行“如果……会怎样?”分析。也就是问发生某种情况，结论会怎样变化，如：销售价格下降10%会怎样？或产销量下降20%会怎样？或人工成本增加20%会怎样？……通过对各个变量对结论影响程度的依次分析，就可以确定模型对各个变量的敏感度。

因此，通过敏感性分析可以揭示致使企业亏损或项目失败的原因及关键变量。一旦这些临界变量确定下来，企业管理当局就应进行仔细分析，评估这些影响出现的可能性，并对敏感变量进行控制。

(一)本—量—利分析中有关变量下限临界值的确定

所谓本—量—利分析中有关变量下限临界值，就是可以满足企业实现盈亏临界点的各个指标的最大值或最小值，一旦这些变量超出了该临界值，企业就由盈利转变为亏损。根据本—量—利分析的基本模型，可以明确期间利润的影响因素包括：产品售价、单位产品变动成本、期间固定成本以及产销业务量。

1.销售价格下限临界值分析

根据变动成本计算法，企业期间利润的计算公式如下：

$$P=V\times(SP-VC)-FC$$

当 $P=0$ 时，企业处于盈亏临界点。根据上式可以推导出求解销售价格下限临界值 SP^* 的计算公式如下：

$$SP^*=\frac{V\times VC+FC}{V}$$

以下以简例说明。

[例 8-13] 假设 KTP 公司生产一种产品——产品 A，单位售价 200 元，单位变动成本 120 元，全年固定成本估计为 10 000 000 元，预计可实现销售量 150 000 件。

如果未来一年 KTP 公司可以顺利完成经营计划，则全年可实现利润：

$$P=150\ 000\times(200-120)-10\ 000\ 000=2\ 000\ 000(\text{元})$$

将有关数据代入上述公式：

$$SP^{*}=\frac{150\ 000\times120+10\ 000\ 000}{150\ 000}=186.67(\text{元})$$

这说明当单位产品价格一旦由 200 元下降到 186.67 元时，企业的经营利润也就由 2 000 000元下降到 0；如果价格进一步下跌，则企业将出现亏损。所以产品销售价格的下限临界值为 186.67 元，该价格对比现售价的变动程度为 6.67%$\left(=\frac{200-186.67}{200}\right)$。

2.变动成本下限临界值分析

根据前述公式，可以推导出单位产品变动成本下限临界值 VC^{*} 的计算公式如下：

$$VC^{*}=\frac{V\times SP-FC}{V}$$

以下以简例说明。

［例 8-14］　沿用例 8-13 数据，可以计算单位产品变动成本的下限临界值如下：

$$VC^{*}=\frac{150\ 000\times200-10\ 000\ 000}{150\ 000}=133.33(\text{元})$$

计算结果表明当单位变动成本上升到 133.33 元时，企业处于盈亏临界点；如果超过 133.33 元，企业将发生亏损。该下限值对比现单位产品变动成本的变动程度为 11.11%$\left(=\frac{133.33-120}{120}\right)$。

3.固定成本下限临界值分析

根据前述公式，可以推导出期间固定成本下限临界值 FC^{*} 的计算公式如下：

$$FC^{*}=V\times(SP-VC)$$

以下以简例说明。

［例 8-15］　沿用例 8-13 数据，可以计算期间固定成本的下限临界值如下：

$$FC^{*}=150\ 000\times(200-120)=12\ 000\ 000(\text{元})$$

这说明当企业的期间固定成本为 12 000 000 元时，企业处于盈亏临界点；而一旦固定成本超过 12 000 000 元，企业就由盈转亏。该下限值对比当前固定成本的变动程度为 20%$\left(=\frac{12\ 000\ 000-10\ 000\ 000}{10\ 000\ 000}\right)$。

4.产销业务量下限临界值分析

根据前述公式，可以推导出产销业务量的下限临界值 V^{*} 的计算公式如下：

$$V^{*}=\frac{FC}{SP-VC}$$

以下以简例说明。

［例 8-16］　沿用例 8-13 数据，可以计算业务量的下限临界值如下：

$$V^{*}=\frac{10\ 000\ 000}{200-120}=125\ 000(\text{件})$$

计算结果表明，当企业的产销量为 125 000 件时，企业处于盈亏临界点；当企业实现的产销量少于 125 000 件时，企业就处于亏损状态。该下限值对比现产销量的变动程度为 16.67%$\left(=\frac{150\ 000-120\ 000}{150\ 000}\right)$。

除产品售价、变动成本、固定成本和业务量外，还有诸如产品品种结构等影响企业利润的因素，这些因素的敏感性分析要略为复杂一些，但同样可以遵循该思路加以分析、计算。

(二)敏感系数分析

敏感系数分析提供了另一种进行敏感性分析的思路和方法。在企业生产过程中，产品售价、变动成本、固定成本和产销业务量的变动都会对企业的期间利润产生影响，但它们的敏感程度是不一样的。也就是说，有的因素比较敏感，较小的变化就会引起利润较大幅度变动；而有的因素的敏感程度就不那么显著，需要有较大的变动才会对利润产生较为明显的影响。

实务中，通常采用敏感系数来测度变量的敏感程度，敏感系数的计算公式如下：

$$\text{敏感系数}=\frac{\text{目标值变动百分比}}{\text{因素值变动百分比}}$$

在因素值变动百分比相同的情况下，敏感系数越大，目标值变动越大；反之，敏感系数越小，目标值的变动百分比也越小，对目标值的影响也小。

以下结合简例说明几个影响企业期间利润的因素的敏感系数。

1.销售价格敏感系数的计量

[例 8-17] 仍以例 8-13 数据为基础，假设由于市场供求旺盛，KTP 公司计划提高产品 A 的销售价格，目前有两个备选方案：方案(1)提价 5%，即由目前的 200 元/件提高到 210 元/件；方案(2)提价 10%，即由目前的 200 元/件提高到 220 元/件。

那么，两个方案下企业的期间利润 P 分别为：

方案(1)：

$$P=150\ 000\times(210-120)-10\ 000\ 000=3\ 500\ 000(\text{元})$$

方案(2)：

$$P=150\ 000\times(220-120)-10\ 000\ 000=5\ 000\ 000(\text{元})$$

对比现状，期间利润 P 的变动百分比分别为：

方案(1)：

$$\frac{3\ 500\ 000-2\ 000\ 000}{2\ 000\ 000}=75\%$$

方案(2)：

$$\frac{5\ 000\ 000-2\ 000\ 000}{2\ 000\ 000}=150\%$$

根据敏感系数计算公式，分别确定两种情况下的销售价格的敏感系数为：

方案(1)：

$$\frac{75\%}{5\%}=15$$

方案(2)：

$$\frac{150\%}{10\%}=15$$

可见，无论销售价格上涨5%或10%，销售价格的敏感系数都是15，并不受价格变动幅度的影响。

2.单位产品变动成本的敏感系数

［例8-18］ 同样以例8-13的数据为基础。假设为提高产品质量，KTP公司计划采用外购部分零部件的方案，目前有两个备选方案。而无论采用哪一个方案均会提高产品的单位变动成本，但涨幅不一样，管理层预测可能的涨幅为：方案(1)5%，即由单位产品变动成本由目前的120元/件提高到126元/件；方案(2)10%，即由目前的120元/件提高到132元/件。

那么，两个方案下企业的期间利润 P 分别为：

方案(1)：

$$P=150\ 000\times(200-126)-10\ 000\ 000=1\ 100\ 000(\text{元})$$

方案(2)：

$$P=150\ 000\times(200-132)-10\ 000\ 000=200\ 000(\text{元})$$

对比现状，期间利润 P 的变动百分比分别为：

方案(1)：

$$\frac{1\ 100\ 000-2\ 000\ 000}{2\ 000\ 000}=-45\%$$

方案(2)：

$$\frac{200\ 000-2\ 000\ 000}{2\ 000\ 000}=-90\%$$

根据敏感系数计算公式，分别确定两种情况下的单位产品变动成本的敏感系数为：

方案(1)：

$$\frac{-45\%}{5\%}=-9$$

方案(2)：

$$\frac{-90\%}{10\%}=-9$$

可见，无论单位产品变动成本上涨5%或10%，敏感系数都是-9，并不受涨幅大小的影响。

3.期间固定成本的敏感系数

[例 8-19] 继续以例 8-13 数据为基础。假设 KTP 公司计划更新设备，相应地将引起期间固定成本的增加。根据目前的两个更新方案，期间固定成本的增加幅度分别为：方案(1)5%，即期间固定成本由目前的 10 000 000 元提高到 10 500 000 元；方案(2)10%，即由目前的 10 000 000 元提高到 11 000 000 元。

那么，两个方案下企业的期间利润 P 分别为：

方案(1)：

$$P=150\ 000\times(200-120)-10\ 500\ 000=1\ 500\ 000(\text{元})$$

方案(2)：

$$P=150\ 000\times(200-120)-11\ 000\ 000=1\ 000\ 000(\text{元})$$

对比现状，期间利润 P 的变动百分比分别为：

方案(1)：

$$\frac{1\ 500\ 000-2\ 000\ 000}{2\ 000\ 000}=-25\%$$

方案(2)：

$$\frac{1\ 000\ 000-2\ 000\ 000}{2\ 000\ 000}=-50\%$$

根据敏感系数计算公式，分别确定两种情况下的期间固定成本的敏感系数为：

方案(1)：

$$\frac{-25\%}{5\%}=-5$$

方案(2)：

$$\frac{-50\%}{10\%}=-5$$

可见，无论期间固定成本上涨 5%或 10%，敏感系数都是－5，与涨幅大小无关。

4.产销量的敏感系数

[例 8-20] 依旧以例 8-13 数据为基础。假设产品 A 市场需求增加，KTP 公司计划增加产销量，根据生产部门提交的方案，存在两套增产的备选方案：方案(1)增产 5%，即由目前的年产销 150 000 件提高到 157 500 件；方案(2)增产 10%，即由目前的年产销 150 000件提高到 165 000 件。

那么，两个方案下企业的期间利润 P 分别为：

方案(1)：

$$P=157\ 500\times(200-120)-10\ 000\ 000=2\ 600\ 000(\text{元})$$

方案(2)：

$$P = 165\ 000 \times (200-120) - 10\ 000\ 000 = 3\ 200\ 000(\text{元})$$

对比现状，期间利润 P 的变动百分比分别为：

方案(1)：

$$\frac{2\ 600\ 000-2\ 000\ 000}{2\ 000\ 000}=30\%$$

方案(2)：

$$\frac{3\ 200\ 000-2\ 000\ 000}{2\ 000\ 000}=60\%$$

根据敏感系数计算公式，分别确定两种情况下的产销量的敏感系数为：

方案(1)：

$$\frac{30\%}{5\%}=6$$

方案(2)：

$$\frac{60\%}{10\%}=6$$

可见，无论产销量增加 5%或 10%，敏感系数都是 6，与增幅大小无关。

从例 8-17 到例 8-20 我们依次分析了销售价格、单位产品变动成本、期间固定成本和产销量的敏感系数。四个因素的敏感系数从大到小排列，依次是：销售价格(15)、单位产品变动成本(－9)、产销量(6)、期间固定成本(－5)。也就是说，在该经营水平上，对利润影响最大的因素是销售价格，其次是单位产品变动成本和产销量，固定成本的影响相对要小一点。

另外，我们注意到计算的销售价格和产销量两个因素的敏感系数为正值，而单位产品变动成本和期间固定成本等两个因素的敏感系数为负值。敏感系数的绝对数值说明变化的程度，而正负号表明其对期间利润的影响方向，其中正号表明因素值与目标值同向变动，而负号表明因素值与目标值呈反方向变动。

5.敏感系数与企业经营水平

在上述 4 个案例中，我们都分别假设各因素将按 5%和 10%的幅度发生变动，而计算结果都表明当企业处在相同的经营水平时，因素变动的百分比不同，敏感系数并不发生变化。但如果企业经营水平发生变化，各因素的敏感系数是否会发生变化呢？以下以简例分析说明：

[例 8-21]　假设 KTP 公司预计的产销计划不是 150 000 件，而是 140 000 件或160 000 件。那么，企业预期实现的利润就分别为 1 200 000 元和 2 800 000 元。假设，各影响因素分别上涨或增加 5%，通过上述方法可计算敏感系数如表 8-6：

表 8-6

影响因素	140 000 件			160 000 件		
	期间利润（元）	利润变动百分比	敏感系数	期间利润（元）	利润变动百分比	敏感系数
销售价格	2 600 000	116.67%	23.33	4 400 000	57.14%	11.43
销售量	1 760 000	46.67%	9.33	3 440 000	22.86%	4.57
单位变动成本	360 000	−70%	−14	1 840 000	−34.29%	−6.86
期间固定成本	700 000	−41.67%	−8.33	2 300 000	−17.86%	−3.57

可见，企业经营水平不同时，各因素的敏感系数是不一样的。总体上看，经营水平越接近盈亏临界点，敏感系数越大。

6.成本结构与敏感性分析

除经营水平外，不同因素的敏感系数也受到企业成本结构差异的影响。

[例 8-22] 假设 KTP 公司可以以两种方式来进行 A 产品的生产，一是延用原有的手工系统，二是引进一套先进的自动化系统，后者的成本结构为单位产品变动成本 80 元，年固定成本 16 000 000 元。

在现有年产销 150 000 件的水平上，两种生产模式取得的年度利润都是 2 000 000 元。但是它们的成本结构是不一样的，手工系统生产中变动成本比重大一些，贡献毛益率为 40%；而自动化系统中，以固定成本为主，贡献毛益率高达 60%。

同样假设各影响因素分别上涨或增加 5%，分别计算两种生产系统下各因素的敏感系数如表 8-7：

表 8-7

影响因素	手工系统			自动化系统		
	期间利润（元）	利润变动百分比	敏感系数	期间利润（元）	利润变动百分比	敏感系数
销售价格	3 500 000	75%	15	3 500 000	75%	15
销售量	2 600 000	30%	6	2 900 000	45%	9
单位变动成本	1 100 000	−45%	−9	1 400 000	−30%	−6
期间固定成本	1 500 000	−25%	−5	1 200 000	−40%	−8

可见，当企业成本结构发生变化时，各因素的敏感系数也发生了变化，而且敏感性的顺序也发生了变化。

尤其值得注意的是，表 8-7 中，随着固定成本的增加，销售量的敏感系数变大了。由于固定性经营成本的运用而导致销售量的较小幅度的变动会引起利润较大幅度的变动，这种现象我们称之为经营杠杆①。经营杠杆程度的大小可以用经营杠杆系数来衡量：

$$经营杠杆系数=\frac{利润变动百分比}{作业量变动百分比}=\frac{贡献毛益总额}{贡献毛益总额-期间固定成本}$$

① 有关经营杠杆的概念可参见本系列教材《企业理财学》的相关章节的具体介绍。

在例 8-22 中，KTP 公司在采用手工系统和自动化系统下的经营杠杆系数分别为：

$$经营杠杆系数_{手工系统}=\frac{150\ 000\times(200-120)}{150\ 000\times(200-120)-10\ 000\ 000}=6$$

$$经营杠杆系数_{自动化系统}=\frac{150\ 000\times(200-80)}{150\ 000\times(200-80)-16\ 000\ 000}=9$$

也就是说，当 KTP 公司的营业量增加（或减少）1%时，在手工系统和自动化系统下，企业的利润将增加（或减少）6%或 9%。自动化系统的固定成本比较高，经营杠杆系数比较大，对业务量的变动就比较敏感。

在传统的劳动力密集型企业逐步采用高新技术设备并向资本密集型过渡的过程中，产品的成本结构出现转变。随着固定成本的增加，相应地，盈亏临界点和经营杠杆也都逐步抬高。一般而言，随着高新技术、设备的应用，一方面，企业的产能将逐步扩大，因此存在比较大的盈利可能性，但是另一方面，盈亏临界点和经营杠杆也相应变大，这时如果出现市场需求下降等不确定性事件，企业承受的风险也比较大。

第三节　本—量—利分析在经营决策中的应用[①]

运用本—量—利分析作为决策工具，可以帮助企业正确决策。以下列举一些不同的决策类型以供参考。

一、不同生产方法的选择

在企业生产经营过程中，经常需要在不同的生产方法之间做出选择，如：

［例 8-23］　设某企业拟生产一种产品，市场上该种产品单位售价 20 元，现有两种加工方法可供选择，有关数据如表 8-8 所示：

表 8-8

	方法Ⅰ	方法Ⅱ
年固定成本（元）	60 000	80 000
单位产品变动成本（元）	12	10
单位产品售价（元）	20	20
单位产品贡献毛益（元）	8	10
年生产能力（件）	15 000	20 000

从表 8-8 中可见，方法Ⅰ需要的年固定成本较低，但单位变动成本较高；方法Ⅱ生产的单位变动成本较低，单位贡献毛益高一些，但需要补偿的年固定成本也多一些。两种方法各有利弊。

① 本节重点参考葛家澍、余绪缨主编：《会计学》，第十五章——“本量利分析”，高等教育出版社 2000 年版。

经计算可知，两种生产方法的盈亏平衡点分别为 7 500 件和 8 000 件，可见后一种生产方法的风险要大一些。但如果生产能力得到充分利用，方法Ⅱ每年可以创造贡献毛利 120 000 元，方法Ⅰ仅能创造贡献毛利 60 000 元，前者要好一些。

为便于分析，我们假设产量为 V，两种生产方法的期间利润 GP 可以分别确定如下：

$$GP_{I}=(20-12)\times V-60\ 000=8V-60\ 000$$
$$GP_{II}=(20-10)\times V-80\ 000=10V-80\ 000$$

当产销量为 10 000 件时，两种方法获得的利润一样；当产销量低于 10 000 件时，方法Ⅰ获得的利润高一些；而当产销量大于 10 000 件时，方法Ⅱ创造的年利润额大一些。可见，如何选择取决于企业的年产销量是大于、等于或小于 10 000 件。此间的数量关系可以通过图 8-7 具体地反映出来：

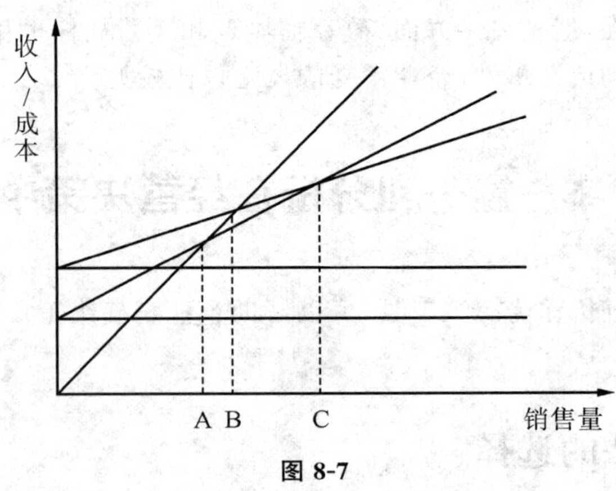

图 8-7

图中的 C 点为成本的无差异点，也就是说当年产销量处于该点时，两种生产方法实现的利润是一样的。

二、购置生产设备的选择

［**例 8-24**］ 假设某企业生产一种产品，年产 50 000 件，单位售价 30 元，产销平衡。现在企业有一更新生产设备的方案，购置成本 600 000 元，可用五年，采用直线法计提折旧。有关数据整理在表 8-9 中：

表 8-9

单位：元

	现有设备	新设备
年固定成本	320 000	400 000
直接材料	500 000	450 000
直接人工	200 000	100 000
其他变动性费用	100 000	50 000
合计	1 120 000	1 000 000

根据表 8-9,可以确定有关指标如表 8-10:

表 8-10

	现有设备	新设备
单位变动成本(元)	$\frac{500\ 000+200\ 000+100\ 000}{50\ 000}=16$	$\frac{450\ 000+100\ 000+50\ 000}{50\ 000}=12$
单位贡献毛益(元)	30－16＝14	30－12＝18
盈亏临界点(件)	$\frac{320\ 000}{14}=22\ 857$	$\frac{400\ 000}{18}=22\ 222$
安全边际(件)	50 000－22 857＝27 143	50 000－22 222＝27 778
可实现毛利(元)	27 143×14＝380 000	27 778×18＝500 000

可见,购置新设备后企业期间可实现的毛利增加了 120 000 元(＝500 000－380 000),盈亏临界点产销量也由原先的 22 857 件下降到 22 222 件,经营的风险性有所降低,因此购置新设备经济上可行。

三、租赁或购买的选择

[例 8-25] 假设某企业生产中需用一台车床,该种车床的市场价格每台 120 000 元,可用 5 年,无残值,使用该车床每月可加工零件 5 000 件,每加工一件产品需耗费运转费用 0.5 元,此外每年需支付维修费用 6 000 元。如果向外租赁该设备,每月的租金 3 000 元。企业希望分析比较两种方案的可行性。

从经济节省考虑,如果向外租赁的话,会充分利用设备的加工能力以缩短租赁期;而自购的话就没有这种考虑。假设企业对该零件的年需用量为 X。两种方案的年加工成本 TC 分别为:

自购方案:

$$TC_{自购}=\frac{120\ 000}{5}+0.5X+6\ 000=30\ 000+0.5X$$

租赁方案:

$$TC_{租赁}=0.5X+\frac{X}{5\ 000}\times 3\ 000=1.1X$$

可见选择哪一个方案与零件的年需求量有着密切的联系。两个方案的无差异点是当 $X=50\ 000$ 件时,也就是说,当企业对该零件的年需用量为 50 000 件时,自置设备与租赁设备在经济上是同样可行的;而当年需用量少于 50 000 件时,租赁方案较为经济;超过 50 000件时,则自置设备比较划算。

四、产品品种构成的选择

[例 8-26] 假设某企业运用一套生产设备生产三种可互相替代的产品,该设备的年

固定成本为 3 000 000 元。有关三种产品的资料如表 8-11 所示：

表 8-11

	单位售价	单位变动成本	单位贡献毛益
A 产品	60 元	35 元	25 元
B 产品	80 元	40 元	40 元
C 产品	100 元	60 元	40 元

市场部的调查表明市场需求总额基本稳定在 1 000 万元的水平上。为此，企业计划部门拟定了两个备选的生产方案：方案(1)和方案(2)。其中，方案(1)：生产 A 产品 60 000 件，B 产品 30 000 件，C 产品 40 000 件；方案(2)：生产 A 产品 40 000 件，B 产品 70 000 件，C 产品 20 000 件。

对于多品种生产的企业，在计算其收益情况时通常采用联合单位产品的假设，计算联合单位的贡献毛益，如表 8-12：

表 8-12

	方案 1			方案 2		
	销售比	单位贡献毛益(元)	联合单位贡献毛益(元)	销售比	单位贡献毛益(元)	联合单位贡献毛益(元)
A 产品	6	25	150	4	25	100
B 产品	3	40	120	7	40	280
C 产品	4	40	160	2	40	80
联合单位的贡献毛益(元)			430			460

可以计算两种方案的盈亏临界点分别为：

方案(1)：

$$\text{盈亏临界点销售量(实物单位)}=\frac{\text{固定成本}}{\text{联合单位产品的单位贡献毛益}}$$

$$=\frac{3\ 000\ 000}{430}=6\ 977(\text{件})$$

$$\text{盈亏临界点的销售收入}=6\ 977\times(6\times60+3\times80+4\times100)$$

$$=6\ 977\ 000(\text{元})$$

方案(2)：

$$\text{盈亏临界点销售量(实物单位)}=\frac{3\ 000\ 000}{460}=6\ 522(\text{件})$$

$$\text{盈亏临界点的销售收入}=6\ 522\times(4\times60+7\times80+2\times100)$$

$$=6\ 522\ 000(\text{元})$$

两个方案的毛利分别为：

方案(1)：

销售毛利＝(10 000－6 977)×430＝1 299 890(元)

方案(2)：

销售毛利＝(10 000－6 522)×460＝1 599 880(元)

由于方案 2 中提高了贡献毛益率较高的 B 产品的销售比重，因此在总的销售收入没有改变的情况下利润有了较大幅度的增加，盈亏临界点也相应减低。可见，合理安排企业生产的产品品种构成对提高企业经营的盈利性有重要的意义。

五、营销方案的选择

[例 8-27] 假设某企业生产三种产品：产品甲、产品乙和产品丙，具体的经营数据如表 8-13 所示：

表 8-13

	产品甲	产品乙	产品丙
销售收入	1 200 000	900 000	400 000
变动成本	800 000	700 000	340 000
贡献毛益	400 000	200 000	60 000
贡献毛益率	33.33%	22.22%	15%

根据产品品种构成选择的决策方法，企业应加强贡献毛益率较高的产品的销售比重。据此标准，本例中产品甲的贡献毛益率最高，在不考虑其他影响的情况下，增加对产品甲的宣传投入会有助于实现企业的总体利益最大化。

但在实际经济生活中，各种产品所面临的市场竞争环境是不一样的，增加广告费投放所产生的效果也是不一样的。假设产品甲是成熟产品，市场相对饱和，增加广告投入所能带来的增量收入相对有限；而产品丙属于新产品，市场前景广阔，增加广告宣传的效果会比较明显。假设在三种产品上每追加 1 元的广告费，可以产生的增量收入情况如下：产品甲是 12 元，产品乙是 36 元，产品丙是 60 元。现企业准备投入 10 000 元的广告费，结合各种产品的贡献毛益率分析如表 8-14 所示：

表 8-14

	每元广告费产生的增量收入	广告费投入	增量销售收入总和	贡献毛益率	贡献毛益增加额
产品甲	12	10 000	120 000	33.33%	40 000
产品乙	36	10 000	360 000	22.22%	80 000
产品丙	60	10 000	600 000	15%	90 000

通过表 8-14 的计算，增加对产品丙的宣传力度可以产生的增量收益最高。因此，企业的广告宣传重点应该是产品丙，而不是贡献毛益率最高的产品甲。

第四节　本—量—利分析与作业成本计算

在传统的本—量—利分析中，我们是按成本与产量的关系为成本性态分析的标准并将企业成本区分为变动性成本和固定性成本两大类。但是在学习完本书第四章有关作业成本计算（ABC）的相关内容之后，我们了解到这种单一标准分类的做法过于简单化，并可能导致错误的决策，本节中我们将在作业成本法的框架下考虑本—量—利分析。

一、ABC 下的盈亏临界点分析框架

前面说过根据成本动因的不同，企业发生的作业可以划分为四个不同层次的作业，即单位作业、批作业、产品作业和能量作业。各个层次的作业对应不同的成本动因。在 ABC 体系中，企业的总成本方程式为：

总成本＝单位作业成本分配率×单位作业量＋批作业成本分配率×批作业量＋产品作业成本分配率×产品作业量＋能量作业成本

因而，企业的期间收益为：

收益＝总收入－总成本
＝单价×产销量－（单位作业成本分配率×单位作业量＋批作业成本分配率×批作业量＋产品作业成本分配率×产品作业量＋能量作业成本）

由于单位作业层次是每生产一个单位执行一次的作业，其成本动因与产销业务量紧密相连，单位作业成本分配率就相当于传统成本计算中的单位产品变动成本。那么根据盈亏临界点的定义可以推导出 ABC 下的盈亏临界点的计算公式：

$$\underset{\text{(实物单位)}}{\text{盈亏临界点业务量}}=\frac{\text{批作业成本分配率}\times\text{批作业量}+\text{产品作业成本分配率}\times\text{产品作业量}+\text{能量作业成本}}{\text{单价}-\text{单位变动成本}}$$

对比传统的盈亏临界点分析，作业成本法框架下的盈亏临界点分析与之存在着显著的差异：

1.决策有用性不一样

由于 ABC 对成本动因的分析深入到作业层次，提供的成本信息更准确。盈亏临界点分析与 ABC 的结合，就充分利用了作业计算的分析方法，进而提供了更为准确的成本性态信息，因此，更有助于决策。

2.固定成本范畴不一样

传统的本—量—利分析将与产品产销量没有直接联系的成本均纳入固定成本范畴，而作业成本方法下则根据成本动因的差异进一步划分批层次作业和产品层次作业，这两个作业层次的成本虽然不随业务量变动，但受其他成本动因的影响，不纳入固定成本核算。在作业成本计算方法下只有能量层次的作业才属于固定成本范畴。这也提高了分析

的精确性。

3.计算公式不一样

作业计算法框架下的盈亏临界点的计算公式中包含了两项变动成本：批作业成本和产品作业成本，这一点明显有别于传统。

二、分析示例[①]

以下以简例说明作业成本计算法下的盈亏临界点分析：

［例 8-28］　假设 LCY 公司准备生产一种新产品，相关的生产包括四个层次的作业，各个层次的成本动因如下：单位作业层次—产销量，批作业层次—机器调整次数，产品作业层次—分类次数，能量作业层次以直接人工为基础分配。

那么，该公司的营业收益计算公式如下：

$$\underset{\text{（实物单位）}}{\text{盈亏临界点业务量}}=\frac{\text{机器调整作业成本分配率}\times\text{机器调整次数}+\text{分类作业成本分配率}\times\text{分类次数}+\text{能量作业成本}}{\text{单价}-\text{单位变动成本}}$$

有关的生产数据如表 8-15 所示：

表 8-15

作业动因	单位成本	作业动因成本
销售量	55 元	—
机器调整	2 000 元/次	60 次
分类	100 元/次	800 次
能量作业成本	300 000 元	
其他数据		
传统方法下的总固定成本	500 000 元	
产品单位售价	80 元/件	

LCY 公司管理当局要求计算新产品保本点的产销量。

根据传统盈亏分析方法，盈亏平衡点（保本点）产销量为：

$$\underset{\text{（实物单位）}}{\text{盈亏临界点业务量}}=\frac{\text{固定成本}}{\text{单价}-\text{单位变动成本}}=\frac{500\ 000}{80-55}=20\ 000\text{（件）}$$

根据 ABC 分析方法，盈亏平衡点产销量计算如下：

$$\underset{\text{（实物单位）}}{\text{盈亏临界点业务量}}=\frac{2\ 000\times 60+100\times 800+300\ 000}{80-55}=20\ 000\text{（件）}$$

两种方法计算的结果是一样的，差异只在于传统方法的固定成本库包括由非单位基

① 本案例重点参考 Don. R. Hansen, Maryanne M. Mowen, *Management Accounting* 4th. edition, 1997 年版。

础变动成本和与作业动因无关的固定成本组成；而 ABC 分析法下，把非单位基础变动成本分离出来，单独考虑。

假设市场调查表明短时间内该产品的产销量不足以达到 20 000 件，并认为可能的市场需求量是 18 000 件。公司经理因此要求设计人员采取措施降低成本。设计人员因此收集了传统成本数据：年固定成本 500 000 元，单位变动成本 55 元/件，其中直接材料 30 元、直接人工 20 元、变动性制造费用 5 元。为实现降低盈亏平衡点的目标，设计人员提交了一份新的设计方案，它可以使单位产品原材料消耗减少，新的单位变动成本因此下降为 50 元，盈亏平衡点计算如下：

$$\frac{\text{盈亏临界点业务量}}{\text{(实物单位)}}=\frac{\text{固定成本}}{\text{单价}-\text{单位变动成本}}=\frac{500\ 000}{80-50}=16\ 667\text{(件)}$$

企业因此预期可实现大约 40 000 元[＝(18 000－16 667)×(80－50)]的利润，但是实施一年后，总经理却发现该产品并未实现盈利，反而出现了亏损。这时公司的财务顾问利用 ABC 方法分析并解释了该问题。

财务顾问通过分析得知 LCY 在进行技术变革之前的成本方程式如下：

$$\text{总成本}=55\times\text{产销量}+2\ 000\times\text{机器调整次数}+100\times\text{分类次数}+300\ 000$$

财务顾问同时注意到新的设计方案虽然降低了材料的单耗，但是提高了生产的复杂性，使机器调整次数增加了 20%，并使每次的分类费用增至 140 元，因此新的成本方程式为：

$$\text{总成本}=50\times\text{产销量}+2\ 000\times\text{机器调整次数}+140\times\text{分类次数}+300\ 000$$

新的盈亏平衡点产销量计算如下：

$$\frac{\text{盈亏临界点业务量}}{\text{(实物单位)}}=\frac{2\ 000\times72+800\times140+300\ 000}{80-50}=18\ 533\text{(件)}$$

ABC 方法与传统成本计算方法并不是导致企业亏损的根本原因，技术人员在进行技术革新的时候也许注意到了机器调整次数的增加和分类成本的上升，但是传统的成本计算方程式转移了他们的注意力，使他们忽略了这些成本的变动。传统的以直接人工(或其他基础)的成本计算方程式使他们认为材料单耗的下降不会影响固定成本，因此新技术可以降低企业总成本。但是财务顾问通过 ABC 法分析后发现减少材料耗用将使机器调整次数和分类成本增加，新方案并不可取。

可见，与 ABC 结合之后，盈亏临界点的分析可以提高信息的有用性。

思考题：

1.什么是本—量—利分析？进行本—量—利分析有何意义？

2.什么是盈亏临界点分析？盈亏临界点销售量的计算模型有哪些？

3.什么是安全边际？它与盈亏临界点关系如何？

4.如何绘制盈亏临界图？

5.多品种的盈亏分析方法主要有哪些？

6.请阐述销售价格、单位变动成本、固定成本和业务量变动对盈亏临界点的影响。
7.产品结构变动为什么会引起盈亏临界点变动?
8.什么是敏感性分析?进行盈亏临界点的敏感性分析有何意义?
9.如何计算各因素的敏感系数?
10.企业的成本结构对企业敏感性分析有何影响?
11.如何利用本—量—利分析进行经营决策?
12.请阐述作业成本计算体系下盈亏分析的特点。

第九章 短期经营决策

本章学习目标

1.理解决策的概念,掌握管理会计信息在企业决策中的作用和意义

2.理解短期决策和长期决策的区别及其所应用分析工具的差异

3.理解确定型决策、风险型决策和不确定型决策的差异

4.理解独立方案和互斥方案的异同

5.掌握企业决策的一般程序

6.掌握基于相关成本分析的短期决策方法

7.掌握成本加成定价、目标成本定价和产品生命周期定价策略

8.掌握 ABC 等存货管理的传统方法

9.理解 MRP、JIT 等方法在企业经营管理上的意义

第一节 决策概述

一、决策的意义

所谓决策,指的是为了实现一定的目标而从若干备选方案中选取一个最优方案的过程。

决策是企业管理当局的主要职责。“管理的重心在经营,经营的重心在决策”的观念已被管理理论界和实务界所普遍接受。

1978年诺贝尔经济学奖获得者、美国著名经济学家西蒙(Herbert A.Simon)教授认为,组织就是由大大小小的决策者所组成的系统,决策居于经营管理的核心地位并贯穿于企业管理的整个过程。他指出,所谓管理就是"决策—执行—再决策—再执行"的不断反复行进的反馈过程。

为决策提供切实可靠的及时、有用的信息是管理会计的首要任务。市场经济条件下,企业经营的外部环境瞬息万变,这在很大程度上增加了决策的难度。经验表明,决策的正确性在很大程度上取决于决策前信息收集的完整性和决策前计算、分析的科学性。而决策一经确定,还要编制相应的预算,通过预算控制,促使企业实现经营目标。

二、企业经营决策的分类

根据不同标准,企业经营的决策可以进行不同的分类。

(一)根据决策期的长短分类

根据决策期长短的不同,企业经营决策可以区分为短期决策和长期决策。

1.短期决策

短期决策,指主要涉及一年以内的有关经营活动、并只对短期的收支和盈亏产生影响的决策类型,具体如生产决策、营销决策、定价决策等。这些决策一般并不涉及大量资金的投入,考虑较多的是如何有效利用组织现有的人、财、物资源以取得最优经济效果的问题。

进行短期决策的分析和评价,重点在于考察不同方案对成本、利润的影响。由于决策期较短,因此一般不考虑货币的时间价值①。

2.长期决策

长期决策,又称资本支出决策、生产能力决策或投资决策,是短期决策的对称。它通常需要涉及较大量的资金投入,并可能对企业较长期间的收支和盈亏产生影响,典型的长期决策包括固定资产的购置、改扩建、更新,新产品开发等。就特点来看,首先,长期决策主要是为了满足企业生产经营的长期需要,投资金额比较大,因此不能由当年的产品销售得到完全补偿,属于资本支出范畴;其次,由于影响的期间比较长,因此须认真分析比较各种方案的社会、经济效益。长期决策的正确与否直接关系到企业未来能否保持良好的经营状态和竞争力。

进行长期决策的分析和评价时需要特别重视货币的时间价值因素和风险对投资方案的影响。

(二)根据决策支持信息的特点分类

根据决策时决策者所掌握信息的不同,决策可以区分为确定型决策、风险型决策和不确定型决策。

---

① 有关货币时间的概念和计算方法参见下一章。

1.确定型决策

所谓确定(certainty),是指与决策相关的客观条件、自然状态和现金流量都是确定、已知的,不存在任何未知和不确定的因素。如在生产预测中,各个时期的产量、变动成本、固定成本、废品率等,都是确定的,并可以以具体的数值表现出来。

对于确定型决策,决策相对比较容易,决策者可以根据完全确定的情况和数据选择最有利的方案。

2.风险型决策

所谓风险,是指与决策相关因素的未来状况不能完全确定,但可以明确知道各种可能的结果及各种可能结果出现的概率。与之相对应的风险决策类型称为风险型决策。

3.不确定型决策

所谓不确定(uncertainty),是指虽然知道决策相关因素可能出现的结果、但不知道各种可能结果出现的概率,或二者都不知道的情况。如在新产品试验前,我们知道结果只有成功和不成功两种可能,但在最终结果出来之前我们并不能明确知道成功与不成功出现的具体概率是多少。

与不确定相对应的决策类型称为不确定型决策,对于不确定型决策需要采用有别于确定型决策的、特殊的决策方法。

(三)根据决策项目间的关系分类

根据决策项目之间关系的不同,决策可以区分为独立方案决策、互斥方案决策和优化组合方案决策。

1.独立方案决策

所谓独立方案决策,是指方案相对独立存在,不受其他方案影响的决策类型,如企业是否接受特殊订货的决策就属于这种决策类型。企业进行独立方案决策时只需要考虑方案本身的可行性即可,而不需要进行方案间的选优。

2.互斥方案决策

所谓互斥方案,是指多个互相排斥、不能同时并存的投资方案,如租赁或举债购买的决策就属于这种决策类型。进行互斥方案决策就是要在确定各个备选方案已具备财务可行性的基础上,再利用决策方法比较方案间的优劣,进而选取最优方案。

3.优化组合方案决策

所谓优化组合方案决策,是指涉及的若干方案可以同时进行,但在条件约束下,需要考虑方案间的优化组合以实现企业效益最优的决策。如生产能力有限的情况下,如何生产不同产品的组合决策就属于该决策类型。

(四)根据投资对象分类

根据投资对象的不同,决策主要可以区分为项目投资决策和金融资产投资决策等。

1.项目投资

项目投资指以特定项目为投资对象。工业企业的项目投资主要包括以新增生产能力为目的的新建项目投资和以恢复或改善生产能力为目的的更新改造项目两大类,前者属于外延扩大再生产的范畴，后者属于内涵扩大再生产的范畴。

其中，新建项目投资还可以进一步细分为单纯固定资产投资和完整工业项目投资。单纯固定资产投资的特点在于，投资只考虑为取得固定资产而发生的资本投入，而不包括流动资金的垫付等；完整工业项目投资不但包括固定资产投资，而且包括流动资产投资，有时还要考虑相应的其他长期资产（如无形资产）的投资。

2.金融资产投资

金融资产投资是指以证券等金融资产为对象的投资。金融资产投资不属于本书介绍的重点，具体内容可参见本系列教材《财务管理》一书的相关章节。

（五）其他分类

企业的经营决策除上面介绍的几种分类方法外，还可以根据其他标准进行分类。如，按决策的重要性可以区分为战略性决策和战术性决策；根据决策的层次可以区分为高层决策、中层决策和基层决策；根据决策目标的多寡可以区分为单一目标决策和多目标决策等等。不同类型的决策所考虑的因素有所不同，应用的决策方法也要有所差异。

三、决策的一般程序

为了实现企业的经营目标，经营决策并不单纯地只是进行方案选优的过程，决策的正确与否、有效性如何，在很大程度上取决于决策全过程的工作质量。西蒙教授认为任何决策的过程主要都包括以下五个步骤：(1)确定决策目标；(2)提出可能的备选方案；(3)选取满意方案；(4)组织实施所确定的方案；(5)信息反馈。分述如下：

（一）确定决策目标

目标不但是决策的宗旨，而且是评价方案有效性、可行性、优劣的最终标准，因此，确定决策的目标是决策全过程的起点和终点。企业的目标系统是一个由总目标和逐层分解的子目标构成的多层次的复杂体系。确定决策的目标就是要根据企业的内外部环境，明确决策所要解决的问题、要达到的目的。

具体决策目标的确定，一要有针对性，即要根据企业面临的问题和机会，切中要害，抓住解决问题的突破口；二要有可操作性，即应当设置能够衡量目标是否实现的某个或某些具体标准；三要有系统性，即要从企业经营的全局看待个别问题的决策，整体利益为上、局部利益为次，长期利益为上、短期利益为次；四要有可行性，即目标的确定应以企业的现有资源为基础，要符合法律规范。

（二）提出可行的备选方案

决策目标确定后，要在相关信息收集的基础上提出可行的备选方案。决策过程就是一个选择过程，如果针对问题只拟订一个方案，那么选择就无从谈起，也无从比较方案的优劣。企业实践中，除个别紧急情况外，都要求准备多个备选方案，并尽可能打破习惯思维的框框，提出有创见的方案。

在信息收集的过程中不但要注意财务信息、定量信息的收集，而且要重视非财务信息、定性信息的收集。收集的信息越全面，正确决策的可能性越高。

(三)选取满意的方案

本环节是决策过程的关键。虽然俗语说“条条大路通罗马”，但是各种方案所需的代价、承担的风险是不一样的，因此不同方案的优劣程度也不一样。决策就是在备选方案中选择适宜企业长期健康发展的满意方案。

传统决策理论要求实现“最优”决策，但西蒙教授认为受决策者有限理性和信息收集的成本效益的限制，要求做到“最优”是不现实也是不必要的，他进而提出以“满意解”替代“最优解”为决策准则，即决策中只要求寻找到满足主要目的的、满意的方案即可，而不必一味追求最优的、不现实的方案。

(四)组织实施所选取的方案

方案确定后，企业就将着手组织方案的实施，一方面将其纳入企业的计划和预算，另一方面确定相应的责任人，配置相应的资源，下达应实现的具体目标。

(五)信息反馈

决策过程同时是一个不断进行的信息反馈的过程。在决策执行过程中，执行人应定期报告项目的进展，并针对进程中出现的预料之外的环境变化和执行中出现的问题，及时反馈，随时调整，甚至修改原先的决策方案，使之适应客观环境的变化和内部经营的要求。在方案实施结束后，也要进行事后检查监督，将结果与目标进行比较，揭示出现偏差的原因，一方面为未来决策积累经验，另一方面也为业绩评价提供依据。

虽然本书的论述中侧重于投资方案的财务可行性分析与比较，但是决不应因此就忽视非财务因素对决策的影响。有很多从财务角度看是可行的方案，考虑非财务因素的影响后就变成不可行的了。可能影响决策的非财务因素主要包括：法律、法规因素，伦理道德因素，政治因素，质量因素，利益冲突与代理问题等等。

第二节　基于相关成本分析的短期经营决策

本节所介绍的内容主要涉及相关成本概念在决策中的应用，决策重点在于比较不同方案的相关成本和相关收益。

一、特殊订货决策

这里所谓的特殊订货(special orders)，是指在企业生产能力尚有剩余的情况下，以优惠的价格(低于正常价格)接受客户一定批量的订货。根据是否需要追加投入，特殊订货决策可以区分为不必追加投入的特殊订货决策和需要追加投入的特殊订货决策两类，分述如下：

(一)不必追加投入的特殊订货决策

所谓不必追加投入的特殊订货决策，就是指企业不必为了接受特殊订货而发生诸如追加固定设备投入等的额外投入。以下以简例说明：

［**例 9-1**］　假设 LCM 公司生产并在国内销售一种电话机，目前企业对外的批发价为 40 元/部，有关的单位成本计算如表 9-1：

表 9-1　电话机的单位成本计算表

单位：元

	单位成本
变动成本	
直接材料	24
直接人工	3
销售佣金	1
其他变动性费用	2
固定成本	
管理人员工资	0.5
折旧费	4.5
每部电话机成本	35

目前 LCM 公司的生产能力尚有剩余，可进一步加以利用。现有一外贸公司要求按每部 30 元的价格订购 200 000 部该产品销往海外市场。由于该客户是主动联系的，因此 LCM 公司不必支付销售佣金。

财务部门对此订单进行了专门的分析：表面上看，30 元/部的价格远低于 LCM 公司目前 40 元/部的批发价格，且表 9-1 的成本计算资料也显示该定价尚不足补偿每件产品 35 元的成本，似不应接受该批订货。但考虑到企业还有部分闲置的生产能力，此外变动成本中的佣金也是不相关成本，因此 LCM 公司的财务人员针对该批特殊订货作相关成本分析如表 9-2 所示：

表 9-2　成本分析表

单位：元

		增量收益
增量收入	200 000×30	6 000 000
直接材料	200 000×24	(4 800 000)
直接人工	200 000×3	(600 000)
其他变动性费用	200 000×2	(400 000)
合计		200 000

表 9-2 的分析结果表明,LCM 公司可以接受该笔追加订货。

以低于成本的价格接受特殊订货仍有利可图,原因在于与企业闲置生产能力相关的固定成本属于沉落成本,不管是否接受特殊订货,这部分成本都已发生,是决策的非相关成本。此外,本例中,销售佣金也属非相关成本。由此可见,通过对相关收入和相关成本的正确分析将有助于企业正确决策。

(二)需要追加投入的特殊订货决策

所谓需要追加投入的特殊订货决策,就是指企业为了接受特殊订货需要发生诸如追加固定设备投入等的额外投入。在分析这类决策的可行与否时需要将追加投入的成本纳入分析框架才能够得出准确的结论。以下以简例说明:

[例 9-2] 假设例 9-1 中,LCM 公司为接受该笔特殊订货需专门定制一批特殊的模具,购置价格 250 000 元。该追加投入是否会影响这批特殊订货的可行性呢?

财务部门认为,由于在模具上的追加投入是决策的相关成本,因此应加以考虑。决策的相关成本分析如表 9-3 所示:

表 9-3 相关成本分析

单位:元

		增量收益
增量收入	200 000×30	6 000 000
直接材料	200 000×24	(4 800 000)
直接人工	200 000×3	(600 000)
其他变动性费用	200 000×2	(400 000)
追加投资		(250 000)
合计		(50 000)

通过分析可见,在需要追加投入的情况下接受该笔特殊订货就变得不可行了。

一般来说,接受特殊订货必须具备以下几个条件:

(1)企业须有多余的生产能力,接受订货后不必进行大量的固定资产投资;

(2)特殊订货的价格可以低于正常价格,但不能低于变动性制造成本;

(3)接受特殊订货后不能影响企业的正常销售。如,本例中的客户不是将订购的产品销售到 LCM 公司尚未开发的海外市场,而是投放于国内市场,那么就可能会引起 LCM 公司既有市场的价格混乱,公司可能会得不偿失。这一点是进行特殊订货决策过程中应充分重视的。

二、联产品直接销售或进一步加工决策

所谓联产品(joint products),是指从同一种原材料通过同一生产过程生产出的两种或两种以上具有较大经济价值的产品。如,炼油厂在原油提炼过程中同时分离出汽油、煤油、柴油等。联产品分离的瞬间称为分离点(split off point),分离点之前发生的成本是联

产品生产的共同成本，并按一定标准在各联产品间分配；分离点后发生的成本属于各产品的分属成本。

有些联产品可以在分离点出售，也有部分可以在进一步加工后出售。决定出售或进一步加工是联产品生产企业及部分多步骤生产企业经常面临的一项重要决策。以下以简例说明：

[**例 9-3**]　SUG 糖果公司在每批巧克力的生产过程中可以同时生产出一等品 800 公斤和二等品 200 公斤，生产的联合成本为 20 000 元。两种产品均可直接出售，价格分别为 40 元/公斤和 25 元/公斤；也可以进一步加工成夹心巧克力后出售，每公斤一等品追加 15 元的投入后可以加工成 1.4 公斤的夹心巧克力，每公斤二等品追加 20 元的投入后可以加工成 1.35 公斤的夹心巧克力。夹心巧克力每公斤售价 38 元。

在直接出售或加工后出售的决策中，联合生产的成本 20 000 元是非相关成本，只有分属成本才是决策的相关成本。而联产品进一步加工是以放弃直接销售为代价的，因此直接销售的收入可以看作是加工后销售方案的机会成本，分析概括如表 9-4 所示：

表 9 4

	一等品	二等品
加工后销售收入	38×800×1.4＝42 560	38×200×1.35＝10 260
减：分属成本	800×15＝12 000	200×25＝5 000
机会成本	800×40＝32 000	200×20＝4 000
差别利润	(1 440)	1 260

表 9-4 的分析结果表明，一等品应直接销售，而二等品在进一步加工后销售经济上更可行。

三、自制或外购决策

所谓自制或外购决策，是指分析决定某一产品/半成品应由公司自行制造或向外部市场购买的决策。根据分析问题的出发点不同，自制或外购决策可能是企业的短期决策内容，也可能是企业的长期决策范畴。

(一)作为短期决策的自制或外购决策

作为短期决策范畴的自制或外购决策，就是相关的决策对象并不会影响到企业的战略也不影响企业的核心竞争力，因此只需要分析决策的短期财务可行性即可。在考察这类决策的财务可行性时，多以相关成本分析作为主要的决策工具。以下以简例说明：

[**例 9-4**]　假设 LIQ 公司每年需用一种零部件 100 000 件，如果外购，其市场价格为 23 元/件，同时单件产品运费、保险费合计 1 元。目前，该公司尚有部分剩余生产能力可供制造该零件。预计的制造成本如表 9-5 所示：

表 9-5

直接材料	12
直接人工	5
制造费用	
变动性制造费用	4
固定性制造费用	7
合计	28

在本例决定自制或外购的决策时，乍看之下应该外购，因为外购单价比自制单件生产成本低了 5 元/件，即使考虑了外购件的运费和保险费后还是要便宜得多。但考虑到表 9-5 中的固定性制造费用是决策的非相关成本，无论企业是否自制该部件，这部分成本都要发生，也就是说该决策的相关成本只包括零件生产的各项变动性成本（直接材料、直接人工和变动性制造费用）。根据上面的分析，可归纳如表 9-6：

表 9-6

	单件		100 000 件	
	自制	外购	自制	外购
外购成本		23		2 300 000
外购运费、保险费		1		100 000
直接材料	12		1 200 000	
直接人工	5		500 000	
变动性制造费用	4		400 000	
成本合计	21	24	2 100 000	2 400 000
自制可节约的差额	3		300 000	

通过表 9-6 的分析结果可见，该企业应自行生产所需的零件。

不过在进行自制或外购决策时，有时还需要考虑机会成本。以下再以一例进一步说明：

[例 9-5] 承上例，假设 LIQ 公司销售部门此时接到一特殊订货，要求利用剩余生产能力生产 30 000 件产品 A，每件产品边际贡献 20 元。如果企业利用这些剩余的生产能力来生产零部件的话，就必须放弃该特殊订货，因此，特殊订货所能产生的边际贡献 600 000元，就是该方案的机会成本，属于决策的相关成本。

重新做自制与外购的相关成本分析如表 9-7 所示：

表 9-7

	自制	外购
外购成本		2 300 000
外购运费、保险费		100 000
直接材料	1 200 000	
直接人工	500 000	

续表

	自制	外购
变动性制造费用	400 000	
机会成本	600 000	
成本合计	2 700 000	2 400 000
自制可节约的差额	(300 000)	

可见,在考虑到存在特殊订货机会带来的机会成本的情况下,上述的自制方案就变得不可行了。

(二)作为企业战略的自制或外购决策①

前面对自制或外购决策的分析是立足于短期决策角度的,但从企业长期发展的战略角度来看,自制或外购决策属于产业链纵向整合的范畴,财务并非是唯一重要的因素。某些从财务上不甚合算的自制产品,由于其涉及企业的长期战略决策,放弃自制的话会影响到企业的战略优势,因而,即使在财务方面看来自制是不合算的产品或中间产品,企业也会选择自行生产。

作为企业战略的自制或外购决策,应从确定企业的战略取向入手,通过价值链分析,辨识企业战略的核心活动,同时结合企业相对竞争地位分析,综合各个方面信息作出应该自制或外购的决策。具体的决策步骤如图 9-1 所示②:

四、亏损分部、亏损产品的取舍决策

如果企业的某个分部或产品线持续亏损,企业就必须做出是否撤销该分部或产品线的决策。本书第七章介绍的以变动成本为基础编制的分部报告可以为该决策提供有用的支持信息,但具体的决策还有赖于相对成本分析方法。以下以简例说明:

[例 9-6]　让我们再回顾第七章例 7-4 并以表 7-9 为分析基础。在按变动成本计算法编制分部报告之前,显示器分部出现了 220 000 元的亏损,但如果因此就做出撤销显示器分部的决策,企业整体利润不但没有增加反而由盈利变成亏损了。具体分析,原因在于撤销显示器分部后,该部门分摊的 700 000 元的共同固定性制造费用(厂房折旧)和 120 000元的共同销售及管理费用(品牌广告费用)是该决策的非相关成本,在撤销显示器分部后该部分费用并没有消失,而显示器分部提供的 600 000 元的分部毛益却消失了。通过分析显示,撤销显示器分部后丧失的相关收益大于节约的相关成本,撤销决策得不偿失。

---

①　自制或外购决策实际上是一个牵涉面相当宽的决策,即使是下面所介绍的内容也只涉及了该问题很小的一个侧面。

②　本图引自陈亚盛:《战略管理会计》,厦门大学会计系硕士论文油印本,1999 年。

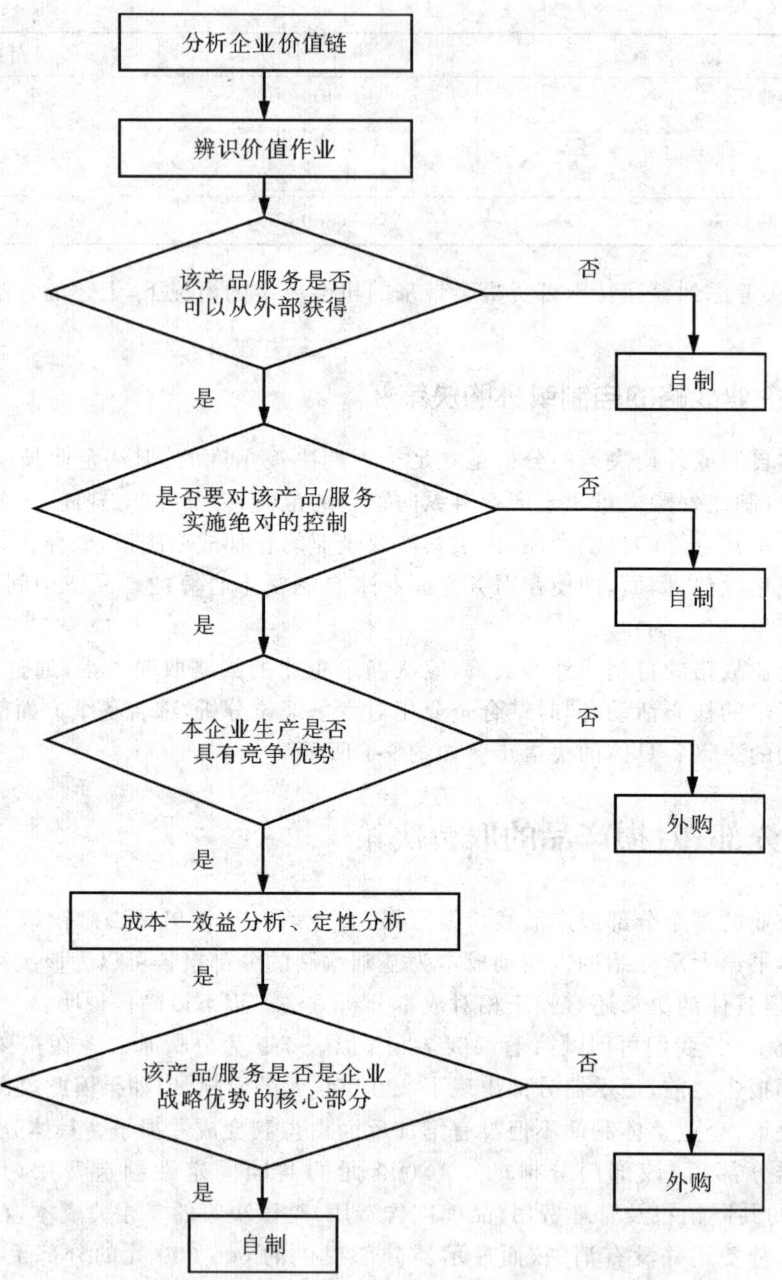

图 9-1　作为企业战略的自制或外购决策

五、作业成本计算与短期经营决策

作业成本计算可以提供更准确的成本信息，但这些信息是如何影响企业的短期决策呢？下面以一个特殊订货决策为例做简要说明：

［例 9-7］ ①假设 LCM 公司生产并在国内销售一种电话机，企业对外的批发价为 40 元/部。现有一客户提出按 30 元/部的价格订购 200 000 部电话机的特殊订单，公司市场部经理根据相关成本分析的结果，认为应该接受该订货，因为制造单位成本中有相当一部分属于非相关成本，企业将通过该笔特殊订货获利 200 000 元。

而公司的管理会计师了解到该情况后，对公司及该特殊订货做了进一步的分析。分析显示企业满负荷运转情况下的传统成本计算表如表 9-8：

表 9-8

项目	金额
变动性制造成本	
动力费	1 500 000
设备维修	1 500 000
辅助材料	1 000 000
合计	4 000 000

$$变动性制造成本分配率=\frac{4\ 000\ 000\ 元}{200\ 000\ 直接人工小时}=20\ 元/小时$$

项目	金额
固定性制造费用	
厂房折旧	4 500 000
机器折旧	2 000 000
产品设计	500 000
材料订购费用	200 000
材料保管费用	800 000
检验费用	1 000 000
管理人员工资	1 000 000
合计	10 000 000

$$固定性制造成本分配率=\frac{10\ 000\ 000\ 元}{200\ 000\ 直接人工小时}=50\ 元/小时$$

项目	金额
单位产品成本	
直接材料	24
直接人工(0.1 小时×30 元/小时)	3
单位产品销售佣金	1
变动性制造费用(20 元/小时)	2
固定性制造费用(50 元/小时)	5
合计	35
特殊订货成本分析	
直接材料	24
直接人工	3
变动性制造费用	2
追加成本	
合计	29

① 阅读本案例时可参阅［例 9-1］。

他同时又以作业成本计算法做了另一份分析报告，如表 9-9 所示：

表 9-9

作业项目	费用预算	成本率/成本动因	特殊订货分摊成本
单位作业			
动力费	1 500 000	7.5 元/机器小时	7.5×20 000=150 000
设备维修	1 500 000	7.5 元/机器小时	7.5×20 000=150 000
辅助材料	1 000 000	5 元/机器小时	5×20 000=100 000
机器折旧	2 000 000	10 元/机器小时	10×20 000=200 000
批作业			
产品设计	500 000	10 000 元/类	10 000×2=20 000
检验费用	1 000 000	20 000 元/批	20 000×10=200 000
产品作业			
材料订购费用	200 000	1 000 元/订单	1 000×4=4 000
材料保管费用	800 000	4 元/保管小时	4×10 000=40 000
能量作业			
厂房折旧	4 500 000		
管理人员工资	1 000 000		
合计	14 000 000		864 000
特殊订货成本分析			
直接材料			24×200 000=4 800 000
直接人工			3×200 000=600 000
制造费用			864 000
合计			6 264 000
特殊订货收入			30×200 000=6 000 000
差异			(264 000)

可见，在管理会计师利用作业成本分析后，本来看起来有利可图的特殊订货变成是一笔不利的交易了。

通过本例，我们又一次看到传统方法和作业成本方法得出了不同的结论，原因何在？相关成本概念并没有出错。上面两个例子都致力于相关成本分析，差异在于作业成本方法在区分成本的相关与非相关时具有更深层次的分析能力。传统方法将所有的固定成本都看作是非相关的；而在作业分析法下，由于采用多成本动因分析，部分固定成本丧失了固定成本的特性，已经属于变动成本，同时也就属于决策的相关成本了。

同样道理，作业成本分析方法也可以应用于诸如自制或外购、联产品决策等，并可以有效提高决策的精确度。

第三节 产品定价决策

一、产品定价的基本原理

并非所有的企业都拥有产品或服务的定价自主权。对于完全竞争的企业而言，价格是由市场供求关系决定的，图 9-2 表示了这种关系：供给曲线是向上倾斜的，这表明价格越高，生产者愿意提供越多的产品；但需求曲线是向下倾斜的，这表明随着价格的上升，市场需求逐步下降；在两条曲线的交点，市场供需达到均衡，该点的价格即为均衡价格。如果企业定价高于市场均衡价格，顾客不愿意购买；如果定价低了，企业不愿意生产。因此这部分企业多采取追随定价策略。

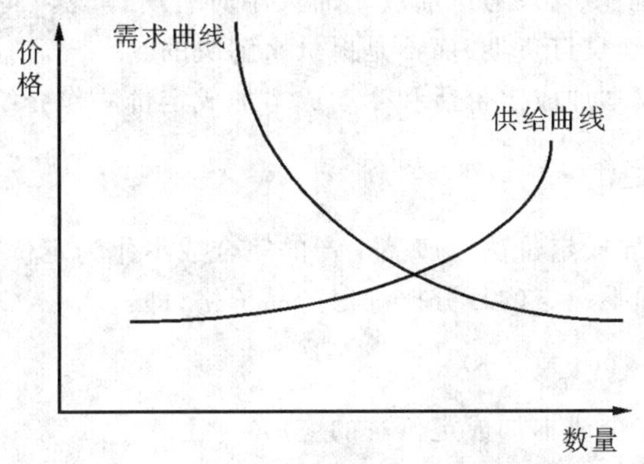

图 9-2 完全竞争市场上的价格决定

但包括垄断厂商和高度顾客化厂商在内，有相当一部分企业在价格调整上仍拥有相当的自主权。不过对这些企业而言，由于市场结构和企业目标之间存在多种可能的组合，因此从理论上推导产品或服务的定价框架虽然具有广泛的适用性，但却是一个艰巨的任务，甚至是一个不现实的任务。[①]

虽然大部分的企业都希望通过定价决策实现企业的财富最大化，但并不意味着所有企业都应共用一种定价模型，实务中的定价方法多种多样，以下介绍几种实践中常用的定价方法。

二、成本加成定价

成本加成定价的出发点是产品售价应足以补偿产品生产、销售过程中所发生的成本，

① Alan Griffiths，Stuart Wall，*Applied Economics*，中译本，中国经济出版社 1997 年版。

并能提供合理的利润。以公式表示如下：

价格＝成本×(1＋加成率)

影响成本加成定价结果的主要因素包括：

(1)成本基础。有的企业以完全成本作为加成的基础，而有的企业只把变动成本作为加成基础，因此，成本加成定价法又区分为完全成本加成定价和变动成本加成定价。这两种方法的区别在于对固定成本采取了不同的补偿方式。

(2)业务量水平。由于产品生产的固定成本和变动成本会随着产量变动而变动，因此如何确定合理的产销量水平，是运用成本加成定价法时应慎重考虑的问题。

(3)加成率。根据产品的特性、市场的竞争、行业的惯例，不同产品、行业适用不同的加成率。同时，有的企业会确定一个相对稳定的加成率，而有的企业会根据企业目标和市场环境的变化不断调整加成率。

成本加成定价法认为成本是影响价格的主要因素，生产者在价格决定过程中发挥主导作用，需求者的影响至多只在考虑加成率的大小时有所体现。而一旦出现市场需求增加的现象，企业是通过延长订货期、而不是提价来解决的。

以下分别就完全成本加成定价法和变动成本加成定价法作介绍：

(一)完全成本加成定价

如前述，完全成本加成定价法以产品生产的完全成本作为定价基础，具体做法就是以产品制造成本为基数加乘一定的百分比确定产品价格，即：

价格＝完全成本×(1＋加成率)

以下以简例说明完全成本加成定价法的应用：

[**例 9-8**]　假设 CLL 公司新投产一种产品——产品 A，预计年产销量 200 000 件。有关成本、费用的预测如表 9-10：

表 9-10

	单位数	合计数
直接材料	18	3 600 000
直接人工	6	1 200 000
变动性制造费用	3	600 000
固定性制造费用	9	1 800 000
合计	36	7 200 000

通过表 9-10 的分析可知该产品的单位制造成本为 36 元。经研究决定，在制造成本的基础上加成 40％作为产品的目标售价，则产品 A 的报价单如表 9-11 所示：

表 9-11

项目	金额
直接材料	18
直接人工	6
变动性制造费用	3
固定性制造费用	9
单位产品制造成本合计	36
成本加成(40%)	14.4
目标售价	50.4

除上述的以完全制造成本为定价基础的做法外，也有的企业以包括完全制造成本、销售费用、管理费用在内的所有成本为定价基础，加成率亦相应降低。不过这种做法不利于企业控制销售费用、管理费用，存在一定的弊端。

另外，由于完全成本无法在企业生产经营的本—量—利之间建立明确的联系，管理人员难以预测价格和销售量变动对利润的影响，因此相当一部分企业选择以变动成本为基础的成本加成定价方法。

(二)变动成本加成定价

变动成本加成定价法的原理和具体决策过程与完全成本加成定价法基本类似，不同点在于采用了不同的成本基础。变动成本加成定价法的计算公式如下：

价格＝变动成本×(1＋加成率)

根据变动成本内涵的不同，既可以以变动性制造成本为定价基础，也可以以包括变动性制造成本、变动性销售管理费用在内的全部变动性成本为基础①，通常而言前一种方法确定的加成率要高于后者。

以下以简例说明变动成本加成定价法的应用：

［例 9-9］ 沿用上例，假设公司决定在变动成本的基础上加成 68%制定产品 A 的批发价格，则相关的成本计算和定价过程如表 9-12：

表 9-12

项目	金额
直接材料	18
直接人工	6
变动性制造费用	3
变动性期间费用	3
单位产品变动成本合计	30
成本加成(68%)	20.4
目标售价	50.4

① 以变动性制造成本、变动性销售费用和变动性管理费用为基础的变动成本加成定价法有时也称作贡献毛益定价法(contribution pricing)。

[例 9-8]、[例 9-9]中两种方法的定价结果相同，但加成比例不同，需要补偿的内容也不一样。完全成本加成定价法下，加成部分需要补偿企业经营的管理费用和销售费用；而变动成本加成定价方法中，加成部分需要先补偿企业生产经营过程中发生的各项固定性费用，补偿后的剩余部分才构成企业的经营利润。

加成率的确定是成本加成定价法的难点，常见的做法是在确定目标利润后倒推加成率，计算公式如下：

$$\text{完全成本加成定价法加成率}=\frac{(\text{投资额}\times\text{预期投资报酬率})+\text{非制造成本或费用}}{\text{产销量}\times\text{单位产品制造成本}}$$

$$\text{变动成本加成定价法加成率}=\frac{(\text{投资额}\times\text{预期投资报酬率})+\text{固定成本}}{\text{产销量}\times\text{单位产品制造成本}}$$

(三)作业成本计算对成本加成定价的影响

以作业成本计算法核算的成本为基础进行成本加成定价，并没有改变定价方法的实质；但由于作业成本计算可以提供更为准确的企业生产成本资料，因此可以提高企业定价决策的科学性。

在进行初步的作业成本分析之后，公司往往能将那些特殊化的、顾客化的和豪华产品的价格提高 50%或更多。相反地，那些高产量的普通产品的成本就会下降，而且成熟产品的成本可能会下降 5%到 8%。虽然这样的成本下降看上去不是很大，但是高产量的产品通常在竞争市场上销售，而在这里达到 3%～5%的边际增长都是非常难的①。

成本加成定价法的历史悠久，至今仍被相当一部分企业所广泛采用。黑格(Hague)等人的调查结果表明，产品的价格大体上等于社会平均成本与社会平均利润之和。但就大部分企业的具体实践而言，成本只是确定了价格底限，即企业要持续经营的话，价格就须高于该“最低价格”，不过多数企业在定价过程中要考虑的因素还很多。

三、目标成本定价

目标成本定价的出发点与成本加成定价正好相反，它假定企业已经知道产品的市场价格，再倒推可以实现目标利润的目标成本。其公式如下：

$$\text{目标成本}=\text{单位产品价格}-\text{税金}-\text{目标利润}$$

结合第五章所述内容可知目标成本定价是一种由价格倒推成本的做法，具体的操作步骤如图 9-3 所示。

欧美国家的许多公司广泛采用该方法进行新产品定价。第五章所介绍的邯钢经验也反映了该定价思想。邯钢经验以“模拟市场核算，实行成本否决”为核心思想，“1990 年钢铁行业面临严重困难……当时邯钢连续 5 个月亏损，28 种产品有 26 种亏损……在这种

---

① 罗伯特·S.卡普兰，安东尼·A.阿特金森：《高级管理会计》，第 3 版，中译本，东北财经大学出版社 1999 年版。

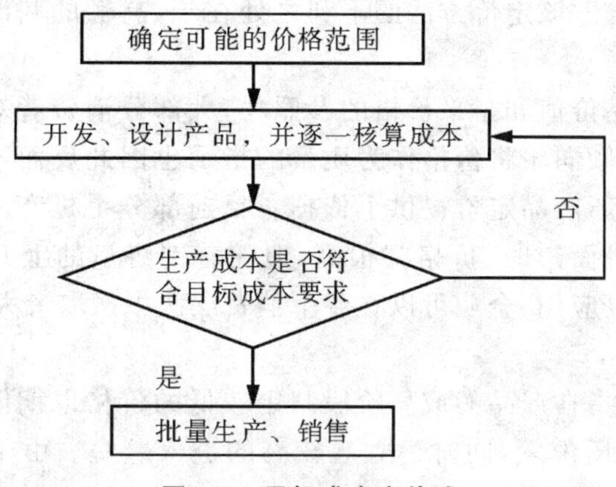

图 9-3　目标成本定价法

形势下，邯钢从市场入手，以产品的最终售价倒推给各个分厂，同时按原材料市场采购价核算各分厂成本，拆掉企业与市场隔离的墙，使全体职工感受到了市场的压力，都能按市场价格计算成本，这个成本能否赚钱要受到市场的检验，把市场最终能否接受作为奖金或奖励的尺度。这给全厂职工既带来了压力也带来了动力，起到了牵一发而动全身的作用。"①

作业成本计算一样可以在目标成本定价过程中发挥积极作用。

四、产品生命周期定价策略

根据生命周期理论，一种产品的生命阶段可以大致划分为市场开发期、成长期、成熟期和衰退期等几个不同阶段。在不同的产品生命阶段中，影响定价的因素不同，具体的定价策略也不同。

(一)市场开发阶段和成长阶段定价

在新产品刚刚面市的阶段，由于存在大量的不确定性，管理层需要在合理估计产品成本(现阶段成本还是生命周期成本也是值得考虑的因素)和市场潜在需求的基础上作出定价决策。常见的开发阶段和成长阶段定价策略包括：

1.撇油法定价

所谓撇油法定价(market-skimming pricing)，又称高价法、撇脂法，指在新产品上市的时候订出很高的价格，而在市场趋于成熟后再逐步降低价格。这样做的目的是在产品寿命的初期、在竞争者研制出相似的产品前的市场初始形成的短期内获得最大化的垄断利润，迅速补偿产品开发和推介费用并且获得相当的利润。一般而言，对于全新产品、受专利保护的产品、需求的价格弹性小的产品、流行产品、未来市场形势难以测定的产品等，

① 秦中良：《深入学习邯钢经验，加快实现"两个转变"——访冶金部经济调节司司长单亦和》，载《财务与会计》1996 年第 6 期。

可以采用撇脂定价策略。该定价方法的不利之处在于,高额的利润会在短时间内引来大量的竞争者。

因为缺乏确定产品价值和公平价格的参照物,大部分消费者对于创新产品的价格敏感性都相对较低,他们倾向于将价格作为质量的指示也因此反而不接受低于产品价值的价格,这也为企业抬高新产品定价提供了依据。目前部分手机产品的定价就属于比较典型的撇油法。新款手机面市时,价格都很高,但随着销售量的上升,价格就逐步下降了。通过撇油法定价的反复应用,企业可以在各个消费层次中撇取最大的利润。

2.渗透法定价

所谓渗透法定价,指在产品的成长阶段制定较低的价格以期能在短时间内得到市场的接受,并迅速占领市场份额,同时建立起较高的进入壁垒。由于在产品生命的成长期中,产量尚少、技术还不成熟、生产成本较高、市场营销费用也高,因此,企业在这个阶段的经营成本是比较高的。但是考虑到顾客对产品缺乏了解,而如果目的是为了培养潜在客户,促使他们关注新产品价值,就可以选用渗透法定价采取渗透法定价,以达到牺牲短期利益为代价换取长久市场地位的战略目标。

采用不同策略,成本对定价决策的影响是不一样的。采取渗透法的企业,为了抢占长期市场份额或为了追求成熟期的垄断性利润,甚至可能会把价格定得比成本低。不少日本企业较为成功地运用了该定价策略,如上世纪 50 年代丰田汽车为了抢占美国汽车市场,采取高的广告费用和低售价的策略,每辆汽车的平均价格比美国车便宜 1 300 美元,以低价竞争的姿态出现在各大竞争对手面前,吸引了一批消费者并使美国消费者逐步了解、熟悉并喜爱丰田公司的产品。丰田公司借此先后从美国三大汽车厂手中抢占了大量市场份额,并为使之成为全球最大汽车生产厂商奠定了基础。

(二)成熟期产品定价

在成熟期,企业所生产的产品已经被市场所接受,市场基本发展成型,销售增长率下降、市场份额也基本确定,产品成本基本稳定。企业如果希望在这个阶段通过降价等手段扩大市场份额,通常会遇到竞争对手的坚决抵抗[①]。而且,在产品成熟期,消费者对产品已经相当熟悉并变得越来越精明,它们对价格和产品价值有着充分的了解和比较。

由于规模化生产的原因,成熟期的产品成本一般比较低,价格高于平均成本,企业可以实现较稳定的利润。在这个阶段,企业可以通过附加功能等方式创造差异性,进而创造提价空间。不过总体来看,企业在这个阶段主要根据占领的市场份额和相对品质制定定价策略。企业有效定价的着眼点不再是争取市场份额而是尽可能创造竞争优势,以期在该阶段保持盈利并力争延长产品成熟期的持续时间。

(三)衰退期产品定价

在衰退期,产品剩余的寿命期间有限,市场需求的逐步减少、价格逐步下降、利润空间

① 因为竞争对手通常也已经进行了大量的投资并形成相当规模的生产能力,企业已经有了相当多的沉没成本,市场份额下降会使企业陷入困境。

越来越有限,行业内企业逐步撤出市场。这个阶段中,企业所考虑的重点不是赢得什么而是考虑如何在损失最小的情况下退出市场,所以衰退期企业基本不再进行研究开发投入,也不再扩大生产能力。从财务角度看,衰退期企业的主要经营目标在于尽可能尽快回收现金,并将收回的现金投入新产品的开发。

不过要注意到,成本构成对处于衰退期的产品的市场竞争和产品定价有相当重要的影响：

(1)当产品成本以变动成本为主时,企业可以迅速调低产品产量来适应市场需求的下降,产品的市场价格通常也不会发生大的变化。

(2)当生产成本以固定成本为主,但与之相关的固定资产或生产能力很容易调整到其他用途时,产品的市场价格通常会出现一定程度的下降,但这些固定成本在其他市场的价值给价格设定了下限。

(3)当生产成本以固定成本为主且这些固定成本多属于沉没性质,也就是说企业的固定资产或生产能力只能服务于特定的市场时,企业如果不能保持一定的设备利用率,会很快陷入财务困境。处于这种市场环境中的每个公司都在降价,都希望通过牺牲竞争者来争夺市场,但是此时的降价通常已经不能刺激起更多的市场需求,竞相降价的结果只能进一步降低整个行业的盈利水平。

第四节　存货管理

一、存货、存货成本

(一)存货、存货管理

1.存货及存货的分类

存货(inventory),是指在经营循环过程中为销售或耗用目的而储备的各种有形资产。在企业中,存货处于不断地销售或耗用、重置的过程中。一般情况下,企业存货将在一个正常的生产经营周期内转化为现金或其他资产;而那些长期不能实现销售、使用,或需折价处理的存货将造成企业的损失。因此,为了保证生产经营的顺畅进行,企业需要保有一定的存货;但是又要防止储存过量,避免发生大量不必要的存货成本。

根据不同标准,存货可以有不同分类方式。从企业经营过程的角度,存货可以区分为以下四种主要类型：

(1)周转性存货,指为满足日常生产经营需要而储备的存货。这些存货随日常消耗而不断减少,当库存量下降到某一水平时,就须订货补充。

(2)安全性存货,指为了防止由于不确定因素(如突发性订货、交货延期等)而准备的缓冲性存货储备。

(3)生产加工和运输过程的库存,前者指处于加工状态及因生产需要而暂处于储存状态的零部件、半成品或成品，后者指处于运输状态或为运输目的而暂时处于储存状态的物品。

(4)季节性库存，指为了满足季节性生产需要而建立的库存，或大量收购季节性产出的原材料所建立的库存。

2.存货管理

存货管理，是指确定存货的合理库存量以及存货从采购、入库、保管到出库等一系列的管理活动。通常来说，存货管理包括两个方面，一是以保持存货最佳持有量为目的的经营管理，二是以管理存货的出入库与保管情况为目的的会计管理。本章主要探讨前者。

存货库存量过大容易导致过度资本化，而太少又容易导致过度交易或丧失盈利机会。因此确定存货的最佳持有量是企业经营管理中的重要问题。企业如果采用预算制度的话，则要依据测定的数据编制存货预算，实施存货的日常管理。

(二)存货成本

企业在存货管理过程中需要耗费三类成本：

1.取得成本

存货的取得成本包括存货的采购成本和订货成本两个部分。其中，采购成本是支付给供应商的货款。在采购总量既定的情况下，采购成本不受采购次数和每次采购量多少的影响(假设物价水平稳定，又没有数量折扣)，是决策的非相关成本。

订货成本是指订货过程中发生的文件处理、运输费用、采购人员工资等与存货的取得相关的成本。其中有一部分成本，如差旅费、电话费等与订货次数成正比，属于决策相关成本；另一部分与订货次数无关，如采购机构的开支等固定性费用，则属于决策的非相关成本。

2.存货持有成本

存货持有成本是企业为持有存货而发生的费用，包括仓储成本和追踪成本，保险费和财产税，废弃、毁损或偷盗所产生的损失，投入资金的机会成本等。

存货持有成本也可以按照与存货库存数量的关系区分为固定性持有成本和变动性持有成本。前者指与存货持有量多少没有直接关系的成本，如仓库折旧费、税金等，是决策的非相关成本；变动性持有成本则随着存货持有数量的变化而呈正比例变化，如存货占用资金的机会成本等，是决策的相关成本。

3.缺货成本

缺货成本指由于企业存货不足或者为了预防出现存货不足的情况而发生的存货管理成本，包括再进货成本以及与安全储备相关的成本。根据公司业务性质的不同，再进货成本就是向供应商下订单的成本或是重新开始生产的准备成本；与安全储备相关的成本就是机会损失，如销售机会的丧失及由于供货不足而丧失的对客户的信用。

缺货成本是否相关主要看企业是否允许出现缺货的情况，如果允许，则缺货成本与存货量反向变动，属于决策相关成本；否则属于非相关成本。

二、存货管理的传统方法

(一)经济订货量模型与订货点法

1.经济订货量模型

存货管理要解决两个问题，即“订多少货”和“什么时候订货”，经济订货量模型是针对第一个问题提出的解决方案。所谓经济订货量(economic order quantity，简称 EOQ)，是指在保证生产或销售顺利进行的前提下，可以使存货相关成本最低的每批采购量。

企业进行存货控制时考虑的主要的相关成本包括：变动性订货成本和变动性持有成本以及允许缺货情况下的缺货成本。增加采购批量、减少采购批次，可以有效降低订货成本和缺货成本，但是会使存货持有成本上升；而增加采购批次、减少采购批量，将有利于降低存货持有成本，缺货又将使订货成本和缺货成本上升。经济订货量模型，就是可以使总的存货成本达到最低的订货量。

确定企业的经济订货量有列表法和公式法两种方法，以下举例说明。

［例 9-10］　YHK 公司大批量生产水泥砖，每年需要消耗水泥总量为 360 000 袋，采购价格 150 元/袋，每袋水泥的年储存成本 4 元，每次的订货成本 50 元。公司不允许出现缺货，即要求当存货数量降到零的时候，下一批订货随即全部入库。YHK 公司水泥的存货量模型如图 9-4：

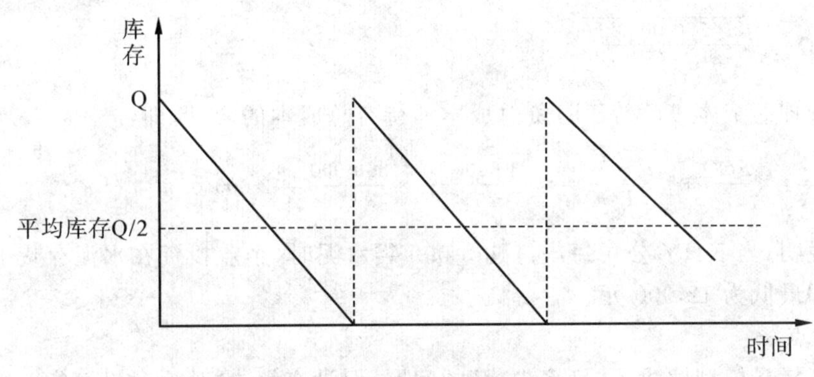

图 9-4　经济订货量图

(1)列表法

根据上述有关资料可以设定不同的订货量(Q)，列表 9-13 计算存货管理的总成本：

表 9-13

单位：元

	公式	订货量					
		1 000	2 000	3 000	4 000	5 000	6 000
年均库存量	$Q/2$	500	1 000	1 500	2 000	2 500	3 000
年储存成本 C	$Q/2\times c$	2 000	4 000	6 000	8 000	10 000	12 000

续表

	公式	订货量					
		1 000	2 000	3 000	4 000	5 000	6 000
采购次数	D/Q	360	180	120	90	72	60
年订货成本 P	$D/Q\times p$	18 000	9 000	6 000	4 500	3 600	3 000
成本合计 TC	$C+P$	20 000	13 000	12 000	12 500	13 600	15 000

从表 9-13 中可见，当每次采购 3 000 袋时，成本合计数最低为 12 000 元，其余订货量的成本均大于此。因此可以推断经济订货量在 3 000 袋附近，可以通过增加几个订货量水平来进一步推算就可以知道 KYH 公司的水泥存货经济订货量的具体数值了。

(2)公式法

经济订货量也可以公式计算，即：

$$EOQ=\sqrt{\frac{2Dp}{c}}$$

其中：EOQ 表示经济订货量；

D 表示期间总耗用量；

c 表示单位成品的年储存成本；

p 表示每次订货的成本。

将本例数据代入该公式，可得：

$$EOQ=\sqrt{\frac{2\times 360\ 000\times 50}{4}}=3\ 000(\text{袋})$$

存货管理总成本 TC 等于订货总成本和持有总成本的合计，即：

$$TC=c\times\frac{EOQ}{2}+p\times\frac{D}{EOQ}=4\times\frac{3\ 000}{2}+50\times\frac{360\ 000}{3\ 000}=12\ 000(\text{元})$$

计算说明，当 KHY 公司每次订购 3 000 袋水泥时，企业投资在水泥存货上的存货管理成本总和最低为 12 000 元。

2.订货点法

经济订货量模型解决了“订多少货”的问题，但没有解决“什么时候订货”，即没有解决再订货点(reorder point，ROP)应如何确定的问题。从企业发出订货单到收到存货之间要有一定的时间间隔，在这段时间内，企业仍在耗用存货。因此，不能等到库存降到零了再提出订货申请，而要考虑一定的提前期。订货点法通过确定再订货点的方法解决了这个问题。

企业存货再订货点的确定主要考虑订货提前期时间的长短及提前期内材料的耗用水平，根据订货提前期内存货耗用量是否稳定，可以区分如下两种情况：

(1)订货提前期内稳定耗用

如果前置时间内原材料呈均匀耗用的话，订货点的确定就比较简单，其公式为：

再订货点＝订货提前期×单位时间耗用量

以下以简例说明该种情况下,企业存货再订货点的确定方法:

[例 9-11]　承上例,假设 YHK 公司从发出订货申请到收到水泥原材料需要 1 天时间,企业每天耗用 1 000 袋的水泥,那么可以确定:

再订货点=1×1 000=1 000(袋)

也就是在企业库存水泥还剩 1 000 袋时,采购部门就应该发出订货单,具体如图 9-5 所示:

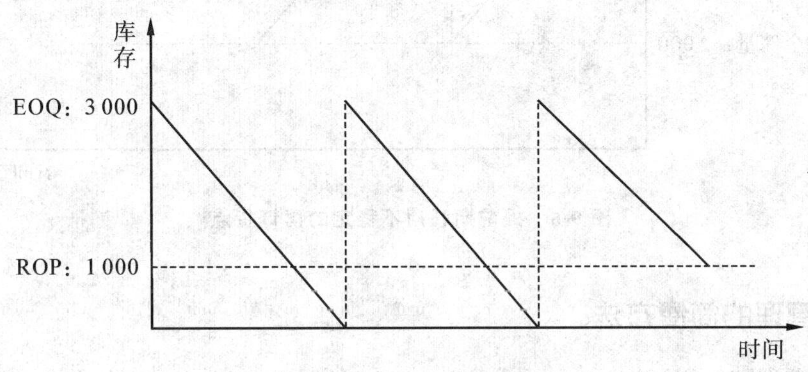

图 9-5　提前期耗用稳定的再订货点

(2)订货提前期内耗用不稳定

如果存货消耗不均匀或出现延期交货的情况,按前面的公式套算再订货点的话,就可能出现剩余库存在新订购的材料未运抵之前就已用完的现象。为防止缺货现象的出现,企业通常会考虑设置一个安全的储备量,起到一定的缓冲作用。安全储量实质上起到的是一种保险作用,其大小取决于存货消耗的稳定性及对未来需求的预测,部分企业通过决策人的经验判断决定安全储备量。

考虑安全储备量后的再订货点可以根据如下公式计算:

再订货点=订货提前期×单位时间耗用量+安全储备量

以下以简例说明考虑安全储备量情况下的再订货点的确定方法:

[例 9-12]　承上例,假设由于市场方面的问题,YHK 公司预计供应商的交货期可能出现延误,为此采购部经理建议设置 2 000 公斤的安全储备。这种情况下,YHK 公司的再订货点为:

再订货点=1×1 000+2 000=3 000(袋)

也就是说,YHK 采购部门应该在水泥库存还剩 3 000 袋时,就发出订货申请,具体的存货流转如图 9-6 所示:

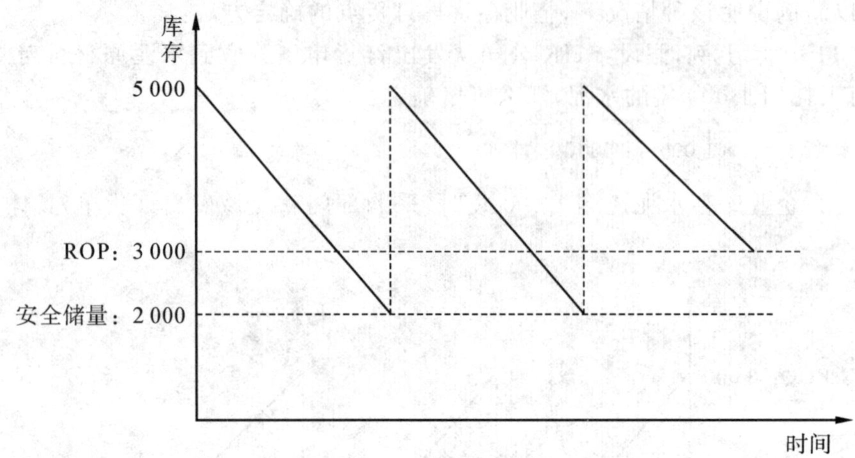

图 9-6 提前期耗用不稳定的再订货点

(二)存货管理的简便方法

1.存货管理的 ABC 法

许多企业的存货品种繁多,不同存货之间差异很大:有的存货品种数量不多,但价值却很高,无疑是存货管理的重点;而有的存货尽管品种数量繁多,但是相对价值和绝对价值都不高,即使管理不那么严格,问题也不会很大。针对这种情况,企业可以实行存货的分类管理,ABC 法就是其中的一种。

存货管理的 ABC 法,指对价值高的存货实施较为严格的监管控制、对价值低的存货采取较为宽松的监管控制的一种存货管理方法。通常,根据金额标准(基本标准)和品种数量标准(辅助标准)对企业存货进行分类,其中,那些相对品种数量少、价值高的存货项目列为 A 类;品种数量多、价值低的列为 C 类;其余归入 B 类。日常管理中再根据分类结果,对 A 类存货实施重点管理,对 B 类和 C 类存货的控制严格性和检查的经常性逐次减低。

进行存货的 ABC 管理时,企业要把存货按品种数量及金额进行归集和分组,并分别计算各组存货占全部存货品种数量的比例、耗用金额的比例。一般而言,三类存货的数量品种及金额比重大体如表 9-14:

表 9-14

单位:元

存货种类	品种数量比重	金额比重
A 类	10%	70%
B 类	20%	20%
C 类	70%	10%

或如图 9-7 所示:

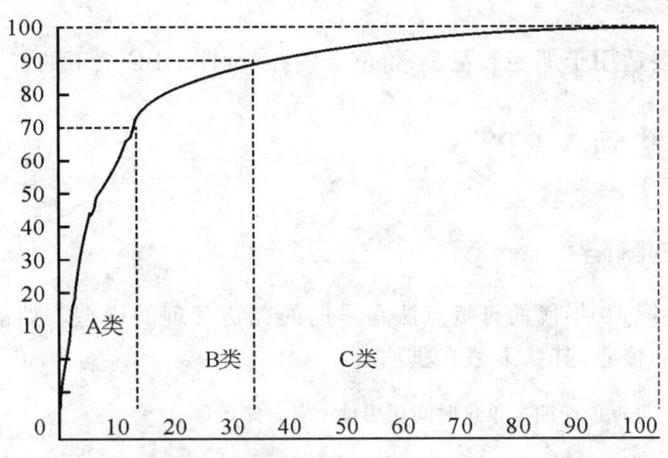

图 9-7 存货管理的 ABC 法

存货管理的 ABC 法特别适用于那些原材料库存量大、种类繁多、价值差别较大的企业，通过“抓大放小”的分类管理原则，在有效地提高管理效率的同时也降低了存货管理的成本。但在实施过程中要注意的是，这种以金额为标准的分类方法并不一定适合所有的企业，如：有的存货虽属 C 类，但确是生产中的重要部件，一旦缺货将发生生产的停滞。因此可在存货 ABC 分类的基础上再配合区分重要程度的管理模式。

2.红线法、双箱法

红线法和双箱法是企业实践中经常采用的两种存货管理的简易方法：

(1)红线法

所谓红线法，就是在储存材料的容器中划一条警戒线，当库存量下降到警戒线时企业就向外发出订单，补充存货。其存货存量模型如图 9-8 所示：

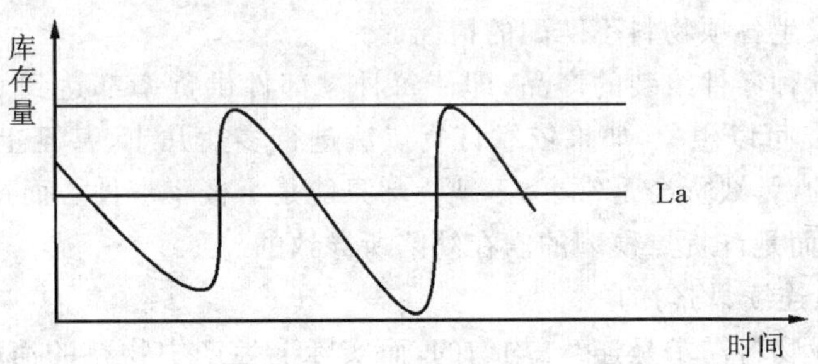

图 9-8 存货管理的红线法

图 9-8 中 La 就是红线，当存货随着生产消耗而减少至露出红线时，企业即向供货商提出订货申请，同时用红线以下的储备量维持正常的生产需要。红线法主要适用于液态存货的管理。

(2)双箱法

利用双箱法进行存货管理的企业将存货分为大小两箱储存，当大箱内的存货用完时即向外发出订单补充存货，同时以小箱内的存货维持正常生产需求。其原理基本类同警戒线法。

双箱法等主要适用于那些数量多、价值低的存货(即 ABC 法下的 C 类)的日常管理。

三、从订货点法到 MRP①

(一)订货点法的缺陷

出现于 20 世纪 40 年代的订货点法是早期的存货管理的模型。如前所述,确定再订货点是订货点法的核心,其基本公式是:

再订货点＝订货提前期×单位时间耗用量＋安全储备量

不过应该认识到,订货点法是在当时的条件下建立起来的、是以历史数据为经验依据预测未来物料需求的方法。订货点法通过对订货提前期的预测,并设置安全储备量以应对不确定事件的发生,一旦库存低于再订货点库存,就需要马上订货以补充库存。它的基本思想是"库存补充"的原则,即保证仓库在任何时候都有一定数量的存货,以备随时取用。

尽管订货点法在数学模型上是完美的,但是它是建立在一系列假设基础上的、针对个别的物料需求的存货管理模型,在存货种类繁多的企业中,实际应用效果并不令人满意。下面我们针对订货点法的假设、内在缺陷做简单的分析:

1.物料需求是独立的

订货点法是面向零件的,它没有考虑物料之间的联系,而是针对每项物料分别确定再订货点。但是在实际生产中,各项物料必须是配套的,如:为生产一套茶具,在需要一把茶壶的同时也就产生了对 4 个茶杯的需求。而订货点法无视这种生产的内在逻辑关系,因而可能在装配时发生各项物料不匹配的情况。

例如,需要 20 种零件组装的产品,即使每种零部件供货率都达到 95%,但是联合供货率也只有 35%。可以想象,如果依靠订货点法进行多达几十、甚至上百个部件产品的生产原材料管理的话,缺货会是常事,不缺货却只能是小概率事件。而这种不匹配并不是预测精度的问题,而是订货点模型的内在缺陷所导致的。

2.物料需求是连续、均匀的

订货点法假设物料需求是连续、均匀的,而实际上生产中物料的消耗是间断的、不稳定的。市场导向型的企业以市场订货为基础安排生产,对原材料存货的需求也应以之为基础。如,工厂接到生产纸箱的订单,就从仓库里领用相应数量、质量的纸板投入生产,该种纸板的库存就突然减少,有时还会降到再订货点以下,企业就应该安排订货。

另外,即使市场对产成品需求是连续的,也可能由于一次投料、分批产出的原因,导致对零部件的需求也不是连续、均匀的。这就提出了如何确定需求时间的问题。

---

① 参考周玉清、刘伯莹、刘伯钧:《MRPII 原理与实施》,天津大学出版社 2000 年版,第一章。有关本部分内容也可参考物流管理方面书籍的相关内容。

3.库存补充原则

前面提过，订货点法是建立在“库存补充”的假设上的。所谓补充，就是在消耗后再填充到原先的某个水平。也就是说，物料库存一旦低于再订货点，企业就必须马上发出订货申请，以重新填满仓库。但这种假设不符合实际情况，如服装厂根据客户订单设计款式并采购布料，不同订单采用的布料也各不一样，当一批产品完工后该种布料也用完了，但并不需要再发出订单重新填满仓库。

4.提前期是已知的、确定的

受各种现实因素的影响，实际的订货提前期并不像模型假设一样是已知和确定的，而通常会在较大范围内变动。

5.“何时订货”是存货管理的核心

从上面的分析中我们可以看出来，实际生产中存货管理的关键在于“何时需货”，而订货点法却以“何时订货”确定再订货点并作为模型的核心，无疑是本末倒置的。

(二)MRP

在实际应用中，订货点法的内在缺陷及假设的不合理性逐步被社会所认识。1970年，J.A.Orlicky 等人在美国生产和库存管理协会(APICS)的学术年会上，首次提出了物料需求计划(material requirements planning，简称 MRP)的概念和基本框架，并得到该协会的大力支持和推广普及，MRP 成为新的、真正具有现代意义的存货管理模型。

1.MRP 与订货点法的主要区别

MRP 与订货点法在存货管理上主要存在这样一些区别：

(1)时间分段概念

所谓时间分段，就是为库存数据加上时间坐标，要求按时间来记录库存状态。

传统的存货管理模式大体上包含这样几个指标：

$$库存量+已订货量-需求量=可供货量$$

假设某企业存货记录显示：材料 A 库存 80 公斤，已经发出订货 100 公斤，计划生产需要用 200 公斤。根据上式：

$$80+100-200=-20$$

计算结果说明该企业材料 A 短缺 20 公斤，因此应该增加订货。该公式解决了订什么货和订多少货的问题，但却没有解决应什么时候订货的问题。表面上看，当可供货量为负值的时候，就应该订货。但具体运用中就会碰到很多问题，如：已发出的订货什么时候到？是一次到还是分次到？什么时候才是该批订货的实际需求时间？……对于这些问题，MRP 通过时间分段概念加以解决，根据上面的简例，实际的情况可能如表 9-15 所示：

表 9-15

单位:公斤

时间(天)	0	1	2	3	4	5	6	7
库存量	80	80	80	20	−40	0	0	0
已订货量	0	0	0	0	100	0	0	0
需求量	0	0	60	60	60	0	0	20
可供货量	80	80	20	−40	0	0	0	−20

通过表 9-15 的记录,我们就可以获得有关存货的时间性信息了:目前,库存量 80 公斤,已经发出的订货 100 公斤将在第 4 天到达;前 6 天的"库存量+已订货量"和需求量相当,但是时间上不吻合,第 3 天将出现库存短缺。如果已订货可以提前一天到达的话,就可以避免第 3 天的缺货;第 7 天的库存短缺应通过新的订货满足,具体的订货日期可以通过订货提前期推算出来。

可以看到,给库存数据加上时间坐标后,反映的内容丰富了,能提供更多有用的管理信息。但同时我们也看到,数据量由原先的 4 个数据变成了 32 个数据,而在大型企业中对数以百计的库存项目而言,数据量之大就必须依靠电脑来处理了。

(2)独立需求和从属需求概念

所谓独立需求,是指物品的需求独立于其他物品之外,并且也不是从其他物品的需求中派生出的需求;所谓从属需求,是指物品的需求与其他物品有关联,或是从其他物品的需求中派生出的需求。例如,对汽车零部件的需求由汽车的整车需求来决定,生产阶段的汽车需求由销售阶段的需求来决定。一般而言,最终产品是独立需求项,而其他如原材料、零件等都属于从属需求项。

独立需求项的需求量和需求时间通常由预测、客户订单等外在因素确定,并通过主生产计划(MPS)确定下来;而一旦独立需求项确定后,从属需求项的需求量和需求时间就可以由 MRP 系统来决定了。

2.MRP 的基本框架

(1)MRP 的输入信息

MRP 系统的输入信息包括:主生产计划、物料清单、独立需求项的需求量预测、库存记录等,MRP 赋予每项物料一个独立、唯一的物料代码。主生产计划和物料清单、库存记录都通过物料代码来描述。

主生产计划,是关于生产什么和什么时候产出的权威性计划。该计划只考虑最终项目,如产品,或处于产品结构中最高层次的装配件,这些装配件可以根据总装计划装配成不同的产品。主生产计划考虑的时间范围通常为 3～18 个月。表 9-16 是一张以月为时区的模拟化的主生产计划:

表 9-16

产品代码	时间(月)											
	1	2	3	4	5	6	7	8	9	10	11	12
K90	600	500	500	500	500	500	450	450	450	450	450	450
Y90	230	250	300	300	300	300	300	300	300	300	300	300
M70	320	300	280	280	280	280	280	280	280	280	280	280
M69	120	150	180	180	180	180	180	180	180	180	180	180
H77	110	130	150	150	150	150	150	150	150	150	150	150
月合计	1 380	1 330	1 410	1 410	1 410	1 410	1 360	1 360	1 360	1 360	1 360	1 360

物料清单(bill of material,简称 BOM)是一种产品结构文件,它在列示了某一产品的所有构成项目的同时,也指明了这些项目之间的结构关系。物料清单中所包含的产品结构信息,是分解物料需求的技术依据。为使 MRP 系统有效运作,就必须保证 BOM 和库存建立文件的数据完整性。

图 9-9 是一张模拟的多级产品结构层次图,表 9-17 是相应的多级物料清单①:

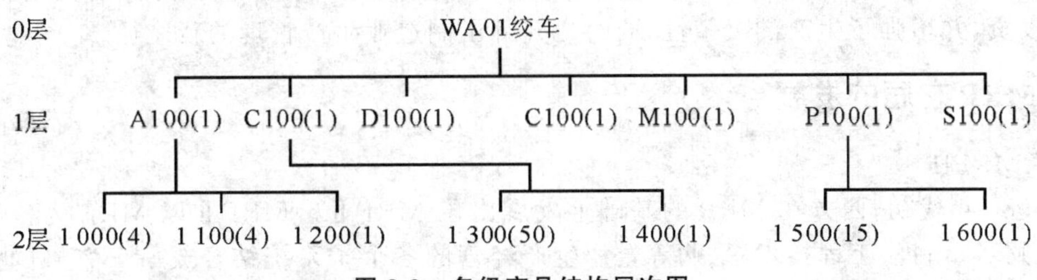

图 9-9　多级产品结构层次图

表 9-17　多级物料清单

物料代码:QA01

物料代码	说明	每件量	计量单位	层次
A100	滑车组件	1	个	1
1000	轴 1 英寸×4 英寸	4	个	2
1100	轮 6 英寸	4	个	2
1200	滑架车	1	个	2
C100	钢丝绳吊钩	1	个	1
1300	钢丝绳 1/4 英寸	50	英尺	2
1400	吊钩	1	个	2
D100	轮毂	1	个	1

① 参考周玉清、刘伯滢、刘伯钧:《MRPII 原理与实施》,天津大学出版社,2000 年版,第一章。

续表

物料代码	说明	每件量	计量单位	层次
G100	齿轮箱	1	个	1
M100	5马力控制盒	1	个	1
P100	悬挂控制盒	1	个	1
1500	电线3线	15	英尺	2
1600	控制盒	1	个	2
S100	传动轴1英寸×24英寸	1	个	1

(2)MRP的输出信息

MRP的主要输出信息包括:订货通知、订货变更通知(要求提前或推迟已下达订单的完工日期)、撤销订单的通知(要求撤销或推迟已下达的订单)、物料库存状态分析的备用数据、未来一段时间的计划订单。根据管理当局的不同需求,MRP还可以输出许多有关存货的其他信息。

由于MRP以一种全新的、科学的方法进行企业的库存管理,有效降低了企业在存货上的投资,并增强了生产的灵敏性,同时也开辟了制造业生产管理的新途径。

(三)MRP之后的发展

1.MRPII

1980年代初,西方在MRP的基础上发展出了MRPⅡ。MRPⅡ以MRP为核心,将生产、财务、销售、工程技术、采购等企业生产经营的各个子系统结合成一个有机的整体。MRPII全称是制造资源计划(manufacturing resource planning),英文的缩写还是MRP,为了以示区别而记为MRPII。MRPII超越MRP的地方首先在于它集合了生产和财务两方面的管理功能,从而能及时协调企业生产活动中的物流和资金流;其次在于它具有模拟功能,能根据不同的决策方针模拟出各种未来将发生的结果,并且很容易把这种模拟转化成财务结果。

2.ERP

ERP(enterprise resource planning),即企业资源计划,是在MRPⅡ的基础上通过前馈的物流和反馈的信息流与资金流,把客户需求和企业内部的生产活动,以及供应商的制造资源整合在一起,即把经营过程的所有参与者如供应商、客户、制造工厂、分销商网络纳入一个紧密的供应链中,体现完全按用户需求制造的一种供应链管理思想的功能网链结构模式。

但无论是MRPII,还是ERP,都已经超出了存货管理的狭隘范畴,而演化成为企业经营的全面管理系统。

四、JIT存货管理

JIT,是英文just in time的缩写,即适时制,是20世纪七八十年代起源于日本丰田汽车公司的一种新兴的生产管理模式。作为存货管理的JIT,要求存货只在刚好需要的时候取得并直接进入生产环节,管理的目标是实现存货量最小化、周转率最大化。但JIT并不以减少存货为单一目标,JIT存货管理与生产管理的结合,就构成了适时生产系统(JIT production system),它是对传统生产体系的革命,企业通过JIT的实施还可以达到提高生产效率、产品质量和生产弹性等效果。

传统生产体系是推动式的,也就是说生产中,前面的环节居主导地位,后面环节只是被动地接受前一生产环节转移下来的半成品继续加工工作。与之相反,JIT生产体系是拉动式的,企业依据客户的产品数量、质量和交货时间为起点,由后向前逐步推演安排生产任务,前面环节严格按照后一环节要求的在产品数量、质量、时间来组织生产;外购的原材料、零部件在需要的时候适时达到并直接交付使用,因此无须建立原材料库存;生产过程中,前一环节完成的在产品在后一环节需要的时候及时交付,而最终产品一完工就直接交付客户,因此也无须建立产成品库存。因此,JIT存货管理模式又称为零库存管理。

对比以EOQ为代表的传统存货管理模式,JIT追求的是长期的、全局的效益最大化,因为从作业链、价值链分析的角度看,存货管理作业是非增值作业,属于可消除作业。企业一旦消除了所有不增加价值的作业,将使企业的整体效益达到一个前所未有的新境界,实现的整体效益是难以估量的。

表9-18列示了JIT存货管理模式与以经济订货量模型为代表的传统存货管理方法的比较:

表 9-18

传统观点	JIT存货管理的观点
最佳的存货量是订货成本和持有成本最小的存货量。	不承认存货管理成本的合理性,应尽可能消除。并通过长期合同、持续进货系统、电子数据交货系统及降低生产准备时间来实现持有成本的最小化。
为满足顾客需要(如确保交货时间)持有存货。	通过大幅度减少生产准备时间、提高产品质量、采用团队生产方式确保及时交货。
基于以下原因应持有存货 •机器故障 •原材料缺陷 •原材料缺货 •延期交货 •生产过程的不确定性	库存只是将问题掩盖,并不能真正解决问题。应通过综合预防性维修、全面质量控制、完善的物流系统建设等方式消除不确定因素的影响。
一次性采购可以获取折扣优惠。 储备库存可以避免未来价格上升的不良影响。	实行"零库存",与一些挑选的供应商谈判签订长期合同,让其广泛参与企业的生产经营。

由于MRPII强调计划推动,JIT强调需求牵引,前者强调计划,后者强调控制,因此有专家致力于二者的结合,目前已经有MRPⅡ+JIT+expert system的混合式系统,简称为MRPⅢ,是新一代的企业综合管理体系。

第五节 不确定性决策方案的分析评价

如本章前述,企业进行不确定性决策时由于不能确知方案在未来各个时期的现金流量状况,因此决策带有一定的风险。对于这类决策,通常有如下几种决策方法可供选择。

一、大中取大法

所谓大中取大法,又称乐观法,指决策者对未来持乐观态度,认为未来的发展最可能会出现最佳的自然状态,不论选取哪个方案都能实现该方案的最佳收益。其具体做法是:对赢利性方案而言,先确定各备选方案的最大可能盈利值,再从中选取能获得最大盈利的方案作为最终方案。

以下以简例说明大中取大法的应用:

[例 9-13] 假设 KMP 公司开发部建议公司投产一新产品,对该产品的市场前景,开发部经理持乐观态度,并通过分析提出三种不同的技术方案及其在不同市场情况下相应的毛利水平,如表 9-19:

表 9-19

单位:元

市场状况 / 技术方案	不好	一般	好	很好
手工生产系统	250 000	350 000	420 000	370 000
半自动生产系统	80 000	200 000	450 000	600 000
自动化生产系统	(300 000)	100 000	400 000	850 000

从表 9-19 中可以知道不同市场状况下,三种技术方案的最大毛利分别为:

手工生产系统——420 000 元

半自动生产系统——600 000 元

自动化生产系统——850 000 元

三个方案中以自动化生产系统方案所可能实现的毛利 850 000 元为最大,根据大中取大法,该方案就是最佳方案。可见,大中取大法是从最有利的情况下选择最佳方案,争取实现好中最好。该方法主要适用于决策者对未来持乐观态度但又要考虑到不利因素发生的影响情况下的不确定性决策。

二、小中取大法

与大中取大法不同,小中取大法是在各个备选方案在不同条件下所可能获得的最小利益值中选取最大者作为中选方案的决策方法。小中取大法由瓦尔德(Wald)首创,因此又称瓦尔德决策准则,它是从最不利的情况下选择最佳方案,因此主要适用于决策者对未来持悲观态度的不确定性决策，因此又称悲观法或保守法。

以下以简例说明小中取大法的应用：

［例 9-14］　承例 9-13，假设公司管理层通过对市场的全面了解后认为该产品的市场前景并不乐观，因此建议改以小中取大法决策。分析中，首先确认各个备选方案所可能实现的最小贸易分别为：

手工生产系统的最小毛利——250 000 元

半自动生产系统的最小毛利——80 000 元

自动化生产系统的最小毛利——(300 000 元)

也就是说，如果出现最差的情况，手工生产系统可实现的毛利最大为 250 000 元高于半自动化生产系统方案和自动化系统方案。根据小中取大法的选择标准，该方案为最佳方案。通过案例可见，小中取大法的核心思想是强调把风险降低到最低限度，是一种适合保守型投资者的、较为稳妥的决策方法。

三、大中取小法

对于经营中的不确定性，大多数企业会持谨慎、稳健的决策态度。大中取小法是小中取大法之外的另一种常见的决策方法。大中取小也称最小的最大后悔值决策法，该方法由萨维奇(Savage)首创，因此也称萨维奇决策准则。具体的决策过程是先确定各个方案的最大后悔值，再从中选取最小者为中选方案。而所谓后悔值(regret value)，是各种市场可能条件下，所采用方案收益与最佳方案收益之差。

以下以简例说明大中取小法的应用：

［例 9-15］　承上例。大中取小法的决策过程如下：

(1)确定各种市场条件下的后悔值。

如在市场不好的情况下，最佳方案是手工生产系统方案，毛利为 250 000 元，半自动化生产系统的后悔值为 170 000(＝250 000－80 000)，自动化生产系统的后悔值为 550 000［＝250 000－(－300 000)］。依同样的方法分别计算出四种市场条件下个方案的后悔值，并汇总如表 9-20：

表 9-20

单位：元

技术方案＼市场状况	不好	一般	好	很好
手工生产系统	0	0	30 000	480 000
半自动生产系统	170 000	150 000	0	250 000
自动化生产系统	550 000	250 000	50 000	0

(2)确定各方案的最大后悔值分别为：

手工生产系统——480 000 元

半自动生产系统——250 000 元

自动化生产系统——550 000 元

(3)可以确定，半自动生产系统的最大后悔值最小，因此该方案最佳。

四、平均法

所谓平均法,也称等概率法,是另一种常见的不确定性决策方法。运用平均法决策时,是将未来不明的自然状态出现的可能完全等同地加以看待,也就是认为假设各种可能状态出现的概率都相同,从而将其转化为风险型决策。

以下以简例说明平均法的应用:

[**例 9-16**] 承上例。KMP 公司采用平均法的决策过程如下:

(1)因为该新产品面临的市场状况存在“不好”、“一般”、“好”和“很好”四种可能,因此假设每种可能状况出现的概率均为 25%;

(2)计算三种技术方案实现毛利的期望值:

手工生产系统:

$$250\ 000\times25\%+350\ 000\times25\%+420\ 000\times25\%+370\ 000\times25\%=347\ 500$$

半自动生产系统:

$$80\ 000\times25\%+200\ 000\times25\%+450\ 000\times25\%+600\ 000\times25\%=332\ 500$$

自动化生产系统:

$$-300\ 000\times25\%+100\ 000\times25\%+400\ 000\times25\%+850\ 000\times25\%=262\ 500$$

(3)可见,手工生产系统下可实现的预期毛利最高,因此手工生产系统为最佳方案。

思考题:

1.有人提出“凡价格低于按完全成本计算的单位成本的订货,均不应接受”,这种观点是否正确?为什么?

2.什么是自制或外购决策?如何应用相关成本分析进行自制或外购决策?

3.如何从企业长期战略考察自制或外购决策?

4.以作业成本法进行短期经营决策有何特点?

5.什么是成本加成定价法?完全成本加成定价和变动成本加成定价有何区别?

6.目标成本定价法和成本加成定价法有何差异?

7.产品生命周期如何影响企业产品定价决策?

8.与存货相关的成本有哪些?如何确定是否决策的相关成本?

9.什么是存货的经济订货量模型?如何计算?

10.什么是订点法?如何确定存货的再订货点?

11.什么是存货管理的 ABC 法?利用 ABC 分类法进行存货管理有何重要意义?

12.订货点法主要有哪些缺陷?

13.MRP 与订货点法的主要差异是什么?

14.什么是 JIT 存货管理法?什么是 JIT 生产系统,其管理意义何在?

15.什么是大中取大法?什么是小中取大法、大中取小法?有何差异?

第十章　长期投资决策

本章学习目标

1.理解长期决策的特点及主要决策类型；

2.掌握长期投资决策的现金流量分析方法，理解以现金流而非利润作为决策基础的意义；

3.掌握货币时间价值的概念及计量形式；

4.理解资本投资决策的静态评价指标和动态评价指标的差异；

5.掌握会计报酬率、投资回收期、净现值、内部收益率等评价指标的计量方法及其优缺点；

6.掌握资本投资决策的风险分析方法；

7.阐述通货膨胀对资本投资决策产生的影响。

长期投资决策，也称资本投资决策(capital investment decision)，是适应企业生产经营的长期需要、投入资金较多、影响期间较长的决策类型，主要包括固定资产的新建、改扩建、更新等以提高企业生产能力为目的的投资决策。由于通常涉及大量资源的使用，影响的期间超过一个会计年度，未来的回报也不确定，因此，进行资本投资决策时需要采用专门的评价方法、指标，具体比较各种方案的经济效益，从中选取最优方案。

第一节　现金流量分析和货币时间价值

一、长期投资决策的计算期

企业长期资本投资的计算期包括从投资建设开始到最终清理结束的全部过程，是投资的有效持续期间，具体如图 10-1 所示：

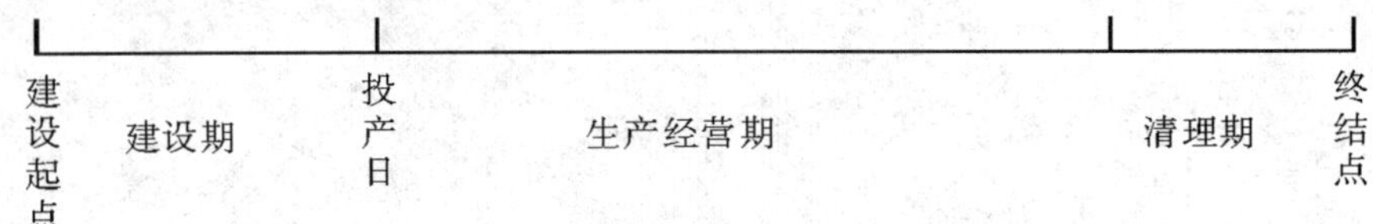

图 10-1　资本投资的计算期

可见，完整的计算期包括建设期、生产经营期和清理期三个阶段。项目建设期为工程施工，设备购置、安装的期间，其中建设期的第一年初称为建设起点，建设期终了称为投产日；投产日后，项目进入生产经营期；项目终了，还需进行固定资产的清理和垫付资金的回收，即进入项目投资的最后阶段——项目清理期。

二、现金流量分析

现金流量(cash flow)，是指从筹建、设计、施工、正式投产使用直至报废为止的整个投资计算期间内形成的现金流入与流出量；流入量与流出量二者之间的差额，称为净现金流量(net cash flow)。合理预计与各个投资方案相关的现金流入、流出的数量及时间分布、各个期间的净现金流量，是正确评价项目效益的必要条件。

(一)现金流出量

资本投资方案的现金流出，指投资方案的执行过程中会导致货币资金减少或需要以现金支付的项目，具体包括：

(1)初始投资支出，包括固定资产的购置与安装支出、无形资产购置等初始投资支出。

(2)流动资金垫付，指在投产日起投放于企业周转使用的营运资金。这部分垫付性质的资金在投资终了可以得到回收。

(3)经营性现金流出，指正式投产后发生的经营性支出，包括原材料采购、工资支付、税款缴纳等。

(4)清理费用，指发生在投资项目终了时用于固定资产清理等的现金支付。

(5)其他现金流出，如营业外支出等没有包括在上面项目中的现金流出。

因此，资本投资全过程的现金流出量可以通过如下公式计算：

现金流出量＝初始投资支出＋流动资金垫付＋经营性现金流出＋清理费用＋其他现金流出

(二)现金流入量

资本投资方案的现金流入，是指投资方案执行过程中形成的现金流入，具体包括：

(1)经营性现金收入，指正式投产后由于产品经营、服务提供等获得的现金流入；

(2)清理收入，指投资项目终了清理固定资产等形成的现金流入；

(3)垫付流动资金的回收；

(4)其他现金流入。

因此，资本投资全过程的现金流入量可以通过如下公式计算：

现金流入量＝经营性现金流入＋清理收入＋流动资金回收＋其他现金流入

(三)净现金流量

净现金流量，是投资方案现金流入量与流出量的差额。资本投资方案的净现金流量可以按项目总计，也可以分年计算。按年度计算的净现金流量公式如下：

年净现金流量＝年度现金流入量－年度现金流出量

＝(经营性现金流入＋清理收入＋流动资金回收＋其他现金流入)－(初始投资支出＋流动资金垫付＋经营性现金流出＋清理费用＋其他现金流出)

如果撇开其他现金流入和其他现金流出，并考虑到经营性的净现金流量(＝经营性现金流入—经营性现金流出)大致等于利润＋当期折旧，则上式可以改写为：

年净现金流量＝－(初始投资支出＋流动资金垫付)＋年度税后利润＋年度折旧费用＋净清理收入＋流动资金回收

(四)时点性假设

一年是一个比较长的时间段，投资项目所形成的现金流入和现金流出分布在从年头到年尾的不同时间点上。出于简化计算的目的，在进行资本投资决策过程中我们假设所有的现金流入或流出都是发生在年初或年末的时点。如，我们通常假设建设期的投入是在建设期内有关年度的年初或年末发生的；流动资金的垫付发生在建设期最后一年的年末，也即生产经营期第一年的年初；经营期内各年的收入、成本、折旧、税金都是在年末一次性发生的；项目清理是在终结点一次性完成的，等等。

三、货币的时间价值

货币的时间价值(time value of money)，是指货币随着时间的推移而形成的增值。

计算货币的时间价值就是要求占用 1 元的资金就应该发挥 1 元的效益，占用一天的资金就应该发挥一天的效益，不能白白占用资金而不发挥效益。

由于资本投资决策涉及的时间跨度一般比较长，时间因素在方案评价中就具有特别重要的意义，因此，如何合理考虑项目现金流入流出的时间差异就显得特别重要。以复利为基础计算的现金流的终值或现值把现金流量的时间性差异转化为数量差异，以便利于投资方案的比较选优。

(一)货币时间价值的计量形式

现实生活中，计算利息的方式有单利和复利两种。其中，单利只涉及本金上的利息；而复利则同时计量本金与利息产生的利息，即所谓的“利滚利”。表 10-1 列示了在本金为 B、利息率为 i 的情况下，两种计息方法的差异：

表 10-1　两种计息方法

	单利	复利
第一期末的终值	$B\times(1+i)$	$B\times(1+i)$
第二期末的终值	$B\times(1+2i)$	$B\times(1+i)\times(1+i)$
…	…	…
第 n 期末的终值	$B\times(1+ni)$	$B\times(1+i)^n$

假设本金 1 000 元，按年利 10%存款一年，一年计息一次的情况下，单利和复利方式下在第一年末一样可以得到 1 100 元[=1 000×(1+10%)]；但如果存了 2 年，那么单利方式下可以得到 1 200 元[=1 000×(1+2×10%)]，而复利方式下可以得到 1 210 元[=1 000×$(1+10\%)^2$]，相差了 10 元，为第一年利息额 100 元在第二年中所生成的利息。存款期间越长，差异越大。

为了更好地体现货币价值与时间的关系，我们通常以复利的方式来计量货币的时间价值，主要的计量形式包括复利终值、复利现值、年金终值和年金现值等。

(二)复利终值与复利现值

1.复利终值

所谓复利终值(compound terminal value)，是指以复利方式计算出来的一笔资金的利息与本金的合计数。计算公式为：

$$F=P\times(1+i)^n$$

其中：P 表示本金；

i 表示 1 期的利率；

n 表示期数；

F 表示复利终值。

$(1+i)^n$ 为复利终值因子，表示利率为 i，每期计复利一次，n 期后 1 元的终值，又记作$(F/P,i,n)$。

［例 10-1］ 本金为 500 元，按年利 10%存 3 年，按复利计，3 年终了可以得：

$$F=P\times(1+i)^n=500\times(1+10\%)^3=500\times1.331=665.5(\text{元})$$

当然，也可以通过本书附录：1 元的复利终值表，查得 $i=10\%$，$n=3$ 的复利终值等于 1.331，而后直接计算：500×1.331=665.5 元[①]。

［例 10-2］ 承接例 10-1，假设银行半年计息一次，则该款项相当于按 5% $\left(=\frac{10\%}{2}\right)$[②]的利率存了 6 期（=3×2），则到期可得：

$$F=P\times(F/P,5\%,6)=500\times1.340=670.0(\text{元})$$

可见，复利终值的大小与复利期间的利息率、计息期数有关，利息率越高、计息期数越长，复利终值越大。

2.复利现值

所谓复利现值（compound present value），是指一笔资金按复利法计算出来的现在的等值，它是未来复利终值的逆运算，以公式表示为：

$$P=\frac{F}{(1+i)^n}$$

其中：F 表示未来的货币额；

i 表示 1 期的利率；

n 表示期数；

P 表示本金。

$\frac{1}{(1+i)^n}$为复利现值因子，表示利率为 i，每期计复利一次，n 期后 1 元的现值，又记作 $(P/F,i,n)$。

［例 10-3］ 按年利率 10%，计算 3 年后的 500 元的复利现值。

$$P=\frac{F}{(1+i)^n}=\frac{500}{(1+10\%)^3}=\frac{500}{1.331}=375.657(\text{元})$$

同样，计算复利现值时也可以通过查表：1 元的复利现值表简化计算。本例中，$(P/F,10\%,3)=0.751$，因此可以计算得：500×0.751=375.51(元)。

(三)年金终值与年金现值

1.年金

所谓年金（annuity），是指于相同的时间间隔收到或支付的一系列相等的款项。在年金概念中，所谓"年"并不是确切的，指的是相同的间隔期。典型的年金如购房按揭贷款的

---

① 由于表格宽度的限制，复利终值因子（及其他如复利现值因子、年金现值因子、年金终值因子等）取的是近似数，查表计算的结果与根据公式直接计算的结果通常会略有差异。

② 严格地说，取 5%只是近似数，精确值为 4.88%，即(1+4.88%)×(1+4.88%)=1+10%。

偿还,每隔一个月就偿还一笔贷款。

根据具体支付时点的不同,年金有多种不同的形式。在各期期末收支的年金称为普通年金,在各期期初收支的年金称为即付年金或预付年金,在第一期之后的某一时期才开始收支的年金称为后付年金或递延年金。即付年金与后付年金可以看作是普通年金的变化形式,其终值与现值的确定可以在普通年金现值、终值的基础上推算出来。

以下以普通年金为例说明年金终值与年金现值的计算。

2.年金终值

年金终值(amount of annuity),是按复利计算的、到年金最终期末的本利和的总额,也可以看作是一系列等额收支的终值的合计,其现金流模型如图 10-2 所示:

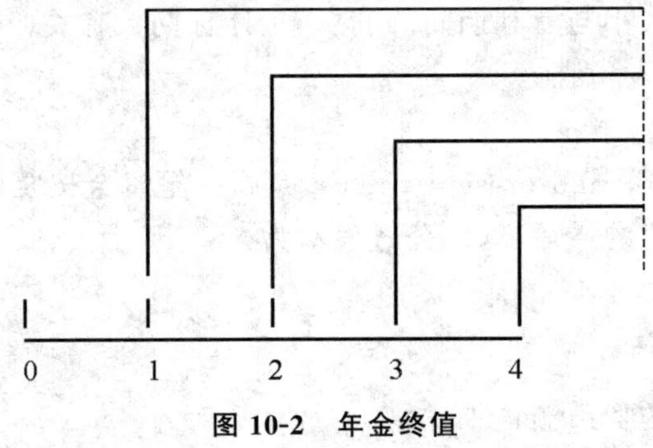

图 10-2 年金终值

年金终值可以公式表示为:

$$F = A\times(1+i)^n + A\times(1+i)^{n-1} + \cdots + A\times(1+i) + A$$
$$= A\times[(1+i)^n + (1+i)^{n-1} + \cdots + (1+i) + 1]$$

其中:A 表示年金的每期支付额;

i 表示 1 期的利率;

n 表示期数;

F 表示年金复利终值。

$[(1+i)^n + (1+i)^{n-1} + \cdots + (1+i) + 1]$为复利终值因子,表示利率为 i,每期计复利一次,n 期后 1 元年金的终值,又记作$(F/A, i, n)$。计算时,不必具体计算,可直接查阅附录:1 元年金的复利终值表。

[例 10-4] 假设 Johnson 20 岁开始工作,于工作起的第一年起每年年末按 10%的年利存入 1 000 元作为养老基金,到 60 岁退休时该基金总额为:

$$F = 1\ 000\times(F/A, 10\%, 40) = 442\ 592(\text{元})$$

3.年金现值

年金现值(present value of annuity),是指各期年金的复利现值之和,其现金流模型如图 10-3 所示:

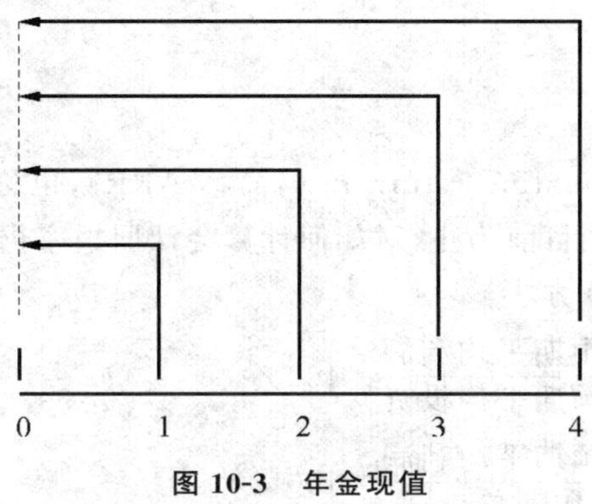

图 10-3 年金现值

年金现值可以公式表示为：

$$P=\frac{A}{(1+i)^n}+\frac{A}{(1+i)^{n-1}}+\cdots+\frac{A}{(1+i)}+A$$
$$=A\times[\frac{1}{(1+i)^n}+\frac{1}{(1+i)^{n-1}}+\cdots+\frac{1}{(1+i)}+1]$$

其中：$[\frac{1}{(1+i)^n}+\frac{1}{(1+i)^{n-1}}+\cdots+\frac{1}{(1+i)}+1]$表示普通年金 1 元，利率为 i，经过 n 期的年金现值，称为年金现值因子，记作$(P/A,i,n)$，一样可以查表求得。

［例 10-5］ 假设 Kent 在 5 年的每年年末可以获得 24 000 元的住房补贴，如果目前的市场年利率为 10%，那么，该年金相当于目前的

$$P=24\ 000\times(P/A,10\%,5)=24\ 000\times3.7908=90\ 979.20(\text{元})$$

［例 10-6］ 假设 Kent 通过零首付的 5 年期按揭贷款的方式购买了一辆价值 100 000 元的汽车。目前的市场年利率为 12%，按揭贷款于每个月末支付，则在未来的 5 年内 Kent 每个月要偿还的贷款额为：

$$A=\frac{100\ 000}{(P/A,1\%,60)}=\frac{100\ 000}{44.943}=2\ 225.04(\text{元})$$

第二节 资本投资决策评价指标

按是否考虑货币时间价值因素，资本投资决策的主要经济评价指标可以区分为静态指标与动态指标两大类。

一、静态指标

所谓静态指标，是不考虑货币时间价值因素，直接按项目形成的现金流量进行计算的指标。常用的静态指标包括会计回报率、静态投资回收期等。

(一)会计回报率

1.概念

虽然会计回报率(accounting return rate,简称 ARR),也称会计报酬率,是最常用的经济评价指标之一,但直到目前为止,对如何计算会计回报率仍没有统一的看法。有关文献中,至少有如下三种计算方法:

第一种方法:$ARR=\dfrac{\text{预期平均利润}}{\text{预期平均投资}}\times 100\%$

第二种方法:$ARR=\dfrac{\text{预期平均利润}}{\text{预期总投资}}\times 100\%$

第三种方法:$ARR=\dfrac{\text{预期总利润}}{\text{预期总投资}}\times 100\%$

其中又以第一种方法最为常见。

[**例 10-7**] 假设某项目投资总额 1 500 000 元,年净利润资料如表 10-2 所示:

表 10-2

单位:元

年份	0	1	2	3	4	5
年净利润		200 000	300 000	400 000	500 000	600 000

根据表 10-2 资料,可以确定该方案的年平均利润为:

$$\text{预期平均利润}=\frac{200\ 000+300\ 000+400\ 000+500\ 000+600\ 000}{5}=400\ 000(\text{元})$$

如果该企业采用直线折旧法,项目终了无残值,各年的折旧额及投资余额分析如表 10-3:

表 10-3

单位:元

年份	0	1	2	3	4	5
年折旧额	—	300 000	300 000	300 000	300 000	300 000
投资余额	1 500 000	1 200 000	900 000	600 000	300 000	0

因此,可以确定该方案的平均投资额为:

$$\begin{aligned}\text{预期平均投资}&=\left(\frac{1\ 500\ 000+1\ 200\ 000}{2}+\frac{1\ 200\ 000+900\ 000}{2}+\frac{900\ 000+600\ 000}{2}+\right.\\&\quad\left.\frac{600\ 000+300\ 000}{2}+\frac{300\ 000+0}{2}\right)\div 5\\&=750\ 000(\text{元})\end{aligned}$$

根据以上分析,该投资方案的投资利润率可以计算如下:

$$ARR=\frac{预期平均利润}{预期平均投资}\times100\%=\frac{400\ 000}{750\ 000}\times100\%=53.33\%$$

2.会计回报率决策准则

会计回报率可用以对几个互斥性投资方案进行比较。投资项目的会计回报率越高越好,低于无风险投资报酬率的方案为不可行方案。

3.会计回报率指标的特点

会计回报率指标的计算简单明了,通过对结算结果的分析,可以对投资方案在整个计算期间的效益有个大概的了解,容易被实际工作者所接受。但是,会计回报率法也存在几个明显的不足:

(1)没有考虑货币的时间价值,把各年的1元等值视之,难以反映项目建设期长短及收益时间分布对项目的影响。

(2)以会计利润为分析基础,容易受到企业会计政策差异的影响,不同的会计处理方法得出的结果是不一样的。

(3)它是一个相对性指标,没有考虑投资规模的影响。

(二)静态投资回收期

1.概念

所谓静态投资回收期(static payback period),又叫全部投资回收期、回收期,是指以投资方案执行后所形成的净现金流入或现金流出节约抵偿原始总投资所需要的时间。考虑到项目建设期的影响,静态投资回收期还可以分为包括建设期的静态投资回收期和不包括建设期的静态投资回收期。实务中,静态投资回收期一般以年为计算单位,且包括建设期的静态投资回收期指标的应用要更广一些。

如果投资方案执行后各年形成的现金净流入量是稳定的,那么可以通过如下公式计算静态投资回收期:

$$不包括建设期的静态投资回收期=\frac{初始投资额}{预期年现金净流入额}$$

但如果各年的净现金流量不稳定,则只能通过计算累计的净现金流入量来计算了。以下以简例说明静态投资回收期指标的计算与运用方法:

[例10-8] 假设某投资计划的现金流量情况如表10-4:

表10-4

单位:元

年份	0	1	2	3	4	5	6	7	8
净现金流量	(300)	(100)	(100)	75	155	200	200	200	250
累计净现金流量	(300)	(400)	(500)	(425)	(270)	(70)	130	330	580

可见,该项目的静态投资回收期在第5年与第6年之间。该方案的投资回收期(SPP)可以根据下列算式计算:

$$SPP=5+\frac{70}{70+130}=5.35(\text{年})$$

或 $$SPP=6-\frac{130}{70+130}=5.35(\text{年})$$

5.35 年是包含建设期在内的静态投资回收期。如果不包括建设期在内，则静态投资回收期为 3.35 年。

2.静态投资回收期决策准则

静态投资回收期主要用以衡量收回投资额时间的长短。静态投资回收期越短，说明企业可以越快收回在项目上的投资，企业在投资项目上所承担的风险也越小；多个方案中，投资回收期最短的方案最好。将方案的静态投资回收期与基准回收期相比，只有小于或等于基准回收期的方案才是可行的。

3.静态投资回收期指标的特点

静态投资回收期回答了"这个项目要多长时间才能收回投资"这样一个基本问题。作为一个决策指标，静态投资回收期简单、好理解，通过对方案回收期的分析，有助于控制投资项目的风险。但是，它也存在几个明显的不足：

(1)没有考虑货币的时间价值。

(2)考虑了回收资本的时间，而没有考察投资本身的效益性。即只注重于投资的现金流量中小于、等于初始投资额的部分，而没有分析超出投资额的部分。

(3)它考虑了现金流量时间上的风险，却没有考虑这些现金流量的变动性。

(4)它不能区别回收期相同的项目的优劣。

(5)容易导致投资的短期化。

也因此在实务工作中，静态投资回收期更多仅是作为"先期筛选指标"，也就是说更多的企业在决策时会先行否决不符合静态投资回收期标准的项目，之后再利用其他评价指标在符合要求的项目中选优。

二、动态指标

所谓动态指标，是指考虑了货币时间价值因素的投资决策评价指标。常见的动态指标包括动态投资回收期、净现值、内部收益率等。

(一)动态投资回收期

动态投资回收期的计算原理与静态投资回收期基本一致，不同之处在于动态投资回收期考虑了货币时间价值的影响。

以下以简例说明动态投资回收期的计算与应用方法：

［**例 10-9**］ 仍以例 10-8 的数据为基础，假设要求的折现率为 10%，则分析如表 10-5 所示：

表 10-5

单位:元

年份	0	1	2	3	4	5	6	7	8
净现金流量	(300)	(100)	(100)	75	155	200	200	200	250
10%的复利现值因子	1.000	0.909	0.826	0.751	0.683	0.621	0.564	0.513	0.467
折现的净现金流量	(300)	(91)	(83)	56	106	124	113	103	117
累计的折现净现金流量	(300)	(391)	(474)	(418)	(312)	(188)	(75)	28	145

可见,该项目的动态投资回收期(DPP)在第6年与第7年之间。具体可计算如下:

$$DPP=6+\frac{75}{75+28}=6.73(\text{年})$$

或 $$DPP=7-\frac{28}{75+28}=6.73(\text{年})$$

动态投资回收期法的评价标准和指标特点基本类似于静态投资回收期,只是由于动态投资回收期的计算考虑了货币时间因素的影响,得出的结论更合理。

(二)净现值

1.概念

净现值(net present value),简称NPV,指的是项目各年净现金流量折现到0年之值的总和。作为一种投资评价方法,净现值法要求投资方案预期的未来总现金流入量的现值大于或等于其预期的总现金流出量的现值时,方为可行的方案。

净现值指标的数学表达式如下:

$$NPV=-I_0+\sum_{t=1}^{n}\frac{CF_t}{(1+k)^t}$$

其中:$-I_0$ 表示项目初始的净现金流量,也即初始投资额,属于净流出;

k 表示折现率;

CF_t 表示第 t 年的税后净现金流;

n 表示项目的计算期。

以下以简例说明净现值指标的计算与应用方法:

[**例 10-10**]　假设某投资方案的预计现金流情况如表 10-6 所示:

表 10-6

单位:元

年份	0	1	2	3	4	5
净现金流量	(80 000)	15 000	20 000	25 000	30 000	35 000

如果该公司要求的资金成本为8%,则该项目的净现值为:

$$NPV=-80\,000+\left[\frac{15\,000}{(1+8\%)}+\frac{20\,000}{(1+8\%)^2}+\frac{25\,000}{(1+8\%)^3}+\frac{30\,000}{(1+8\%)^4}+\frac{35\,000}{(1+8\%)^5}\right]$$

$=-80\ 000+[15\ 000\times0.926+20\ 000\times0.857+25\ 000\times0.794+30\ 000\times0.735+35\ 000\times0.681]$

$=16\ 765(元)>0$

2.净现值法决策准则

投资方案的净现值大于或等于 0 时，说明该方案可实现的收益率大于所采用的折现率，该项目可行；反之，净现值小于 0，说明项目的收益率尚未达到企业所要求的折现率，不可行。

选取合适的折现率是净现值法的关键，选择的折现率太低，会导致一些经济效益较差的项目也得以中选；太高，又会使得一些效益较好的项目得不到实施。实务中，通常以如下几种方法确定折现率：(1)以投资项目的资金成本作为折现率；(2)以投资的机会成本作为折现率；(3)以行业平均资产收益率作为折现率；(4)根据资本项目不同阶段的不同特点采取不同的折现率。

3.净现值法的特点

净现值指标是最常采用的项目投资经济评价指标之一，也是最重要的评价指标，其主要特点包括：

(1)考虑了货币的时间价值，因此，得出的结论比较符合经济要求；

(2)考虑了投资的风险，项目涉及风险的大小可以通过折现率得到反映，风险越大，折现率越高；

(3)考虑了投资方案全程的现金流量情况，具有较强的综合性；

(4)作为一个绝对值指标，对投资额不等的项目，净现值指标难以得出合理的结论；

(5)计算比较复杂，尤其是折现率的确定比较困难。

(三)净现值率、获利指数

净现值率(NPVR)和获利指数(PI)这两个评价指标，是针对净现值指标难以评价投资额不等的项目这一缺陷而设的。净现值率的计算公式如下：

$$NPVR=\frac{NPV}{I_0}\times100\%$$

获利指数(PI)的计算公式为：

$$PI=\frac{\sum_{t=1}^{n}\frac{CF_t}{(1+k)^t}}{I_0}$$

由此可知，例 10-10 中的投资方案的净现值率为 21% $\left(=\frac{16\ 765}{80\ 000}\times100\%\right)$，获利指数为 1.21。

由净现值率和获利指数的计算公式可以知道二者之间存在这样的关系恒等式：

$$PI\equiv NPVR+1$$

也可知，净现值、净现值率、获利指数之间存在如下的关系：

净现值>0,净现值率>0,获利指数>1;

净现值=0,净现值率=0,获利指数=1;

净现值<0,净现值率<0,获利指数<1。

(四)内部收益率

1.概念

所谓内部收益率(internal rate of return,简称 IRR),是可以使投资项目未来的净现金流入量的现值等于项目投资的现金流出的贴现率。换句话说,也就是可以使项目的净现值等于 0 时的一个特殊的折现率,它表示的是项目可以达到的具体的投资收益率。

内部收益率(IRR)的数学表达式为:

$$-I_0+\sum_{t=1}^{n}\frac{CF_t}{(1+IRR)^t}=0$$

内部收益率通常需要通过内插法来计算,即通过逐步试算后选用两个相近的折现率 k_1 和 k_2,且 $k_1<k_2$,分别计算出各自对应的净现值 NPV_1 和 NPV_2,并满足 $NPV_1>0$、$NPV_2<0$,那么,内部收益率可以以下列公式计算出:

$$IRR=k_1+\frac{NPV_1}{NPV_1-NPV_2}\times(k_2-k_1)$$

或

$$IRR=k_2+\frac{NPV_2}{NPV_1-NPV_2}\times(k_2-k_1)$$

以下以简例说明内部收益率指标的计算与应用方法:

[例 10-11]　假设某项目计算期内各年的现金流量如表 10-7 所示:

表 10-7

单位:元

年份	0	1	2	3	4	5
净现金流量	(95 000)	10 000	20 000	30 000	40 000	50 000

为了计算该项目的内部收益率,首先试用折现率 10%,计算项目净现值为:

$$NPV=-95\ 000+\left[\frac{10\ 000}{(1+10\%)}+\frac{20\ 000}{(1+10\%)^2}+\frac{30\ 000}{(1+10\%)^3}+\frac{40\ 000}{(1+10\%)^4}+\frac{50\ 000}{(1+10\%)^5}\right]$$
$$=11\ 510(\text{元})>0$$

可见,该项目的内部收益率大于 10%,继续用折现率 12%测试,计算项目净现值为:

$$NPV=-95\ 000+\left[\frac{10\ 000}{(1+12\%)}+\frac{20\ 000}{(1+12\%)^2}+\frac{30\ 000}{(1+12\%)^3}+\frac{40\ 000}{(1+12\%)^4}+\frac{50\ 000}{(1+12\%)^5}\right]$$
$$=5\ 020(\text{元})>0$$

继续用折现率 14%测试,计算项目净现值为:

$$NPV=-95\ 000+\left[\frac{10\ 000}{(1+14\%)}+\frac{20\ 000}{(1+14\%)^2}+\frac{30\ 000}{(1+14\%)^3}+\frac{40\ 000}{(1+14\%)^4}+\frac{50\ 000}{(1+14\%)^5}\right]$$

$=-970$(元)<0

可见,该项目的内部收益率处于12%～14%之间,采用上述公式计算得:

$$IRR=12\%+\frac{5\ 020}{5\ 020-(-970)}\times(14\%-12\%)=13.68\%$$

2.内部收益率法决策准则

内部收益率经常用于投资决策的评价,通常来说,内部收益率大于目标收益率的投资方案可行;否则,不可行。

3.净现值与内部收益率指标的比较

净现值和内部收益率是资本投资决策评价的主要指标,其间也存在密切的数量关系,即对大部分投资项目而言,当项目的内部收益率大于计算净现值所选定的折现率时,净现值大于0;如果选定的折现率大于项目的内部收益率时,计算出来的净现值小于0。

但是,这两种方法在前提假设及应用上都存在一些差异,以下作简单分析:

(1)净现值法和内部收益率法都假定先期的现金流入后就立即加入到价值增值过程中。净现值法假设,这些现金流入是投资于收益率与目标利润率相等的另一个投资项目;而内部收益率法假设,这部分现金流入是按内部收益率进行价值再创造。

(2)内部收益率无法直接应用于非常规方案的评价分析。

所谓非常规方案,是指那些各年现金净流量的正负号改变超过一次的投资方案。以下举例说明:

[例 10-12] 假设某个投资项目的现金流量如表10-8所示:

表 10-8

单位:元

年份	0	1	2
净现金流量	(2 000)	5 000	(3 080)

运用前面的计算方法,可以推算出两个内部收益率:10%和40%,即:

$$-2\ 000+\frac{5\ 000}{(1+10\%)}+\frac{-3\ 080}{(1+10\%)^2}=0\text{ 及 }-2\ 000+\frac{5\ 000}{(1+40\%)}+\frac{-3\ 080}{(1+40\%)^2}=0$$

根据"笛卡儿符号定律",在$f(x)$的方程式中,正根的数不多于$f(x)$的改号数,负根数不多于$f(-x)$改号数。因此,如果项目的净现金流出现多次改号,就可能出现多个解。但就本例而言,实际上10%和40%都不能反映该项目的真实收益水平。

对于这种方案,常见的做法是对若干年份的现金流量做适当处理,使之仅出现一次符号改变。如本例中,可以按必要报酬率8%将第0年的现金流量(2 000)元换算为第1年的(2 160)元,这样项目相关的现金流量情况就改变如表10-9:

表 10-9

单位:元

年份	0	1	2
净现金流量	—	2 840	(3 080)

这样就可以计算出，该项目的内部收益率为8.45%。

(3)评价互斥方案时，两种方法可能出现不同的结论。以下以简例说明：

[例10-13] 假设某公司的必要报酬率为16%，目前公司有两个备选投资方案：方案A和方案B，相关的现金流量情况如表10-10所示：

表10-10

单位：元

年份	0	1	2	3
方案A	(20 400)	12 000	10 000	6 000
方案B	(70 500)	36 000	30 000	30 000

那么，可以计算出方案A和方案B的净现值分别为1 220元和2 052元；两个方案的内部收益率分别为20%和18%。如果方案A和方案B是独立方案，那么两个方案都具备可行性；但是如果两个方案属于互斥方案，那么，净现值法和内部收益率得出的结论是不一样的，净现值法认为方案B要好一些，而内部收益率法则认为方案的收益水平更高，如何选择就成问题了。

第三节 资本投资决策

本节以前述的财务评价指标为工具，对一些常见的资本投资决策类型进行分析和评价。

一、独立投资方案的财务可行性分析

评价独立的资本投资方案是否具备财务可行性，分析时主要利用上一节介绍的评价指标，从而做出接受或拒绝的决策。以下以简例说明：

[例10-14] 假设某一投资方案相关的现金流量情况如表10-11所示：

表10-11

单位：元

年份	0	1	2	3	4
净现金流量	(100 000)	30 000	40 000	40 000	45 000

该企业要求的必要报酬率为16%，且按直线法集体项目固定资产投资100 000元的折旧，4年终了无残值，则可分析如下：

$$NPV = -100\,000 + \left[\frac{30\,000}{(1+16\%)} + \frac{40\,000}{(1+16\%)^2} + \frac{40\,000}{(1+16\%)^3} + \frac{45\,000}{(1+16\%)^4}\right]$$
$$= 6\,060(\text{元}) > 0$$

$$-100\,000+\left[\frac{30\,000}{(1+IRR)}+\frac{40\,000}{(1+IRR)^2}+\frac{40\,000}{(1+IRR)^3}+\frac{45\,000}{(1+IRR)^4}\right]=0$$

$$\Rightarrow IRR=18.83\%>16\%$$

计算结果表明，该方案可以实现的收益率高于企业要求的16%的必要报酬率，因此，财务上可行。

对于独立的常规方案，净现值法和内部收益率总是可以得出相同的结论。

二、互斥投资方案的比较与选优

如上一节所介绍的，净现值法和内部收益率法对于互斥投资方案可能会得出不同的结论。对这样的投资方案，就要采用差量分析的方法，即如果差量投资额能获得满意的收益率，则投资较大的方案较好；否则，投资额小的方案好。以下以简例说明：

[例 10-15] 沿用例 10-13 的数据，分析如表 10-12 所示：

表 10-12

单位：元

年份	0	1	2	3
方案 A	(20 400)	12 000	10 000	6 000
方案 B	(70 500)	36 000	30 000	30 000
差量	(50 100)	24 000	20 000	24 000

从净现值指标看，差量的净现值为：

$$NPV=-50\,100+\frac{24\,000}{(1+16\%)}+\frac{20\,000}{(1+16\%)^2}+\frac{24\,000}{(1+16\%)^3}$$

$$=832(\text{元})>0$$

可见，投资较大的方案 B 较好。

从“差额投资的内部收益率法”看，差额投资的内部收益大于要求达到的最低报酬率的，投资额大的方案较好；否则，投资额小的方案好一些。从本例看，差量投资部分的内部收益率 IRR 为：

$$-50\,100+\frac{24\,000}{(1+IRR)}+\frac{20\,000}{(1+IRR)^2}+\frac{24\,000}{(1+IRR)^3}=0$$

$$\Rightarrow IRR=17.09\%>16\%$$

以差量的净现值法和“差额投资的内部收益率”方法评价互斥方案，大部分情况下都可以得到一致的结论。

三、资产更新决策

资产，尤其是固定资产，随着使用年限的延长，会发生老化，需要维修和运营的成本会随之增加，而残值则逐年减少。进行资产更新决策时，决策的重点是决定什么时候、以什么频率更新资产。由于不同方案所形成的效益基本相同(或很难具体计量),因此,比较的是费用最小化,即通过分析,确定何种更新方案可以使资产的使用成本最小化。以下以简例说明:

[**例 10-16**] 假设 LKM 公司有一种主要生产设备,单台采购成本为 2 000 000 元,各年使用成本及相应的残值如表 10-13 所示:

表 10-13

单位:元

年份	第 1 年	第 2 年	第 3 年
年使用成本(现金支出)	600 000	800 000	1 000 000
残值(年末)	1 200 000	800 000	600 000

LKM 公司的综合资金成本是 8%。企业管理层计划对该设备的更新频率进行分析,设备经理提出目前存在三种可能的方案:(1)每年更新一次;(2)每两年更新一次;(3)每三年更新一次。

考虑到不同方案的计算期是不一样的,直接比较有难度。针对这样的问题,常见的解决方法包括最小公倍数法和年使用成本法,分别介绍如下:

(一)最小公倍数法

最小公倍数法要求先计算出三种方案的更新周期的最小公倍数,本例为 6 年。也就是说,以 6 年作为计算期,就可以使三种更新方案的比较建立在统一的基础上了。三种方案各年的现金流量分析如下:

1.每年更新方案

每年更新方案的现金流量情况如表 10-14 所示:

表 10-14

单位:万元

年份	0	第 1 年	第 2 年	第 3 年	第 4 年	第 5 年	第 6 年
资产购置费用	(200)	(200)	(200)	(200)	(200)	(200)	—
年使用费		(60)	(60)	(60)	(60)	(60)	(60)
残值		120	120	120	120	120	120
净现金流量	(200)	(140)	(140)	(140)	(140)	(140)	60

2.每两年更新方案

每两年更新方案的现金流量情况如表 10-15 所示:

表 10-15

单位:万元

年份	0	第 1 年	第 2 年	第 3 年	第 4 年	第 5 年	第 6 年
资产购置费用	(200)	—	200)	—	(200)		—
年使用费		(60)	(80)	(60)	(80)	(60)	(80)
残值收入			80		80		80
净现金流量	(200)	(60)	(200)	(60)	(200)	(60)	—

3.每三年更新方案

每三年更新方案的现金流量情况如表 10-16 所示：

表 10-16

单位：万元

年份	0	第 1 年	第 2 年	第 3 年	第 4 年	第 5 年	第 6 年
资产购置费用	(200)	—	—	(200)	—	—	—
年使用费		(60)	(80)	(100)	(60)	(80)	(100)
残值				60			60
净现金流量	(200)	(60)	(80)	(240)	(60)	(80)	(40)

4.比较分析

汇总表 10-14、表 10-15 和表 10-16，比较三种方案各年净现金流量如表 10-17：

表 10-17

单位：万元

年份	0	第 1 年	第 2 年	第 3 年	第 4 年	第 5 年	第 6 年
每年更新方案	(200)	(140)	(140)	(140)	(140)	(140)	60
每两年更新方案	(200)	(60)	(200)	(60)	(200)	(60)	—
每三年更新方案	(200)	(60)	(80)	(240)	(60)	(80)	(40)

分别计算三个方案的净现值为：

$NPV_1 = -7\ 212\ 200$

$NPV_2 = -6\ 624\ 600$

$NPV_3 = -6\ 384\ 600$

可见，成本最低的更新频率是每三年更新一次。

在资产更新决策中，最小公倍数法是常用的方法之一，但是如果不同方案的最小公倍数比较大的话，采用最小公倍数法就显得比较烦琐了。这种情况下，可以选择一个比较大的时间跨度，比较该时间跨度内的成本现值，我们称这种方法为有限时间法。有限时间法是最小公倍数法的近似，但只要时间跨度选择合适，有限时间法也可以得出正确的结论。

(二)年使用成本法

所谓年使用成本法，是指以计算不同方案更新周期内的年使用成本的大小作为比较和选择的依据。其中，年使用成本的计算公式如下：

年使用成本＝一个更新周期内的现金流量现值之和×资本回收因子

其中，资本回收因子等于年金现值因子的倒数。本例中，各方案的更新周期内现金流量情况汇总如表 10-18：

表 10-18

单位:万元

年份	0	第 1 年	第 2 年	第 3 年
每年更新方案	(200)	60		
每两年更新方案	(200)	(60)	—	
每三年更新方案	(200)	(60)	(80)	(40)

各方案的周期内现金流量现值及年使用成本计算如下：

1.每年更新方案

每年更新方案的周期内现金流量现值为：

$$-2\ 000\ 000+600\ 000\times(P/F,8\%,1)=-1\ 444\ 460(\text{元})$$

方案的年使用成本为：

$$\text{年使用成本}=1\ 444\ 460\times\frac{1}{(P/A,8\%,1)}=1\ 560\ 060(\text{元})$$

2.每两年更新方案

每两年更新方案的周期内现金流量现值为：

$$2\ 000\ 000+600\ 000\times(P/F,8\%,1)=-2\ 555\ 540(\text{元})$$

方案的年使用成本为：

$$\text{年使用成本}=2\ 555\ 540\times\frac{1}{(P/A,8\%,2)}=1\ 433\ 039(\text{元})$$

3.每三年更新方案

每三年更新方案的周期内现金流量现值为：

$$-2\ 000\ 000-\frac{600\ 000}{(1+8\%)}-\frac{800\ 000}{(1+8\%)^2}-\frac{400\ 000}{(1+8\%)^3}=3\ 558\ 960(\text{元})$$

方案的年使用成本为：

$$\text{年使用成本}=3\ 558\ 960\times\frac{1}{(P/A,8\%,3)}=1\ 380\ 994(\text{元})$$

通过比较可知第三种方案,即每三年更新一次的年使用成本最低,因此,应选择该方案。

四、资本分配决策

根据净现值法和内部收益率法分析后,具备财务可行性的项目,企业都应尽可能安排执行。但是如果企业的资本有限的话,就不可能对所有净现值为正的项目都进行投资。这种情况下就需要针对现有的资本进行分配。

导致企业出现资本限制的原因很多,企业在不同时段都会出现资本制约的情况。本书仅介绍单一时段的资本分配决策问题。所谓单一时段的资本分配，是指资本只是在第0年，也就是目前受限制。我们同时假设，一旦备选的投资方案在第0年没有入选（即被企业所执行），就失去再执行的机会了。以下以简例说明：

[例10-17] 假设ASP企业有A、B、C、D、E五个备选的投资方案，有关的投资总额、净现值、净现值率资料如表10-19：

表10-19

年份	原始投资额(万元)	净现值(万元)	净现值率
方案A	60	18	30%
方案B	200	42	21%
方案C	150	18	12%
方案D	80	20	25%
方案E	120	24	20%

如果没有资本限制，则上述五个方案都具备投资价值。但是ASP公司目前只有320万元可用以项目投资，而这五个项目的初始投资额合计610万元，可见需要安排投资方案组合。

可能的投资方案组合如表10-20所示：

表10-20

年份	原始投资额(万元)	净现值(万元)
A+B	260	60
A+C	210	36
A+D	140	38
A+E	180	42
B+D	280	62
B+E	320	66
C+D	230	38
C+E	270	42
D+E	200	44
A+C+D	290	56
A+D+E	260	62

可见方案B和方案E的组合可以实现净现值最大化，是最优组合。

在备选方案较多的情况下，要一一列出可能的方案组合工作量大而且烦琐，通常可以采用按净现值大小排序，净现值率大的项目优先入选，再安排净现值率较小的项目。最后，对排在组合尾部的几个项目再根据资金总额做一定的调整、组合即可求解出最佳的投资方案组合。

不过，这里所介绍的方案选择方法，并没有充分考虑企业发展的战略需求，没有从战略价值最大化出发安排投资组合，因此在实际应用时应针对企业战略做具体的分析。此外，单一时段的假设也与企业实际情况有所出入，如果企业在多个时间段存在资本制约问题，就需要借助线形规划的方法进行优选。

第四节　资本投资决策的风险分析

由于资本投资决策涉及对未来现金流量的预计，但受到未来不确定性和有限理性的影响，实际现金流量和预计现金流量之间不可避免地会出现差异。因此，进行经济评价指标分析时就有必要有针对性地对投资风险做出相应的调整。常见的调整方法包括概率分析、敏感性分析、肯定当量法和调整折现率法等，分别介绍如下。

一、概率分析

概率分析是针对有关变量在一定范围内的可能分布进行概率分析，结合期望值计算，以使分析结果更接近客观实际。以下以简例说明：

[例 10-18]　假设 RFT 公司计划投产一新产品：产品 A，相关的初始投资 500 000 元，寿命期 2 年，公司要求达到的最低收益率为 20%。预计单位产品售价 50 元/件，单位变动成本 20 元/件，年付现固定成本 400 000 元。产品 A 的销售量受市场情况的影响，公司预计的销售量水平及出现概率如图 10-4：

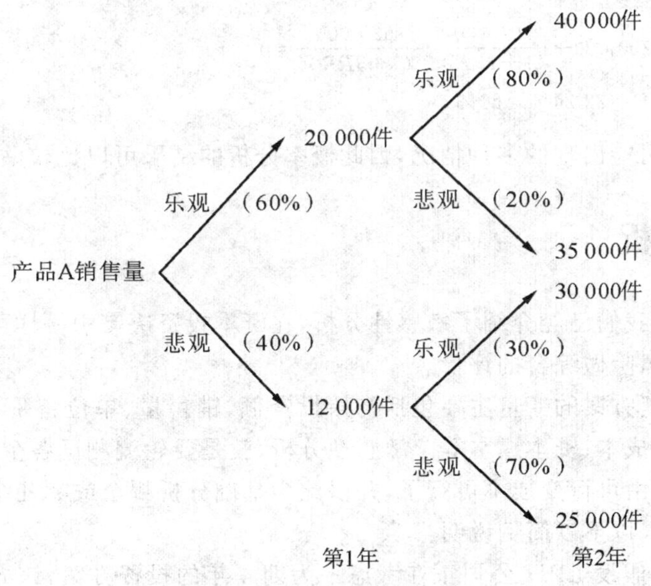

图 10-4　产品产销量的决策树

可见一共有 4 种可能的组合，其 2 年内的净现金流量、净现值及各情况出现的概率归纳如表 10-21 所示：

表 10-21

单位:元

年份	乐观—乐观	乐观—悲观	悲观—乐观	悲观—悲观
第 1 年	200 000	200 000	(40 000)	(40 000)
第 2 年	800 000	650 000	500 000	350 000
净现值	222 223	118 056	(186 111)	(290 277)
概率	0.6×0.8=0.48	0.6×0.2=0.12	0.4×0.3=0.12	0.4×0.7=0.28

结合概率分析,可以计算该项目的净现值为:

$$222\ 223\times48\%+118\ 056\times12\%-186\ 111\times12\%-290\ 277\times28\%=17\ 223(\text{元})$$

或分别计算项目寿命期(两年)中各年的预期现金流量:

第 1 年:

$$200\ 000\times60\%-40\ 000\times40\%=104\ 000(\text{元})$$

第 2 年:

$$800\ 000\times48\%+650\ 000\times12\%+500\ 000\times12\%+350\ 000\times28\%=620\ 000(\text{元})$$

计算项目净现值及内部收益率如下:

$$NPV=-500\ 000+\frac{104\ 000}{(1+20\%)}+\frac{620\ 000}{(1+20\%)^2}=17\ 223(\text{元})>0$$

$$-500\ 000+\frac{104\ 000}{(1+IRR)}+\frac{620\ 000}{(1+IRR)^2}=0$$

$$\Rightarrow IRR=22.24\%>20\%$$

由于考虑了可能出现的多种情况,因此概率分析的结果可以比较贴近实际情况。

二、敏感性分析

在第八章中,我们已经介绍了敏感性分析,在资本投资决策中一样可以运用敏感性分析对投资涉及的风险做综合的评价。

影响资本投资方案的变量主要包括初始投资额、销售量、单位售价、单位产品变动成本、期间付现固定成本、资本成本等。敏感性分析,就是要轮流测试各个变量,看要发生多大的变化,项目就由可行变成不可行了,并以此为基础分析哪个或哪几个变量是最关键的变量(敏感变量)。以下以简例说明:

[**例 10-19**] 假设 LPH 公司正在考虑一为期 4 年的投资方案,该方案涉及的初始投资为 100 万元,公司要求的最低报酬率为 20%。其他可能的资料如表 10-22:

表 10-22

单位售价	100 元/件
单位变动成本	70 元/件
年付现固定成本	300 000 元
预计的年销售量	25 000 件

可以计算该项目的年净现金流量为：

(100－70)×25 000－300 000＝450 000(元)

项目的净现值为：

$NPV=-1\ 000\ 000+450\ 000\times(P/A,20\%,5)=345\ 950$(元)

项目的净现值是 345 950 元，看起来是可行的。要使净现值正好等于 0，也就是要使项目达到盈亏临界，各个变量需要发生的变化计算分析如表 10-23：

表 10-23

项目	初始状态	NPV＝0 状态	变动百分比
初始投资额(元)	1 000 000	1 349 950	34.6%
年产销量(件)	25 000	21 144	15.4%
单位产品售价(元/件)	100	95.37	4.63%
单位产品变动成本(元/件)	70	74.63	6.6%
年固定成本(元)	300 000	415 664	38.55%
必要报酬率	20%	34.95%	74.75%

可见，最敏感的项目是单位产品售价，其次是单位产品变动成本和年产销量，因此，该方案执行过程中应特别关注这些变量的变化趋势。

应该注意的是，首先，敏感性分析都是在假设其他变量不变的前提条件下，分别就单个变量的变动影响进行分析，这种分析方法忽略了变量之间的联系(如售价的下降通常会导致销售量的增加，销售量的增加又有可能导致单位成本的下降)，这种假设与现实情况有所出入；其次，敏感性分析没有就变量的可控性作出区分；再次，敏感性分析虽然揭示了哪个或哪几个变量是敏感变量，但是并不能针对这些变量的变动提出相应的对策。因此，实务中应用敏感性分析还需要与其他的管理方法结合使用。

三、肯定当量法和调整折现率法

净现值法和内部收益率法是进行资本投资决策最重要的经济评价指标，从计算公式上看，这两个指标都受到现金流量和折现率大小的影响。肯定当量法和调整折现率法就是分别对项目的现金流量和折现率做出调整，以使分析结果可以合理反映投资项目涉及的风险水平。

(一)肯定当量法

根据风险理论,不确定的1元钱的实际价值要小于确定的1元钱。肯定当量的意思就是将不确定的现金流量按其涉及风险的大小折算为确定性的现金流量。以下以简例说明:

[**例 10-20**] PII公司的资本成本为16%,目前公司正考虑一投资计划,预期的现金流量如表10-24:

表 10-24

单位:元

年度	0	1	2	3	4
现金流量(元)	(900 000)	300 000	400 000	400 000	500 000

根据上述资料计算项目净现值为188 200元>0,很明显,项目具备财务可行性。但是考虑到未来经营的不确定性,决策者确定将第1～4年的现金流入的肯定当量值定为原先的95%、90%、80%、60%,则以肯定当量表示的现金流量如表10-25:

表 10-25

单位:元

年度	0	1	2	3	4
现金流量(元)	(900 000)	285 000	360 000	320 000	300 000

根据调整后的现金流量计算的净现值为 -16 130元<0。可见,由于方案中现金流量的风险较大,方案不可行。

肯定当量法的主要缺点在于"肯定当量值"的确定比较主观。

(二)调整折现率法

和肯定当量法调整现金流量的做法不同,调整折现率法要求计算经济评价指标的折现率中应包括风险因素。以下以简例说明:

[**例 10-21**] 沿用例10-20的资料,假设公司经过评估,认为项目涉及的风险较大,要求有6%的风险溢价,则应以22%作为项目评估的折现率,计算得净现值为60 700元。

在例10-21中,我们对各年的风险赋予了同样的溢价,但实际上,比较近的年份的风险相对会小一些,较远的年份的风险相对要大一些,因此,也可以针对不同年份赋予不同的风险溢价,即采用不同年份不同折现率的分析方法,以使分析结论更贴近实际情况。

第五节 通货膨胀对资本投资决策的影响

通货膨胀的存在会对货币币值、项目现金流、投资风险等产生重大的影响,因此也会对投资项目的可行性分析产生影响。

假设某人于20×1年年初存了100元的1年期存款，年末收到120元。那么他的投资收益率是20%，但是如果这一年中出现了通货膨胀，通货膨胀率为5%，也就是说年末的1元钱的实际购买力只相当于年初的0.952元$\left(=\frac{1}{1+5\%}\right)$，那么他于年末收到的120元只相当于年初的114.29元$\left(=\frac{120}{1+5\%}\right)$，可见考虑了通货膨胀后的收益率只有14.29%。通常，我们称前一个报酬率为名义报酬率，后一个报酬率为实际报酬率，二者与通货膨胀率之间存在如下的数量关系：

$$(1+\text{通货膨胀率})\times(1+\text{实际报酬率})=1+\text{名义报酬率}$$

通货膨胀因素会从多角度对资本投资决策产生影响。例如，通货膨胀率越高，投资者要求的名义报酬率也越高。因此，只有恰当地计量通货膨胀对经济评价指标的影响，才能做出准确的资本投资决策。

针对通货膨胀对资本投资决策的影响，常见的有调整现金流和调整折现率两种做法，以下结合例10-22说明：

［例10-22］ 假设某企业要求的实际报酬率为10%，目前公司正考虑一为期3年的资本投资计划，预计的现金流量（名义现金流量）及各年的预计通货膨胀率如表10-26：

表10-26

年度	0	1	2	3
现金流量（元）	(200 000)	100 000	120 000	150 000
通货膨胀率		4%	6%	8%
累计通货膨胀率		4%	10.24%	19.06%

1.调整现金流

由于表10-26列示的是名义现金流，因此可以将之调整为第0年币值表示的等价现金流，调整过程如表10-27：

表10-27

年度	0	1	2	3
现金流量（元）	(200 000)	100 000	120 000	150 000
累计通货膨胀率		4%	10.24%	19.06%
以第0年币值表示的现金流（元）	(200 000)	96 154	108 853	125 987

进而计算项目的净现值如下：

$$NPV=-200\ 000+96\ 154\times(P/F,10\%,1)+108\ 853\times(P/F,10\%,2)+125\ 987\times(P/F,10\%,3)=72\ 030(\text{元})>0$$

2.调整折现率法

与调整现金流的方法不同,调整折现率法直接采用名义现金流,但采取结合通货膨胀率调整折现率的方法。本例的净现值计算如下:

$$NPV=-200\,000+\frac{100\,000}{(1+10\%)\times(1+4\%)}+\frac{120\,000}{(1+10\%)^2\times(1+10.24\%)}+\frac{150\,000}{(1+10\%)^3\times(1+19.06\%)}$$
$$=72\,030(\text{元})>0$$

通过调整现金流或调整折现率的方法,可以充分考虑到通货膨胀对投资项目的影响,做出的决策会更符合现实。

思考题:

1.资本投资项目的计算期包括哪几个部分?

2.什么是现金流量?进行资本投资决策为什么要以现金流量分析为基础?

3.什么是货币的时间价值?进行资本投资决策时考虑货币的时间价值有什么意义?

4.什么是资本投资决策的静态指标?什么是资本投资决策的动态指标?

5.会计报酬率指标有何特点?如何计算投资项目的会计报酬率?

6.如何利用静态投资回收期进行资本投资决策?

7.什么是净现值法?什么是净现值率与获利指数?它们之间存在什么样的数量关系?

8.如何利用内部收益率进行资本投资决策?内部收益率指标存在什么缺陷?

9.什么是资产更新决策?如何进行资产更新决策?

10.在资本有限的情况下,如何安排投资方案组合?

11.进行资本投资决策时,为什么要考虑风险因素?

12.如何进行资本投资决策的敏感性分析?

13.进行资本投资决策时,为什么要考虑通货膨胀因素?如何考虑?

第十一章　预算管理

本章学习目标

1.理解预算、预算管理的概念及其在企业经营管理上的作用；

2.掌握全面预算管理体系的编制方法；

3.阐述参与式预算与传统预算的差异及其在管理上的意义；

4.掌握销售预算的编制方法；

5.阐述弹性预算与固定预算的差异，掌握作业弹性预算的编制方法；

6.了解概率预算、滚动预算、零基预算的特点。

第一节　预算体系

一、预算、预算体系

(一)预算

预算的雏形最初可以追溯到13世纪英国颁布的《大宪章》，之后在1870年"budget"第一次正式出现在政府文件当中，此后一直作为政府管理财政收支的重要手段；1921年美国国会颁布了《预算与会计法案》进一步扩大了预算控制思想的影响；1922年美国会计学家麦金西出版了《预算控制》一书，第一次从控制的角度系统地阐述了预算管理的理论及方法,这也标志着现代预算理论的形成。此后,美国率先将预算作为一种管理手段大面积引入企业实践,其最初的目的是为了协调企业生产能力与外部市场需求间的矛盾,后来逐步被开发成为一种用以帮助协调和统筹企业特定时期内的资源配置、计划实施和统一控制的工具。不过时至今日,实务界和学术界对于预算的概念界定仍有着多种不同的看法,较具有代表性的观点有:

(1)克里斯·阿基里斯(Chris Argyris)认为预算是一种由人来控制成本、费用的会计技术。

(2)卡普兰(Copland)等人认为预算是一种以数量表示的期间计划,是将特定的活动方案以计算数字表示的正式活动计划,且同时明确地阐明企业的目的及其达成的手段。

(3)格伦·A.韦尔什(Glenm A.Welsh)认为预算是涵盖企业未来一定期间内所有营运活动过程的计划,它是企业最高管理者为整个企业及其各部门预先设定的目标、策略及方案的正式表达。

(4)弗雷姆根(Fremgen)认为预算是一种以财务条件来表达的广泛而协调的计划。

(5)哈罗德·比尔克曼(Harold Bierman)认为需要从两个层面理解预算,一是“预测”,它告诉经理人员他在未来将处于何种地位;二是“标准”,预算同时告诉经理人员预定的效率水平是否已维持或达到。从这个意义上说,预测就是计划,标准就是控制。

(6)IMA认为预算是计划或预期的有关营业收入、费用、资产和负债的报表,它为未来的营运和绩效评估提供指导[①]。

虽然观点不一,但我们可以总体上得出这样的结论:预算是一种定量计划,指在对组织内外部因素进行科学分析和预测的基础上,以价值量和实物量等形式对组织未来一定期间的经营活动和财务收支进行全面、系统而具体的预计和控制的管理活动。它既是企业经营战略或经营决策的具体化,又是企业控制生产经营活动的重要依据。

归纳而言,预算具有这样几个特点[②]:

(1)预算的主体是一个国家、企业组织或团体机构[③];

(2)预算是一份书面文件,它反映组织的整体经营计划;

(3)预算是以财务数据形式反映组织对未来的预期;

(4)预算通常包括收入和支出两个部分,但是为了综合全面反映组织运行的各个方面,有越来越多的预算除了货币信息外还包括非货币信息;

(5)预算是一种系统性文件,并便于分析比较;

(6)预算必须经过有关组织的审议通过,是组织内部的正式文件;

(7)预算是组织执行的准则,并对相关责任人的行为起到引导和制约作用。

(二)预算体系

预算体系(budget system),是根据企业的战略规划,按照全局观点编制的部门预算

---

① IMA,《管理会计词典》,2017,有关“预算”词条。

② 侯龙文、侯岩、何瑛:《现代全面预算管理》,经济管理出版社,2005年版。

③ 除非特指,否则本书的预算仅指企业预算。

和整体预算的综合体系。

各个职能部门执行的生产、销售和财务活动都直接影响着“收入－费用＝利润”这一等式中的一项或几项，而执行的效果是企业的期间利润和长期财务成果的决定因素。但如果因此就只从部门利益出发，以部门利益最大化为导向编制部门预算的话，就容易导致局部利益与企业整体利益的冲突，短期利益和长期利益的冲突。预算体系，就是要求企业预算的编制要从企业全局一盘棋的出发点，协调好局部与整体、短期与长期的矛盾，最终形成一个协调、统一的综合体系。

全面预算(comprehensive budget 或 master budget)是预算体系的核心，它以企业战略目标为起点汇总了各个部门的预算，综合反映了企业价值活动管理的核心。图 11-1 列示了组成全面预算的各单项预算的内容及之间的相互联系：

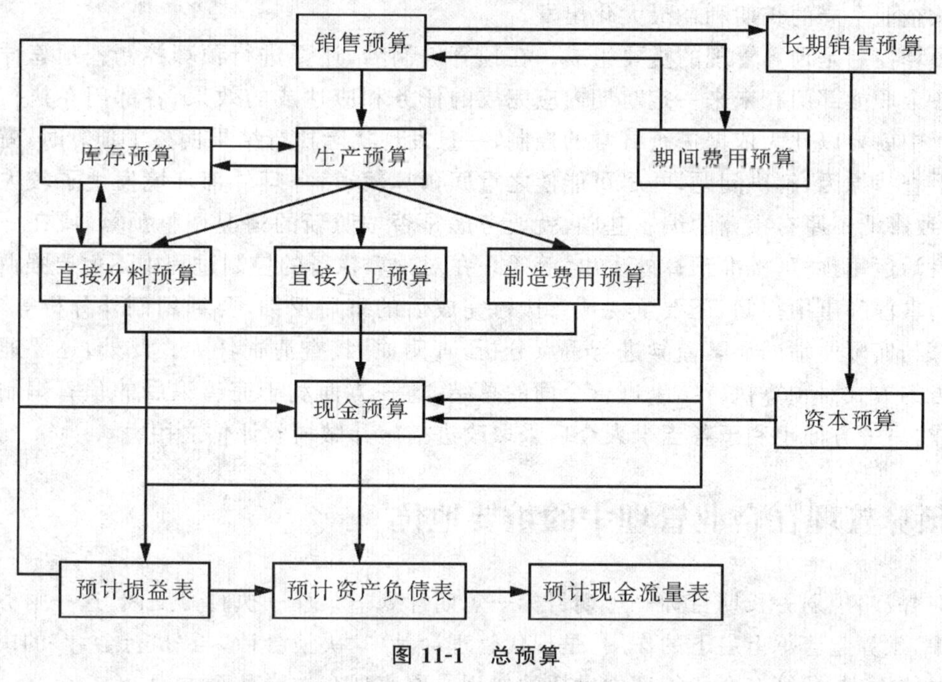

图 11-1　总预算

不同的企业的全面预算虽各有特点，但基本结构大致相同。从图 11-1 可见，全面预算包括了许多单独的部门预算，但又不是这些部门预算的简单汇总，它是本着既要实现企业目标收益，又要保持财务流动性，按照全局一盘棋的观点对所有部门预算加以研究和调整之后形成的综合体。

二、预算管理

预算管理(budget management)，是围绕期间预算展开的对企业的收入、支出和财务状况进行计划和控制的一系列管理活动，具体又包括预算编制、预算执行、预算分析、预算控制和预算考评等多个环节。

在企业预算发展的最初阶段，市场竞争不是很激烈，企业的管理主要以集权式管理为主。在这个阶段，预算主要发挥着实施计划和统一控制的功能，企业预算工作的重心在于控制支出；但随着市场竞争的加剧及企业管理体制由集权式管理向分权式管理转变，企业经营的重心向计划和决策转移，预算内在的计划功能也逐步被开发出来。目前，预算的编制和控制已经成为企业计划制定的重要环节，通过预算的编制，组织内部的各个部门及利益体均对自身的资源配置、承担的责任及其可行性有了充分的认识和了解，并以此为基础相互协作、共同努力达成企业设定的目标。

预算是面向未来的财务计划，它以定量的形式将企业及企业的各个组成部分在未来一段时间内所要完成的任务和实现的效果具体地表现出来。预算管理涉及企业的方方面面，它的执行与效果以企业的全员参与为保障。企业预算是企业长期战略规划（strategic plan）在较短期间（如一年）内的分解，因此，预算虽然是短期性财务计划，但是预算的编制却要从企业全局的长期利益最大化出发。

预算控制是预算管理的重要组成。在预算编制后，还要进行预算控制。预算详细规定了各个职能部门在未来一定时期内应完成的任务和应达成的效果，各部门在执行预算的过程中就要以此为依据进行日常的控制，一旦发现实际执行结果偏离了预算时，就应立即着手查找原因，解决问题，并尽可能使之重回预算轨道；一旦外部环境发生了较大的变化，以致影响了原有预算的编制基础，就要考虑是否按照新的情况调整预算，或在一定条件下灵活运用预算，批准预算外支出，等等。在对预算执行的控制过程中不但要强调预算执行的事前和事中控制，还要重视预算执行完成后的事后反馈，要利用例外分析等方法，对预算与实际业绩的显著差异进行重点分析，查明原因、查清责任人。此外，还要通过预算报告的方式对预算执行结果进行全面的总结，这一方面利于完善以后的预算编制和执行工作，另一方面也利于各当事人今后采取改进措施并做绩效评估之用。

三、预算管理在企业管理中的重要地位

在“战略规划—长期目标—短期目标—短期计划—预算—执行—反馈”这一财务控制链条中，预算起着承上启下的作用，是现代管理会计中“决策会计”与“执行会计”的中介。

总体而言，预算在企业管理中发挥的作用主要表现在这样几个方面[①]：

（一）规划功能

1.明确企业目标与政策。企业预算通常就是企业战略目标与经营政策的分解。通过一系列的规划、分析并加以数量化，预算以一种系统的方式具体体现并细化了企业在特定阶段内所要实现的目标与所需要执行的政策。

2.有助于企业预测未来经营面临的机会与威胁。由于预算的编制过程实际上是对未来经营的模拟过程，企业需要对未来经营可能面临的各种环境变化做出事先的预测和估计，这就有可能提前发现经营中潜在的问题，并预先制定出相应的对策，同时也可以消除一些不必要的支出、堵住一些潜在的漏洞。

---

① 侯龙文、侯岩、何瑛：《现代全面预算管理》，经济管理出版社，2005年版。

3.促使企业资源的优化配置[①]。企业预算不但要考虑目标的分解落实,而且要规划配套资源的配置问题。首先,在预算的制定过程中,管理层需要分析企业资源是否足以支撑企业目标的实现。现有资源不足,就可能成为实现企业目标的制约因素,企业或者需要寻求其他的替代资源或者需要调整目标;如果资源过剩,那就说明尚有调高目标的空间,可能需要重新调整规划。其次,资源是企业的稀缺品,如何实现资源使用的最大效益还有赖于资源在企业内部各职能部门的合理配置。预算的制定实际上是一个决定"给多少东西办多少事"的过程,资源配置多了或少了都不利于实现企业价值最大化的整体经营目标。

(二)控制功能

1.确保企业目标的实现。预算的执行过程实际上就是目标的实现过程。离开了预算制度,企业目标的实现与否要等到规划期过去后才能做出全面的评价;而在预算体系中,通过定期比较实际完成情况与阶段预算目标的差距就可以帮助企业实施过程监控,及时发现背离目标的经营行为,采取纠正措施,使企业行为朝着既定的目标前进。

2.反馈机制。在执行过程中,预算又是适时控制的基点。通过预算体系的反馈机制,企业管理层可以及时了解预算执行过程中遇到的问题与障碍,并采取相应的对策,促使企业的经营按照预定的轨道顺利进行。

3.避免浪费和无效率行为的发生。由于预算通常也作为企业绩效评价的依据,因此企业的每一个员工在预算的执行过程中会更加重视实现资源的最佳利用,也可以避免浪费并将无效率行为降到最低限度。

(三)沟通和协调功能

预算体系实际上为企业提供了一个正式的内部沟通和协调机制。企业要实现既定的经营目标就需要各个部门同以企业利益为核心,同心协力,团结合作。但也只有以预算为连接点,才能加强各部门之间的纵向和横向联系,使管理层与执行层相互沟通、形成共识。

在预算的制定过程中,多数企业会组织各层次的执行主体和主要员工参与预算的编制,这就使企业内部各个层级的员工更容易对企业经营的目标和决策的意义达成共识,使他们充分认识到协作的必要性,同时也了解了上下游之间的联系,这同时也有效减少了预算执行过程中的障碍和阻力。

在预算的执行过程中,全面预算将企业的各个职能部门连接成为一个统一的整体,使企业的每个成员都明确知道企业的目标和自己扮演的角色、承担的任务,并了解其他部门的需要,形成局部利益服从于整体利益的局面。

(四)激励功能

预算提供了业绩评价的标准。通过目标分解,预算明确了各部门、各单位在企业整体

---

① 如中国中化集团总会计师陈国钢博士认为应该站在资源配置的高度认识预算在企业管理中的作用。

经营中所担负的职责和任务，而将个人激励与预算挂钩，可以形成员工主观为自己、客观为组织的良好结果，组织中的每个个体表面上都是为了实现自身的利益最大化而努力，但在预算体系的作用下却同时促成了组织目标的实现。

第二节 全面预算管理

全面预算，也称总预算，它以实现企业的战略目标和阶段目标利润为目的，以销售预算为起点，对生产、成本、现金收支等活动进行预测，并形成企业一定期间的全部生产经营活动的财务计划。

一、全面预算的编制方法[①]

预算在企业管理中扮演着重要的角色，但如果使用不当，也可能对企业经营造成不良影响，产生内部冲突。如，由于预算将直接或间接影响到个人的利益，因此在预算编制与执行过程中，就可能导致各部门、层级之间不能良好配合，出了问题互相推诿，甚至产生敌对情绪的后果。这就要求企业在预算编制过程中一定要重视编制的方法和编制过程的组织工作。

(一)全面预算的基本构成

不同企业的全面预算的构成内容，随企业性质和规模的差异而有所不同，但其整体框架基本类同。通常而言，一个完整的全面预算体系应包括的组成部分如图 11-2 所示：

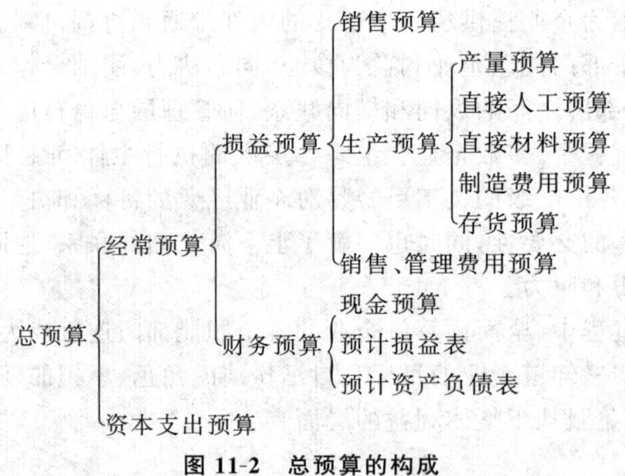

图 11-2 总预算的构成

其中，资本支出预算是指预算期间在一年以上的长期预算。经常预算是指预算期在

① 编制预算的观点有两种，一种是从全局观点编制整个企业的计划预算，即全面预算；另一种是根据责任中心的观点编制的责任预算。有关责任预算的内容可参见本书第十三章。

一年以内的短期预算。损益预算是指与企业损益有关的各个部门的预算总称。销售预算、生产预算和财务预算是企业全面预算的三个主要预算，前两个预算按照权责发生制原则编制，而财务预算中的现金预算是结合现金收付实现制对前二者的补充。各个单项预算之间的关系如图 11-1 所示。

(二)预算编制的组织工作

根据企业管理模式的不同，编制预算主要有两种不同的组织方式：

1.传统预算

传统的预算编制方式是从上到下的，依靠企业管理集权，以完成出资人对经营者提出的以目标利润为起点，从上往下分解任务、下达指标，采取硬性的指标体系。执行人被动执行上级“强加”的任务，业绩的评价单一地强调经济上的奖惩。

传统的预算编制工作效率比较高，但不利于吸收基层的意见，不利于发挥企业管理层与执行层的两个积极性，因此该模式较适合于集权化企业使用。

2.参与式预算

所谓参与式预算，是指预算的执行人参与预算的编制工作和执行结果的评价。预算编制时先由各职能部门提交本部门预算草案，再根据企业整体利益加以调整，进而汇编为全面预算，最后将全面预算落实为各部门预算。由于执行人直接参与预算的编制，可以很好地激发他们的责任感和创造性，变企业目标为个人目标，实现企业利益与个人利益的一致性。另外，吸收基层人员进入预算编制过程，有助于提高预算的合理性和可操作性。

但是，部门自己提出的预算指标通常比较宽松，并较多地考虑了小集体利益，未必能达到出资人的要求；而且，如果协调不好一样也会造成不良后果。

(三)预算编制的组织程序

从上到下和从下到上的预算编制模式各有优缺点，这就要求在预算的编制过程中要将二者协同起来。以下是一种较为可行的预算编制的组织程序(潘飞等，2005)：

1.由企业常设的预算管理委员会提出编制预算的指导性纲要，明确各部门、各层次应编制的内容和提交的时间要求。

2.基层生产经营单位(如车间班组、销售分部)根据自身的情况，在进行专题讨论的基础上提出年度内可以实现的任务指标及相应的要求和说明。

3.中层生产经营部门(如生产部门、销售部门)以下属各基层单位上报的可以完成的任务指标为基础，结合部门整体的实际情况汇总和调整有关指标，提出部门可以完成的任务指标及相应的要求和说明。如果有可行的投资，也同时提出可行性报告。

4.中层职能管理部门结合中层生产经营部门提出的任务指标和说明，就所管业务提出可以完成的任务指标及相应的要求和说明。如果有可行的投资，也同时提出可行性报告。

5.作为预算编制的协助部门，财务部负责将各中层生产经营部门和中层职能管理部门提出的任务指标进行综合，提出可以完成的销售预算、成本预算、现金流量预算、预计财务报表。根据上报的投资方案结合筹资可能性，提出投资项目立项预算。

6.最高管理层针对各中层生产经营部门和中层职能管理部门提出的任务指标，尤其是财务部门上报的各项综合计划和投资立项计划，结合出资人(或董事会)提出的企业发展战略、企业经营环境和目标利润，提出调整预算的意见和理由，并对各部门发表具体调整意见。

7.各中层生产经营部门和中层职能管理部门根据上述调整意见和理由进一步分析自身情况，最终决定其该完成的指标，并向所属基层部门提出调整计划的意见和理由。

8.基层生产经营单位根据上述意见召开岗位员工会议，分析进一步挖潜的可能性及方法，确定可以完成的任务并落实到岗到人。如果上下层之间对任务指标仍有分歧，就需要重复上面的步骤直至达成一致。如果仍旧无法达成一致，就需要由最高管理层出面决定，或者与出资人(或董事会)协商调整目标。

9.财务部门根据最终确定的指标调整并形成各项预算，同时着手实施筹资方案。

二、全面预算的编制原理

以下介绍全面预算的编制原理及编制步骤：

(一)销售预算

销售预算是确定预算期内企业的预计销售量和销售收入的一种预算。在以销定产的企业里，销售预算是全面预算的起点，其他包括生产预算、库存预算等都是建立在销售预算的基础上的。

销售预算包括两步骤的内容：一是通过销售预测，确定预算期的预计销售量；二是以经营决策确定的预计售价结合预计销售量确定预算期的销售收入。其中第一步骤，也就是确定预计的销售量的工作是编制销售预算的重点与难点。

以下是实务中常见的几种销售量预测方法：

1.简单平均预测法

所谓简单平均预测法，是根据过去若干期间的销售额，求解简单算术平均数，作为未来期间销售预测数的做法。具体的计算公式如下：

$$\text{预计销售量} = \frac{\sum \text{过去若干期的期间销售量}}{\text{期间数}}$$

该方法以未来是历史的简单延续为预测基础，适用于销售基本平稳的企业或产品的销售预测。以下以简例说明该方法的运用：

[例 11-1] 假设 LSM 公司 20×1 年 1—6 月份的实际销售量如表 11-1：

表 11-1

月份	1	2	3	4	5	6
销售量(万件)	490	470	460	490	520	510

根据简单平均预测法预测20×1年7月的销售量为：

$$预计销售量=\frac{490+470+460+490+520+510}{6}=490(万件)$$

实务中，还经常用到移动平均预测法。移动平均预测法是与简单平均预测法相近的预测方法，差异在于前者预测的基础期间数是稳定的。以例11-1为例，假设LSM选择以6个月作为预测基础，那么在预测20×1年8月销售量时，将20×1年1月的销售量剔除掉，而增补上7月的实际销售量，始终保持6个月的数据。

2.加权移动平均预测法

加权移动平均预测法类似于移动平均预测法，但同时根据距预测期的远近不同的权数作为预测销售量的基础。计算公式如下：

$$预计销售量=\frac{\sum(过去某期的期间销售量\times 该期权数)}{权数总和}$$

以下以简例说明加权移动平均预测法的运用：

［例11-2］　仍以上例数据为基础，以预测期前6个月的实际销售量为基础，预测20×1年7月的销售量为：

$$预计销售量=\frac{490\times1+470\times2+460\times3+490\times4+520\times5+510\times6}{1+2+3+4+5+6}=497(万件)$$

基于较近期资料的影响应大于较远期的影响，加权移动平均法赋予较近期数较大的权数，该做法比简单平均预测法更能符合客观实际。

3.相关指标法

某些产品的销售量与某个或某些国民经济的宏观(中观)指标间有着密切的联系，那么只要知道该宏观(中观)指标的发展变化，就可以根据过往资料确定的函数关系式，预测该产品的销售量。相关指标法的计算公式如下：

$$预计销售量=\left(\begin{matrix}该产品经常\\需求量\end{matrix}+\begin{matrix}未来期间的某宏观/\\中观经济指标\end{matrix}\times\begin{matrix}相关\\系数\end{matrix}\right)\times\begin{matrix}本企业所占\\的市场份额\end{matrix}$$

例如，市场对水泥的需求量与社会固定投资额指标密切相关。假设根据历史经验表明，社会固定投资额每增加1亿元，相应就产生100吨的水泥需求，那么只要了解国家或地区(市场半径)在未来一段时期内的固定投资额，就可以大体预计企业的销售量。

4.德尔菲预测法

德尔菲预测法(Delphi method of forecast)，也称专家调查预测法，是综合有关领域的专家对销售量进行定性的一种预测方法。该方法是兰德公司在1940年代首创的，并以阿波罗神庙所在的古希腊城市“德尔菲”命名的。德尔菲预测法的实施步骤如下：

(1)准备一份情况介绍，有时还包括几种可供选择的销售预测方案；

(2)选择相关方面的专家组成预测小组，由小组协调人将准备的材料分发给他们；

(3)小组组员互不接触，并根据自己的观点进行预测；

(4)小组协调人收集各专家的意见，并将之告诉各组员，请他们重新考虑，进行第二次预测；

(5)重复上述过程，直至所有组员形成大体一致的意见。

该方法目的在于充分利用专家意见，并使各专家能独立表达意见。

除了上面介绍的几种预测方法之外，企业常用的预测方法还包括经验判断预测法、指数平滑预测法、回归分析预测法等。但是应该记住的是，由于人的有限理性和未来不确定性的限制，不管哪一种方法，都只是基于一定假设、从一定角度做出的预测，是不可能百分百精确的。

(二)生产预算

在销售预算的销售量预测的基础上，预算期间生产量也就可以确定了。在采用 JIT 生产体系的企业中，预计的生产量就是预计的销售量；在没有采用 JIT 生产系统的情况下，生产量预算数还要考虑期初、期末产成品库存的影响。公式如下：

预计生产量＝预计期间销售量＋预计期末产成品库存－预计期初产成品库存

产量预算数确定后就可以安排生产了，也就可以结合标准成本系统①，分别确定生产必需的料、工、费，进而编制直接材料、直接人工和制造费用预算。基本的计算公式如下：

预计材料采购量＝预计生产量×单位产品耗用标准＋预计期末材料库存－预计期初材料库存

预计直接人工成本＝预计生产量×单位产品直接人工小时×直接人工小时工资率

制造费用预算的编制应结合不同费用项目的特点具体编制。传统的方法是将制造费用区分固定性和变动性两个部分分别编制；在作业成本计算体系下，就可以结合成本动因分析分别编制。

(三)销售费用、管理费用预算

销售费用，是企业在产品销售过程中发生的各项费用，包括运输费、装卸费、保险费、广告费、专设销售机构费用等。销售费用在很大程度上受到企业销售政策的影响。在销售政策既定的情况下，销售预算一经确定，销售费用也就基本确定了，因此，销售费用预算可以看作是销售预算确定的营销活动的规模和费用的具体化。

管理费用反映企业为组织和管理企业生产经营所发生的各项费用，包括董事会和管理部门在经营管理过程中发生的，或应该由企业统一负担的公司经费。管理费用预算的编制一般以历史数据为基础，并结合不同细项与有关业务变量的联系一一确定。

(四)现金预算

销售预算、生产预算通常是按照权责发生制原则编制的，可以较好地配合期间利润的

---

① 有关标准成本系统的相关内容参见本书第十二章。

确定，但由于权责发生制与现金流量时间上的差异，销售预算和生产预算并不能反映出企业资金的头寸。而现金预算弥补了这种缺陷，它以现金收付实现制为编制基础，确定现金流入、流出的数量和时间，以及形成的现金短缺或溢余，以便企业及时作出融资或投资安排。

现金预算要根据企业的经营特点选择预算期间，可以按月、旬、周或日编制。常见的现金预算的编制有两种：

(1)以预计资产负债表和预计损益表为基础，从权责发生制编制的报表调整到现金收付制基础上，具体编制方法类似于现金流量表的编制，不同点在于现金流量表是以历史数据为基础，现金预算是以预计数据为基础。

(2)编制各个分项预算时具体预测相应的现金流入与流出，并作为附表列示于分项预算下半部，汇总起来就是预算期的现金预算。本节随后的案例即采取该种方法编制现金预算。

(五)预计财务报表

编制预计损益表和预计资产负债表可以总括地反映企业在预计期间内的盈利水平和预算期末的预计财务状况。其中，预计损益表的编制以销售预算、生产预算、费用预算为基础，必要时作出相应的调整。如果预计损益表显示的预算期收益水平不能满足预期目标，则要向上寻找原因，直至调整经营政策。

预计资产负债表的编制以预算期初的资产负债表为起点，在综合考虑预算期间生产经营活动对有关资产、负债项目的影响的基础上，形成预计的资产负债表。

(六)资本支出预算

资本支出预算，也称资本预算，是关于购置设备等重大资本支出项目的预算。资本支出预算的预算期往往比较长，有的甚至长达几十年，因此资本支出预算考察的重点是固定资产的投资计划及预期费用的支付安排。资本支出预算和经营预算通常是分开来编制的。因为涉及的金额重大、影响的期间较长，在大中型企业中多设置专门投资委员会负责资本支出决策，因此，资本支出预算更适宜视作计划工作的组成，而不是年度预算的一部分。

通过以上的介绍可见，全面预算是一个综合、全面的预算体系。部门预算具体规范了各职能部门的生产经营活动，而全面预算则发挥了综合管理的作用。由于影响面很宽，因此现代企业中，预算的编制不再是个别部门或个别人的事，而是需要在企业高层管理者的领导下，由各部门通力协作来完成的工作。企业的每个部门、每个人都要知道预算，并就自身的角度提出意见，改进预算。

三、全面预算编制的案例

以下以一个例子详细说明企业全面预算的编制过程：

［**例 11-3**］ GYC 公司正在考虑 20×1 年预算的编制，具体资料与编制过程如下：

(一)销售预算

假设GYC公司生产并销售一种产品:产品A,根据德尔菲方法预计了20×1年4个季度的销售量分别为21 000件,22 000件,23 000件和24 000件。公司预计的单位产品售价为80元/件,在预算年度内保持稳定。预计有30%的货款在销售当季收现,其余70%在实现销售的下一个季度收现。

GYC公司编制销售预算及相关的现金流入如表11-2:

表11-2 GYC公司销售预算

20×1年1月1日—12月31日

	季度				全年
	1	2	3	4	
预期销售量(件)	21 000	22 000	23 000	24 000	90 000
单价(元/件)	80	80	80	80	80
预期销售额	1 680 000	1 760 000	1 840 000	1 920 000	7 200 000
预期现金收入计算表					
应收款(上年末)	1 120 000				1 120 000
第一季销售	504 000	1 176 000			1 680 000
第二季销售		528 000	1 232 000		1 760 000
第三季销售			552 000	1 288 000	1 840 000
第四季销售				576 000	576 000
合计	1 624 000	1 704 000	1 784 000	1 864 000	6 976 000

(二)生产预算

假设GYC公司要求按下季度销售量的20%的水平设定各季度末的存货量。结合销售预算编制生产预算如表11-3:

表11-3 GYC公司生产预算

20×1年1月1日—12月31日

	季度				全年
	1	2	3	4	
预期销售量(件)	21 000	22 000	23 000	24 000	90 000
加:期末库存(件)	4 400	4 600	4 800	5 000	5 000
总需求(件)	25 400	26 600	27 800	29 000	95 000
减:期初库存(件)	4 200	4 400	4 600	4 800	4 200
预计生产量(件)	21 200	22 200	23 200	24 200	90 800

(三)直接材料预算

编制直接材料预算时,不但要考虑生产过程中的材料需求,还要考虑期初、期末库存的影响。如果产品的生产需要耗用多种材料,那么既可以针对每一种材料分别编制预算,也可以以金额为基础合并编制。

假设产品 A 的生产只需要耗用一种材料,企业始终保持 300 公斤的安全库存。采购应付款有 80%于采购当季支付,其余 20%于下一季度支付。根据如上假设编制直接材料预算如表 11-4:

表 11-4　GYC 公司直接材料预算

20×1 年 1 月 1 日—12 月 31 日

	季度				全年
	1	2	3	4	
计划产量(件)	21 200	22 200	23 200	24 200	90 800
单位产品材料需求(公斤/件)	0.10	0.10	0.10	0.10	0.10
生产耗用量(公斤)	2 120	2 220	2 320	2 420	9 080
加:预计期末库存(公斤)	300	300	300	300	300
总需求量(公斤)	2 420	2 520	2 620	2 720	9 380
减:期初库存材料(公斤)	300	300	300	300	300
预计的采购量(公斤)	2 120	2 220	2 320	2 420	9 080
材料单价(元/公斤)	200	200	200	200	200
采购成本(元)	424 000	444 000	464 000	484 000	1 816 000
预计的现金支出计划					
应付款(上年末)	80 800				80 800
第一季度采购	339 200	84 800			424 000
第二季度采购		355 200	88 800		444 000
第三季度采购			371 200	92 800	464 000
第四季度采购				387 200	387 200
现金支出合计	420 000	440 000	460 000	480 000	1 800 000

(四)直接人工预算

假设每生产一件产品 A 需要耗用直接人工 0.5 小时,小时工资率 10 元/小时,当月支付。编制直接人工预算如表 11-5:

表 11-5　GYC 公司直接人工预算

20×1 年 1 月 1 日—12 月 31 日

	季度				全年
	1	2	3	4	
计划产量	21 200	22 200	23 200	24 200	90 800
单位产品直接人工小时	0.5	0.5	0.5	0.5	0.5
总的直接人工小时	10 600	11 100	11 600	12 100	45 400
单位小时工资率	10	10	10	10	10
直接人工成本合计	106 000	111 000	116 000	121 000	454 000
现金支付计划	106 000	111 000	116 000	121 000	454 000

(五)制造费用预算

以成本性态为划分依据，制造费用可以区分为固定性制造费用和变动性制造费用，在编制预算时分别就这两类成本设定一定的分配率。假设 GYC 公司预计 20×1 年发生的制造费用如表 11-6：

表 11-6

制造费用	
变动性制造费用	
间接人工	68 100
间接材料	136 200
设备维修	36 320
动力费	90 800
其他	22 700
合计	354 120
固定性制造费用	
折旧费	1 000 180
管理费	780 000
设备大修费用	305 000
税金	35 000
合计	2 120 180

假设 GYC 公司以直接人工小时为基础分摊变动性制造费用。除折旧费外，其余各项费用项目均以现金支付，其中设备大修费用在第二季度支付，税金在第一季度一次性支付外，其余各项费用按照分摊额分季度支付。

可以计算得，变动性制造费用的直接人工小时分配率为：

$$分配率=\frac{预计的变动性制造费用发生额}{预计的直接人工小时}=\frac{354\ 120}{45\ 400}=7.8(元/直接人工小时)$$

据此，编制 GYC 公司制造费用预算如表 11-7：

表 11-7　GYC 公司制造费用预算

20×1 年 1 月 1 日—12 月 31 日

	季度				全年
	1	2	3	4	
预计的直接人工小时	10 600	11 100	11 600	12 100	45 400
变动性制造费用分配率	7.8	7.8	7.8	7.8	7.8
变动性制造费用预算	82 680	86 580	90 480	94 380	354 120
固定性制造费用	530 045	530 045	530 045	530 045	2 120 180
制造费用合计	612 725	616 625	620 525	624 425	2 474 300
现金支付计划					
变动性制造费用支付	82 680	86 580	90 480	94 380	354 120
设备大修费支付		305 000			305 000
税金支付	35 000				35 000
其他固定性制造费用	195 000	195 000	195 000	195 000	780 000
合计	312 680	586 580	285 480	289 380	1 474 120

(六)单位产品成本计算及期末产成品库存预算

根据生产预算的各项资料就可以计算出产品 A 的单位成本，一方面可用以确定销售成本，另一方面可以确定期末的产成品库存价值。

GYC 公司 20×1 年末的产成品库存预算如表 11-8：

表 11-8　GYC 公司期末产成品库存预算

20×1 年 1 月 1 日—12 月 31 日

项目	数量	单位分配率	合计
单位生产成本			
直接材料	0.10	200	20
直接人工	0.50	10	5
制造费用	0.50	54.5	27.25
合计			52.25
预算的产成品库存			
期末产成品库存量			5 000
单位生产成本			52.25
期末产成品价值			261 250

(七)销售与管理费用预算

假设 GYC 公司单位产品的销售佣金为 4 元/件，单位产品运输费 1 元/件，其余费用都属于固定性费用。各项费用除折旧为不需付现的项目外，保险费于第一季度支付、财产税于第二季度支付外，其余需付现费用在全年间均匀支付。表 11-9 为 GYC 公司的费用预算：

表 11-9　GYC 公司期间费用预算

20×1 年 1 月 1 日—12 月 31 日

	季度				全年
	1	2	3	4	
变动性期间费用：					
单位产品销售佣金	4	4	4	4	4
单位产品运费	1	1	1	1	1
预期销售量	21 000	22 000	23 000	24 000	90 000
预计的变动性期间费用	105 000	110 000	115 000	120 000	450 000
固定性期间费用					
广告费用	30 000	30 000	30 000	30 000	120 000
折旧	100 000	100 000	100 000	100 000	400 000
管理人员工资	65 000	65 000	65 000	65 000	260 000
保险费	15 000	15 000	15 000	15 000	60 000
财产税	10 000	10 000	10 000	10 000	40 000
合计	220 000	220 000	220 000	220 000	880 000
现金支出预算：					
变动性期间费用	105 000	110 000	115 000	120 000	450 000
广告费用	30 000	30 000	30 000	30 000	120 000
管理人员工资	65 000	65 000	65 000	65 000	260 000
保险费	60 000				60 000
财产税		40 000			40 000
合计	260 000	245 000	210 000	215 000	930 000

(八)现金预算

企业现金预算的基本公式是：

	期初现金余额
+	预算期间现金收入
=	可供使用的现金总额
−	预算期间现金支出
=	预算期现金溢余/不足

假设 GYC 公司设定的最低现金库存量为 100 000 元，贷款于期初借入、期末偿还，利息在还本时一并支付，年利息率 12%。同时假设该企业于第一季度发放上年度现金股利 80 000 元，第三季度购入一设备价款 800 000 元，当期付现 500 000 元，三个月后支付余

款，该设备当年未使用，不计提折旧。根据前述各项预算中的现金收支数据做现金预算如表 11-10 所示：

表 11-10　GYC 公司现金预算

20×1 年 1 月 1 日—12 月 31 日

	季度				全年
	1	2	3	4	
期初现金余额	120 000	100 000	137 460	229 980	120 000
期间现金收入	1 624 000	1 704 000	1 784 000	1 864 000	6 976 000
可供使用现金总额	1 744 000	1 804 000	1 921 460	2 093 980	7 096 000
减：现金支出					
直接材料采购	420 000	440 000	460 000	480 000	1 800 000
直接人工费用支付	106 000	111 000	116 000	121 000	454 000
制造费用	312 680	586 580	285 480	289 380	1 474 120
期间费用	260 000	245 000	210 000	215 000	930 000
支付股利	580 000				580 000
支付设备款			500 000	300 000	800 000
所得税 *	120 000	120 000	120 000	120 000	480 000
支出合计	1 798 680	1 502 580	1 691 480	1 525 380	6 518 120
现金溢余/不足	(54 680)	301 420	229 980	568 600	577 880
融资					
借款	154 680				154 680
还款		(154 680)			(154 680)
利息		(9 280)			(9 280)
合计	154 680	(163 960)			(9 280)
期末现金余额	100 000	(137 460)	229 980	568 600	568 600

(九)预计损益表

根据前面各项预算，编制 GYC 公司 20×1 年度预计损益表如表 11-11 所示：

* 所得税支出为预估数。

表 11-11　GYC 公司预计损益表

20×1 年度

项目	金额
销售收入	7 200 000
减：销售成本(90 000×52.25)	4 702 500
毛利	2 497 500
减：销售及管理费用	1 330 000
营业利润	1 167 500
减：利息费用	9 280
税前利润	1 158 220
减：所得税	480 000
净利润	678 220

(十)预计资产负债表

结合 20×1 年初资产负债表，可编制 GYC 公司预计资产负债表如表 11-12：

表 11-12　GYC 公司预计资产负债表

20×1 年 12 月 31 日

	期初数	期末数		期初数	期末数
流动资产			流动负债		
现金	120 000	568 600	银行借款		
应收账款	1 120 000	1 344 000	应付货款	80 800	96 800
存货			应付股利	580 000	
原材料库存	60 000	60 000	流动负债合计	660 800	96 800
产成品库存	219 450	261 250	负债合计	660 800	96 800
流动资产合计	1 519 450	2 233 850			
固定资产					
土地	700 000	700 000	股东权益		
房屋及设备	4 600 000	5 400 000	股本	2 000 000	2 000 000
累计折旧	(2 820 500)	(4 220 680)	留存收益	1 338 150	2 016 370
固定资产净值	2 479 500	1 879 320	股东权益合计	3 338 150	4 016 370
资产合计	3 998 950	4 113 170	权益合计	3 998 950	4 113 170

表 11-12 数据说明如下：

1.现金期初、期末余额见现金预算；

2.应收账款期初、期末余额由销售预算确定；

3.期初、期末存货数据分别见直接材料预算及产成品期末库存预算；

4.土地、房屋及设备的期初原值及累计折旧为假设数，期末数根据制造费用预算及期间费用预算计算本期总的折旧费；现金预算中列示本期购入设备原值 800 000 元；

5.应付货款期初、期末余额见直接材料预算；

6.应付股利期初余额见现金预算；

7.股本及期初留存盈利数为假设数据。期末留存盈利 2 016 370 元为期初留存盈利 1 338 150 元加上本期净利润 678 220 元之和。

四、全面预算管理

所谓全面预算管理(Comprehensive Budget Management,MBM)是以企业战略规划为依据,以全面预算为基础,对企业的经营活动的全过程进行管理控制,并对实现的绩效进行考评与奖惩的管理系统。也就是说,它是以全面预算为媒介,以一系列的控制、协调、考核为内容和手段的链接目标、执行与结果的一整套完整的指标控制体系。

全面预算管理的核心在于"全面"二字,它是包括生产经营预算、成本费用预算、资本投资预算、现金流量预算、目标利润预算等为一体的综合性预算体系,管理内容涉及财务与非财务的各个方面,具有全员、全额、全程、全面的特点(侯龙文、侯岩、何瑛,2005):

所谓全员,指预算过程的全员参与与发动。首先,全面预算的编制过程是一个目标层层分解的过程,落实到人的全面预算体系使人人肩上有指标,让每个参与者都学会算账,建立起"先算后干"的成本意识;其次,全面预算是一个企业资源在企业内部各部门之间协调和合理配置的过程。通过各部门对预算编制过程的参与,将各部门的作业计划与资源通过透明的程序进行配比,从而使企业全员自觉服务于企业的目标,又可以分清轻重缓急达到整体效益的最大化。

所谓全额,指的是预算金额的总体性。全面预算不但包括财务预算,而且包括业务预算、资本预算、现金流量预算等,也就是说它不但关注日常经营活动,而且关注投资和资本运营活动;不但考虑资金的供给、成本费用的控制,还考虑客户的需求与企业能力、资源的匹配。只有在业务预算的基础上形成现金流量预算,预算过程才算完整,才能合理预测、统筹安排企业的资源。

所谓全程,指的是预算管理的全程化。指标的设定、预算的编制充其量只是全面预算管理的起点,更重要的是通过预算的执行和监控、分析和调整、考核和评价,才能够真正发挥预算的权威性及其对企业经营全过程的指导作用。

依据企业组织结构实施的全面预算管理体系不但说明了出资人与经营人的游戏规则,而且界定了经营层与执行层的权利、责任和利益安排。预算一经制定通过,就成为企业经营的正式规范,具有很强的强制力和约束力,各个责任单位必须执行。它以量化的、综合的、涵盖企业经营全过程的指标体系为核心手段,对企业实施全员、全过程、全方位的控制,并成为企业战略支持保障体系。

第三节 弹性预算与业绩评价

一、固定预算与弹性预算

(一)固定预算

在前面的介绍中,基于简便目的,我们只针对一种特定的业务量水平编制预算,而没有考虑预算期内可能发生的业务量变动,这种预算形式我们称之为固定预算(fixed budget),或静态预算。固定预算具有两个基本特点:

(1)全面预算的各分项预算均以一个特定的业务量水平为编制基础;

(2)预算是静态的,不考虑实际经营的动态变化。

因此进行业绩评估时,固定预算只能以预定的业务水平为基础。以下结合表 11-13 作简要的说明:

表 11-13

单位:元

	预算	实际	差异
产销量	90 800 件	100 000 件	1 000 件
直接材料成本	1 816 000	1 946 000	130 000
直接人工成本	454 000	578 000	124 000
制造费用:			
变动性制造费用			
间接人工	68 100	79 000	10 900
间接材料	136 200	115 000	(21 200)
其他	149 820	130 000	(19 820)
固定性制造费用			
折旧费	1 000 180	1 000 180	0
管理费	780 000	850 000	70 000
其他	340 000	370 000	30 000
合计	4 744 300	5 068 180	323 880

表 11-13 是 GYC 公司 20×1 年的生产成本业绩报告。根据该报告显示,直接材料、直接人工、间接人工、管理费等都存在不利差异,而变动性制造费用中的物料消耗等出现了有利差异。但是该报告存在一个根本性错误的地方,即将 90 800 件的实际生产成本与 100 000 件产销量的预算成本进行比较,二者本身就不可比。通过对成本性态的介绍,我们知道直接材料和直接人工等属于变动性项目,随着产量增加,成本发生额自然会上升。为了有效评价实际的经营业绩,只有将比较依据建立在同一作业水平上才有意义。

可见,固定预算只适用于非营利组织或经营水平相对稳定的企业,对那些经营水平经常变动的企业收效通常不大。

(二)弹性预算

弹性预算(flexible budget),是指可以根据不同作业水平分别规定相应目标和任务的预算形式。

由于充分考虑了固定预算的不足,弹性预算不再单纯以一个特定的业务量为编制基础,而代之以一个“作业量范围”,针对该“作业量范围”的不同作业水平分别预算。此外,弹性也就意味着动态性、可变性。由于综合考虑了各成本类型与作业量水平的关系,它甚至允许管理层在事后根据实际的业务量水平再追补编制一份预算,确定在该业务量水平下“应该”发生的成本、费用水平,用以评价实际经营活动的业绩。

弹性预算的编制原理,从收入部分看是根据不同的销售水平确定不同的收入额,基本的计算公式是:

弹性预算收入额=单位产品价格×销售量

同时以成本性态分析为基础,编制成本的弹性预算,基本的计算公式是:

弹性预算成本额=单位变动成本×作业量+固定成本预算额

总的来说,弹性预算的编制步骤如下:

(1)确定预算期内可能的作业量范围;

(2)分析作业量范围内的收入、成本发生水平,并进行成本性态分析;

(3)依据成本性态分析,确定成本发生额对业务量的依存度;

(4)在确定的作业量范围内,选择数个具有代表性的作业量水平,根据确定的成本公式确定预算额。

假设表 11-14 是 GYC 公司编制的 20×1 年弹性预算:

表 11-14

单位:元

产销量	单位变动成本	产销量范围		
		90 800 件	100 000 件	110 000 件
直接材料成本	20	1 816 000	2 000 000	2 200 000
直接人工成本	5	454 000	500 000	550 000
制造费用:				
变动性制造费用				
间接人工	0.75	68 100	75 000	82 500
间接材料	1.5	136 200	150 000	165 000
其他	1.65	149 820	165 000	181 500
固定性制造费用				
折旧费		1 000 180	1 000 180	1 000 180
管理费		780 000	780 000	780 000
其他		340 000	340 000	340 000
合计		4 744 300	5 010 180	5 299 180

从编制技术上看,弹性预算和固定预算没有本质上的不同;从形式上看,弹性预算相当于合并了几份不同作业量水平的固定预算。但对比固定预算,弹性预算最大的发展是在思想方面,而不在技术方法层面上:它要求企业以一种动态的、变化的观点来看待未来期间可能的经营水平。

假设 GYC 公司 20×1 年实际产销量是 100 000 件,那么以弹性预算中 100 000 件的预算额为基础,进行业绩评价就比较可行。具体可参见表 11-15:

表 11-15

单位:元

	预算	实际	差异
产销量	100 000 件	100 000 件	
直接材料成本	2 000 000	1 946 000	(54 000)
直接人工成本	500 000	578 000	78 000
制造费用:			
变动性制造费用			
间接人工	75 000	79 000	4 000
间接材料	150 000	115 000	(35 000)
其他	165 000	130 000	(35 000)
固定性制造费用			
折旧费	1 000 180	1 000 180	0
管理费	780 000	850 000	70 000
其他	340 000	370 000	30 000
合计	5 010 180	5 068 180	58 000

实际数与弹性预算数之间的差额称为弹性预算差异(flexible budget variance)。弹性预算差异指标的大小反映了执行效率的高低。通过对表 11-15 中弹性预算差异的分析,可以比较清楚地看出来偏离预算的主要原因是直接和间接人工成本的上升,这样管理当局就可以找出内因,并及时采取措施。

除了效率考核外,弹性预算分析还要考核经营目标是否完成。在本例中,实际产销量 100 000 件,超过目标产销量 90 800 件,说明超额完成了预定的经济目标。出现了正的弹性预算差异,说明在控制方面还应进一步加强。而如果 GYC 公司的实际业务量水平既不是 90 800 件也不是 100 000 件或 110 000 件,那么我们仍可以在事后根据实际产销量水平,利用同样的方法编制相应的预算,再进行分析比较,进而提出改进生产经营的意见、建议。

二、作业弹性预算

在前面的预算编制过程中,我们始终是以传统的成本计算、成本性态分析为基础。有关 GYC 公司的案例中,我们假设所有的制造费用都是与直接人工直接相关,因此采用直接人工作为唯一的分配标准。在学习完作业成本计算的相关内容后,我们就可以将作业成本分析方法应用于预算编制,即运用作业成本法来确定实现目标或相应预算所需资源,这样编制的预算会更贴近实际。

表 11-16 是某企业编制的制造费用作业弹性预算：

表 11-16

单位：元

费用预算	成本动因	作业量		
		80 000 台	100 000 台	120 000 台
成本库Ⅰ	机器小时			
机油		40 000	50 000	60 000
动力费		120 000	150 000	180 000
维修人工费		240 000	300 000	360 000
合计		400 000	500 000	600 000
成本库Ⅱ	生产批次			
机器调整		150 000	175 000	190 000
材料搬运费		6 000	7 000	7 600
合计		156 000	182 000	197 600
成本库Ⅲ	订货次数			
订货费用		10 000	11 000	11 500
验货费用		20 000	22 000	23 000
合计		30 000	33 000	34 500
成本库Ⅳ	产品种类			
工程设计		60 000	105 000	135 000
开发测试程序		40 000	70 000	90 000
制作检验卡		20 000	35 000	45 000
合计		120 000	210 000	270 000
成本库Ⅴ（经营作业）				
厂房、设备折旧		150 000	150 000	150 000
保险费、税金		30 000	30 000	30 000
行政管理服务		80 000	80 000	80 000
合计		260 000	260 000	260 000
总计		966 000	1 185 000	1 362 100

可见，以作业为基础编制的弹性预算更贴近实际，也可以更好地帮助管理层发现问题和解决问题。

第四节　其他预算形式

一、概率预算

如果知道了各种可能的业务量水平及其发生概率，那么，就可以结合各种业务量水平下的收入额、成本额及发生的概率，编制概率预算。

以下以简例说明概率预算的编制及其应用：

[例 11-4]　设某企业生产一种产品,单位售价 50 元。销售部门经过市场调查认为,预算期内有两种可能的销售量:60 000 件和 70 000 件,发生的概率分别为 0.4 和 0.6;采购部门也发现生产产品所需的材料价格受市场条件变化影响较大,相应地单位产品的变动成本也有两种可能:30 元和 35 元,发生概率分别为 0.7 和 0.3;假设其他项目的发生额均是确定的。

本例中存在两个变量:销售量和单位变动成本,并组成 4 种可能的组合:组合a(60 000 件,30 元/件),组合 b(60 000 件,35 元/件),组合 c(70 000 件,30 元/件)和组合 d(70 000 件,35 元/件)。将每一种组合的收入、成本数据以损益表形式列示于表 11-17:

表 11-17

组合	组合 a	组合 b	组合 c	组合 d	预测值
销售收入(万元)	300	300	350	350	330[3]
减:变动成本(万元)	180	210	210	245	207.9[4]
贡献毛益(万元)	120	90	140	105	122.1
固定成本(万元)	100	100	100	100	100
利润(万元)	20	−10	40	5	22.1
概率	0.28[1]	0.12	0.42	0.18	
	5.6[2]	−1.2	16.8	0.9	

注 1:0.28=0.4×0.7;

注 2:5.6=20×0.28;

注 3:330=300×(0.28+0.12)+350×(0.42+0.18);

注 4:207.9=180×0.28+210×0.12+210×0.42+245×0.18。

由于综合考虑了各种可能性,因此概率预算的数据会更贴近实际情况。

二、滚动预算

所谓滚动预算(rolling budget),又称永续预算,它的主要特点就是始终保持一个稳定的预算期。例如,某企业的预算期为 12 个月,那么每过去 1 个月,就根据新的情况进行调整并补充 1 个月的预算资料,使预算期始终保持在 12 个月的水平上。

实施滚动预算的好处是,可以使管理层始终保持对未来一定期间的经营活动进行筹划,保持一个相对稳定的视野,不必等到预算期终了,再开始编制新的预算。目前,大部分的企业都采取该种预算形式。

三、零基预算

传统的预算编制方法是属于增量预算的范畴,也就是说预算的编制是从前期预算数或实际发生数出发,并根据预期的变动调整有关的数据。具体操作过程中,通常只对增量部分进行成本效益分析，而对既存的业务视为理所当然而被动接受。在现代经济条件下，传统的增量预算的思维受到挑战。

所谓零基预算(zero-based budget)，就是指在每次编制预算的时候，对所有预算收支项目，以零为基点，按照一定顺序排列，依次分配预算资源的方法。具体编制过程，就像企业刚创立那样，一切从零开始，重新评价一切业务(包括新增业务和既存业务)的必要性和重要性，在成本效益分析的基础上，将有限的资源分配到那些对企业长期健康发展有重要影响的项目上去。按零基编制预算能使数据更符合实际情况，更能有力发挥预算控制实际收支的作用。

零基预算方法的产生比较早，在1924年，英国学者杨(H.E.Young)就提倡以零基预算来重新评价年度预算，但直到1978年卡特政府运用零基预算编制联邦预算后这一方法才得到企业界的重视，并迅速推广开来。零基预算的编制主要包括如下三个步骤：(1)记录各项活动的具体内容；(2)对各项活动进行成本效益分析，并根据轻重缓急的程度依次排序；(3)按照上述排列的先后次序依次分配资源。

思考题：

1.什么是预算体系？什么是预算管理？

2.什么是全面预算？它包括哪些分项预算？它们之间关系如何？

3.预算控制在企业管理中有何重要意义？

4.在预算编制中如何考虑人的因素？在预算编制过程中，经常会出现预算松弛(budgetary slack)的情况，也就是有意低估营业收入或高估费用，企图通过操纵规则以期确保完成预算任务，你如何理解这种情况的出现以及你认为应该如何规避该情况的发生？

5.为什么预算编制要以销售预算为起点？销售预算与销售预测有什么不同？

6.如何编制企业的全面预算？

7.弹性预算与固定预算有什么区别与联系？为什么说弹性预算更便于业绩评价？

8.什么是概率预算、滚动预算和零基预算？各有什么特点？

第十二章 标准成本系统

本章学习目标

1.理解实际成本与标准成本的差异

2.理解基本标准成本、理想标准成本和现实标准成本的差异及其管理意义上的不同

3.掌握标准成本系统的概念和实施标准成本系统的意义

4.掌握标准成本的制定方法

5.掌握差异分析的基本方法

6.了解标准成本系统的会计账务处理

第一节 标准产品成本

一、标准成本的概念

(一)实际成本与标准成本

根据计算基础的不同,成本可以区分为实际成本和标准成本。其中,实际成本计量的是经营过程中发生的实际耗费,如材料采购的实际成本,产品、作业的实际成本等。由于实际耗费中有一部分是必需的耗费,但同时也包括了一部分已发生但不该发生(或可以避免)的耗费,因此,实际成本的高低综合反映了工作质量好坏的

总体结果。

所谓标准成本(standard cost),是指通过精确的调查、分析和技术测定,在对现有生产条件实施有效经营的基础上应当发生的成本,它基本上剔除了不应该发生的资源消耗,因此,也有人称之为"应该成本"。通过期间实际成本与标准成本的比较,可以检查成本的超支或节约情况,以便寻找降低成本的途径,对加强成本管理具有重要意义。

(二)标准成本的分类

标准成本实质上是单位产品或服务的生产预算,是管理会计师选择来作为预算控制系统的基准的成本[①]。根据基础的不同,标准成本可以区分为基本标准成本、理想标准成本和现实标准成本三类。

1.基本标准成本

基本标准成本(basic standard cost),也称固定标准成本、静态标准成本等,是指处于生产的基本条件下的标准成本。所谓"生产的基本条件",是指产品的结构、原材料价格、劳动力价格、生产设备能力、技术工艺等条件没有发生大的变化,则基本标准成本就不改变;如果这些条件发生变化,基本标准成本也随之变化。市场供求关系、生产设备能力利用程度等则不属于生产基本条件,这类要素发生变动并不会影响到基本标准成本。

在经营环境较为稳定的情况下,基本标准成本接近于真实成本。但由于它忽略了各个时期的具体差异,容易出现较大的偏差,因此,通常不单独使用。

2.理想标准成本

理想标准成本(ideal standard cost),指的是利用所有现有的生产要素实现最大产出的最低成本[②],是生产要素、生产能力等现有生产条件处在最佳状态下的标准成本,它意味着不允许任何浪费的存在,既要做到"零缺陷"又要做到"零调整成本",要求以最小的投入实现最大的产出,是一种处于理想状态下的成本,因此有时也称作完美标准成本。

由于现实与理想之间总是存在差距,理想标准成本提出的要求太高,可望而不可即,因此该成本只具有相对意义,而缺乏实际意义。如果以之作为企业成本管理的目标,往往不利于调动员工的积极性,反而会使他们因为感到无法达到目标而丧失信心。

3.现实标准成本

现实标准成本(current standard cost),是指通过对现有生产条件的良好经营所能达到的一种标准成本。它既考虑了在现实条件下难以完全避免的超额耗费,又提出了较高的要求,要实现它既不是高不可攀但也并非轻而易举,要通过努力才能达到,也就是通常所说的"跳一跳,够得着"。

现实标准成本不仅适用于成本管理,也适用于存货和销售成本的计价,在实际中的应用也最广泛。但应用时要根据实际生产经营条件的变化,适时调整。

---

① Ronald W.Hilton, *Managerial Accounting* 4th.,中译本,机械工业出版社2000年版。

② IMA,《管理会计词典》,2017,"理想标准成本"词条。

(三)标准成本系统

1.标准成本系统

标准成本系统(standard cost system),是为克服实际成本计算的缺陷而提出的一种成本管理方法,具体由标准成本制定、差异分析和差异处理等三个部分组成。

实施标准成本系统包括如下几个主要的步骤:

(1)制订单位产品标准成本;

(2)结合单位产品标准成本及实际产量确定总的标准成本;

(3)比较总标准成本与实际成本,计算标准成本差异;

(4)分析产生标准成本差异的原因,并向管理当局提交分析报告;

(5)进行差异处理。

2.实施标准成本系统的意义

实施标准成本系统的意义在于它并不是一种单纯的成本概念,而是将成本的事前规划、事中控制和事后分析处理进行有机结合,最终成为一种有效的成本管理模式。

首先,由于成本管理在成本发生后再去做为时已晚,因此,要事前用统计的科学方法规定成本发生的目标(成本标准),把它通知给现场管理人,以便调动他们进行成本管理的积极性,这就是成本的事前规划。

其次,在实际作业过程中,根据即时取得的原材料消耗量和直接作业时间等物量数据,不断进行标准和实际业绩的核对,力求使实际消耗符合标准,这就是成本的事中控制。

最后,到期末,按产品的实际产量比较标准成本和实际成本,计算标准成本差额,分析其发生原因,把这些差异分解为现场管理人员可以管理的差异和不可管理的差异,取得考核现场管理者管理成本的成绩的资料。这就是成本的事后分析。通过标准成本的差异分析,如果发现标准本身不合适,就必须相应调整下期的标准。

因此,采用标准成本系统就可以取得生产全过程——作业前、作业中和作业后——进行成本管理的信息。[①]

此外,标准成本系统在改进了成本管理的计划和控制工作的同时,也有助于企业改善业绩评价和激励机制。许多企业选择标准成本作为责任中心的责任标准。以标准成本作为参照系,可以将实际成本区分为符合标准成本的部分和脱离标准成本的部分,对脱离标准的成本的进一步分析可以揭示差异的产生原因,进而查明差异原因和责任。这一方面可以为企业改进成本管理提供依据,另一方面也为考核各责任中心的业绩及制定奖惩措施提供依据。

---

① 番场嘉一郎主编:《新版会计学大辞典》中冈本清写的“标准成本计算”词条,中译本,中国展望出版社 1986 年版。

二、标准成本的制定

(一)标准成本的制定原理

标准成本的确定主要决定于两个尺度:具体的业务活动以及对该业务活动的量的描述,以公式表示为:

标准成本=数量标准×价格标准

其中,数量标准是以绝对数形式表示的成本要素消耗量,价格标准是单位成本要素的价格。根据数据来源的差异,数量标准和价格标准可以根据如下几种常见的方式确定:

1.历史标准

历史在一定程度上解释了未来。如果企业在成熟产品的生产上已经积累了大量的经验,那么就可以选择以历史标准制定标准成本。当产品的生产流程、生产技术没有发生大的变动,料、工、费的消耗量通常不会发生大的变动,因此,历史标准就是相关的。此外,采用历史标准所需的数据比较容易取得,这也是许多企业选择该标准的重要原因。

历史标准的最大缺陷在于,该标准往往容易忽视未来可能发生的重大变化,并且被动接受无效率状态(在现在条件下是可改进的)继续存在,不利于企业提高生产经营的管理水平。

2.综合标准

综合标准是通过分析企业生产的业务流程后建立起来的预定标准,它分析的是“应该”消耗多少。如,通过动作研究,分析完成一个作业或一组作业所需的时间,进而确定该生产环节的联合动作的时间定额总和,并以之作为该生产环节的直接人工小时定额。

3.外来指标

外来指标是指企业借用外部数据作为标准成本的制定依据,常见的如:采取已公布的行业或一般经济数据、行业先进企业的指标等。但使用外来标准时要特别小心,通常要求这些外来指标可以很好地与企业现实结合起来,并可以追溯出产生差异的原因。

在制订标准的过程中应尽可能吸收专业人员参与,如请工程师或现场管理人员参与生产成本标准制定,请采购部参与材料价格标准的制定。吸收多种知识背景的人员参与标准的制定,一方面有利于提高标准的科学性、严密性,另一方面也有助于他们从主观上认同标准,在执行过程中自觉遵守标准。

(二)直接材料的标准成本

单位产品直接材料的标准成本可以通过如下公式制定:

直接材料标准成本=单位产品的标准耗用量×材料标准单价

如果产品生产需耗用一种以上的原材料(如 n 种),那么,应将各种材料分别计算后加总,即:

$$\text{直接材料标准成本}=\sum_{i=1}^{n}\left(\text{单位产品生产中第}i\text{种材料的标准耗用量}\times\text{第}i\text{种材料的标准单价}\right)$$

其中,数量标准既要考虑构成产品实体的材料,还要考虑生产过程中必不可少的损耗和不可避免的废品所占用的材料数额。价格标准就是采购材料所需的费用,除买价外,还包括运杂费等。

(三)直接人工的标准成本

单位产品的直接人工的标准成本可以通过如下公式制定:

直接人工标准成本=单位产品的标准工时×小时标准工资率

其中,数量标准,即“单位产品的标准工时”是指在现有生产技术条件下生产单位产品所必需的工作时间,既包括产品的直接加工时间、必要的间歇和停工时间,也包括耗用在不可避免的废品上的加工时间。

而价格标准,即“小时标准工资率”,是指直接人工的小时标准工资。采用计时工作制的企业,标准工资根据单位工时分配的工资确定;采用计件工资制的企业,直接人工的标准成本就是生产单位产品应支付的计件工资。

如果一个企业有不同等级的工资标准(如 n 个等级),那么,可以采取类似制定直接材料标准成本的方法加以确定,即:

$$\text{直接人工标准成本}=\sum_{i=1}^{n}\left(\text{单位产品生产中第}i\text{种等级直接人工的标准工时}\times\text{第}i\text{种等级直接人工的小时标准工资率}\right)$$

当然,也可以将不同等级人工的标准工时和小时标准工资率换算为同一等级的人工标准,再确定直接人工的标准成本。

(四)制造费用的标准成本

由于制造费用包含的种类繁多,差异比较大,各种具体费用细目的数量标准、价格标准和直接材料、直接人工有所差异。其中,数量标准,就是根据制造费用分配标准确定的分配数量,如:以直接人工小时作为分配标准,那么数量标准就是生产单位产品所需的直接人工小时数;以机器小时作为制造费用的分配标准,那么数量标准就是生产单位产品所需的机器小时数。在作业成本体制下,就是消耗的成本动因数,如材料搬运次数、机器调整次数等。

制造费用标准成本的价格标准就是制造费用的分配率,通常根据制造费用预算确定。预算的编制应建立在现有生产能力得到充分利用的基础上,并针对固定性制造费用和变动性制造费用分别编制。

1.变动性制造费用的标准成本

单位产品的变动性制造费用可以根据费用额与业务量之间的性态关系确定,也可以通过费用预算确定。假设某企业以直接人工工时为基础分配制造费用,则:

$$\text{直接人工工时变动性制造费用分配率标准}=\frac{\text{变动性制造费用总预算}}{\text{直接人工工时总数}}$$

$$\frac{\text{单位产品变动性制}}{\text{造费用的标准成本}}=\frac{\text{单位产品耗用的}}{\text{直接人工工时}}\times\frac{\text{直接人工工时变动性}}{\text{制造费用分配率标准}}$$

以其他基准分配的变动性制造费用的标准成本也可以依据上述方式进行确定。

2.固定性制造费用的标准成本

固定性制造费用与产量之间并没有明显的线性关系,要在预算期间生产的产品之间进行分摊。假设仍以直接人工工时作为分配标准,分配率标准可以以下公式确定:

$$\frac{\text{直接人工工时固定性}}{\text{制造费用分配率标准}}=\frac{\text{固定性制造费用总预算}}{\text{直接人工工时总数}}$$

$$\frac{\text{单位产品固定性制}}{\text{造费用的标准成本}}=\frac{\text{单位产品耗用的}}{\text{直接人工工时}}\times\frac{\text{直接人工工时固定性}}{\text{制造费用分配率标准}}$$

将通过上述程序确定的直接材料、直接人工和变动性制造费用及固定性制造费用的标准成本加总即为产品的单位标准成本。

三、制定标准成本的案例分析

下面结合案例,具体说明标准成本的制定过程:

[例 12-1] 假设 YXY 公司专业产销一种产品——产品甲,公司准备在生产管理中推行标准成本制度。通过分析,收集的会计及生产技术资料如下:

(1)生产一件产品甲,需耗用直接人工 0.5 小时,小时工资率 20 元。

(2)生产一件产品甲,需耗用三种材料:

材料 K-1,每件耗用 2 公斤,单价 10 元/公斤,每公斤材料运杂费 0.1 元;

材料 K-2,每件耗用 10 公斤,单价 1 元/公斤,每公斤材料运杂费 0.05 元;

材料 K-3,每件耗用 1 件,单价 50 元/件,运杂费 1 元/件。

(3)在材料采购后 10 天内支付货款可以获得 2%的现金折扣,该企业准备利用该现金折扣。

(4)生产耗用的材料 K-2,在运输及使用中会发生合理损耗 5%,实际应用到产品生产的只有 95%。

(5)生产中会产生 5%的废品,且这些废品没有残余价值。

(6)企业实行 8 小时工作制,每天用于机器调整及准备的时间大致需要 0.5 小时。

(7)生产的变动性制造费用全面预算是 300 000 元,以直接人工小时为分配基础。

(8)企业期间的固定性制造费用发生额为 500 000 元。

(9)预计期间销售产品 40 000 件。

根据以上材料分别确定标准成本如下:

(一)直接材料的标准成本

制造一件合格的产品甲,需要耗用三种原材料。各种原材料的标准耗用量和标准价格分别计算如下:

1.材料 K-1

计算生产单件产品甲需要耗用材料 K-1 的标准耗用量及价格标准如下：

$$标准耗用量=\frac{2}{1-5\%}=2.105(公斤)$$

$$价格标准=采购单价\times(1-现金折扣率)+运杂费$$
$$=10\times(1-2\%)+0.1=9.9(元/公斤)$$

2.材料 K-2

计算生产单件产品甲需要耗用材料 K-2 的标准耗用量及价格标准如下：

$$标准耗用量=\frac{10}{95\%\times(1-5\%)}=11.08(公斤)$$

$$价格标准=1\times(1-2\%)+0.05=1.03(元/公斤)$$

3.材料 K-3

计算生产单件产品甲需要耗用材料 K-3 的标准耗用量及价格标准如下：

$$标准耗用量=\frac{1}{1-5\%}=1.053(公斤)$$

$$价格标准=50+1=51(元/件)$$

4.直接材料的标准成本

根据前述的直接材料标准成本的计算公式，确订单位产品直接材料的标准成本为：

$$\begin{array}{l}直接材料\\标准成本\end{array}=\sum_{i=1}^{n}\left(\begin{array}{c}单位产品生产中第\ i\ 种\\材料的标准耗用量\end{array}\times\begin{array}{c}第\ i\ 种材料的\\标准单价\end{array}\right)$$
$$=2.105\times9.9+11.08\times1.03+1.053\times51=85.96(元/件)$$

(二)直接人工的标准成本

由于本例只涉及一种直接人工等级，因此可以先确订单位合格产品的标准工时的基础上制定直接人工的标准成本，即：

$$\begin{array}{l}单位合格产品\\的标准工时\end{array}=\frac{单位产品工时标准}{(1-废品率)\times有效工作时间}$$
$$=\frac{0.5}{(1-5\%)\times\frac{8-0.5}{8}}=0.561(小时)$$

因此，直接人工标准成本为：

$$直接人工标准成本=0.561\times20=11.22(元/件)$$

(三)变动性制造费用的标准成本

由于 YXY 公司采用直接人工工时作为变动性制造费用的分配基准，因此可以确定：

$$\begin{array}{l}直接人工工时变动性\\制造费用分配率标准\end{array}=\frac{变动性制造费用总预算}{直接人工工时总数}$$

$$=\frac{300\ 000}{40\ 000\times 0.561}=13.37(\text{元/直接人工小时})$$

单位产品分配的变动性制造费用为：

$$\frac{\text{单位产品变动性制}}{\text{造费用的标准成本}}=\frac{\text{单位产品耗用的}}{\text{直接人工工时}}\times\frac{\text{直接人工工时变动性}}{\text{制造费用分配率标准}}$$

$$=13.37\times 0.561=7.5(\text{元})$$

(四)固定性制造费用的标准成本

由于采用直接人工工时作为唯一基础分配固定性制造费用，因此单位产品的固定性制造费用的标准成本可以确定如下：

$$\frac{\text{直接人工小时固定性}}{\text{制造费用分配率标准}}=\frac{\text{固定性制造费用总预算}}{\text{直接人工工时总数}}$$

$$=\frac{500\ 000}{40\ 000\times 0.561}=22.281(\text{元/直接人工小时})$$

单位产品分摊的固定性制造费用为：

$$\frac{\text{单位产品固定性制}}{\text{造费用的标准成本}}=\frac{\text{单位产品耗用的}}{\text{直接人工工时}}\times\frac{\text{直接人工工时固定性}}{\text{制造费用分配率标准}}$$

$$=0.561\times 22.281=12.50(\text{元})$$

(五)单件产品标准成本

综合前面的各个项目，可以计算出单位合格产品的标准成本为：

项目	金额
直接材料的标准成本	85.96 元
直接人工的标准成本	11.22 元
制造费用	
变动性制造费用的标准成本	7.50 元
固定性制造费用的标准成本	12.50 元
单位合格产品的标准成本	117.18 元

四、作业成本计算与标准成本系统

作业成本计算方法的实施为拓展标准成本的应用提供了新的思路。基于作业成本计算的标准成本与传统的标准成本，二者间主要的不同在于，作业成本计算(作业成本管理)根据不同的成本动因区分成本库，每个成本库对应一个成本动因，这样做的结果是成本动因可以更好地反映消耗和成本库的性态。以作业成本计算为基础制定标准成本，将以多元化的成本分类取代原先简单的变动成本和固定成本分类，可以使制定出来的标准成本(弹性预算)更贴合实际，更有利于企业加强成本管理。

第二节　差异分析

差异分析是标准成本系统的重要组成，通过分析实际成本与标准成本之间的差异有助于管理层发现企业生产经营中存在的问题。

一、价格差异和数量差异

实际成本与标准成本之间的差额称为总差异，公式表示为：

总差异＝实际成本－标准成本
　　　＝(实际数量×实际价格)－(标准数量×标准价格)

差异产生的原因可能是由于实际数量偏离了标准数量，也可能是由于实际价格偏离了标准价格，我们称前者产生的差异为数量差异，称后者产生的差异为价格差异。用公式形式表示就是：

总差异＝(实际数量×实际价格)－(标准数量×标准价格)
　　　＝(实际数量×实际价格)－(实际数量×标准价格)＋
　　　　(实际数量×实际标准)－(标准数量×标准价格)
　　　＝实际数量×(实际价格－标准价格)＋(实际数量－标准数量)×标准价格
　　　＝价格差异＋数量差异

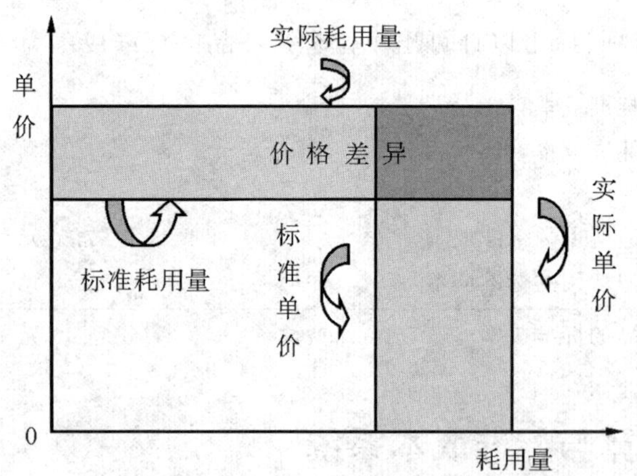

图 12-1　标准成本差异分析

上述数量关系式，也可以图 12-1 表示：值得注意的是，图 12-1 表明，价格差异是以实际耗用量为基础计算的，而数量差异是以标准价格为基础计算的，这样实际上将图 12-1 中的深色阴影部分归入价格差异。这种做法在理论上看来并不很严密。因为阴影部分实际上受价格和数量的双重影响，属于“价格—数量差异”，而将这部分差异归入价格差异，实际上使计算出来的价格差异包含了一部分数量差异的影响。之所以选择这么做，原因在于:(1)价格受外部因素的影响比较大,企业对价格的控制力差;(2)数量差异是内部控制的重点,为了突出数量差异,就要使计算的数量差异尽可能纯粹。

通过实际成本与标准成本的差异分析,管理者可以集中精力实施例外管理①,节约了大量宝贵的时间。

以下,我们分别介绍直接材料、直接人工和制造费用的差异分析。

二、直接材料的差异分析

直接材料费用差异,是指根据实际成本计算的直接材料费用与根据标准成本计算的直接材料费用的差额,根据分析可以进一步区分为价格差异和数量差异。其中,直接材料价格差异的计算公式是:

直接材料价格差异=实际消耗数量×(实际价格-标准价格)

直接材料数量差异的计算公式为:

直接材料数量差异=(实际消耗数量-标准数量)×标准价格

以下以简例说明直接材料的差异分析:

[**例 12-2**]　假设 WSP 公司生产一种产品——产品甲,生产中需要耗用两种原材料——材料 A 和材料 B,根据弹性预算确定的标准成本及实际成本数据如表 12-1:

表 12-1

	标准成本		实际成本	
	数量	价格	数量	价格
材料 A	1 000 公斤	200 元/公斤	1 050 公斤	190 元/公斤
材料 B	20 公斤	30 000 元/公斤	18.5 公斤	32 000 元/公斤

1.直接材料的价格差异

两种材料的价格差异分别计算如下:

(1)材料 A:

1 050×(190-200)=-10 500(元)——有利的差异

(2)材料 B:

18.5×(32 000-30 000)=37 000(元)——不利的差异

2.直接材料的数量差异

两种材料的数量差异分别计算如下:

(1)材料 A:

(1 050-1 000)×200=10 000(元)——有利的差异

① 所谓例外管理,是仅就重大的差异事件进行追踪的过程。

(2)材料 B:

(18.5－20)×30 000＝－45 000(元)——不利的差异

区分价格差异和数量差异的主要目的在于查明差异原因并分清责任。如,WSP 公司由采购部门全面负责材料采购工作,那么由于材料质量问题引起的成本差异就应该由采购部门负责。差异分析可以和责任中心的划分及可控成本概念结合起来,为企业的生产经营管理提供有用的信息。

根据管理需要,还可以对上面的数量差异和价格差异做进一步的分解和剖析,直至查明差异的原因并落实到具体的责任人。在实务中,往往会由于不同差异间的相互影响而增加了认定差异责任的难度,例如,以较便宜的价格采购原材料,在形成有利的价格差异的同时,可能会由于较差的质量而导致加工时间的增加或材料消耗量的增加。针对这些情况就要具体深入地分析,分析越深入,说服力就越强,就越有助于提高企业的管理水平。

三、直接人工的差异分析

(一)直接人工的价格差异和数量差异分析

直接人工费用差异,是指根据实际成本计算的直接人工费用与根据标准成本计算的直接人工费用的差额。与直接材料费用差异一样,直接人工费用差异一样可以进一步细分为价格差异和数量差异。结合例 12-3 分析如下:

[例 12-3] 假设 MPT 公司生产过程需要经过两道工序——铸造和组装,根据弹性预算确定的标准成本及实际成本数据如表 12-2:

表 12-2

	标准成本		实际成本	
	总工时	小时工资率	总工时	小时工资率
铸造工序	30 000 工时	30 元/工时	31 000 工时	27 元/工时
组装工序	20 000 工时	15 元/工时	18 000 工时	16 元/工时

1.直接人工的价格差异

这两道工序直接人工成本的价格差异,即工资率差异分别计算如下:

(1)铸造工序:

31 000×(27－30)＝－93 000(元)——有利差异

(2)组装工序:

18 000×(16－15)＝18 000(元)——不利差异

2.直接人工的数量差异

两道工序的直接人工的数量差异,即效率差异计算分析如下:

(1)铸造工序：

(31 000－30 000)×30＝30 000(元)——不利差异

(2)组装工序：

(18 000－20 000)×15＝－30 000(元)——有利差异

(二)直接人工混合差异分析

在上面的案例中,我们假设同一道工序内只有一种人工、支付同样的小时工资率,这一点与现实有所不符。实际的生产活动中,同一工序、同一产品的生产可能需要不同等级的人工相互协作来完成,而他们的小时工资率是不一样的。因此,不同人工的比重变动会对直接人工费用产生影响,我们称之为直接人工混合差异。

以下以简例说明直接人工混合差异的分析：

[**例 12-4**]　假设 MPTS公司的生产需要铸造和组装两道工序,其中铸造工序的直接人工的标准成本和实际成本资料汇总如表 12-3：

表 12-3

	标准成本		实际成本		差异
	总工时	小时位工资率	总工时	小时工资率	
一级工	2 000 工时	50 元/工时	1 900 工时	60 元/工时	14 000 元
二级工	10 000 工时	35 元/工时	10 600 工时	34 元/工时	10 400 元
三级工	18 000 工时	25 元/工时	18 500 工时	19.6 元/工时	－87 400 元

首先,分析直接人工的工资率差异和效率差异如下：

(1)总的直接人工的工资率差异为：

1 900×(60－50)＋10 600×(34－35)＋18 500×(19.6－25)
＝－91 500(元)——有利差异

(2)直接人工的总的效率差异为：

(1 900－2 000)×50＋(10 600－10 000)×35＋(18 500－18 000)×25
＝28 500(元)——不利差异

其次,为进一步分析产生直接人工效率差异的原因,我们可以对直接人工的总的效率差异做进一步的分析,即区分为纯粹由于总的人工小时变动而引起的差异和混合差异。分析如下：

(1)纯粹由于总的人工小时变动而引起的差异为：

(实际总工时－标准总工时)×加权平均的标准工资率
＝(31 000－30 000)×30＝30 000(元)——不利差异

上式中,

实际总工时 31 000＝1 900＋10 600＋18 500

标准总工时 30 000＝2 000＋10 000＋18 000

加权平均的标准工资率 30 $\frac{=50\times2\,000+35\times10\,000+25\times18\,000}{2\,000+10\,000+18\,000}$

(2)直接人工的混合差异为：

31 000×(50×1 900＋35×10 600＋25×18 500)－31 000×30

＝－1 500(元)——有利差异

分析表明，由于总工时的增加，人工成本增加了 30 000 元；但是，由于工资率较低的三级工占总工时的比重上升，使得平均工资率有所下降，从而产生有利的差异 1 500 元。这样就较为全面而具体地说明直接人工成本差异的原因。

四、制造费用的差异分析

企业生产过程中发生的制造费用包括变动性制造费用和固定性制造费用，它们与产品生产间的关系不像直接材料和直接人工那么明确，而且显现出不同的成本性态特征。因此，在进行制造费用差异分析时，有必要就变动性制造费用和固定性制造费用分别做单独的分析。

(一)变动性制造费用的差异分析

以下以简例说明变动性制造费用的差异分析：

[**例 12-5**] 假设 LSP 公司以直接人工小时为基础编制变动性制造费用的预算，预算设定每直接人工小时对应的间接人工 2 元，辅助材料 3 元。公司计划生产 10 000 件产品，单位产品的标准工时为 2 小时。执行结果为：实际直接人工小时 22 000 小时，间接人工费用总计 42 000 元，辅助材料总计 68 000 元。

根据以上资料，可以进行差异分析如下：

1.间接人工费用差异分析

间接人工费用的差异分析如下：

耗费差异＝42 000－22 000×2＝－2 000(元)——有利差异

效率差异＝22 000×2－2×10 000×2＝4 000(元)——不利差异

2.辅助材料成本差异分析

辅助材料的成本差异分析如下：

耗费差异＝68 000－22 000×3＝2 000(元)——不利差异

效率差异＝22 000×3－2×10 000×3＝6 000(元)——不利差异

可以进一步计算得：

总的耗费差异＝－2 000＋2 000＝0

总的效率差异＝4 000＋6 000＝10 000(元)

(二)固定性制造费用的差异分析

由于固定性制造费用的性态特征和其他成本项目有明显的不同,进行差异分析时,不能像直接人工或直接材料那样分产品核算,而要计算和分析一定期间的实际发生总额与标准分配总额之间的差异。另外,分析时不但要考虑价格差异和数量差异,还要考虑经营水平。

固定性制造费用的差异有三种表现形式:

(1)耗费差异,指实际发生额与预算额之差;

(2)效率差异,指根据实际机器小时(直接人工小时)确定的分配数与根据标准机器小时(直接人工小时)确定的分配数之差;

(3)生产能力利用差异,指根据预定应完成的机器小时(直接人工小时)分配的费用额与根据实际机器小时(直接人工小时)分配额之差。

以下以简例说明固定性制造费用的差异分析:

[例 12-6]　假设 PPT 公司按直接人工工时为基础分配固定性制造费用。生产能力充分运作对应的直接人工工时为 40 000 小时,可以完成 20 000 件产品加工,固定性制造费用总额 800 000 元;执行结果是完成 19 000 件产品加工,直接人工工时 37 000 小时,发生固定性制造费用 820 000 元。

有关的差异分析如表 12-4:

表 12-4

	标　准 分配率	按标准直接 人工小时计算	按实际直接 人工小时计算	预算额	实　际 发生额	差异 合计	耗费 差异	效率 差异	生产能力 利用差异
	(1)	(2)	(3)	(4)	(5)	(5)-(2)	(5)-(4)	(3)-(2)	(4)-(3)
固定性制造费用	20	2×19 000×(1) =760 000	37 000×(1) =740 000	800 000	820 000	60 000	20 000	-20 000	60 000

第三节　标准成本系统的账务处理①

在标准成本系统的账务核算体系中,我们将标准成本和差异分开来列示,原材料、在产品、产成品和销售成本均按标准成本入账,同时根据差异类别分别设置账户反映各种可能出现的差异。这种做法大大简化了日常的账务处理和报表编制工作。

在账务处理中,除了"材料""基本生产""在产品""产成品"等科目外,要就不同性质的差异分别设置专门的账户,常见的差异账户如下:

① 有关内容参见葛家澍、余绪缨主编:《会计学》,高等教育出版社 2000 年版,第 13 章的相关部分。

差异账户名称：

材料价格差异

材料数量差异

直接人工工资率差异

直接人工效率差异

变动性制造费用效率差异

变动性制造费用耗费差异

固定性制造费用耗费差异

固定性制造费用效率差异

固定性制造费用生产能力差异

各差异账户的借方和贷方分别反映有利和不利的差异，即：

XX 差异	
不利差异	有利差异
$ xx	$ xx

以下，结合一个简例具体说明标准成本系统各主要业务环节的账务处理程序。

一、案例背景

［例 12-7］ 假设某企业生产一种产品，有关的资料如下：

(一)企业预算资料

假设该企业与期初做预算如表 12-5 所示：

表 12-5

直接材料	
A 材料(10 公斤，@5.3 元)	53
B 材料(5 公斤，@6.8 元)	34
直接人工(3.5 小时，@6 元)	21
变动性制造费用(3.5 小时，@2 元)	7
变动性制造成本合计	115
固定性制造费用(3.5 小时，@4 元)	14
单位产品标准成本	129
单位产品变动性销售费用	3
固定性销售费用	12 500
经营管理费用预算	24 000

假设预算期内，企业计划生产产品 6 500 件。

(二)企业实际执行结果

假设企业执行预算结果如下：

(1)企业预算期初没有在产品，期间内投产 6 300 件产品，其中 6 000 件已完工入库，另 300 件尚未开始加工。

(2)期间购入 A 材料 100 000 公斤，单价 5.1 元/公斤；购入 B 材料 50 000 公斤，单价 7.2 元/公斤。

(3)期间领用 A 材料 64 000 公斤，B 材料 31 000 公斤。

(4)预算期间实际用工 20 000 小时，总计支付直接人工工资 130 000 元。

(5)实际发生变动性制造费用 41 000 元，固定性制造费用 85 000 元。

(6)生产的产成品已经售出 5 800 件，实现销售收入 1 160 000 元。

(7)实际支付变动性销售费用 18 560 元，固定性销售费用 13 000 元，经营管理费用 25 000 元。

二、原材料采购与领用的账务处理

(一)原材料的采购

原材料采购的核算涉及三个账户："材料"、"材料价格差异"和"应付账款(现金)"，各账户的基本结构如下：

材料

实际采购量×标准单价	

材料价格差异

实际采购量×实际单价超过标准单价的差额	实际采购量×实际单价低于标准单价的差额

应付账款

	实际单价×实际采购量

以下结合案例说明如下：

根据资料可以确定，A、B 两种材料的标准成本及实际成本资料如下：

(1)A 材料

标准成本＝100 000×5.3＝530 000(元)

实际成本＝100 000×5.1＝510 000(元)

价格差异＝100 000×(5.1－5.3)＝－20 000(元)

(2)B 材料

标准成本＝50 000×6.8＝340 000(元)

实际成本＝50 000×7.2＝360 000(元)

价格差异＝50 000×(7.2－6.8)＝20 000(元)

根据上述分析,可以做账务处理如下：

(1)借:材料——A 材料	530 000	
贷:应付账款		510 000
材料价格差异——A 材料		20 000
(2)借:材料——B 材料	340 000	
材料价格差异——B 材料	20 000	
贷:应付账款		360 000

(二)原材料的领用

生产部门领用原材料进行在产品的加工,相应的账务处理涉及的账户包括“材料”、“在产品”和“材料数量差异”,这几个账户的结构列示如下：

材料

	实际领用量×标准单价

材料数量差异

实际耗用量超过标准耗用量的差额×标准单价	实际耗用量低于标准耗用量的差额×标准单价

在产品

原材料:生产所需标准数量×标准单价	

可见,“材料”账户的借方和贷方都是根据标准成本计价的,原材料采购后是按照实际采购数量乘以实现预定的标准单价计入“材料”账户的借方,在领用原材料时也是按照实际领用的数量乘以标准单价确定的金额计入贷方。结合例 12-7 说明如下：

根据资料可以知道,应计入在产品的 A 材料标准成本为：

6 300×10×5.3＝333 900(元)

按标准价格计算的实际领用 A 材料成本为：

64 000×5.3＝339 200(元)

A 材料数量差异为：

339 200－333 900＝5 300(元)

同样可以计算,应计入在产品的 B 材料标准成本为：

6 300×5×6.8＝214 200(元)

按标准价格计算的实际领用B材料成本为：

31 000×6.8＝210 800(元)

B材料数量差异为：

210 800－214 200＝－3 400(元)

根据以上分析，做账务处理如下：

(1)借：在产品	333 900	
材料数量差异——A材料	5 300	
贷：材料——A材料		339 200
(2)借：在产品	214 200	
贷：材料——B材料		210 800
材料数量差异——B材料		3 400

三、直接人工的账务处理

标准成本系统中直接人工的账务处理涉及的账户主要包括“工资”、“在产品”、“直接人工工资率差异”和“直接人工效率差异”，这几个账户的结构表示如下：

工资

实际支付的工人工资	转入在产品成本

在产品

直接人工：实际产量的标准人工小时×标准工资率	

直接人工工资率差异

直接人工工资率超过标准工资率的差额×实际工时	直接人工工资率低于标准工资率的差额×实际工时

直接人工效率差异

实际工时超过标准工时的差额×标准工资率	实际工时低于标准工时的差额×标准工资率

以下结合[例 11-7]说明直接人工的账务处理程序：

根据资料可以知道：

企业在产品的直接人工标准成本＝6×3.5×6 000＝126 000(元)

实际成本＝130 000(元)

差异＝4 000(元)

其中：

直接人工工资率差异＝20 000×(130 000/20 000－6)＝10 000(元)

直接人工效率差异＝(20 000－6 000×3.5)×6＝－6 000(元)

根据以上分析,可以做账务处理如下：

(1)计提应付工资

借:工资　　130 000

　贷:应付工资　　130 000

(2)将发生的直接人工工资计入成本

借:在产品　　126 000

　直接人工工资率差异　　10 000

　贷:工资　　130 000

　　直接人工效率差异　　6 000

四、制造费用的账务处理

如前所述,企业生产过程中发生的制造费用包括变动性和固定性制造费用两类,进行账务处理时,既可以以"制造费用"科目来总括反映发生的总体间接费用,也可以根据费用发生额与产量间的关系区分"变动性制造费用"和"固定性制造费用"分别列示。值得注意的是,在标准成本系统下存货类账户(如:材料、在产品、产成品等)均是按标准成本入账的,所以期末实际间接费用与标准间接费用的差额反映间接费用的总差额,应根据其性质分别设置账户分别反映。

以下结合例 12-7 具体说明标准成本系统下制造费用的账务处理程序：

(一)变动性制造费用

根据资料可以知道,应计入在产品的变动性制造费用标准成本为：

6 000×7＝42 000(元)

变动性制造费用效率差异＝(20 000－6 000×3.5)×2＝－2 000(元)

变动性制造费用耗费差异＝41 000－20 000×2＝1 000(元)

根据以上分析,可以做账务处理如下：

(1)核算实际发生的变动性制造费用

借:变动性制造费用　　41 000

　贷:有关账户　　41 000

(2)计入在产品成本

借:在产品　　42 000

　变动性制造费用耗费差异　　1 000

　贷:变动性制造费用　　41 000

　　变动性制造费用效率差异　　2 000

(二)固定性制造费用

根据以上资料，计算如表 12-6：

表 12-6

	标准分配率	按标准机器小时计算	按实际机器小时计算	预算额	实际发生额	差异合计	耗费差异	效率差异	生产能力利用差异
	(1)	(2)	(3)	(4)	(5)	(5)－(2)	(5)－(4)	(3)－(2)	(4)－(3)
固定性制造费用	4	3.5×6 000×(1)＝84 000	20 000×(1)＝80 000	6 500×3.5×(1)＝91 000	85 000	1 000	－6 000	－4 000	11 000

相应的账务处理如下：

(1)记录实际发生的固定性制造费用

借：固定性制造费用　　85 000

　贷：有关账户　　85 000

(2)计入在产品成本

借：在产品　　84 000

　固定性制造费用生产能力利用差异　　11 000

　贷：固定性制造费用　　85 000

　　固定性制造费用耗费差异　　6 000

　　固定性制造费用效率差异　　4 000

五、产品完工入库的账务处理

前面说过，标准成本账务处理体系下，所有的存货类账户都是以标准成本为基础入账的，因此，企业产成品账户反映的是完工入库产品的标准成本资料。本例中，企业累计完工 6 000 件产品，所以其标准成本应是 774 000 元(＝6 000×129)，期末在产品账户余额 26 100 元，为期末 300 件已投入的在产品的材料成本。

相应地，做账务处理如下：

借：产成品　　774 000

　贷：在产品　　774 000

六、产品销售的账务处理

在产品销售阶段，做会计分录如下：

(1)企业在预算期内实现销售收入 1 160 000 元，做分录如下：

借：应收账款　　1 160 000

　贷：销售收入　　1 160 000

(2)核算销售成本

因为当期销售的产成品有 5 800 件，可以得知对应的标准成本为 748 200 元(＝5 800×129)，做分录如下：

借:销售成本　　748 200
　贷:产成品　　748 200

(3)销售费用、经营管理费用的核算

借:变动性销售费用　　18 560
　固定性销售费用　　13 000
　经营管理费用　　25 000
　贷:有关账户　　56 560

通过比较,可以知道变动性销售费用、固定性销售费用和经营管理费用的实际执行结果都偏离了事前的预算,具体分析如表 12-7:

表 12-7

	预算	实际发生额	差异
变动性销售费用	17 400	18 560	1 160
固定性销售费用	12 500	13 000	500
经营管理费用	24 000	25 000	1 000
合计	53 900	56 560	2 660

对于这些期间费用,我们也可以采用前面的差异分析方法,逐一分析差异产生的原因,并进一步查明责任人。在本例中,由于几项差异的发生额都不是很大,因此未作进一步的分解。

七、期末成本差异的处理

在会计期末,应结清各个差异账户,把以标准成本系统记录的成本资料统一到实际成本的基础上。严格说来,各差异账户的期末余额应在原材料、在产品、产成品和销售成本之间按比例分配,使各账户的期末余额都统一到实际成本的水平上来。但在实际工作中,如果标准成本设置较好,期末差异账户的余额不大;或者当期生产的产品基本都在当期实现了销售,那么也可以采取简化的方式,而将已发生的差异均转入当期的销售成本。例 12-7 即采取后一种做法,做分录如下:

借:销售成本　　5 900
　材料价格差异——A 材料　　20 000
　材料数量差异——B 材料　　3 400
　直接人工效率差异　　6 000
　变动性制造费用效率差异　　2 000
　固定性制造费用耗费差异　　6 000
　固定性制造费用效率差异　　4 000
　贷:材料价格差异——B 材料　　20 000
　　材料数量差异——A 材料　　5 300
　　直接人工工资率差异　　10 000
　　变动性制造费用耗费差异　　1 000
　　生产能力利用差异　　11 000

思考题：

1.什么是标准成本、标准成本系统？在企业中实施标准成本系统有何意义？

2.基本标准成本、理想标准成本和现实标准成本有何差别？

3.任何制订直接材料、直接人工和制造费用的标准成本？

4.进行差异分析时，为什么需要将差异区分为价格差异和数量差异？

5.标准成本账务处理系统通常包括哪几个组成部分？它在账务处理上有什么特点？

第十三章 责任会计

本章学习目标

1.理解集权式管理和分权式管理的特点

2.掌握责任中心的概念及其与企业管理模式的联系

3.掌握成本中心、利润中心和投资中心的经济特征及其之间的联系

4.掌握责任会计的基本内容

5.解释成本可控性与成本中心业绩评价之间的关系

6.掌握利润中心评价过程中共同费用与总费用的分摊方式

7.说明以投资利润率、剩余收益评价投资中心经营业绩时可能出现的问题

8.掌握转移价格的基本制定方法

所谓责任会计(responsibility accounting),是为评价、考核企业内部各个实施预算管理和成本管理的责任中心的工作业绩而实行的一种把营业收入、成本或资本分配到企业各个责任中心的会计制度。责任会计对企业管理的意义在于它把衡量工作绩效的会计与管理上的责任结合在一起。换句话说,责任会计就是一种以明确各个职务岗位责任人的业绩的会计制度为手段、以确保各个分部(责任中心)都向企业的整体目标努力为目的的管理制度。在企业的经营过程当中,它实际上起到企业内部控制系统的作用。

第一节 责任中心与责任会计的基本内容

一、组织层级化

(一)组织层级化

组织层级化是指在组织的结构设计中明确组织层级的数目和有效的组织幅度。所谓组织层级,是指从企业最高的直接主管到最低的基层员工之间的层次;所谓组织幅度,是指上级主管直接指挥和领导的下属的数量。组织层级和组织幅度是组织层级化的两个侧面,在组织规模确定的情况下,组织幅度越大组织层级就越少,组织幅度越小组织层级就越多,图 13-1[①] 为组织幅度与组织层级的关系图。

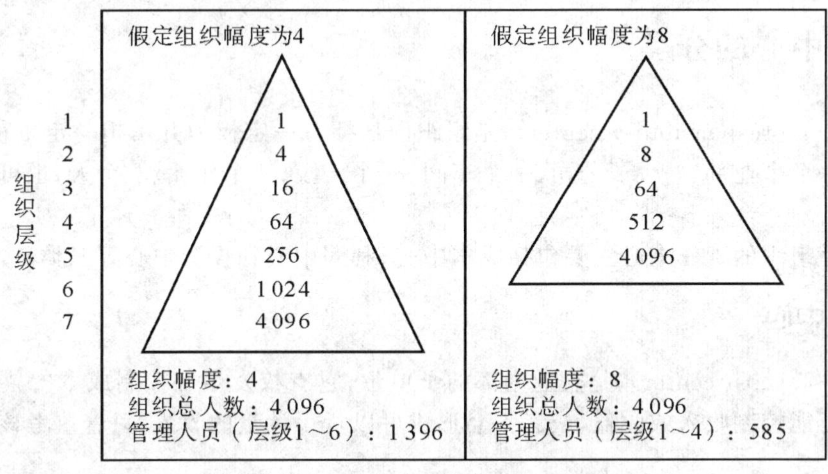

图 13-1 组织幅度与组织层级关系图

组织层级和组织幅度之间的互动关系决定了两种基本的组织结构形式:锥形组织结构和扁平式组织结构。图 13-1 左栏列示的就是锥形组织结构的示例。从理论上讲,锥形组织结构的组织幅度比较小(4)、组织层级比较多(7),这样的组织结构中上下级关系比较紧密,有利于工作的衔接,同时较多的管理岗位为公司的发展提供了培养管理人才的机会。锥形组织结构的主要弊端在于:过多的组织层级会影响信息传递和决策反应的速度,出现信息失真的可能性比较大,内部管理成本比较高。

相比而言,图 13-1 右栏列示的就是扁平式组织结构,它的组织幅度比较大(8)、组织层级比较少(5)。扁平式组织结构的基本特点和锥形组织结构正好相反。

---

① 引自周三多:《管理学》,高等教育出版社 2000 年版,第 146 页。

(二)集权管理与分权管理

传统理论认为,职权来源于组织结构的顶层,由上而下贯穿于整个组织。根据职权的分配方式,组织层级化设计可以区分为集权管理和分权管理两种主要的形式。

分权制(decentralized system)是这样的一种组织结构方式:组织的高层管理者将一部分决策权下放给各内部组织机构及其负责人,使组织内部各管理层级在其责任范围内都拥有较大决策权,可以在职责范围内自主地解决某些问题;集权制(centralized system)是与分权制相对应的一种组织结构模式,在集权制下,决策权集中于组织结构的较高层内,下属层级只有很少的决策权,只能依据上级的决策、命令和指示办事。

分权和集权是一个相对的概念,没有绝对的集权,也没有绝对的分权。只要存在专业化分工就会存在分权,分权制有助于提高各组织单位的积极性、自主能动性;集权制则有助于保持组织目标的一致性。"将集权和分权有效地结合起来是组织存在的基本条件,也是组织既保持目标一致又具有柔性、灵活性的基本要求"①。

权力和责任是一个事物的两个方面,各种责任中心都是分权制下的责任单位。

二、责任中心的分类

责任中心(responsibility center),是组织内部拥有一定权力并承担一定责任的单位,它可以是一个事业部、一个子公司、一个车间、一个工段、一个作业、一个人,也可以是组织整体。

盈利性组织的责任中心主要包括成本中心、利润中心和投资中心等三类。

(一)成本中心

成本中心(cost center),是企业内部的子单位,它有权发生并控制成本。狭义上的成本中心并不能控制收入或收益,或者不会形成可以货币计量的收入,只着重考核其所发生的成本。

也有人将上述意义上的成本中心进一步细分为成本中心和费用中心(expense center),其区别在于:前者的活动可以形成一定的物质成果,但不必或不便于对这些成果进行货币计量;而后者的活动一般不会形成可以货币计量的物质成果,主要是指诸如财务部、人事部这样的以提供特定的专业性服务为目的的部门。

成本中心只对其责任成本负责,责任成本是责任中心发生的各项可控成本的总和。只有同时满足如下三个条件的成本项目才构成责任中心的可控成本:

(1)责任中心可以预先知道该成本项目是否发生;

(2)责任中心可以对成本发生额进行计量;

(3)责任中心可以通过自身的努力对成本的发生与否或发生额进行控制或施加影响。

责任成本是成本中心的考核重点,即通过比较责任成本的实际发生额与预定发生额

---

① 引自周三多:《管理学》,高等教育出版社 2000 年版,第 146 页。

(通常为标准成本)来判断是否存在差异及产生差异的原因。

(二)利润中心

利润中心(profit center),是既需要发生成本又可以形成收入的企业内部单位,它不但能够控制所发生的成本,而且可以控制所形成的收入。对利润中心的考核重点是可控收入和可控成本的差额,即责任利润。

利润中心又可以区分为自然利润中心和人为利润中心。自然利润中心的产品有外部市场,中心可以向外部市场销售其产品,也可以向内部单位提供产品或劳务;人为利润中心的产品不存在外部市场,它们的经营成果主要用来满足企业内部需求。设立人为利润中心的目的在于将市场竞争机制引入企业内部,通过市场模拟达到调动员工增收节支积极性的目的。

(三)投资中心

投资中心(investment center),是自主权最大的责任中心,它不但可以控制成本与收入,而且可以控制资金。投资中心的负责人不但拥有日常经营权,而且可以相对独立地决定资金的投向,并有权作出资本投资决策。

对投资中心的考核比较复杂,不但要考核其获得的利润,还要考核其为获取利润而占用的资源,通常以投资利润率或剩余收益作为主要的评价指标。

(四)三类责任中心的关系

成本中心、利润中心和投资中心的控制范围及其间关系大体可以以图 13-2 表示:

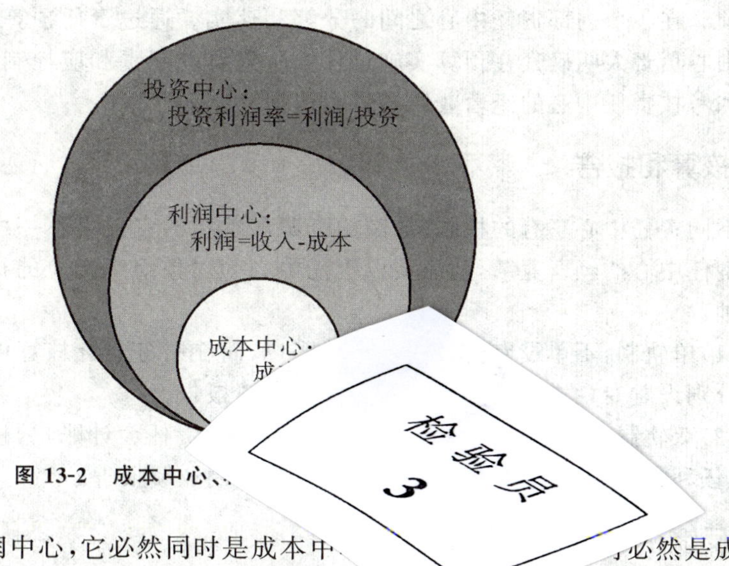

图 13-2 成本中心、

也就是说一个利润中心,它必然同时是成本中 必然是成本中心、利润中心。而其所可控的指标和主要绩效评价指标 涵盖的关系:成本中心重点关注成本指标,利润中心还要结合可控收入重点关注责任利润指标,投资中心则还要关注为获取利润而占用的企业投资即重点关注投资利润率指标。

三、责任会计的基本内容

与其说责任会计是一种会计制度，不如说它是企业的一项内部管理工作。根据西方的经验，责任会计的基本内容包括如下几个基本的方面：

(一)建立责任中心

建立责任中心是实施责任会计制度的第一步骤。责任中心的建立，实际上是对组织整体目标按责任范围和责任程度进行的一种分割。责任中心既不是法律主体，也不是财务会计主体，如何建立责任中心，建立多少责任中心，完全取决于企业内部控制、考核的需要。[①] 通常来说，责任中心的建立一般要遵循以下几条基本原则：

(1)应与企业的组织结构相适应。

(2)应与企业内部控制目标和考核重点相结合。

(3)只有既能划清责任范围和责任程度，又能进行单独核算的组织内部单位才能作为一个责任中心。

(4)责权利结合。

责任中心的建立并没有必然的结果，在实际应用中甚至可以根据管理需要实现责任中心类型的转化，如通过制订合理的内部转移价格变成本中心为利润中心等。

(二)编制责任预算

责任预算(responsibility budget)，是以责任中心为对象重新编制的企业预算，是企业全面预算在各个内部责任中心之间的分解和落实。通过责任预算的编制，一方面可以使责任中心负责人明确其在预算实施过程中所担负的职责和应控制的事项，另一方面也为评价和考核责任中心的经营业绩提供了依据。

(三)核算和报告

不同责任中心享有的权限、控制的资源和承担的责任是不一样的，为准确合理评价、考核责任中心的经营业绩，就需要以责任中心为对象组织相应的核算工作。常见的做法有两种：

(1)单轨制，不单设专门的责任会计账户，而在财务会计核算体系之内针对各个责任中心分别设置专栏进行登记、汇总，并编制业绩报告。

(2)双轨制，在财务会计体系之外设置专门的责任会计账户，核算责任中心的责任成本、责任利润和资源占用情况，并以之为基础编制业绩报告。

(四)反馈机制

根据各责任中心的业绩报告，分析责任预算的执行情况与执行差异，并针对差异分析

---

① 林钢：《责任会计学》，中国人民大学出版社 1994 年版。

及时反馈以促使责任中心采取有效措施控制不利差异，巩固有利差异。

(五)业绩评价与考核

定期针对责任中心执行责任预算的情况评价，考核其工作业绩和经营效果，并根据事先制定的奖惩制度奖励先进、鞭策后进。

(六)合理制定内部转移价格

为合理评价责任中心的业绩，对于责任中心之间的业务往来，必须制定合理的内部结算价格。所谓合理，意指一方面要做到有利于调动企业内部各有关责任中心的主动性和积极性，另一方面又要有利于协调局部与整体、短期与长期的利益冲突。

有关内部转移价格的相关内容可参见本章第三节。

四、作业基础责任会计

传统责任会计侧重于集中研究企业内部责任中心的成本、收入、利润等财务绩效的衡量，而作业成本体系侧重于研究作业，这是因为在企业及其内部单位中先有作业才有成本。作业成本计算将成本与发生这些成本的作业联系在一起，这也就是作业基础责任会计的应用机理。在作业基础责任会计体系下，管理的注意力不仅要集中于作业引起的成本，也要集中于作业本身，要考虑：这项作业是否必要？它是否为企业的产品或服务增加了价值？是否存在改进作业的空间？等等。通过寻找这些问题的答案，管理者可以排除那些不增加价值的作业，而提高增加价值作业的成本效率。①

第二节　责任中心的业绩评价与考核

不同责任中心的业绩评价以及考核的具体内容和侧重点各有不同，以下分别介绍。

一、成本(费用)中心

对责任中心可控成本的分析，是评价和考核成本(费用)中心经营业绩的核心。

成本根据发生特点的不同，可以划分为技术性成本和酌量性成本。技术性成本是指那些发生额可以相对可靠地预估的成本项目，如直接人工、直接材料等；酌量性成本是指那些发生额主要依靠管理人员的判断酌量处理的成本费用项目，一般较难以可靠预估。技术性成本主要对应的是成本中心，酌量性成本主要对应的是费用中心。由于成本特性的不同，成本中心和费用中心的业绩评价和考核也有所不同。

---

①　Ronald W.Hilton, *Managerial Accounting* 4th., McGraw-Hill, 1999.

(一)成本中心

1.责任成本与产品成本

责任成本与一般意义上的成品成本有所不同：

(1)计算对象不同。产品成本按承载的客体(产品)计算，责任成本按责任中心归集。

(2)计算范围不同。产品成本包括为生产该产品发生的全部成本，责任成本只计量与考核可控成本，而不是归属于该责任中心的全部成本。

(3)计算原则不同。产品成本的计算原则是“谁受益谁承担”，责任成本的计算原则是“谁负责谁承担”。

(4)计算目的不同。计算产品成本的目的主要是确定期间收益；计算责任成本的目的是为反映责任预算执行情况，为企业内部经济责任制服务。

虽然就一定期间来看，企业的产品成本总和与责任成本总和是相等的，但因为存在以上的差异，因此其控制重点也不同。

2.成本的可控性

如前面所介绍的，责任中心成本特别强调成本的可控性，责任中心的全部可控成本的总和就形成责任中心的责任成本。可见，成本的可控或不可控是影响责任中心业绩考核的重要因素。因此，企业内部的费用分配就显得尤其重要，分配不合理会影响到各方当事人的积极性。

以下以简例说明成本的可控性：

[**例 13-1**] 设 DAY 公司铣床分厂下设有机铸造车间和锻压车间两个成本中心。公司 20×1 年全年发生维修费用 45 000 元，为两个车间各提供服务 3 000 小时。根据传统成本分配，可以知道小时分配率为 15 元/小时，两个部门各承担 22 500 元的维修费用。

但这种分配方法不利于正确区分经济责任，具体表现在：一是维修车间将所发生的费用全部分摊给直接生产部门，不利于评价维修车间的经营业绩，也不利于其提高经营效率；二是成本中心分摊的维修费一方面取决于自身耗用的维修小时，但另一方面还受到维修车间生产效率的高低及其他成本中心消耗维修小时多少的影响，而后两种因素对它们而言是不可控的。

针对这种情况，可以改用二重分配法，并按预计分配率分配维修费用，即：

(1)将维修车间的成本区分为固定成本和变动成本，并于期初编制预算。假设维修车间预计全年一季度发生固定成本 30 800 元，变动成本 14 000 元，可以提供服务 7 000 小时，即维修每小时分配 2 元。

(2)根据预计的正常维修小时分配固定成本。假设 DAY 公司铣床分厂铸造车间和锻压车间正常情况下需要的维修小时数分别为 3 000 小时和 4 000 小时，则分别分摊13 200 元、17 600 元。

(3)根据实际维修小时分配变动成本。则加工部和装配部各分配 6 000 元。

假设维修车间 20×1 年全年实际发生的成本如表 13-1：

表 13-1

固定成本			变动成本			合计		
预算	实际	差异	预算	实际	差异	预算	实际	差异
30 800	32 000	1 200	14 000	13 000	(1 000)	44 800	45 000	200

这样，实际发生额与预计发生额的差额就作为责任预算差异留在维修车间的账上，作为考核维修车间经营业绩的依据。

在这种分配方法下，维修成本对铸造车间和锻压车间而言就不再是不可控的，而可以通过提高效率减低该项费用的支出，变不可控为可控了。

3.成本中心的业绩报告

对成本中心而言，最重要的经济指标就是责任成本，业绩评价时主要看成本中心是否能完成预先设定的成本标准。

编制成本中心的业绩报告时，通常只需要将该成本中心的各可控成本项目分别列示预算额、实际额和差异额。根据业绩报告，进行差异分析，并针对造成差异的原因和责任及时反馈，将有助于责任中心及企业业绩的提升。表 13-2 是某成本中心的业绩报告：

表 13-2

	当月			全年累计		
	预算	实际	差异	预算	实际	差异
铸造车间主任						
直接材料	120 000	116 000	4 000(F)	750 000	723 000	27 000(F)
直接人工	40 000	42 000	2 000(U)	250 000	264 000	14 000(U)
维修费用	19 200	19 200	—	62 000	63 000	1 000(U)
管理费用	8 000	8 500	500(U)	54 000	53 600	400(F)
其他	3 000	3 200	200(U)	17 000	17 900	900(U)
合计	190 200	188 900	1 300(F)	1 133 000	1 121 500	11 500(F)
铣床分厂厂长						
铸造车间	190 200	188 900	1 300(F)	1 133 000	1 121 500	11 500(F)
锻压车间	236 000	245 000	9 000(U)	1 897 000	1 920 000	23 000(U)
合计	426 200	433 900	7 700(U)	3 030 000	3 041 500	11 500(U)
(各车间共同成本)						
工程费用	37 000	32 000	5 000(F)	124 000	120 000	4 000(F)
折旧	800 000	820 000	20 000(U)	4 600 000	4 550 000	50 000(F)
管理费用	75 000	80 000	5 000(U)	520 000	543 000	23 000(U)
其他	21 000	22 000	1 000(U)	125 000	132 000	7 000(U)
全厂合计	1 359 200	1 387 900	28 700(U)	8 399 000	8 386 500	12 500(F)

说明：F 表示实际数小于预算数，为有利差异；U 表示实际数大于预算数，为不利差异。

在上面的成本中心业绩报告中，只列示了可控成本。实务中，有的企业为全面反映中心的消耗情况，将成本中心的不可控成本作为参考数据一并列示。有的企业还会在业绩报告中增加有关产量、质量、人员定额等非财务指标，以便全面评价责任中心的经营业绩。

(二)费用中心

费用中心主要是行政管理、后勤服务、研究与开发等职能部门，这些部门的效率和效益难以用货币进行计量。现阶段，费用中心业绩评价和考核的重点是以预算为基础对酌量性成本进行的费用控制。

费用中心的业绩报告类似成本中心的业绩报告，在此不再赘述。

二、利润中心

(一)利润中心业绩评价指标与业绩报告

利润中心的考核，主要是通过期间实际的利润额与预算责任利润的比较，进而分析差异、寻找原因、落实责任。具体考核过程中，以业绩报告①为依据，以“贡献毛益”为核心评价指标，对责任期间的收入、变动成本等项目进行综合评价。

传统的贡献毛益概念是收入与变动成本的差额，而在责任会计中，有一部分固定成本是可以明确归属于责任中心的，这其中又有一部分是属于责任中心负责人(分部经理)的可控成本。为明确责任会计的“可控性”原则，通常以贡献毛益为基础衍生出“分部毛益(segment margin 或 contribution of segment)”和“分部经理贡献毛益(performance margin 或 contribution controllable by segment manager)”两个概念，其计算公式如下：

$$\begin{array}{c}\text{分部经理}\\\text{贡献毛益}\end{array}=\begin{array}{c}\text{销售}\\\text{收入}\end{array}-\begin{array}{c}\text{变动}\\\text{成本}\end{array}-\begin{array}{c}\text{分属分部经理的}\\\text{可控固定成本}\end{array}=\begin{array}{c}\text{贡献}\\\text{毛益}\end{array}-\begin{array}{c}\text{分属分部经理的}\\\text{可控固定成本}\end{array}$$

$$\begin{aligned}\begin{array}{c}\text{分部}\\\text{毛益}\end{array}&=\begin{array}{c}\text{销售}\\\text{收入}\end{array}-\begin{array}{c}\text{变动}\\\text{成本}\end{array}-\begin{array}{c}\text{分属分部经理的}\\\text{可控固定成本}\end{array}-\begin{array}{c}\text{分属分部经理的}\\\text{不可控固定成本}\end{array}\\&=\begin{array}{c}\text{分部经理}\\\text{贡献毛益}\end{array}-\begin{array}{c}\text{分属分部经理的}\\\text{不可控固定成本}\end{array}\end{aligned}$$

可见，分部经理贡献毛益和分部毛益概念是针对成本可控性和可追溯性对贡献毛益进行的引申。前者特别强调了成本的可控性，主要用于评价分部经理的经营业绩；后者侧重于成本的可追溯性，主要用于分部的经营业绩评价。

表 13-3 是某企业利润中心的业绩报告：

---

① 可参见本书第七章第三节。

表 13-3

	预算	实际	差异
销售收入	4 200 000	4 430 000	230 000(F)
减:变动成本			
变动生产成本	1 340 000	1 426 000	86 000(U)
变动性管理费用	430 000	440 000	10 000(U)
变动性销售费用	240 000	265 000	25 000(U)
变动费用合计	2 010 000	2 131 000	121 000(U)
贡献毛益	2 190 000	2 299 000	109 000(F)
减:分属分部经理的可控固定成本	870 000	858 000	12 000(F)
分部经理贡献毛益	1 320 000	1 441 000	121 000(F)
减:分属分部经理的不可控固定成本	428 000	450 000	22 000(U)
分部毛益	892 000	991 000	99 000(F)
减:上级分摊的不可追溯的固定成本	342 000	354 000	12 000(U)
税前利润	550 000	637 000	87 000(F)

说明:F 表示有利差异,U 表示不利差异。

(二)几个值得注意的问题

利润中心与利润中心之间经常会互相协作形成共同的收入与成本,这些共同项目如何分配,利润中心接受总部的服务,如何合理分配费用等问题是合理评价利润中心经营业绩的难点。

1.共同收入与共同费用的分配

有的时候会出现两个或多个利润中心共同参与某些业务活动的情况,这种情况下,所取得的业务收入就要在几个利润中心间进行分配。例如,某个分部把向外承揽的业务交由其他分部来完成,这种做法无疑是符合企业总体利益最大化要求的,但是如果所有的收益都归属后者的话,那么会打击前者的积极性。因此就需要在两个利润中心间合理分配收入。常见的做法是,在内部结算时由后者向前者支付市场佣金。

共同费用的分摊问题类似成本中心下成本的分配问题。

2.总部费用的分摊问题

在利润中心经营的过程中要接受总部的协调和服务,因此考核其经营业绩时,应根据其接受总部服务的性质和数量分摊总部费用。

根据总部与分部之间的关系,总部提供的服务可以大体区分为三类:

(1)分部没有选择权,必须接受的服务,如会计部的工作,人事部、法律部的工作等。对于这些服务,分部必须接受,且无法影响服务的数量。对于这类服务发生的成本,有人认为它是分部的不可控成本,因此不应向下分摊,但也有人认为应该分摊。但无论分摊或不分摊,都不应影响到分部间业绩与预算的比较。

(2)分部必须接受、但至少在接受的量上是部分受控制的服务。对于这类服务的处理办法有三种意见:分摊变动成本部分,全部分摊,按市价基础分摊。

(3)分部有权选择接受或不接受的服务。这类服务的费用应该按接受的服务量进行分摊。分摊时可以根据作业成本法提高分配的准确度。

三、投资中心

(一)投资中心的业绩评价指标

作为自主权最大的责任中心,投资中心不但要合理运用资源创造满意利润,而且要接受有利可图的项目,进行扩大再生产。根据这种特点,通常采用投资利润率和剩余收益评价占考核投资中心的经营业绩。

1.投资利润率

投资利润率(return on investment,ROI)的计算公式是:

$$投资利润率=\frac{分部经营利润}{分部经营资产平均占用额}$$

其中,分部经营利润资产是指投资中心经营所获取的息税前利润;分部经营资产是指投资中心占用的、用以产生经营利润的现金、应收款、存货、固定资产、无形资产等各项资产;分部经营资产平均占用额是指分部在考核期间占用经营资产的平均值。

由于资产可以采用不同的计价方式,不同计价方式确定的企业平均经营资产不同,因而计算出来的投资利润率大小也不一样。其中,又以固定资产的影响最为显著:如果选择净值作为计算基础,那么随着固定资产使用年限的增加,固定资产的净值会相应减少,这种情况下即使投资中心的经营利润没有变化,计算出来的投资回报率也会呈现上升趋势。这一方面是对投资中心实际经营业绩的扭曲,另一方面也遏止了投资中心更新固定资产的愿望。因此,通常认为以原值为基础计算投资利润率是比较合适的。

作为一个业绩评价指标,投资利润率要求投资中心以尽可能少的经营资产占用实现尽可能大的经营净利润,很好地协调了收入、成本、资源占用之间的关系。同时,作为一个相对性指标,投资利润率可以较好地适用于不同投资规模的投资中心的业绩比较。

但是,投资利润率也存在一些缺点:

(1)助长狭隘的本位主义

对此问题,以下以简例说明:

[**例 13-2**] 某投资中心正考虑一新投资项目。该投资中心目前的投资、收益、投资利润率数据及公司整体状况、新项目相关数据如表 13-4:

表 13-4

	公司整体	投资中心现状	新项目
平均占用的经营资产(元)	20 000 000	4 000 000	1 000 000
经营利润(元)	2 400 000	1 000 000	150 000
投资利润率	12%	25%	15%

假设公司可以按10%的资本成本为投资中心筹集所需资金。

该投资中心负责人可能接受也可能不接受该新项目。接受与不接受情况下，投资中心与公司整体的财务数据计算如表13-5：

表 13-5

	接　受		不接受	
	公司整体	投资中心	公司整体	投资中心
平均占用的经营资产(元)	21 000 000	5 000 000	20 000 000	4 000 000
经营利润(元)	2 550 000	1 150 000	2 400 000	1 000 000
投资利润率	12.14%	23%	12%	25%

可见接受该新投资项目后公司利润将由目前的2 400 000元增加到2 550 000元，是有利的。但如果以投资利润率考核投资中心的经营业绩，该投资中心负责人将拒绝接受该新投资，因为，接受后其投资利润率将由目前的25%下降为23%。

(2)造成短期行为

投资中心可以从增收和节支入手提高投资利润率，如，某投资中心在增收受限的情况下，选择了以裁员、削减广告支出、采用质量较差或价格较低的原材料等手段，在短期内迅速提高投资利润率，但这可能是以牺牲企业的长期利益为代价的。

另外，受通货膨胀和技术更新的影响，新设备的价格通常会高于现有设备。为维持高的投资利润率，分部经理可能会放弃必要的技术、设备更新，超使用年限、超负荷使用固定资产，这也是不符合企业长期利益的。

(3)客观性较差

投资利润率以会计利润为计算基础，受会计政策等主观因素影响较大。

2.剩余收益

剩余利润的计算公式为：

剩余收益＝利润－净资产占用额×预期的必要报酬率

或　　剩余收益＝息税前利润－总资产占用额×预期的息税前总资产报酬率

其中，剩余利润计算中的“预期要求的最低报酬率”是指企业为保证生产和经营健康和持续进行所必须达到的最低投资报酬率。

剩余利润是绝对数指标，不便于比较规模不同的投资中心的业绩，但可以在一定程度上有效避免投资利润率的缺点。如果要全面综合评价投资中心的经营业绩，就要将投资利润率和剩余收益两个指标综合起来应用，充分发挥它们各自的优点。

(二)投资中心的业绩报告

投资中心的业绩报告和利润中心类似，但需增列营业资产、投资报酬率、剩余收益等指标，以便企业总部对投资中心的经营业绩进行全面、综合的评价和考核。表13-6是某企业投资中心的业绩报告：

表 13-6

	预算	实际	差异
①销售收入	56 000 000	58 400 000	2 400 000(F)
②减:变动成本	20 000 000	21 300 000	1 300 000(U)
③贡献毛益=②-①	36 000 000	37 100 000	1 100 000(F)
④直接固定成本	19 800 000	20 350 000	550 000(U)
⑤分部毛益=③-④	16 200 000	16 750 000	550 000(F)
⑥分摊的共同成本	7 010 000	7 230 000	220 000(U)
⑦经营利润=⑤-⑥	9 190 000	9 520 000	330 000(F)
⑧经营资产平均占用			
现金	320 000	240 000	80 000(U)
应收款	5 600 000	7 850 000	2 250 000(U)
存货	500 000	800 000	300 000(U)
厂房设备	32 400 000	36 900 000	4 500 000(U)
⑨经营资产平均占用额合计	38 820 000	45 790 000	6 970 000(U)
⑩投资利润率=⑦÷⑨	23.67%	20.79%	2.88%(U)
⑪机会成本=⑨×15%	5 823 000	6 868 500	1 045 500(U)
⑫剩余收益=⑦-⑪	3 367 000	2 651 500	715 500(U)

说明:F 表示有利差异,U 表示不利差异。

第三节　转移价格

如果一个责任中心的产出是另一个责任中心的投入,那么合理制定转移价格对于正确评价相关责任中心的经营业绩就显得十分重要。转移价格定高了,卖方责任中心的利润就会增加,而买方责任中心的利润就相应减少;反之亦然。转移价格制定得不合理,就容易损害一方或几方的利益,打击企业内部的积极性。

一、制定转移价格的基本原则

转移价格(transfer price),也称内部结算价格,是企业内部各责任中心之间提供产品和劳务的价格,它在企业内部起到利益再分配的作用。合理制定转移价格有助于分清责任,有助于调动各方面的积极性。转移价格也可用于企业经营决策目的。制定转移价格可能会影响到企业的整体税赋,尤其是跨国公司更是将转移价格视为国际避税的有效手段。对此本书不做介绍。

基于责任会计目的,制定转移价格应遵循以下的基本原则:

(1)目标一致,指应尽可能做到各责任中心负责人在追求本部门利益最大化的同时实现企业整体利益最大化；

(2)公平合理,指不应使任何责任中心以损害其他责任中心的利益换取自身的利益；

(3)评价与激励相结合,指制定的转移价格不但应提供合理的评价基准,而且应赋予责任中心负责人一定的经营自主权。

二、制定转移价格的方法

实务中通常选择以市场价格或以成本为基础制定企业内部转移价格。

(一)以市场价格为基础制定转移价格

1.纯粹市场价格法

在企业内部实施转移价格,其目的是为在企业内部模拟竞争性的市场机制,它视各个利润中心为完全独立的经营主体,独立经营、相互竞争,以市场规律来约束、考量各责任中心的经营活动。就这个角度来看,以市价为基础制定转移价格是最合理的。

以市场价格为基础制定转移价格,应注意如下几点：

(1)“卖方”有选择对内、对外销售的权利；

(2)当价格与市场价格相符时,如果“卖方”愿意对内销售,“买方”有购买的义务；

(3)如果“卖方”提供的价格高于市场价格,“买方”有转向市场购买的权利。

同时,为解决可能出现的纠纷,企业内部应设立一个委员会,对产生的价格争执进行仲裁。

以下举简例说明纯粹市场价格法的应用：

[例 13-3] 假设 TIME 公司下设齿轮分部和装配分部两个相对独立的利润中心,齿轮分部生产的齿轮既可以通过装配部继续加工后对外销售,也可以作为半成品直接对外销售。两个部门的成本结构如表 13-7：

表 13-7

	齿轮分部	装配分部	全企业
单位售价(元/件)	20	60	60
单位变动成本(元/件)	12	28	40
单位内部转移价格(元/件)	—	20	—
单位贡献毛益(元/件)	8	12	20

如果齿轮分部对内销售,每件产品可以实现 20 元的收入,而装配分部的单位成本就是 20 元。由于该半成品的外部市场价格高于 20 元/件,那么根据上述原则,齿轮分部应选择对外销售,这样它可以实现更多的利润；如果市场价格低于 20 元/件,则装配部应选择外购,这样可以有效降低成本。

相对其他方法而言,纯粹市场价格法是最客观的。但由于企业与企业的产品之间存在差异,市场价格也会出现波动(甚至是比较大的波动),这使得该定价方法不像表面上看的那么简单。假设上例中，齿轮的市场价格由 20 元/件下降到 18 元/件，那么，要求装配分部仍旧按每件 20 元/件的价格内部采购显然是不合理的，它将要求按新的市场价格调整内部转移价格，否则将从外部购买；但如果齿轮分部能够从对外销售取得高于 18 元/件的价格，它也不必接受装配分部的报价。可见，买方或卖方都倾向于选择对自己有利的价格作出买或卖的决策。

2.协商价格法

对内销售与对外销售的一个重要差异在于对内销售可以节约大量的运输费用、销售佣金、宣传广告费，这种情况下如果直接以市场价格作为转移价格，那么所有节省的费用全部体现为卖方的利益，买方得不到任何好处，有失公平，因此，可以采取协商价格法，即由相关的利润中心定期以市场价格为基础协商出一个双方均可以接受的价格作为转移价格。

(二)以成本为基础制定转移价格

1.以总成本作为转移价格

如果责任中心的产出没有现成的外部市场，市场价格基础也就不存在，这种情况下可以考虑以成本为基础确定转移价格。常见的成本基础包括实际成本(完全成本或变动成本)和标准成本。

以实际成本作为转移价格，意味着卖方责任中心所有的开支都可以转移给买方，这就在一定程度上限制了他们控制成本的积极性。而从买方的角度来看，即使卖方责任中心的实际成本中包括了一些不必要的、不合理的消耗，他们也只能被动接受(即不可控成本)。另外，作业量的大小也会影响到实际成本的高低，这也可能会招致买卖双方的争执。这对企业整体而言，是很不利的。

因此，选择以标准成本作为转移价格要比实际成本恰当一些。

2.以成本加成法制定转移价格

以成本加成法制定转移价格，即以实际成本或标准成本为基础加上正常毛利作为转移价格。这种方法的优缺点和上面以总成本作为转移价格的情况基本相同。

(三)双重转移价格

在第九章中的外购或自制决策中，我们介绍过应以企业总体利益最大化为出发点考虑应自制或应外购的决策。在企业中经常会出现这样的情况：制定的转移价格高于外部市场价格，买方转向对外采购，造成卖方的一部分产品销售不出去，或者造成部分生产能力被闲置；另一种情况是，当卖方的生产能力尚有剩余时，其增加销售的机会成本可能为零，但如果其价格高于市场价格，买方会拒绝从内部采购，这些情况显然都不符合制定转移价格的基本目的。

以双重内部转移价格取代单一转移价格可以较好地解决这些矛盾。所谓双重转移价格，即买方以接受的中间产品的变动成本计价，而卖方以市场价格计价；或者在市场上出现不同价格时，卖方以所能达到的最高售价计价，买方以所能采购到的最低价格计价。这样可以较好地解决买卖双方的不同需求，也可以更好地调动双方的积极性。

以下仍以例 13-3 数据为例说明双重转移价格的应用，分析如表 13-8：

表 13-8

	齿轮分部	装配分部	全企业
单位售价	20	60	60
单位变动成本	12	28	39
齿轮分部结转成本	—	18	—
单位贡献毛益	8	14	20

也就是说，齿轮分部仍按 20 元/件的价格核算收入，而装配分部以新的市场价格 18 元/件核算成本，这样的做法双方都可以接受。而从企业整体来看，实现的贡献毛益总额仍是 20 元，但已不再等于两个部门贡献毛益的和，而应该扣除由于双重内部转移价格所形成的"内部利润"2 元。

思考题：

1.什么是组织的层级化？什么是集权管理？什么是分权管理？

2.责任成本与产品成本有哪些区别与联系？

3.什么是成本中心？如何评价与考核成本中心的经营业绩？

4.什么是利润中心？如何评价与考核利润中心的经营业绩？

5.什么是投资中心？如何评价与考核投资中心的经营业绩？

6.如何合理制定转移价格？

第十四章 企业业绩评价体系与激励机制

本章学习目标

1.理解企业业绩评价的概念和意义

2.掌握传统财务业绩评价的方法和指标

3.掌握综合记分卡的基本内容及其内在的逻辑链条

4.掌握薪金、奖金、延期奖金、认股权、业绩股份的概念及其管理意义

本章继上一章“责任会计”之后，着重从企业整体的角度，从财务和非财务的角度介绍对企业的综合业绩进行分析、评价，以及在此基础上形成有效的激励机制促进企业经营业绩的全面改善和提高。

第一节　企业业绩评价体系

一、业绩评价、业绩评价体系

(一)企业业绩评价

企业的业绩评价(performance evaluation)，是运用特定的指标体系，结合一定的评价标准，按照一定的程序，通过定量定性对比分析，对企业一定经营期间的经营效益和经营者业绩做出客观、公正和准确的综合判断。①

企业的业绩评价应以企业的长期经营目标为核心，并根据企业经营的主要侧面进行指标分解。不但要评价企业的盈利能力、资产经营水平、偿债能力，还要评价企业的长期持续发展能力；不但要评价企业的经营效益，还要评价经营者在管理企业过程中对企业的经营、成长、发展所做出的贡献。

(二)企业业绩评价体系

企业的业绩评价体系是由一系列与业绩评价有关的制度、指标体系、方法、标准及组织等组成的有机整体。一般情况下，企业业绩评价体系包括业绩评价制度体系、业绩评价组织体系和业绩评价指标体系等三个子系统。

业绩评价制度体系和业绩评价组织体系概括如图 14-1② 和图 14-2③，有关业绩评价指标体系的内容我们将在本节后面的部分及下节中做较具体的介绍。

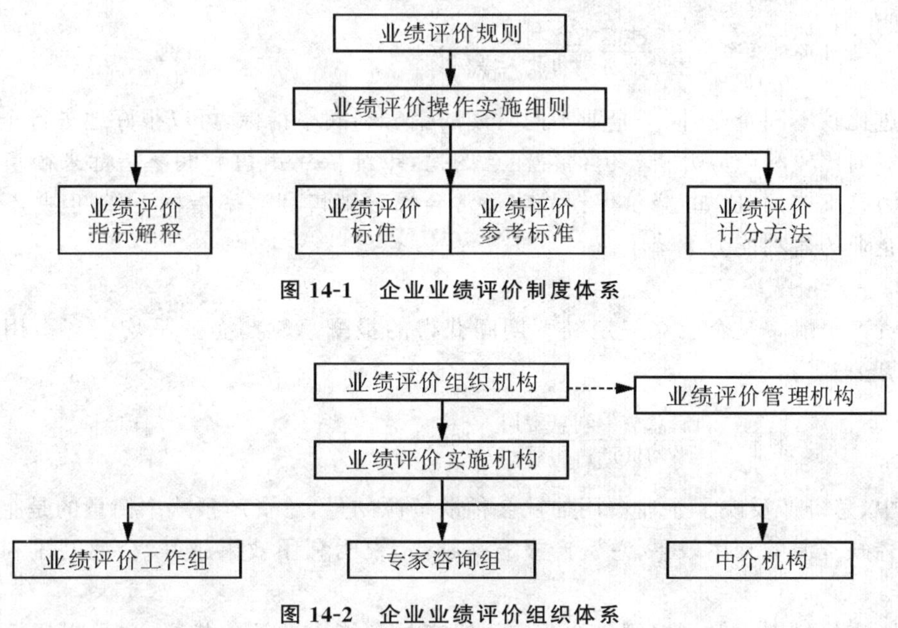

图 14-1　企业业绩评价制度体系

图 14-2　企业业绩评价组织体系

二、财务业绩评价

财务业绩是企业经营业绩评价的重要构成部分，重点在于通过对财务指标的计量、分析，从财务角度对企业的盈利能力、成长性、风险性等做全面、综合的判断、评价。

① 引自财政部统计评价司:《企业绩效评价问答》，经济科学出版社 1999 年版，第 3 页。

② 引自财政部统计评价司:《企业绩效评价问答》，经济科学出版社 1999 年版，第 13 页。

③ 引自财政部统计评价司:《企业绩效评价问答》，经济科学出版社 1999 年版，第 14 页。

(一)盈利能力评价指标

1.销售利润率

销售利润率是最常见的盈利能力指标,是指利润与销售净额的比值,多以百分数的形式表示。计算公式为:

$$销售利润率=\frac{利润}{销售收入}\times 100\%$$

净额销售利润率指标反映的是销售收入中有多大的份额最终转化成为企业的利润。根据计算目的的差异,可以选用不同的利润概念,如:主营业务利润、营业利润、利润总额和净利润,计算出来的销售利润率指标各反映不同的经济内涵。其中,以主营业务利润为基础计算的主营业务利润率排除了所得税率、其他收入和费用项目变化的影响,直接反映企业核心经营业务的收益水平。计算公式为:

$$主营业务利润率=\frac{主营业务利润}{主营业务销售收入净额}\times 100\%$$

通过比较不同企业、同一企业不同时期的销售利润率指标,可以很好地进行企业盈利能力的横向比较和趋势分析。但值得注意的是,单纯依靠销售利润率指标来衡量企业的盈利能力是不够的,比如:降价促销战略通常会导致销售利润率指标下降,但并不能因此就说明企业的盈利能力下降了。

2.总资产报酬率

总资产报酬率是企业在一定经营期间获得的报酬总额与企业平均资产占用量的比值。计算公式为:

$$总资产报酬率=\frac{利润总额+利息费用}{平均资产占用额}\times 100\%$$

其中,总资产反映了企业占用的社会稀缺资源的量,总资产报酬率衡量的是企业对所占用的稀缺资源的利用效果,总资产报酬率越高,说明利用效果越好,企业的盈利能力越强。

总资产报酬率不但可以用作企业整体资产盈利能力的评价指标,也可以用于内部决策。由于忽略了企业资本结构差异的影响而单纯考察资产的利用效率,以总资产报酬率指标为导向配置企业内部资源可以很好地提高企业总体的盈利能力。

3.股东权益报酬率

股东权益报酬率(return on equity,ROE),也称净资产收益率,是指企业在一定经营期间获得的净利润与企业平均净资产的比值。计算公式为:

$$股东权益报酬率=\frac{税后净利润}{股东权益平均额}\times 100\%$$

股东权益报酬率综合反映了企业为实现股东财富最大化目标所作出的努力,是一个应用很广泛的财务指标。20 世纪初,美国杜邦公司的唐纳德·布朗通过对股东权益报酬率指标的分解创立了著名的杜邦财务分析系统(见图 14-3)。

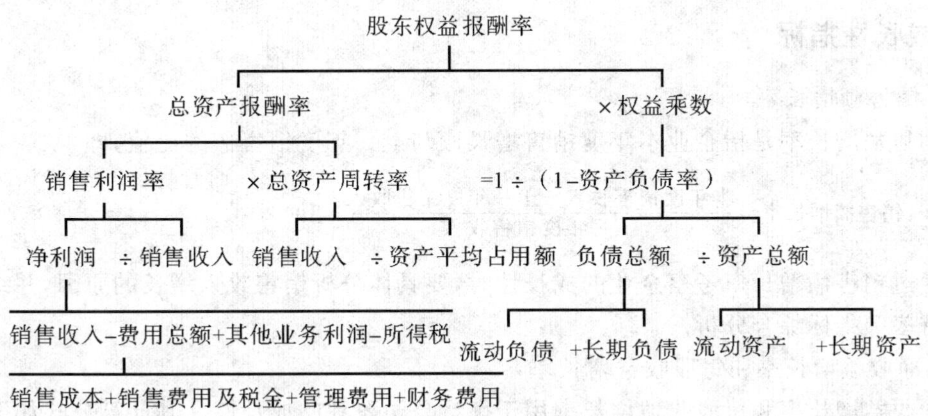

图 14-3　杜邦财务分析系统

杜邦财务分析系统将企业经营的多种财务指标有机地结合在一起，不但揭示了指标之间的关系，而且为管理者优化财务状况、提高经营效率提供了思路。

4.每股收益

每股收益(earning per share,EPS)，是指根据定期财务会计报表报告的普通股股东每股收益。其计算公式为：

$$每股收益=\frac{税后净利润-归属优先股股东的收益}{加权平均的发行在外的普通股数量}$$

很多投资者喜欢用每股收益来衡量或比较公司的盈利能力，但是应该充分认识到该指标受到诸多因素的影响，存在很多局限。

5.经济增加值

经济增加值(economic value-added,EVA)，是近年来特别时髦的一个财务指标，它是指税后净利润与资本费用的差额，即：

经济增加值＝税后净利润－资本费用

资本费用＝资本投入×资本成本

或表述为：

经济增加值＝(净资产收益率－加权平均的资本成本)×资本投入

传统的盈利指标忽略了股东权益资本的成本，也就是说在传统的财务报表当中，股本是没有成本的。但是世界上没有免费的午餐，股东资本的投入是以放弃了其他投向或其他用途为代价的，经济增加值指标要求计量这种机会成本，认为只有当企业实现的净利润超过所投入的资本的成本还有剩余时，企业才算是真正创造了财富。EVA 的产生源于企业经营绩效考核的目的，但在思腾思特公司(Stern Stewart & Co.)公司的努力下，EVA 最终超越了这一狭隘的范畴，向一个全面的财务管理体系和战略执行体系发展。《财富》杂志称 EVA 为“当今最炙手可热的财务理念”，在西方企业界引起很大的反响，以至于“只要一家公司宣布要采用 EVA 模式，我们就将看到它们的股价在仅仅一个星期的时间里增长 30%”，EVA 成了价值创造的魔方。

(二)成长性指标

1.销售额增长率

销售额增长率是指企业本年度销售增长额与上一年度销售额的比值,即:

$$销售额增长率=\frac{本年度销售收入-上一年度销售收入}{上一年度销售收入}\times 100\%$$

通过销售额增长率考察企业的成长性时,要具体分析销售收入增长的原因,并结合市场占有率等指标综合分析。

2.净收益增长率和每股收益增长率

净收益增长率和每股收益增长率用于衡量公司盈利的成长性。其计算公式如下:

$$净收益增长率=\frac{本年度净收益-上一年度净收益}{上一年度净收益}\times 100\%$$

$$每股收益增长率=\frac{本年度每股收益-上一年度每股收益}{上一年度每股收益}\times 100\%$$

净收益增长率忽略了所占用权益资金的变动,有比较大的局限性;每股收益增长率在一定程度上弥补了该缺陷,但一样不能排除通货膨胀的影响。

3.资本积累率

资本积累率是指企业本年度股东权益增加额与年初股东权益总额的比值,即:

$$资本积累率=\frac{本年度末股东权益总额-上年度末股东权益总额}{上一年度末股东权益总额}\times 100\%$$

股东权益是企业重要的资金来源,是企业抗拒风险的资金基础。资本积累率越高,表明企业的资本保全能力越高、发展后劲越强。

(三)风险性指标

风险性指标重点考察企业按时偿还到期债务本息的能力,具体又可以分为短期偿债能力分析指标和长期偿债能力分析指标两大类。

1.短期偿债能力分析指标

短期偿债能力分析指标重点考察企业偿还一年内到期的债务的能力,主要包括营运资本、流动比率、速动比率、资产周转率(或周转天数)等。其计算公式分别列示如下:

$$营运资本=流动资产-流动负债$$

$$流动比率=\frac{流动资产}{流动负债}$$

$$速动比率=\frac{速动资产}{流动负债}=\frac{现金+短期投资+应收款}{流动负债}$$

$$应收款周转率=\frac{赊销额}{应收款平均余额}$$

$$应收款周转天数=\frac{365}{应收款周转率}$$

$$存货周转率=\frac{销货成本}{存货平均余额}$$

$$存货周转天数=\frac{365}{存货周转率}$$

$$总资产周转率=\frac{销货收入}{平均总资产}$$

$$总资产周转天数=\frac{365}{总资产周转率}$$

营运资本、流动比率、速动比率指标说明了短期债务偿还的资金保障。周转率和周转天数指标说明了资金的使用效率和转化为现金的快慢。

2.长期偿债能力分析指标

长期偿债能力分析指标重点考察企业偿还长期债务的能力，常见的财务指标包括资本负债率、产权比率、利息保障倍数、负债现金流量比等，其计算公式分别列示如下：

$$资本负债率=\frac{负债总额}{资产总额}\times 100\%$$

$$产权比率=\frac{负债总额}{股东权益总额}$$

$$利息保障倍数=\frac{息税前利润总额}{利息费用}$$

$$负债现金流量比=\frac{净利润+不需要支付现金的费用(折旧、摊销等)}{负债总额+优先股总额}$$

资产负债率和产权比率考察企业资本结构中负债权益的比重，这两个比率越大，说明企业负债相对量越大，按期偿还的难度越大，企业的风险也越大。利息保障倍数反映企业获利能力对偿还债务的保证程度。负债现金流量比是从现金流量角度对企业偿还债务能力的衡量。

(四)结合企业生命周期建立财务指标体系

在企业生命周期的不同阶段，其财务运作目标存在很大的差异，“在企业生命周期的不同阶段，不同财务业绩计量指标的重要程度会发生变化”①，结合不同阶段的特点选择恰当的财务指标体系就显得十分重要。

下面结合企业的成长阶段、成熟阶段、衰退阶段为例作简要说明。

1.成长阶段

企业处于成长阶段时，产品具有巨大的增长潜力，企业前景看好但充满不确定性。为了变潜力为现实，企业需要投入大量的财力、物力和人力来开发和改进产品，购置设备扩大生产能力，建设和扩大营销网络，培育市场。由于需要大量的资金投入，企业在这个阶段往往会感到资金不足；由于收入还未形成规模，成本还比较高，企业的收益率还很低。

对于成长阶段的企业要保证在产品开发、市场开拓、人员培训等方面的投入，比较好的财务指标是成长性指标，如销售增长率、目标市场占有率增长指标等。

---

① 美国管理会计师协会：《管理会计公告，No.4 D：计量企业业绩》，转引自毛付根，王光远(1997)。

2.成熟阶段

成熟阶段的企业已经在市场中占有一席之地，它们仍需要进行投资和再投资以维持(或逐步增加)其市场份额。总体上看，企业在这个阶段收入比较稳定，成本随着产量的增加比成长阶段已经有了较大幅度的下降，现金流入已逐步超过现金流出，利润也比较丰厚。

成熟阶段的企业以盈利为目的，适合采用传统的与盈利能力相关的财务衡量指标，如资产收益率、股东权益收益率、经济增加值等。

3.衰退阶段

进入衰退阶段，企业的产品市场已逐步萎缩，不应再进行大量的投资，只需要维持原有生产能力即可，已经没有必要进行诸如研究开发的追加投入，任何投资都必须有十分明确的短期回报。

处于衰退阶段的企业，其财务工作的主题以回收投入为主，即应特别重视现金的回收。而如果选择传统的以投资报酬率为核心的财务指标体系，可能会误导企业追求额外的投资。

第二节　综合记分卡

一、综合记分卡简介

传统的业绩评价体系以财务评价为主，但是有越来越多的人认识到财务只是企业经营的一个方面，财务指标过分依赖以历史成本为基础的会计核算体系，指标反映的信息具有滞后性和短期化趋势，财务评价并不能全面反映企业管理者在企业持续发展能力方面所作的努力。为改变传统业绩评价方法的局限，1992 年美国哈佛商学院的 R.S.卡普兰教授等人提出了一种全新企业综合测评体系——综合记分卡。

综合记分卡(balanced scorecard，简称 BSC)，是在企业环境分析的基础上，将企业的经营目标分解为财务、顾客、内部过程、学习与成长四个方面，并设定一系列的评价指标来描述企业对这四个目标的完成程度，进而追溯评价指标的业绩动因及内在因果联系，达到帮助企业管理者把握企业发展的关键因素以实现企业长期健康发展的目的。①

综合记分卡出现的时间不过二十几年，但已被世界上许多企业采用并取得了惊人的效果，其应用领域涉及各行各业，包括工厂、银行、政府机构和信息产业。据美国 Renaissance 国际公司的调查，世界 1 000 强中有 60%已经使用或正打算使用 BSC，世界最大的 300 家银行中约有 60%正在使用 BSC。

① 综合记分卡是基于业绩评价目的被开发出来的，但随着实际应用的深入，它逐渐被开发为一个战略管理系统。本章侧重于介绍综合记分卡的业绩评价功能。

二、综合记分卡的基本内容

(一)综合记分卡的基本框架

如前所述,综合记分卡包括财务、顾客、内部经营过程、学习与成长四个方面①,图 14-4 是综合记分卡框架图:

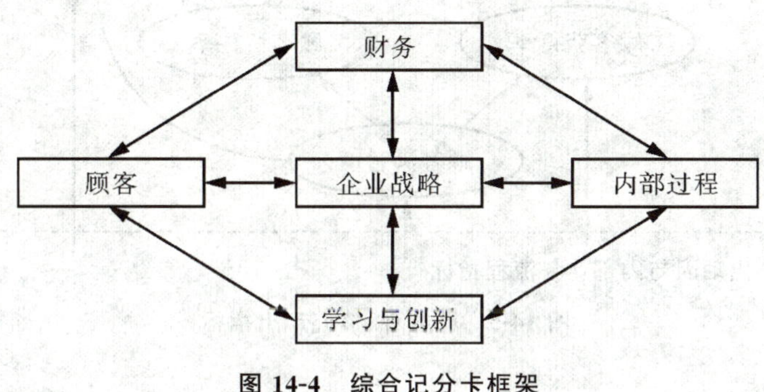

图 14-4　综合记分卡框架

综合记分卡就是要围绕企业的战略目标,从财务、顾客、内部过程、学习与创新这四个方面对企业进行全面的评价。

(二)财务

企业经营的最终目标都将体现为财务指标,综合记分卡的四个方面最后必然都将归集到财务上来。综合记分卡体系下的财务评价指标和传统业绩评价体系没有大的区别,只是特别强调了要根据不同的企业生命周期选择不同的财务指标。具体内容可参见本章第一节。

(三)顾客

企业产品只有获得顾客的认可并通过销售才能实现价值。综合记分卡的顾客方面就是要解决“顾客如何看待我们”之类的问题,就是要通过顾客的眼睛来看待企业的经营。

顾客方面常见的评价指标包括:

(1)顾客满意度,可以通过顾客抱怨数、按时交货等指标衡量;

(2)顾客留住率,反映企业同现有顾客保留或维持现有关系的比例;

(3)顾客获得率,反映企业吸引或赢得新顾客或业务的能力;

(4)市场份额,指企业在目标市场上的业务比例;

(5)账面份额,是市场份额的替代指标,指公司产品占顾客购买此类产品总额的比例;

(6)顾客盈利能力,指顾客或部门的净利润,企业应通过顾客盈利分析选择目标市场。

---

① 根据企业和行业的不同特点,需要考察的方面可能会超过四个,但这四个方面是最基本的。

这些指标的内在联系如图 14-5[①] 所示。

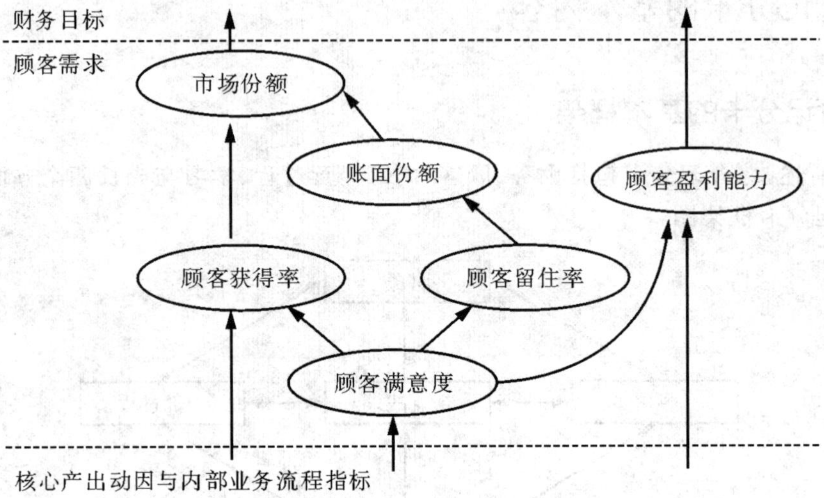

财务目标
顾客需求
市场份额
账面份额
顾客盈利能力
顾客获得率
顾客留住率
顾客满意度
核心产出动因与内部业务流程指标

图 14-5 顾客观:核心产出指标

(四)内部过程

内部流程是企业从分析顾客需求、采购原材料到销售产品、进行售后服务的一系列活动,以价值链分析方法表示如图 14-6:

确定客户的需求
设计
开发
采购
制造
满足客户的需求

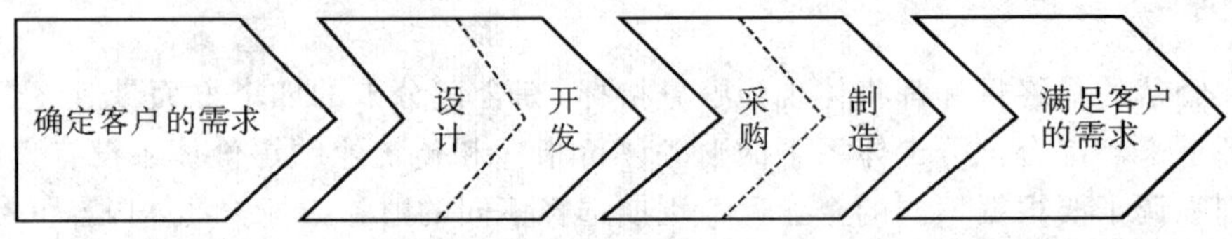

图 14-6 企业内部过程

综合记分卡的内部过程主要解决"我们擅长什么"之类的问题,关注有助于提高企业整体绩效的过程、决策和行动,尤其是对顾客满意度有重要影响的关键内部经营活动。

内部过程的主要评价指标包括服务反应速度、成品率、人力成本、售后服务的一次成功率等。

(五)学习和创新

人和组织的创造力是企业创造价值的真正源泉,综合记分卡的学习和创新方面关注的就是解决"我们能否继续提高并创造价值"之类的问题,要求关注员工、系统和组织过程的投资,以提高员工的能力、系统的能力并能激发积极性。

常见的评价指标是员工满意度、员工留住率、员工工作能力、内部信息沟通能力等。

---

① R.S.Kaplan and D.P.Norton, Linking the Balanced Scorecard to Strategy, *California Management Review*,1996,转引自余绪缨(1999)。

(六)因果联系

综合记分卡的四个方面并不是孤立地存在,一份恰当的综合记分卡应该可以通过企业战略将这四个方面有机地整合在一起,成为一个因果联系的链条。下面借用 R.S.卡普兰教授和 D.P.诺顿在《综合记分卡》中的案例说明综合记分卡四个方面的因果联系及应用。

[例 14-1]　大都会银行在经营中遇到两个问题:(1)对存款的依赖性太大;(2)原先的成本结构不合理,银行向 80%的客户提供服务时无利可图。大都会银行采取了双管齐下的方法来解决这两个问题:

(1)制定收入增长目标,减少收入的不稳定性。主要方式是扩大收入来源,增加向现有顾客提供的服务品种。

(2)提高工作效率,把无利可图的顾客转向低成本的部门。

大都会银行将上述目标转化为综合记分卡的目标和评价手段,尤其注重了不同方面指标间的因果联系,如图 14-7:

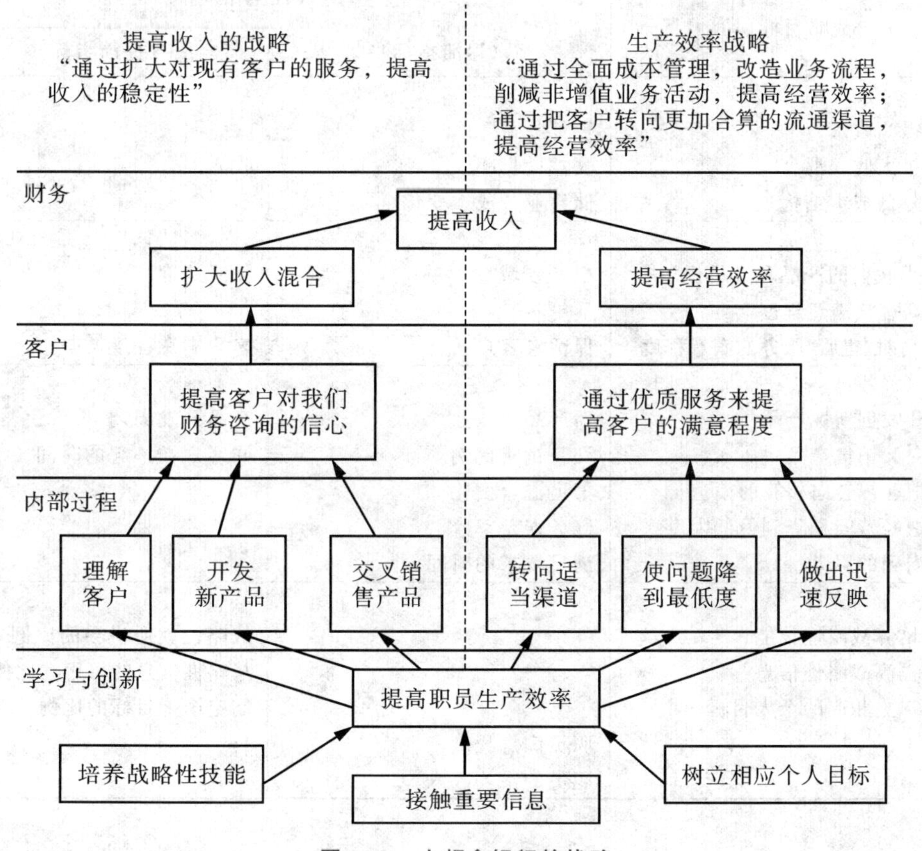

图 14-7　大都会银行的战略

在图 14-7 中,明确揭示了大都会银行希望通过扩大销售混合和提高经营效率达到提高收入的目的。就扩大收入混合而言,意味着银行需要以现有顾客为基础,提供更多的金融产品和服务。但是大都会的行政管理人员通过调查发现,大部分顾客认为大都会银行只是处理支票和存款的机构，因此，大都会银行的首要工作是改变顾客的观念，使他们认识到大都会银行还是一个金融顾问机构。

而为了确立顾客对大都会银行金融咨询服务的信心，就必须调整银行的内部过程，要做到：(1)理解顾客的需求；(2)开发新的金融产品与服务；(3)全面提供多种金融产品与服务。通过分析，大都会的管理者认为可以通过广告宣传提高顾客对新产品和服务的认知和接受程度，并利用银行的区位优势吸引大量的顾客；重新确定销售流程，改变销售人员和顾客接触太少的现状，新营销的重点在于推销“关系”，使银行员工成为顾客的金融顾问。

内部过程要求银行员工具有更高的生产效率，因此在学习和创新方面，大都会银行特别强调了：(1)销售人员应掌握多种技能；(2)掌握更多的顾客信息；(3)制定新的奖励措施。

根据以上的分析，大都会银行的管理人员编制了表 14-1 的综合记分卡：

表 14-1　大都会银行的综合记分卡

战略目标	评估手段	
	（迟滞指标）	（提前指标）
财务		
F1——提高收入	投资收益	
F2——扩大收入混合	收益增长率	收入混合
F3——降低成本结构	储蓄业务成本变化	
客户		
C1——用我们的产品和人员提高客户满意程度	交叉领域	关系深度
C2—提高对“售后“服务的满意程度	保留老客户	客户满意程度调查
I1——理解客户		
I2——开发创新性产品	新产品收入	产品开发周期
I3——交叉销售产品	交叉销售比例	同客户在一起的时间
I4——把客户转向核算的渠道	渠道混合变化	
I5——把经营问题降到最低限度	服务误差率	
I6——周到的服务	满足要求的时间	
学习		
L1——培养战略性技能		战略性就业机会的比例
L2——提高战略性信息		战略性信息的可用性比例
L3——树立相应的个人目标		制定个人目标的比例
	职员满意程度	
	职员的平均收入	

第三节　激励机制

随着现代工商业的发展，公司制逐步成为最重要的企业组织形式，公司的高层管理逐步从所有者向支薪经理转移,也即出现了所有权和经营权的"两权分离"。由于"两权分离"又必然会产生代理问题,即作为委托人的股东要求经理人员尽职尽责,履行好经营管理的职能,为公司取得更多的利润;而作为代理人的高层经理人员所追求的,则是他们本身的知识、才能、社会地位的增长和所得收入的最大化。为此,在经理人员握有很大权力的条件下,股东为了协调与经理人员目标上的冲突,就要建立一套有效的激励机制,根据经理人员的工作绩效实施激励。激励包括经理人员的自我激励和外在激励,包括精神激励和物质激励等多种形式。管理会计重点研究外在的物质激励,但这不表示自我激励和外在的精神激励不重要。

企业实施激励机制的目的是通过与业绩评价挂钩的一系列激励报酬,促使经理人员的行为符合股东利益最大化的目标。从管理会计的角度看,经理人员激励报酬的基本类型包括基本薪金、奖金、延期奖金、认股权、业绩股份等。

一、基本薪金

基本薪金,也称岗位工资,是经理人员从事本职岗位所领取的基本报酬。基本薪金的多少是经理人员在签订聘用合同时事先约定的,它并不受实际经营业绩的影响。

基本薪金的高低,会影响到其他激励措施的实施效果。基本薪金高了,经理人员不必努力就可以获得丰厚的收入,会不思进取,就失去了激励的本意;基本薪金低了,又会导致他们的生活没有基本保障、没有安全感,也会间接影响到他们的工作效果。因此,较好的做法是将基本薪金确定在合理的、足以维持经理人员基本生活的水平上。

二、奖金和股票奖励

奖金和股票奖励,是企业根据短期经营业绩确定的管理报酬。因为多以年为考核周期,因此又称年度分红。

奖金(股票奖励)与基本薪金的差异在于奖金的多少与企业经营业绩、经理人员的个人业绩挂钩。业绩好,奖金就多;业绩差,奖金就少。传统的做法是根据短期财务指标,尤其是年度(会计)利润或成本作为确定奖金额(股票奖励数量)的基础,但由于考核周期较短,就难免陷入以牺牲企业的长期利益为代价谋求短期业绩的困境。目前有部分企业按经济增加值实施奖励,取得了较好的效果。

也有部分企业采取递延报酬的方式避免经理人员的短期行为,即或递延奖金的支付时间或限制所奖励股票的出售时间。

三、认股权

所谓认股权(stock option),是指可以在一定时间内以规定价格购买一定量股票的权力。假设 TUO 公司的总经理获得了一项认股权,赋予他可以在三年之后以 10 元/股的价格认购 100 万股公司股票的权力。假设三年后,公司的股价上升到 15 元/股,该总经理可以以 1 000 万元的总成本购入 100 万股 TUO 公司股票，并随即以 15 元/股的市价出售，他将获利 500 万元；但如果三年后，TUO 公司的股价低于 10 元/股，他不会也不必执行该认股权。

根据有效市场假说，股票价格综合反映了企业的长期经营业绩，股票价格的上下变动直接影响到股东财富的增减变动。向经理人员分发认股权，有利于促使经理人员追求企业的长期业绩，实现经理人员与股东目标的一致化。

认股权激励主要的不足在于：系统风险、市场有效性等诸多非经理人员可控的因素也会对股票价格产生影响(甚至是主要影响因素)。但即使如此，认股权仍是西方大公司主要的激励方式之一。

除上面介绍的几种主要的方式之外，常见的激励措施还包括业绩股票，即根据 4～6 年的业绩水平给予高管人员公司股票的奖励，及股票增值权、影子股票等。

思考题：

1.什么是企业业绩评价、业绩评价体系？

2.如何进行财务业绩评价？

3.为什么要结合企业的生命周期评价企业财务业绩？

4.什么是综合记分卡？综合记分卡包括哪几个主要方面？其间的关系如何？

5.什么是激励机制？为什么要对经理人员实施激励？

附录 货币时间价值表

一、复利终值系数表$(F/P,i,n)=(1+i)^n$

n	1%	2%	3%	4%	5%	6%	7%	8%	9%	10%	12%	14%	15%	16%	18%	20%	24%	28%	32%	36%
1	1.0100	1.0200	1.0300	1.0400	1.0500	1.0600	1.0700	1.0800	1.0900	1.1000	1.1200	1.1400	1.1500	1.1600	1.1800	1.2000	1.2400	1.2800	1.3200	1.3600
2	1.0201	1.0404	1.0609	1.0816	1.1025	1.1236	1.1449	1.1664	1.1881	1.2100	1.2544	1.2996	1.3225	1.3456	1.3924	1.4400	1.5376	1.6384	1.7424	1.8496
3	1.0303	1.0612	1.0927	1.1249	1.1576	1.1910	1.2250	1.2597	1.2950	1.3310	1.4049	1.4815	1.5209	1.5609	1.6430	1.7280	1.9066	2.0972	2.3000	2.5155
4	1.0406	1.0824	1.1255	1.1699	1.2155	1.2625	1.3108	1.3605	1.4116	1.4641	1.5735	1.6890	1.7490	1.8106	1.9388	2.0736	2.3642	2.6844	3.0360	3.4210
5	1.0510	1.1041	1.1593	1.2167	1.2763	1.3382	1.4026	1.4693	1.5386	1.6105	1.7623	1.9254	2.0114	2.1003	2.2878	2.4883	2.9316	3.4360	4.0075	4.6526
6	1.0615	1.1262	1.1941	1.2653	1.3401	1.4185	1.5007	1.5869	1.6771	1.7716	1.9738	2.1950	2.3131	2.4364	2.6996	2.9860	3.6352	4.3980	5.2899	6.3275
7	1.0721	1.1487	1.2299	1.3159	1.4071	1.5036	1.6058	1.7138	1.8280	1.9487	2.2107	2.5023	2.6600	2.8262	3.1855	3.5832	4.5077	5.6295	6.9826	8.6054
8	1.0829	1.1717	1.2668	1.3686	1.4775	1.5938	1.7182	1.8509	1.9926	2.1436	2.4760	2.8526	3.0590	3.2784	3.7589	4.2998	5.5895	7.2058	9.2170	11.703
9	1.0937	1.1951	1.3048	1.4233	1.5513	1.6895	1.8385	1.9990	2.1719	2.3579	2.7731	3.2519	3.5179	3.8030	4.4355	5.1598	6.9310	9.2234	12.166	15.917
10	1.1046	1.2190	1.3439	1.4802	1.6289	1.7908	1.9672	2.1589	2.3674	2.5937	3.1058	3.7072	4.0456	4.4114	5.2338	6.1917	8.5944	11.806	16.060	21.647
11	1.1157	1.2434	1.3842	1.5395	1.7103	1.8983	2.1049	2.3316	2.5804	2.8531	3.4785	4.2262	4.6524	5.1173	6.1759	7.4301	10.657	15.112	21.199	29.439
12	1.1268	1.2682	1.4258	1.6010	1.7959	2.0122	2.2522	2.5182	2.8127	3.1384	3.8960	4.8179	5.3503	5.9360	7.2876	8.9161	13.215	19.343	27.983	40.037
13	1.1381	1.2936	1.4685	1.6651	1.8856	2.1329	2.4098	2.7196	3.0658	3.4523	4.3635	5.4924	6.1528	6.8858	8.5994	10.699	16.386	24.759	36.937	54.451
14	1.1495	1.3195	1.5126	1.7317	1.9799	2.2609	2.5785	2.9372	3.3417	3.7975	4.8871	6.2613	7.0757	7.9875	10.147	12.839	20.319	31.691	48.757	74.053
15	1.1610	1.3459	1.5580	1.8009	2.0789	2.3966	2.7590	3.1722	3.6425	4.1772	5.4736	7.1379	8.1371	9.2655	11.974	15.407	25.196	40.565	64.359	100.71
16	1.1726	1.3728	1.6047	1.8730	2.1829	2.5404	2.9522	3.4259	3.9703	4.5950	6.1304	8.1372	9.3576	10.748	14.129	18.488	31.243	51.923	84.954	136.97
17	1.1843	1.4002	1.6528	1.9479	2.2920	2.6928	3.1588	3.7000	4.3276	5.0545	6.8660	9.2765	10.731	12.468	16.672	22.186	38.741	66.461	112.14	186.28
18	1.1961	1.4282	1.7024	2.0258	2.4066	2.8543	3.3799	3.9960	4.7171	5.5599	7.6900	10.575	12.375	14.463	19.673	26.623	48.039	85.071	148.02	253.34
19	1.2081	1.4568	1.7535	2.1068	2.5270	3.0256	3.6165	4.3157	5.1417	6.1159	8.6128	12.056	14.232	16.777	23.214	31.948	59.568	108.89	195.39	344.54
20	1.2202	1.4859	1.8061	2.1911	2.6533	3.2071	3.8697	4.6610	5.6044	6.7275	9.6463	13.743	16.367	19.461	27.393	38.338	73.864	139.38	257.92	468.57
21	1.2324	1.5157	1.8603	2.2788	2.7860	3.3996	4.1406	5.0338	6.1088	7.4002	10.804	15.668	18.822	22.574	32.324	46.005	91.592	178.41	340.45	637.26
22	1.2447	1.5460	1.9161	2.3699	2.9253	3.6035	4.4304	5.4365	6.6586	8.1403	12.100	17.861	21.645	26.186	38.142	55.206	113.57	228.36	449.39	866.67
23	1.2572	1.5769	1.9736	2.4647	3.0715	3.8197	4.7405	5.8715	7.2579	8.9543	13.552	20.362	24.891	30.376	45.008	66.247	140.83	292.30	593.20	1178.7
24	1.2697	1.6084	2.0328	2.5633	3.2251	4.0489	5.0724	6.3412	7.9111	9.8497	15.179	23.212	28.625	35.236	53.109	79.497	174.63	374.14	783.02	1603.0
25	1.2824	1.6406	2.0938	2.6658	3.3864	4.2919	5.4274	6.8485	8.6231	10.835	17.000	26.462	32.919	40.874	62.669	95.396	216.54	478.90	1033.6	2180.1
26	1.2953	1.6734	2.1566	2.7725	3.5557	4.5494	5.8074	7.3964	9.3992	11.918	19.040	30.167	37.857	47.414	73.949	114.48	268.51	613.00	1364.3	2964.9
27	1.3082	1.7069	2.2213	2.8834	3.7335	4.8223	6.2139	7.9881	10.245	13.110	21.325	34.390	43.535	55.000	87.260	137.37	332.95	784.64	1800.9	4032.3
28	1.3213	1.741	2.2879	2.9987	3.9201	5.1117	6.6488	8.6271	11.167	14.421	23.884	39.204	50.066	63.800	102.97	164.84	412.86	1004.3	2377.2	5483.9
29	1.3345	1.7758	2.3566	3.1187	4.1161	5.4184	7.1143	9.3173	12.172	15.863	26.750	44.693	57.575	74.009	121.50	197.81	511.95	1285.6	3137.9	7458.1
30	1.3478	1.8114	2.4273	3.2434	4.3219	5.7435	7.6123	10.063	13.268	17.449	29.960	50.950	66.212	85.850	143.37	237.38	634.82	1645.5	4142.1	10143
40	1.4889	2.2080	3.2620	4.8010	7.0400	10.286	14.974	21.725	31.409	45.259	93.051	188.88	267.86	378.72	750.38	1469.8	5455.9	19427	66521	*
50	1.6446	2.6916	4.3839	7.1067	11.467	18.420	29.457	46.902	74.358	117.39	289.00	700.23	1083.7	1670.7	3927.4	9100.4	46890	*	*	*
60	1.8167	3.2810	5.8916	10.520	18.679	32.988	57.946	101.26	176.03	304.48	897.60	2595.9	4384.0	7370.2	20555	56348	*	*	*	*

二、复利现值系数表$(P/F,i,n)=\frac{1}{(1+i)^n}$

n	1%	2%	3%	4%	5%	6%	7%	8%	9%	10%	12%	14%	15%	16%	18%	20%	24%	28%	32%	36%
1	0.9901	0.9804	0.9709	0.9615	0.9524	0.9434	0.9346	0.9259	0.9174	0.9091	0.8929	0.8772	0.8696	0.8621	0.8475	0.8333	0.8065	0.7813	0.7576	0.7353
2	0.9803	0.9612	0.9426	0.9246	0.907	0.89	0.8734	0.8573	0.8417	0.8264	0.7972	0.7695	0.7561	0.7432	0.7182	0.6944	0.6504	0.6104	0.5739	0.5407
3	0.9706	0.9423	0.9151	0.889	0.8638	0.8396	0.8163	0.7938	0.7722	0.7513	0.7118	0.675	0.6575	0.6407	0.6086	0.5787	0.5245	0.4768	0.4348	0.3975
4	0.961	0.9238	0.8885	0.8548	0.8227	0.7921	0.7629	0.735	0.7084	0.683	0.6355	0.5921	0.5718	0.5523	0.5158	0.4823	0.423	0.3725	0.3294	0.2923
5	0.9515	0.9057	0.8626	0.8219	0.7835	0.7473	0.7130	0.6806	0.6499	0.6209	0.5674	0.5194	0.4972	0.4761	0.4371	0.4019	0.3411	0.2910	0.2495	0.2149
6	0.942	0.888	0.8375	0.7903	0.7462	0.705	0.6663	0.6302	0.5963	0.5645	0.5066	0.4556	0.4323	0.4104	0.3704	0.3349	0.2751	0.2274	0.189	0.158
7	0.9327	0.8706	0.8131	0.7599	0.7107	0.6651	0.6227	0.5835	0.547	0.5132	0.4523	0.3996	0.3759	0.3538	0.3139	0.2791	0.2218	0.1776	0.1432	0.1162
8	0.9235	0.8535	0.7894	0.7307	0.6768	0.6274	0.582	0.5403	0.5019	0.4665	0.4039	0.3506	0.3269	0.305	0.266	0.2326	0.1789	0.1388	0.1085	0.0854
9	0.9143	0.8368	0.7664	0.7026	0.6446	0.5919	0.5439	0.5002	0.4604	0.4241	0.3606	0.3075	0.2843	0.263	0.2255	0.1938	0.1443	0.1084	0.0822	0.0628
10	0.9053	0.8203	0.7441	0.6756	0.6139	0.5584	0.5083	0.4632	0.4224	0.3855	0.322	0.2697	0.2472	0.2267	0.1911	0.1615	0.1164	0.0847	0.0623	0.0462
11	0.8963	0.8043	0.7224	0.6496	0.5847	0.5268	0.4751	0.4289	0.3875	0.3505	0.2875	0.2366	0.2149	0.1954	0.1619	0.1346	0.0938	0.0662	0.0472	0.034
12	0.8874	0.7885	0.7014	0.6246	0.5568	0.497	0.444	0.3971	0.3555	0.3186	0.2567	0.2076	0.1869	0.1685	0.1372	0.1122	0.0757	0.0517	0.0357	0.025
13	0.8787	0.773	0.681	0.6006	0.5303	0.4688	0.415	0.3677	0.3262	0.2897	0.2292	0.1821	0.1625	0.1452	0.1163	0.0935	0.061	0.0404	0.0271	0.0184
14	0.87	0.7579	0.6611	0.5775	0.5051	0.4423	0.3878	0.3405	0.2992	0.2633	0.2046	0.1597	0.1413	0.1252	0.0985	0.0779	0.0492	0.0316	0.0205	0.0135
15	0.8613	0.7430	0.6419	0.5553	0.4810	0.4173	0.3624	0.3152	0.2745	0.2394	0.1827	0.1401	0.1229	0.1079	0.0835	0.0649	0.0397	0.0247	0.0155	0.0099
16	0.8528	0.7284	0.6232	0.5339	0.4581	0.3936	0.3387	0.2919	0.2519	0.2176	0.1631	0.1229	0.1069	0.093	0.0708	0.0541	0.032	0.0193	0.0118	0.0073
17	0.8444	0.7142	0.605	0.5134	0.4363	0.3714	0.3166	0.2703	0.2311	0.1978	0.1456	0.1078	0.0929	0.0802	0.06	0.0451	0.0258	0.015	0.0089	0.0054
18	0.836	0.7002	0.5874	0.4936	0.4155	0.3503	0.2959	0.2502	0.212	0.1799	0.13	0.0946	0.0808	0.0691	0.0508	0.0376	0.0208	0.0118	0.0068	0.0039
19	0.8277	0.6864	0.5703	0.4746	0.3957	0.3305	0.2765	0.2317	0.1945	0.1635	0.1161	0.0829	0.0703	0.0596	0.0431	0.0313	0.0168	0.0092	0.0051	0.0029
20	0.8195	0.673	0.5537	0.4564	0.3769	0.3118	0.2584	0.2145	0.1784	0.1486	0.1037	0.0728	0.0611	0.0514	0.0365	0.0261	0.0135	0.0072	0.0039	0.0021
21	0.8114	0.6598	0.5375	0.4388	0.3589	0.2942	0.2415	0.1987	0.1637	0.1351	0.0926	0.0638	0.0531	0.0443	0.0309	0.0217	0.0109	0.0056	0.0029	0.0016
22	0.8034	0.6468	0.5219	0.422	0.3418	0.2775	0.2257	0.1839	0.1502	0.1228	0.0826	0.056	0.0462	0.0382	0.0262	0.0181	0.0088	0.0044	0.0022	0.0012
23	0.7954	0.6342	0.5067	0.4057	0.3256	0.2618	0.2109	0.1703	0.1378	0.1117	0.0738	0.0491	0.0402	0.0329	0.0222	0.0151	0.0071	0.0034	0.0017	0.0008
24	0.7876	0.6217	0.4919	0.3901	0.3101	0.247	0.1971	0.1577	0.1264	0.1015	0.0659	0.0431	0.0349	0.0284	0.0188	0.0126	0.0057	0.0027	0.0013	0.0006
25	0.7798	0.6095	0.4776	0.3751	0.2953	0.233	0.1842	0.146	0.116	0.0923	0.0588	0.0378	0.0304	0.0245	0.016	0.0105	0.0046	0.0021	0.001	0.0005
26	0.772	0.5976	0.4637	0.3607	0.2812	0.2198	0.1722	0.1352	0.1064	0.0839	0.0525	0.0331	0.0264	0.0211	0.0135	0.0087	0.0037	0.0016	0.0007	0.0003
27	0.7644	0.5859	0.4502	0.3468	0.2678	0.2074	0.1609	0.1252	0.0976	0.0763	0.0469	0.0291	0.023	0.0182	0.0115	0.0073	0.003	0.0013	0.0006	0.0002
28	0.7568	0.5744	0.4371	0.3335	0.2551	0.1956	0.1504	0.1159	0.0895	0.0693	0.0419	0.0255	0.02	0.0157	0.0097	0.0061	0.0024	0.001	0.0004	0.0002
29	0.7493	0.5631	0.4243	0.3207	0.2429	0.1846	0.1406	0.1073	0.0822	0.063	0.0374	0.0224	0.0174	0.0135	0.0082	0.0051	0.002	0.0008	0.0003	0.0001
30	0.7419	0.5521	0.412	0.3083	0.2314	0.1741	0.1314	0.0994	0.0754	0.0573	0.0334	0.0196	0.0151	0.0116	0.007	0.0042	0.0016	0.0006	0.0002	0.0001
35	0.7059	0.5000	0.3554	0.2534	0.1813	0.1301	0.0937	0.0676	0.0490	0.0356	0.0189	0.0102	0.0075	0.0055	0.0030	0.0017	0.0005	0.0002	0.0001	*
40	0.6717	0.4529	0.3066	0.2083	0.1420	0.0972	0.0668	0.0460	0.0318	0.0221	0.0107	0.0053	0.0037	0.0026	0.0013	0.0007	0.0002	0.0001	*	*
50	0.6080	0.3715	0.2281	0.1407	0.0872	0.0543	0.0339	0.0213	0.0134	0.0085	0.0035	0.0014	0.0009	0.0006	0.0003	0.0001	*	*	*	*

三、年金终值系数表$(F/A,i,n)=\sum_{t=1}^{n}(1+i)^{n-i}=\frac{1}{(1+i)^n}$

n	1%	2%	3%	4%	5%	6%	7%	8%	9%	10%	12%	14%	15%	16%	18%	20%	24%	28%	32%	36%
1	1.0000	1.0000	1.0000	1.0000	1.0000	1.0000	1.0000	1.0000	1.0000	1.0000	1.0000	1.0000	1.0000	1.0000	1.0000	1.0000	1.0000	1.0000	1.0000	1.0000
2	2.0100	2.0200	2.0300	2.0400	2.0500	2.0600	2.0700	2.0800	2.0900	2.1000	2.1200	2.1400	2.1500	2.1600	2.1800	2.2000	2.2400	2.2800	2.3200	2.3600
3	3.0301	3.0604	3.0909	3.1216	3.1525	3.1836	3.2149	3.2464	3.2781	3.3100	3.3744	3.4396	3.4725	3.5056	3.5724	3.6400	3.7776	3.9184	4.0624	4.2096
4	4.0604	4.1216	4.1836	4.2465	4.3101	4.3746	4.4399	4.5061	4.5731	4.6410	4.7793	4.9211	4.9934	5.0665	5.2154	5.3680	5.6842	6.0156	6.3624	6.7251
5	5.1010	5.2040	5.3091	5.4163	5.5256	5.6371	5.7507	5.8666	5.9847	6.1051	6.3528	6.6101	6.7424	6.8771	7.1542	7.4416	8.0484	8.6999	9.3983	10.146
6	6.1520	6.3081	6.4684	6.6330	6.8019	6.9753	7.1533	7.3359	7.5233	7.7156	8.1152	8.5355	8.7537	8.9775	9.4420	9.9299	10.980	12.136	13.406	14.799
7	7.2135	7.4343	7.6625	7.8983	8.1420	8.3938	8.6540	8.9228	9.2004	9.4872	10.089	10.731	11.067	11.414	12.142	12.916	14.615	16.534	18.696	21.126
8	8.2857	8.5830	8.8923	9.2142	9.5491	9.8975	10.260	10.637	11.029	11.436	12.300	13.233	13.727	14.240	15.327	16.499	19.123	22.163	25.678	29.732
9	9.3685	9.7546	10.159	10.583	11.027	11.491	11.978	12.488	13.021	13.580	14.776	16.085	16.786	17.519	19.086	20.799	24.713	29.369	34.895	41.435
10	10.462	10.950	11.464	12.006	12.578	13.181	13.816	14.487	15.193	15.937	17.549	19.337	20.304	21.322	23.521	25.959	31.643	38.593	47.062	57.352
11	11.567	12.169	12.808	13.486	14.207	14.972	15.784	16.646	17.560	18.531	20.655	23.045	24.349	25.733	28.755	32.150	40.238	50.399	63.122	78.998
12	12.683	13.412	14.192	15.026	15.917	16.870	17.889	18.977	20.141	21.384	24.133	27.271	29.002	30.850	34.931	39.581	50.895	65.510	84.320	108.44
13	13.809	14.680	15.618	16.627	17.713	18.882	20.141	21.495	22.953	24.523	28.029	32.089	34.352	36.786	42.219	48.497	64.110	84.853	112.30	148.48
14	14.947	15.974	17.086	18.292	19.599	21.015	22.551	24.215	26.019	27.975	32.393	37.581	40.505	43.672	50.818	59.196	80.496	109.61	149.24	202.93
15	16.097	17.293	18.599	20.024	21.579	23.276	25.129	27.152	29.361	31.773	37.280	43.842	47.580	51.660	60.965	72.035	100.82	141.30	198.00	276.98
16	17.258	18.639	20.157	21.825	23.658	25.673	27.888	30.324	33.003	35.950	42.753	50.980	55.718	60.925	72.939	87.442	126.01	181.87	262.36	377.69
17	18.430	20.012	21.762	23.698	25.840	28.213	30.840	33.750	36.974	40.545	48.884	59.118	65.075	71.673	87.068	105.93	157.25	233.79	347.31	514.66
18	19.615	21.412	23.414	25.645	28.132	30.906	33.999	37.450	41.301	45.600	55.750	68.394	75.836	84.141	103.74	128.11	195.99	300.25	459.45	700.94
19	20.811	22.841	25.117	27.671	30.539	33.760	37.379	41.446	46.019	51.159	63.440	78.969	88.212	98.603	123.41	154.74	244.03	385.32	607.47	954.28
20	22.019	24.297	26.870	29.778	33.066	36.786	40.996	45.762	51.160	57.275	72.052	91.025	102.44	115.38	146.63	186.69	303.60	494.21	802.86	1298.8
21	23.239	25.783	28.677	31.969	35.719	39.993	44.865	50.423	56.765	64.003	81.699	104.77	118.81	134.84	174.02	225.03	377.46	633.59	1060.8	1767.4
22	24.472	27.299	30.537	34.248	38.505	43.392	49.006	55.457	62.873	71.403	92.503	120.44	137.63	157.42	206.34	271.03	469.06	812.00	1401.2	2404.7
23	25.716	28.845	32.453	36.618	41.431	46.996	53.436	60.893	69.532	79.543	104.60	138.30	159.28	183.60	244.49	326.24	582.63	1040.4	1850.6	3271.3
24	26.974	30.422	34.427	39.083	44.502	50.816	58.177	66.765	76.790	88.497	118.16	158.66	184.17	213.98	289.49	392.48	723.46	1332.7	2443.8	4450.0
25	27.243	31.030	35.459	40.646	46.727	53.865	62.249	72.106	83.701	97.347	132.33	180.87	211.79	248.21	341.60	470.98	897.09	1705.8	3225.8	6052.0
26	29.526	33.671	38.553	44.312	51.114	59.156	68.677	79.954	93.324	109.18	150.33	208.33	245.71	290.09	405.27	567.38	1114.6	2185.7	4260.4	8233.1
27	30.821	35.344	40.710	47.084	54.669	63.706	74.484	87.351	102.72	121.10	169.37	238.50	283.57	337.50	479.22	681.85	1383.1	2798.7	5624.8	11198
28	32.129	37.051	42.931	49.968	58.403	68.528	80.698	95.339	112.97	134.21	190.70	272.89	327.10	392.50	566.48	819.22	1716.1	3583.3	7425.7	15230
29	33.450	38.792	45.219	52.966	62.323	73.640	87.347	103.97	124.14	148.63	214.58	312.09	377.17	456.30	669.45	984.07	2129.0	4587.7	9802.9	20714
30	34.785	40.568	47.575	56.085	66.439	79.058	94.461	113.28	136.31	164.49	241.33	356.79	434.75	530.31	790.95	1181.9	2640.9	5873.2	12940	28172
40	48.886	60.402	75.401	95.026	120.80	154.76	199.64	259.06	337.88	442.59	767.09	1342.0	1779.1	2360.8	4163.2	7343.9	22729	69377	*	*
50	64.463	84.579	112.80	152.67	209.35	290.34	406.53	573.77	815.08	1163.9	2400.0	4994.5	7217.7	10436	21813.	45497	*	*	*	*
60	81.670	114.05	163.05	237.99	353.58	533.13	813.52	1253.2	1944.8	3034.8	7471.6	18535	29220	46058	*	*	*	*	*	*

四、年金现值系数表 $(P/A,i,n)=\sum_{t=1}^{n}\frac{1}{(1+i)^t}=\frac{1-[1/(1+i)^n]}{i}$

n	1%	2%	3%	4%	5%	6%	7%	8%	9%	10%	12%	14%	15%	16%	18%	20%	24%	28%	32%	36%
1	0.9901	0.9804	0.9709	0.9615	0.9524	0.9434	0.9346	0.9259	0.9174	0.9091	0.8929	0.8772	0.8696	0.8621	0.8475	0.8333	0.8065	0.7813	0.7576	0.7353
2	1.9704	1.9416	1.9135	1.8861	1.8594	1.8334	1.8080	1.7833	1.7591	1.7355	1.6901	1.6467	1.6257	1.6052	1.5656	1.5278	1.4568	1.3916	1.3315	1.2760
3	2.9410	2.8839	2.8286	2.7751	2.7232	2.6730	2.6243	2.5771	2.5313	2.4869	2.4018	2.3216	2.2832	2.2459	2.1743	2.1065	1.9813	1.8684	1.7663	1.6735
4	3.9020	3.8077	3.7171	3.6299	3.5460	3.4651	3.3872	3.3121	3.2397	3.1699	3.0373	2.9137	2.8550	2.7982	2.6901	2.5887	2.4043	2.2410	2.0957	1.9658
5	4.8534	4.7135	4.5797	4.4518	4.3295	4.2124	4.1002	3.9927	3.8897	3.7908	3.6048	3.4331	3.3522	3.2743	3.1272	2.9906	2.7454	2.5320	2.3452	2.1807
6	5.7955	5.6014	5.4172	5.2421	5.0757	4.9173	4.7665	4.6229	4.4859	4.3553	4.1114	3.8887	3.7845	3.6847	3.4976	3.3255	3.0205	2.7594	2.5342	2.3388
7	6.7282	6.4720	6.2303	6.0021	5.7864	5.5824	5.3893	5.2064	5.0330	4.8684	4.5638	4.2883	4.1604	4.0386	3.8115	3.6046	3.2423	2.9370	2.6775	2.4550
8	7.6517	7.3255	7.0197	6.7327	6.4632	6.2098	5.9713	5.7466	5.5348	5.3349	4.9676	4.6389	4.4873	4.3436	4.0776	3.8372	3.4212	3.0758	2.7860	2.5404
9	8.5660	8.1622	7.7861	7.4353	7.1078	6.8017	6.5152	6.2469	5.9952	5.7590	5.3282	4.9464	4.7716	4.6065	4.3030	4.0310	3.5655	3.1842	2.8681	2.6033
10	9.4713	8.9826	8.5302	8.1109	7.7217	7.3601	7.0236	6.7101	6.4177	6.1446	5.6502	5.2161	5.0188	4.8332	4.4941	4.1925	3.6819	3.2689	2.9304	2.6495
11	10.368	9.7868	9.2526	8.7605	8.3064	7.8869	7.4987	7.1390	6.8052	6.4951	5.9377	5.4527	5.2337	5.0286	4.6560	4.3271	3.7757	3.3351	2.9776	2.6834
12	11.255	10.575	9.9540	9.3851	8.8633	8.3838	7.9427	7.5361	7.1607	6.8137	6.1944	5.6603	5.4206	5.1971	4.7932	4.4392	3.8514	3.3868	3.0133	2.7084
13	12.134	11.348	10.635	9.9856	9.3936	8.8527	8.3577	7.9038	7.4869	7.1034	6.4235	5.8424	5.5831	5.3423	4.9095	4.5327	3.9124	3.4272	3.0404	2.7268
14	13.004	12.106	11.296	10.563	9.8986	9.2950	8.7455	8.2442	7.7862	7.3667	6.6282	6.0021	5.7245	5.4675	5.0081	4.6106	3.9616	3.4587	3.0609	2.7403
15	13.865	12.849	11.938	11.118	10.380	9.7122	9.1079	8.5595	8.0607	7.6061	6.8109	6.1422	5.8474	5.5755	5.0916	4.6755	4.0013	3.4834	3.0764	2.7502
16	14.718	13.578	12.561	11.652	10.838	10.106	9.4466	8.8514	8.3126	7.8237	6.9740	6.2651	5.9542	5.6685	5.1624	4.7296	4.0333	3.5026	3.0882	2.7575
17	15.562	14.292	13.166	12.166	11.274	10.477	9.7632	9.1216	8.5436	8.0216	7.1196	6.3729	6.0472	5.7487	5.2223	4.7746	4.0591	3.5177	3.0971	2.7629
18	16.398	14.992	13.754	12.659	11.690	10.828	10.059	9.3719	8.7556	8.2014	7.2497	6.4674	6.1280	5.8178	5.2732	4.8122	4.0799	3.5294	3.1039	2.7668
19	17.226	15.679	14.324	13.134	12.085	11.158	10.336	9.6036	8.9501	8.3649	7.3658	6.5504	6.1982	5.8775	5.3162	4.8435	4.0967	3.5386	3.1090	2.7697
20	18.046	16.351	14.878	13.590	12.462	11.470	10.594	9.8181	9.1285	8.5136	7.4694	6.6231	6.2593	5.9288	5.3527	4.8696	4.1103	3.5458	3.1129	2.7718
21	18.857	17.011	15.415	14.029	12.821	11.764	10.836	10.017	9.2922	8.6487	7.5620	6.6870	6.3125	5.9731	5.3837	4.8913	4.1212	3.5514	3.1158	2.7734
22	19.660	17.658	15.937	14.451	13.163	12.042	11.061	10.201	9.4424	8.7715	7.6446	6.7429	6.3587	6.0113	5.4099	4.9094	4.1300	3.5558	3.1180	2.7746
23	20.456	18.292	16.444	14.857	13.489	12.303	11.272	10.371	9.5802	8.8832	7.7184	6.7921	6.3988	6.0442	5.4321	4.9245	4.1371	3.5592	3.1197	2.7754
24	21.243	18.914	16.936	15.247	13.799	12.550	11.469	10.529	9.7066	8.9847	7.7843	6.8351	6.4338	6.0726	5.4509	4.9371	4.1428	3.5619	3.1210	2.7760
25	21.033	18.543	16.442	14.661	13.142	11.840	10.719	9.749	8.9051	8.1679	6.9503	5.9957	5.5946	5.2350	4.6194	4.1143	3.3410	2.7827	2.3644	2.0412
26	22.795	20.121	17.877	15.983	14.375	13.003	11.826	10.810	9.9290	9.1609	7.8957	6.9061	6.4906	6.1182	5.4804	4.9563	4.1511	3.5656	3.1227	2.7768
27	23.560	20.707	18.327	16.330	14.643	13.211	11.987	10.935	10.027	9.2372	7.9426	6.9352	6.5135	6.1364	5.4919	4.9636	4.1542	3.5669	3.1233	2.7771
28	24.316	21.281	18.764	16.663	14.898	13.406	12.137	11.051	10.116	9.3066	7.9844	6.9607	6.5335	6.1520	5.5016	4.9697	4.1566	3.5679	3.1237	2.7773
29	25.066	21.844	19.189	16.984	15.141	13.591	12.278	11.158	10.198	9.3696	8.0218	6.9830	6.5509	6.1656	5.5098	4.9747	4.1585	3.5687	3.1240	2.7774
30	25.808	22.397	19.600	17.292	15.373	13.765	12.409	11.258	10.274	9.4269	8.0552	7.0027	6.5660	6.1772	5.5168	4.9789	4.1601	3.5693	3.1242	2.7775
35	29.409	24.999	21.487	18.665	16.374	14.498	12.948	11.655	10.567	9.6442	8.1755	7.0700	6.6166	6.2153	5.5386	4.9915	4.1644	3.5708	3.1248	2.7779
40	32.835	27.356	23.115	19.793	17.159	15.046	13.332	11.925	10.757	9.7791	8.2438	7.1050	6.6418	6.2335	5.5482	4.9966	4.1659	3.5712	3.1250	2.7780
50	39.196	31.424	25.730	21.482	18.256	15.762	13.801	12.234	10.962	9.9148	8.3045	7.1327	6.6605	6.2463	5.5541	4.9995	4.1666	3.5714	3.1250	2.7780

本书主要参考文献

1.余绪缨:《管理会计学》,中国人民大学出版社,1999 年版。

2.余绪缨、汪一凡:《管理会计(第三版)》,辽宁人民出版社,2009 年版。

3.葛家澍、余绪缨:《会计学》,高等教育出版社,2000 年版。

4.葛家澍、余绪缨:《葛家澍教授、余绪缨教授从教五十周年论文集》,厦门大学出版社,1995 年版。

5.胡玉明:《高级成本管理会计》,厦门大学出版社,2002 年版。

6.胡玉明:《高级管理会计(第二版)》,厦门大学出版社,2005 年版。

7.胡玉明:《高级管理会计研究》,机械工业出版社,2008 年版。

8.毛付根、王光远等译校:《管理会计国际惯例》,中国人民大学出版社,1997 年版。

9.王平心:《管理会计应用与发展的典型案例研究——ABC/ABM 在中国典型企业的应用研究》,经济科学出版社,2002 年版。

10.杨雄胜:《管理会计应用与发展的典型案例研究——江苏电力公司财务管理信息系统研究》,经济科学出版社,2002 年版。

11.张继焦:《价值链管理》,中国物价出版社,2001 年版。

12.贺颖奇、陈佳俊编著:《管理会计》,上海财经大学出版社,2003 年版

13.财政部统计评价司:《企业绩效评价问答》,经济科学出版社,1999 年版。

14.财政部:《关于全面推进管理会计体系建设的指导意见》,2014 年。

15.沈艺峰、郭晓梅、林涛:《CIMA“全球管理会计原则”背景、内容及影响》,《会计研究》2015 年第 10 期。

16.侯龙文、侯岩、何瑛:《现代全面预算管理》,经济管理出版社,2005 年版。

17.潘飞、童卫华、文东华、程明:《基于价值管理的管理会计——案例研究》,清华大学出版社,2005 年版。

18.王纹、孙健著:《SAP 财务管理大全》,清华大学出版社 2005 年版,第 17 章。

19.张鸣:“介绍一种半变动成本的分解方法——兼论上海高化公司的成本预测方法”,《财会通讯(综合版)》1987 年第 2 期。

20.宋云华:“冰火庄妈妈”,《商界》2005 年第 11 期。

21.康荣平,《大型跨国公司战略新趋势》,经济科学出版社,2001 年版。

22.王平心、韩新民、靳庆鲁,《作业成本计算、作业管理及其在我国应用的现实性》,

《会计研究》1999 年第 8 期。

23.张君,《浅谈会计业务流程重组》,《会计之友》2006 年第 2 期上半月。

24.陈亚盛,《战略管理会计》,厦门大学会计系硕士学位论文,油印本,1999 年。

25.郭春明,《制造业企业产品全生命周期成本控制——信息化背景下的思考》,《机械制造》46 卷,第 523 期。

26.陈晓川、方明伦,《制造业中全生命周期成本的研究概况综述》,《机械工程学报》,2002 年第 11 期。

27.罗纳德 W·希尔顿(Ronald W.Hilton)著,耿建新等译:《管理会计(第四版)》,机械工业出版社 2000 年版,第 2、7 章。

28.迈克尔·波特(Michael porter)著,陈小悦译:《竞争战略》,华夏出版社 1997 年版,

29.迈克尔·波特(Michael porter)著,陈小悦译:《竞争优势》,华夏出版社 1997 年版,

30.杰西·T.巴费尔德、塞西莉·A.贝博恩、迈克尔·R.金尼(Jesse T Barfield,Cecily A.Raiborn and Michael R.Kinney),熊焰韧、刘波注译,《成本会计:传统与变革(第五版)》,经济科学出版社,2006 年版。

31.托马斯·约翰逊,罗伯特·卡普兰著,侯本领、刘兴云译,《管理会计的兴衰》,中国财政经济出版社,1992 年版。

32.Don R.Hansen,Maryanne M.Mowen 著,王光远等译:《管理会计》,北京大学出版社,2000 年版。

33.R.J.Thacker,R.L.Smith 著,王澹如等译:《现代管理会计》,立信会计图书用品社,1988 年版。

34.S. Kaplan,David Norton 著,王丙非等译:《综合记分卡》,新华出版社,1998 年版。

35.Robert Simons 著,张文贤主译:《战略实施中的绩效评价和控制系统》,东北财经大学出版社,2002 年版。

36.J.D.Williams 等著,阎达五等译:《现代主计长手册》,经济科学出版社,2000 年版。

37.Alan Griffiths,Stuart Wall 著,顾海良等译:《应用经济学》,中国经济出版社,1998 年版。

38.Robert S.Kaplan,Anthony A.Atkinson, *Advanced Management Accounting*, Prentice-Hall,Inc,1998.

39.Charles T.Horngren,George Foster,Srikant M.Datar, *Cost Accounting-A Managerial Emphasis* 8th., Prentice-Hall,Inc,1994.

40.R.H.Garrison,E.W.Noreen,*Managerial Accounting* 7th.Irwin,Inc,1994.

41.A.A.Atkinson,R.D.Banker,R.S.Kaplan,S.M.Young, *Management Accounting*, 3th.Prentice-Hall,Inc. 2001.

42.Gray M.Cokins, *Activity-based Cost Management*, McGraw-Hill,Inc.,1996.

43.Ray H.Garrison,Eric W.Noreen,and Peter C.Brewer,*Managerial Accounting* 11th.2006,McGraw-Hill Companies,Inc.